군무원 수사직 FINAL 실전 봉투모의고사
제   회 모의고사

KB084298

수사직

제1과목	국어	제2과목	형법
제3과목	형사소송법	제4과목	

응시번호		성 명	

〈 안 내 사 항 〉

1. 답안지의 모든 기재 및 표기사항은 반드시 『컴퓨터용 흑색사인펜』으로만 작성하여야 합니다.
   (사인펜에 "컴퓨터용"으로 표시되어 있음) (사인펜 본인 지참)
   * 매년 지정된 펜을 사용하지 않아 답안지가 무효처리 되는 상황이 빈발하고 있으므로, 답안지
   는 반드시 『컴퓨터용 흑색사인펜』으로만 표기하시기 바랍니다.

2. 답안은 매 문항마다 반드시 하나의 답만 골라 그 숫자에 "●"로 표기해야 하며, 표기한 내용은 수정
   테이프를 이용하여 정정할 수 있습니다. 단, 시험시행본부에서 수정테이프를 제공하지 않습니다.
   (표기한 부분을 긁는 경우 오답처리 될 수 있으며, 수정스티커 또는 수정액은 사용 불가)
   * 답안지는 훼손·오염되거나 구겨지지 않도록 주의해야 하며, 특히 답안지 상단의 타이밍마크
   (ㅣㅣㅣㅣㅣ)를 절대로 훼손해서는 안 됩니다.

3. 필기시험 문제 관련 의견제시 기간 : 시험 당일을 포함한 5일간
   * 국방부 군무원채용관리홈페이지(http://recruit.mnd.go.kr) - 시험안내 - 시험묻고답하기

제1회 모의고사

제1과목: 국어

QR코드 접속을 통해 풀이시간 측정, 자동 채점 그리고 결과 분석까지!

01 안긴문장이 없는 것은?

① 영하는 부산에 살고 민주는 대전에 산다.
② 나는 형이 취직하기를 고대한다.
③ 예쁜 지혜는 자주 거울을 본다.
④ 어머니께서 나에게 다음 주에 가족 여행을 가자고 말씀하셨다.

02 다음 밑줄 친 부분의 예로 적절한 것은?

> 국어의 높임법에는 말하는 이가 듣는 이에 대하여 높이거나 낮추어 말하는 상대 높임법, 서술어의 주체를 높이는 주체 높임법, 서술어의 객체를 높이는 객체 높임법 등이 있다.

① 충무공은 훌륭한 장군이셨다.
② 선생님께서 숙제를 내 주셨다.
③ 철수는 선생님께 책을 드렸다.
④ 아버지께서는 진지를 잡수시고 계신다.

03 다음 중 문학 갈래의 예로 적절한 것은?

① 서정 양식: 향가, 몽유록, 고대 가요
② 서사 양식: 전설, 사설시조, 판소리
③ 극 양식: 탈춤, 인형극, 경기체가
④ 교술 양식: 수필, 편지, 기행문

04 다음 문장에 대한 설명으로 가장 적절한 것은?

> 눈이 녹으면 남은 발자국 자리마다 꽃이 피리니.

① 의존 형태소는 9개이다.
② 자립 형태소는 6개이다.
③ 7개의 어절, 16개의 음절로 이루어진 문장이다.
④ 실질 형태소는 8개이다.

[05~06] 다음 글을 읽고 물음에 답하시오.

> 손(客)이 주옹(舟翁)에게 묻기를,
> "그대가 배에서 사는데, 고기를 잡는다 하자니 낚시가 없고, 장사를 한다 하자니 돈이 없고, 진리(津吏) 노릇을 한다 하자니 물 가운데만 있어 왕래(往來)가 없구려. 변화불측(不測)한 물에 조각배 하나를 띄워 가없는 만경(萬頃)을 헤매다가, 바람 미치고 물결 놀라 돛대는 기울고 노까지 부러지면, 정신과 혼백(魂魄)이 흩어지고 두려움에 싸여 명(命)이 지척(咫尺)에 있게 될 것이로다. 이는 지극히 험한 데서 위태로움을 무릅쓰는 일이거늘, 그대는 도리어 이를 즐겨 오래오래 물에 떠가기만 하고 돌아오지 않으니 무슨 재미인가?"
> 하니, 주옹이 말하기를,
> "아아, 손은 생각하지 못하는가? 대개 사람의 마음이란 다잡기와 느슨해짐이 무상(無常)하니, 평탄한 땅을 디디면 태연하여 느긋해지고, 험한 지경에 처하면 두려워 서두르는 법이다. 두려워 서두르면 조심하여 든든하게 살지만, 태연하여 느긋하면 반드시 흐트러져 위태로이 죽나니, 내 차라리 위험을 딛고서 항상 조심할지언정, 편안한 데 살아 스스로 쓸모없게 되지 않으려 한다. 하물며 내 배는 정해진 꼴이 없이 떠도는 것이니, 혹시 무게가 한쪽으로 치우치면 그 모습이 반드시 기울어지지도 뒤집히지도 않아 내 배의 평온을 지키게 되나니,

비록 풍랑이 거세게 인다 한들 편안한 내 마음을 어찌 흔들 수 있겠는가? 또, 무릇 인간 세상이란 한 거대한 물결이요, 인심이란 한바탕 큰 바람이니, 하잘것없는 내 한 몸이 아득한 그 가운데 떴다 잠겼다 하는 것보다는, 오히려 한 잎 조각배로 만 리의 부슬비 속에 떠 있는 것이 낫지 않은가? 내가 배에서 사는 것으로 사람 한세상 사는 것을 보건대, 안전할 때는 후환(後患)을 생각지 못하고, 욕심을 부리느라 나중을 돌보지 못하다가, 마침내는 빠지고 뒤집혀 죽는 자가 많다. 손은 어찌 이로서 두려움을 삼지 않고 도리어 나를 위태하다 하는가?"

하고, 주옹은 뱃전을 두들기며 노래하기를,

[A] "아득한 강바다여, 유유하여라. 빈 배를 띄웠네, 물 한가운데. 밝은 달 실어라, 홀로 떠가리. 한가로이 지내다 세월 마치리."

하고는 손과 작별하고 간 뒤, 더는 말이 없었다.

– 권근, 「주옹설(舟翁說)」

05 다음 중 윗글에 대한 설명으로 적절하지 않은 것은?

① 역설적 발상을 통해 일반적인 삶의 태도를 비판하고 있다.
② 질문을 하고 답하는 형식을 취하고 있다.
③ 경전을 인용하여 주장을 강조하고 있다.
④ 노래를 통해 주장을 암시하고 있다.

06 다음 중 [A]와 유사한 삶의 태도를 보여 주고 있는 작품은?

① 秋江(추강)애 밤이 드니 물결이 츳노미라.
　낙시 드리치니 고기 아니 무노미라.
　無心(무심)흔 둘빗만 싯고 뷘 비 저어 오노미라

② 어져 내 일이야 그릴 줄을 모로드냐.
　이시라 흐더면 가랴마는 제 구틔여
　보닉고 그리는 정(情)은 나도 몰라 흐노라

③ 눈 마즈 휘여진 딕를 뉘라셔 굽다턴고
　구블 節(절)이면 눈 속에 프를소냐
　아마도 歲寒孤節(세한고절)은 너쑨인가 흐노라

④ 靑山(청산)은 엇데흐야 萬古(만고)애 프르르며,
　流水(유수)는 엇데흐야 晝夜(주야)애 긋디 아니는고.
　우리도 그치디 마라 萬古常靑(만고상청)호리라

07 다음 시에 대한 감상으로 적절하지 않은 것은?

네 집에서 그 샘으로 가는 길은 한 길이었습니다. 그래서 새벽이면 물 길러 가는 인기척을 들을 수 있었지요. 서로 짠 일도 아닌데 새벽 제일 맑게 고인 물은 네 집이 돌아가며 길어 먹었지요. 순번이 된 집에서 물 길어 간 후에야 똬리끈 입에 물고 삽짝 들어서시는 어머니나 물지게 진 아버지 모습을 볼 수 있었지요. 집안에 일이 있으면 그 순번이 자연스럽게 양보되기도 했었구요. 넉넉하지 못한 물로 사람들 마음을 넉넉하게 만들던 그 샘가 미나리꽝에서는 미나리가 푸르고 앙금 내리는 감자는 잘도 썩어 구린내 훅 풍겼지요.

– 함민복, 「그 샘」

① '샘'을 매개로 공동체의 삶을 표현했다.
② 공감각적 이미지로 이웃 간의 배려를 표현했다.
③ 구어체로 이웃 간의 정감 어린 분위기를 표현했다.
④ 과거 시제로 회상의 분위기를 표현했다.

08 다음 〈보기〉는 어떤 자음에 대한 설명이다. 〈보기〉의 설명에 알맞은 단어는?

〈보 기〉
· 예사소리이다.
· 공기를 막았다가 터트리면서 내는 소리이다.
· 여린입천장에서 나는 소리이다.

① 해장　　　　　　② 사탕
③ 낭만　　　　　　④ 국밥

09 밑줄 친 부분과 다의 관계에 있는 '쓰다'의 용례로 가장 알맞은 것은?

이런 증세에는 이 약을 쓰면 바로 효과를 볼 수 있다.

① 아이가 자신이 좋아하는 반찬만 먹겠다고 생떼를 쓴다.
② 선산에 자신의 묘를 써 달라는 것이 그의 유언이었다.
③ 아이는 추운지 이불을 머리끝까지 쓰고 누웠다.
④ 그가 말하는 것을 들어보니 아예 소설을 쓰고 있었다.

10 다음 중 밑줄 친 단어의 표준 발음이 옳은 것으로만 묶인 것은?

㉠ 동원령[동월령]이 선포되었다.
㉡ 오늘 떠나는 직원의 송별연[송벼련]이 있다.
㉢ 남의 삯일[사길]을 해야 할 만큼 고생이 심했다.
㉣ 부모가 남긴 유산을 자식들은 야금야금[야그먀금] 까 먹었다.

① ㉠, ㉡
② ㉠, ㉢
③ ㉡, ㉣
④ ㉢, ㉣

11 〈보기〉에 대한 설명으로 가장 옳은 것은?

〈보 기〉
　화랑도(花郎道)란, 신라 때의 청소년들이 자신의 마음과 몸을 닦고 목숨을 바쳐 나라를 지키려는 우리 고유의 정신적 흐름을 말한다. 그리고 이를 실천하기 위하여 조직된 단체를 화랑도(花郎徒)라 한다. 그 사회의 중심인물이 되기 위하여 마음과 몸을 단련하고, 올바른 사회생활의 규범을 익히며, 나라가 어려운 시기에 처할 때 싸움터에서 목숨을 바치려는 기풍은 고구려나 백제에도 있었지만, 특히 신라에서 가장 활발하였다.

－ 변태섭, 『화랑도』

① 반론을 위한 전제를 제시하여 독자의 이해를 돕고 있다.
② 자신의 체험담을 제시하여 독자의 이해를 돕고 있다.
③ 용어 정의를 통해 독자의 이해를 돕고 있다.
④ 통계적 사실이나 사례 제시를 통해 독자의 이해를 돕고 있다.

12 다음 시조의 밑줄 친 ㉠에 대한 설명으로 적절한 것은?

梨花雨(이화우) 훗쑤릴 제 울며 잡고 離別(이별)ᄒᆞᆫ 님
秋風落葉(추풍낙엽)에 저도 날 싱각ᄂᆞᆫ가
千里(천 리)에 외로운 ㉠ 숨만 오락가락 ᄒᆞ노매.

－ 계랑의 시조

① 임과의 재회에 대한 소망이 드러나 있다.
② 대립적인 상황을 해소하는 계기가 된다.
③ 인물의 과거 행적을 요약적으로 드러낸다.
④ 장면을 전환하여 긴박한 분위기를 이완하고 있다.

13 다음 중 제시된 글의 내용과 입장이 다른 하나는?

최근 교육과학기술부가 내놓은 '학교폭력 가해사실에 대한 학교생활기록부 기록 방침'은 환영할 만하다. 학생부에 가해사실을 기록하게 되면, 입시를 앞둔 학생들에게 경각심을 일으켜 자연스럽게 학교폭력을 예방할 수 있기 때문이다. 학부모들에게 학교폭력의 심각성을 알리는 데도 효과적이다.

그런데 일부 지방교육청에서 가해학생의 '인권'이 침해된다는 이유를 들어 이런 조처를 보류하고 있다는 사실에 통탄을 금할 길이 없다. 한 번의 실수로 남은 인생에 불이익을 받게 되는 것이 두렵다면, 평생을 학교폭력으로 고통받고, 학업까지 포기하며 살아야 하는 피해학생과 그 가족의 아픔은 무엇이란 말인가. 지속적인 폭력으로 몸과 마음에 상처를 입은 학생이 받은 고통을 생각한다면, 과연 학교폭력의 학교생활기록부 기재를 재고한다는 방침을 논할 수가 있는지 묻고 싶다.

더욱이 상급학교 진학 때 우려되는 불이익에서 가해학생을 보호하기 위하여 학생의 행동이나 태도에 긍정적인 변화가 있는 경우, 이를 학교생활기록부의 '행동특성 및 종합의견란'등에 구체적으로 기록하도록 하여 '낙인 효과'를 방지하도록 하고 있다. 이렇게 가해학생을 보호할 수 있는 안전판이 마련돼 있는데도 학생부 기재를 반대하는 것은 위험한 발상이 아닐 수 없다.

가해학생의 인권도 물론 중요하지만 피해자와 가해자의 인권이 대립했을 때는 약자의 권리가 우선돼야 한다. 그것이 인권의 본질적인 측면에 부합하는 것이다. 예컨대 성범죄자의 인권을 제한하거나, 가정폭력의 경우 남성에게 '접근 제한' 명령 등을 내리는 것은 이런 이유에서다. 학교폭력 학생부 기재로 가해학생이 받는 불이익보다, 학교폭력으로 고통 받고 괴로워하는 피해학생의 인권 보호가 더 중요하다.

학교폭력에 관해 우리 사회는 가해자에게 온정적이다. 피해자가 평생 시달릴 고통에 대해서는 전혀 배려가 없다. 피해자와 그 가족의 고통은 외면한 채 가해자의 인권을 외치는 사람들은 과연 학교폭력의 시퍼런 서슬 앞에 자유로울 수 있단 말인가? 가해학생에겐, 죄를 지으면 반드시 처벌받는다는 것을 깨우쳐 주어야 한다. 또 진정한 반성의 기회를 통해 새로운 사회·도덕적 인간으로 거듭날 수 있게 해주는 것 역시 교육의 한 부분이다

더 이상 가해자에게 변명과 발뺌의 기회를 주어서는 안 된다. 그로 인해 더욱 고통받는 피해자와 그 가족들이 있다는 것을 명심해야 할 것이다.

① 경각심을 일으켜 학교폭력을 예방할 수 있다.
② 한 번의 실수로 지나친 불이익을 받는 것을 방지해야 한다.
③ 피해자의 인권이 우선돼야 한다.
④ 새로운 사회·도덕적 인간으로 거듭날 수 있게 해 준다.

14 다음 글의 내용과 가장 부합하는 것은?

세잔이, 사라졌다고 느낀 것은 균형과 질서의 감각이다. 인상주의자들은 순간순간의 감각에만 너무 사로잡힌 나머지 자연의 굳건하고 지속적인 형태는 소홀히 했다고 느꼈던 것이다. 반 고흐는 인상주의가 시각적 인상에만 집착하여 빛과 색의 광학적 성질만을 탐구한 나머지 미술의 강렬한 정열을 상실하게 될 위험에 처했다고 느꼈다. 마지막으로 고갱은 그가 본 인생과 예술 전부에 대해 철저하게 불만을 느꼈다. 그는 더 단순하고 더 솔직한 어떤 것을 열망했고 그것을 원시인들 속에서 발견할 수 있으리라고 기대했다. 이 세 사람의 화가가 모색했던 제각각의 해법은 세 가지 현대 미술 운동의 이념적 바탕이 되었다. 세잔의 해결 방법은 프랑스에 기원을 둔 입체주의(Cubism)를 일으켰고, 반 고흐의 방법은 독일 중심의 표현주의(Expressionism)를 일으켰다. 고갱의 해결 방법은 다양한 형태의 프리미티비즘(Primitivism)을 이끌어 냈다.

① 세잔은 인상주의가 균형과 질서의 감각을 너무 강조한다고 생각했다.
② 고흐는 인상주의가 빛과 색의 광학적 성질을 탐구하는 것을 간과하고 있다고 생각했다.
③ 고갱은 인상주의가 충분히 솔직하고 단순했다고 생각했다.
④ 세잔, 고흐, 고갱은 인상주의의 문제를 극복하고자 각자 새로운 해결 방법을 모색했다.

15 다음 작품과 같은 갈래에 대한 설명으로 옳지 않은 것은?

> 십 년(十年)을 경영하여 초려 삼간(草廬三間) 지어 내니
> 나 한 간 달 한 간에 청풍(淸風) 한 간 맡겨 두고
> 강산(江山)은 들일 데 없으니 둘러 두고 보리라.
> — 송순, 「십 년(十年)을 경영하여」

① 4음보의 규칙적인 율격을 지닌다.
② 초장, 중장, 종장으로 구성되었다.
③ 4구체, 8구체, 10구체로 분류할 수 있다.
④ 우리 민족이 만든 독특한 정형시라고 볼 수 있다.

16 밑줄 친 어휘의 쓰임이 적절하지 않은 것은?

① 푸른 연기가 감실감실 피어오른다.
② 날씨가 더워 모시로 만든 핫옷을 꺼내 입었다.
③ 강아지는 머뭇거리지 않고 넝큼넝큼 받아먹었다.
④ 아침 햇빛을 받아 반짝거리는 호수는 다붓하기만 했다.

17 다음 중 밑줄 친 ㉠과 어울리는 한자성어는?

> 초승달이나 보름달은 보는 이가 많지마는, 그믐달은 보는 이가 적어 그만큼 외로운 달이다. 객창한등(客窓寒燈)에 ㉠ 정든 님 그리워 잠 못 들어 하는 분이나, 못 견디게 쓰린 가슴을 움켜잡은 무슨 한(恨) 있는 사람 아니면, 그 달을 보아 주는 이가 별로 없는 것이다.

① 寤寐不忘
② 靑出於藍
③ 刻骨難忘
④ 不問曲直

18 다음 글의 ㉠~㉣에 대해 잘못 설명한 것은?

> 열무 삼십 단을 이고
> 시장에 간 우리 엄마
> 안 오시네, ㉠ 해는 시든 지 오래
> 나는 ㉡ 찬밥처럼 방에 담겨
> 아무리 천천히 숙제를 해도
> 엄마 안 오시네, ㉢ 배추잎 같은 발소리 타박타박
> 안 들리네. 어둡고 무서워
> ㉣ 금간 창 틈으로 고요한 빗소리
> 빈 방에 혼자 엎드려 훌쩍거리던
>
> 아주 먼 옛날
> 지금도 내 눈시울을 뜨겁게 하는
> 그 시절, 내 유년의 윗목
> — 기형도, 「엄마 걱정」

① ㉠: 시간의 경과가 나타나 있다.
② ㉡: 홀로 방치된 화자의 외로운 상황이 드러난다.
③ ㉢: '찬밥처럼 방에 담겨'와 같은 표현 방법이 사용되었다.
④ ㉣: 힘든 현실을 극복하고자 하는 의지가 드러나는 표현이다.

19 〈보기〉는 중세국어의 표기법에 대한 설명이다. 이에 따른 표기로 가장 옳지 않은 것은?

> ── 〈보 기〉──
> 중세국어 표기법의 일반적 원칙은 표음적 표기법으로, 이는 음운의 기본 형태를 밝혀 적지 않고 소리 나는 대로 적는 표기를 말한다. 이어적기는 이러한 원리에 따른 것으로 받침이 있는 체언이나 받침이 있는 용언 어간에 모음으로 시작하는 조사나 어미가 붙을 때 소리 나는 대로 이어 적는 표기를 말한다.

① 불휘 기픈
② ᄇᆞᄅᆞ매 아니 뮐쎄
③ 쟝긔판늘 밍글어놀
④ ᄇᆞᄅᆞ래 가ᄂᆞ니

20 다음 중 ㉠~㉣에 대한 수정 방안으로 옳지 않은 것은?

봄이면 어김없이 나타나 우리를 괴롭히는 황사가 본래 나쁘기만 한 것은 아니었다. ㉠ 황사의 이동 경로는 매우 다양하다. 황사는 탄산칼슘, 마그네슘, 칼륨 등을 포함하고 있어 봄철의 산성비를 중화시켜 토양의 산성화를 막는 역할을 했다. 또 황사는 무기물을 포함하고 있어 해양 생물에게도 도움을 줬다. ㉡ 그리고 지금의 황사는 생태계에 심각한 해를 끼치는 애물단지가 되어 버렸다. 이처럼 황사가 재앙의 주범이 된 것은 인간의 환경 파괴 ㉢ 덕분이다.

현대의 황사는 각종 중금속을 포함하고 있는 독성 황사이다. 황사에 포함된 독성 물질 중 대표적인 것으로 다이옥신을 들 수 있다. 다이옥신은 발암 물질이며 기형아 출산을 일으킬 수도 있는 것이다. 이러한 ㉣ 독성 물질이 다수 포함하고 있는 황사가 과거보다 자주 발생하고 정도도 훨씬 심해지고 있어 문제이다.

① ㉠은 글의 논리적인 흐름을 방해하고 있으므로 삭제한다.
② ㉡은 앞뒤 내용을 자연스럽게 연결해 주지 못하므로 '그래서'로 바꾼다.
③ ㉢은 어휘가 잘못 사용된 것이므로 '때문이다'로 고친다.
④ ㉣은 서술어와 호응하지 않으므로 '독성 물질을'로 고친다.

21 다음 시에 대한 설명으로 적절하지 않은 것은?

산이 날 에워싸고
씨나 뿌리며 살아라 한다.
밭이나 갈며 살아라 한다.

어느 짧은 산자락에 집을 모아
아들 낳고 딸을 낳고
흙담 안팎에 호박 심고
들찔레처럼 살아라 한다.
쑥대밭처럼 살아라 한다.

산이 날 에워싸고
그믐달처럼 사위어지는 목숨
그믐달처럼 살아라 한다.
그믐달처럼 살아라 한다.

— 박목월, 「산이 날 에워싸고」

① 화자는 순수하고도 탈속적인 세계를 지향하고 있다.
② 유사한 통사 구조의 반복을 통해 주제를 강조하고 있다.
③ 화자는 자신의 소망을 '산'이 자신에게 말하는 것처럼 표현하고 있다.
④ 화자는 절제된 감정으로 '산'과의 일정한 거리를 유지하려 하고 있다.

22 다음 밑줄 친 부분의 표준어 표기가 옳은 것은?

① <u>온가지</u> 정성을 기울였다.
② <u>며루치</u> 한 마리 주는 것도 아깝다.
③ <u>천정</u>에서 쥐들이 달리는 소리가 요란하다.
④ 그는 나를 <u>꼭두각시</u>처럼 조종해 오고 있었다.

23 다음 글의 ㉠에 해당하는 작품이 아닌 것은?

> 역사적으로 볼 때 우리나라의 극 갈래는 가면극, 인형극, 판소리 등을 거쳐 신파극, 근대극, 현대극으로 발전해 왔다. 가면극은 신라의 오기, 검무, 처용무에서 시작하여 고려의 나례, 조선의 산대희와 탈춤으로 발전하였다. 인형극은 삼국 시대의 목우희에서 나무인형으로 노는 인형극, 고려 시대의 꼭두각시놀음과 그림자극인 망석중 놀이로 이어졌다. 조선 후기에 발생한 판소리는 신재효가 ㉠ 여섯 마당으로 정리하면서 전환기를 맞이하였다.

① 「만분가」
② 「적벽가」
③ 「심청가」
④ 「춘향가」

24 〈보기〉의 ㉠~㉢에 들어갈 알맞은 낱말끼리 짝 지은 것은?

> ────〈보 기〉────
>
> 물속에 잠긴 막대기는 굽어 보이지만 실제로 굽은 것은 아니다. 이때 나무가 굽어 보이는 것은 우리의 착각 때문도 아니고 눈에 이상이 있기 때문도 아니다. 나무는 정말 굽어 보이는 것이다. 분명히 굽어 보인다는 점과 사실은 굽지 않았다는 점 사이의 (㉠)은 빛의 굴절 이론을 통해서 해명된다.
>
> 굽어 보이는 나무도 우리의 직접적 경험을 통해서 주어지는 하나의 현실이고, 실제로는 굽지 않은 나무도 하나의 현실이다. 전자를 우리는 사물이나 사태의 보임새, 즉 (㉡)이라고 부르고, 후자를 사물이나 사태의 참모습, 즉 (㉢)이라고 부른다.

	㉠	㉡	㉢
①	葛藤	現象	本質
②	矛盾	現象	本質
③	矛盾	假象	根本
④	矛盾	現象	本質

25 글의 제목으로 가장 적절한 것은?

> 평화로운 시대에 시인의 존재는 문화의 비싼 장식일 수 있다. 그러나 시인의 조국이 비운에 빠졌거나 통일을 잃었을 때 시인은 장식의 의미를 떠나 민족의 예언가가 될 수 있고, 민족혼을 불러일으키는 선구자적 지위에 놓일 수도 있다. 예를 들면 스스로 군대를 가지지 못한 채 제정 러시아의 가혹한 탄압 아래 있던 폴란드 사람들은 시인의 존재를 민족의 재생을 예언하고 굴욕스러운 현실을 탈피하도록 격려하는 예언자로 여겼다. 또한 통일된 국가를 가지지 못하고 이산되어 있던 이탈리아 사람들은 시성 단테를 유일한 '이탈리아'로 숭앙했고, 제1차 세계대전 때 독일군의 잔혹한 압제하에 있었던 벨기에 사람들은 베르하렌을 조국을 상징하는 시인으로 추앙하였다.

① 시인의 운명
② 시인의 사명
③ 시인의 혁명
④ 시인의 생명

제2과목: 형법

QR코드 접속을 통해 풀이시간 측정, 자동 채점
그리고 결과 분석까지!

01 죄형법정주의에 대한 설명으로 가장 적절하지 않은 것은?(단, 다툼이 있는 경우 판례에 의함)

① 형법 조항에 관한 판례의 변경은 그 법률조항 자체가 변경된 것으로 볼 수 없으므로, 행위 당시의 판례에 의하면 처벌대상이 되지 아니하는 것으로 해석되었던 행위를 판례의 변경에 따라 확인된 내용의 형법 조항에 근거하여 처벌한다면 이는 형법 소급효금지원칙에 반한다고 할 수 없다.

② 「형법」 제258조의2 특수상해죄의 신설로 「형법」 제262조, 제261조의 특수폭행치상죄에 대하여 그 문언상 특수상해죄의 예에 의하여 처벌하는 것이 가능하게 되었다는 이유만으로 「형법」 제258조의2 제1항의 예에 따라 처벌할 수 있다고 하는 것은 죄형법정주의에 반한다.

③ 개정 형법의 시행 이전에 죄를 범한 자에 대하여 개정 형법에 따라 보호관찰을 명할 경우, 형벌불소급원칙 또는 죄형법정주의에 위배되는 것이라고 볼 수 없다.

④ 원인불명으로 재산상의 이익인 가상자산을 이체받은 자가 가상자산을 사용·처분한 경우 이를 형사처벌하는 명문의 규정이 없다고 하더라도 착오송금 시 횡령죄 성립을 긍정한 판례를 유추하여 신의칙을 근거로 피고인을 배임죄로 처벌하는 것은 죄형법정주의에 반하지 않는다.

02 사실의 착오에 대한 설명으로 옳은 것만을 모두 고른 것은?(단, 다툼이 있는 경우 판례에 의함)

㉠ "특별히 중한 죄가 되는 사실을 인식하지 못한 행위는 중한 죄로 벌하지 아니한다"라고 규정한 「형법」 제15조 제1항은 인식한 사실이 발생한 사실보다 가벼운 추상적 사실의 착오만을 상정하고 있다.

㉡ 갑이 상해의 고의로 A를 향해 돌을 던졌으나 빗나가서 옆에 있던 A의 자동차 유리창을 깨뜨린 경우, 구체적 부합설에 따르면 A에 대한 상해미수죄가 성립한다.

㉢ 갑이 살해의 고의로 자신의 형 A를 향해 총을 쏘았으나 알고 보니 아버지 B가 맞아 죽은 경우, 법정적 부합설에 따르면 A에 대한 보통살인미수와 B에 대한 과실치사죄가 성립한다.

㉣ 갑이 살해의 고의로 A의 머리를 돌로 쳤으나 사망하지 않고 뇌진탕으로 쓰러졌는데, 갑은 A가 죽은 것으로 오인하고 개울가로 끌고가 땅에 파묻어 질식사한 경우, 판례에 따르면 A에 대한 살인죄의 기수가 성립하지 않는다.

① ㉠, ㉡
② ㉡, ㉢
③ ㉢, ㉣
④ ㉠, ㉣

03 다음 중 사례와 범죄의 연결이 옳은 것은?(단, 다툼이 있는 경우 판례에 의함)

① 회사에서 손해배상을 요구하면서 사장 이하 간부들에게 욕설을 하거나 응접탁자 등을 들었다 놓았다 하거나 현수막을 만들어 보이면서 시위를 할 듯한 태도를 보인 경우 – 공갈죄

② 본인 명의의 예금계좌를 양도하는 방법으로 본범의 사기 범행을 용이하게 한 방조범이 본범의 사기행위 결과 그의 예금계좌에 입금된 돈을 인출한 경우 – 장물취득죄

③ 강제경매절차에서 건물의 인도명령의 집행이 이루어지기 전까지 건물 외벽에 설치된 전기코드에 선을 연결하여 컨테이너로 전기를 공급받아 사용한 경우 – 절도죄

④ 절도범인이 처음에는 흉기를 휴대하지 않았으나, 체포를 면탈할 목적으로 폭행 또는 협박을 가할 때에 비로소 흉기를 휴대 사용하게 된 경우 – 특수강도의 준강도

04 부작위범에 대한 설명으로 가장 적절하지 않은 것은?(단, 다툼이 있는 경우 판례에 의함)

① 작위뿐 아니라 부작위에 의하여도 실현될 수 있는 범죄의 경우에, 행위자가 자신의 신체적 활동이나 물리적·화학적 작용을 통하여 적극적으로 타인의 법익 상황을 악화시킴으로써 결국 그 타인의 법익을 침해하였다면 이는 작위에 의한 범죄로 봄이 원칙이다.

② 형법상 방조는 작위에 의하여 정범의 실행을 용이하게 하는 경우는 물론, 직무상의 의무가 있는 자가 정범의 범죄 행위를 인식하였지만 그것을 방지하여야 할 제반조치를 취하지 않은 부작위로 인하여 정범의 실행행위를 용이하게 하는 경우에도 성립한다.

③ 선행행위로 인한 부작위범의 경우 선행행위에 대한 고의·과실 혹은 유책·위법이 있어야 작위의무가 발생한다.

④ 부진정 부작위범의 성립요건으로 작위의무에는 법령, 법률행위, 선행행위뿐 아니라 기타 신의성실의 원칙이나 사회상규 혹은 조리상 작위의무가 기대되는 경우도 포함한다.

05 다음 중 정당방위에 해당하는 것으로 옳은 것은?(단, 다툼이 있는 경우 판례에 의함)

① 이혼소송 중인 남편이 찾아와 가위로 폭행하고 변태적 성행위를 강요하는 것에 격분한 아내가 칼로 남편의 복부를 찔러 사망에 이르게 한 경우

② 피고인이 그 소유의 밤나무 단지에서 피해자가 밤 18개를 푸대에 주워 담는 것을 보고 푸대를 빼앗으려다 반항하는 피해자의 뺨과 팔목을 때려 상처를 입힌 경우

③ 긴급피난에 대한 정당방위는 인정되지만 정당방위에 대한 정당방위는 인정되지 않는다.

④ 검사가 검찰청에 자진출석한 변호사사무실 사무장을 합리적 근거 없이 긴급체포하자 그 변호사가 이를 제지하는 과정에서 위 검사에게 상해를 가한 경우

06 다음 사례에 대한 설명으로 옳은 것은?(단, 다툼이 있는 경우 판례에 의함)

> 甲은 밤 10시경 절취의 목적으로 피해자 A가 집에 없는 틈을 타 드라이버로 A의 집 현관문을 부수고 들어가 A의 귀금속을 가지고 나왔다.

① 만약 위 사례에서 甲이 현관문을 부순 시점에 집으로 돌아오는 A에게 들켜 도망간 경우, 아직 A의 집 안으로 들어가지 않았으므로 실행의 착수가 인정되지 않아 절도범행은 처벌할 수 없다.

② 만약 乙이 甲에게 절도를 교사하고 甲이 범행 후 훔친 귀금속을 맡아 달라고 부탁하자 乙이 이를 수락하고 귀금속을 교부받아 갖고 있다가 임의로 처분하였다면, 乙에게는 절도교사죄 이외에 장물보관죄 및 횡령죄가 성립한다.

③ 만약 甲이 A의 현금카드를 사용하여 돈을 인출할 목적으로 현금카드를 가지고 나와 현금자동지급기에서 돈을 인출한 후 현금카드를 제자리에 가져다 놓은 경우, 현금카드에 대한 절도죄와 인출한 현금에 대한 절도죄가 성립한다.

④ 甲에게는 「형법」 제331조 제1항의 특수절도(야간손괴침입절도)죄가 성립한다.

07 실행의 착수에 대한 설명으로 옳지 않은 것은?(단, 다툼이 있는 경우 판례에 의함)

① 위장결혼의 당사자 및 브로커와 공모한 甲이 허위로 결혼사진을 찍고 혼인신고에 필요한 서류를 준비하여 위장결혼의 당사자에게 건네준 것만으로도 공전자기록등불실기재죄의 실행의 착수가 있었다고 할 것이다.

② 관세를 포탈할 범의를 가지고 선박을 이용하여 물품을 영해 내에 반입한 때에는 관세포탈죄의 실행의 착수가 있었다고 할 것이다.

③ 야간에 아파트에 침입하여 물건을 훔칠 의도하에 아파트의 베란다 철제난간까지 올라가 유리창문을 열려고 시도하였다면 야간주거침입절도죄의 실행의 착수가 있었다고 할 것이다.

④ 법원을 기망하여 자기에게 유리한 판결을 얻고자 소송을 제기한 자가 상대방의 주소를 허위로 기재하여 소송을 제기함으로써 그 허위주소로 소송서류가 송달되었고, 그로 인하여 상대방이 아닌 다른 사람이 그 서류를 받아 소송을 진행한 경우 소송사기죄의 실행의 착수가 있었다고 할 것이다.

08 책임능력에 대한 설명으로 가장 적절하지 않은 것은?(단, 다툼이 있는 경우 판례에 의함)

① 책임을 범죄인에 대한 비난 가능성으로 이해한다면 책임능력은 곧 범죄능력을 의미한다.

② 스스로 차를 운전하여 술집에 가서 술을 마신 후 운전하다가 교통사고를 일으킨 경우 사고 당시에는 심신미약 상태에 있었으므로 형의 감경 등을 할 수 없다.

③ 14세 미만인 자에게는 형벌을 과할 수 없지만, 10세 이상 14세 미만의 소년에 대해서는 소년법상의 보호처분을 과할 수 있다.

④ 피고인의 심신장애의 정도가 불분명한 경우, 법원은 피고인의 정신장애의 내용 및 그 정도 등에 관하여 정신과의사로 하여금 감정을 하게 한 다음, 그 감정 결과를 중요한 참고자료로 삼아 범행의 경위, 수단, 범행 전후의 행동 등 제반 사정을 종합하여 범행 당시의 심신상실 여부를 경험칙에 비추어 의학적으로 판단하여야 한다.

09 법률의 착오에 대한 설명으로 가장 옳지 않은 것은?(단, 다툼이 있는 경우 판례에 의함)

① 법률의 착오란 위법성의 인식 없이 위법한 행위를 하는 경우를 말한다.

② 위법성의 인식에 필요한 노력의 정도는 구체적인 행위정황과 행위자 개인의 인식능력 그리고 행위자가 속한 사회집단에 따라 달리 평가되어야 한다.

③ 행위자가 자기의 행위와 관련된 금지규범을 알지 못한 경우도 그 부지에 정당한 이유가 있는 경우에는 벌하지 않는다.

④ '타인의 상품과 피고인의 상품이 유사하지 않다'라는 변리사의 감정결과와 특허국의 등록사정을 믿고 발가락 5개의 양말을 제조·판매한 경우 「형법」 제16조에 해당하여 벌할 수 없다.

10 다음 중 중지미수를 인정하는 것은?(단, 다툼이 있는 경우 판례에 의함)

① 피해자를 살해하려고 목 부위와 가슴 부위를 칼로 수회 찔렀으나 많은 피가 흘러나오자 겁을 먹고 그만 둔 경우

② 피해자의 어린 딸이 옆에서 울고 피해자가 남편이 돌아올 시간이 되었다고 하면서 더구나 임신 중이라고 사정하자 강간행위를 그만 둔 경우

③ 방화 후 불길이 치솟는 것을 보고 겁이 나서 불을 끈 경우

④ 강도가 강간하려고 하였으나 다음에 만나 친해지면 응해 주겠다는 피해자의 간곡한 부탁에 따라 강간행위의 실행을 중지한 경우

11 상상적 경합에 해당하지 않는 것을 모두 고른 것은?(단, 다툼이 있는 경우 판례에 의함)

> ㉠ 다수의 계(契)를 조직하여 수인의 계원들을 개별적으로 기망하여 계불입금을 편취한 경우
> ㉡ 피고인이 예금통장을 강취하고 예금자 명의의 예금청구서를 위조한 다음 이를 은행원에게 제출행사하여 예금인출금 명목의 금원을 교부받은 경우
> ㉢ 강도범인이 체포를 면탈할 목적으로 경찰관에게 폭행을 가한 경우
> ㉣ 하나의 유사상표 사용행위로 수 개의 등록상표를 동시에 침해한 경우

① ㉠

② ㉠, ㉡

③ ㉠, ㉡, ㉢

④ ㉠, ㉡, ㉢, ㉣

12 형벌에 대한 설명으로 가장 옳지 않은 것은?(단, 다툼이 있는 경우 판례에 의함)

① 행위자에게 유죄의 재판을 아니할 때에는 몰수의 요건이 있더라도 몰수만을 선고할 수 없다.

② 유기징역에 있어서 형기의 3분의 1을 경과한 후 행정처분으로 가석방할 수 있으며, 가석방의 기간은 남은 형기로 하되, 그 기간은 10년을 초과할 수 없다.

③ 벌금을 선고하는 판결이 확정된 후 30일 이내에 벌금을 납부해야 하며, 벌금을 완납하지 아니하면 1일 이상 3년 이하의 기간 동안 노역장에 유치된다.

④ 주형을 선고유예할 때에는 그에 부가할 추징도 선고유예할 수 있지만, 주형을 선고유예하지 않으면서 그에 부가할 추징만 선고유예할 수는 없다.

13 형의 유예에 대한 설명으로 가장 옳지 않은 것은? (단, 다툼이 있는 경우 판례에 의함)

① 형의 선고유예를 받은 날로부터 2년을 경과한 때에는 면소된 것으로 간주한다.

② 형법에 의하여 집행유예를 선고하는 경우에는 같은 법에 규정된 보호관찰과 사회봉사를 동시에 명할 수 없다.

③ 형의 집행유예를 받고 유예기간을 무사히 경과하여 형 선고가 실효되었다고 하더라도 '자격정지 이상의 형을 받은 전과가 있는 자'에 해당하므로 선고유예를 할 수는 없다.

④ 「형법」 제37조 후단의 경합범 관계에 있는 죄에 대하여 하나의 판결로 두 개의 자유형을 선고하는 경우에 하나의 자유형에 대하여는 실형을, 다른 하나의 자유형에 대하여는 집행유예를 선고하는 것은 허용된다.

14 몰수의 대상에 대한 설명으로 가장 옳지 않은 것은? (단, 다툼이 있는 경우 판례에 의함)

① 공무원의 직무에 속한 사항의 알선에 관하여 금품을 받고 그 금품 중의 일부를 받은 취지에 따라 청탁과 관련하여 관계 공무원에게 뇌물로 공여하거나 다른 알선행위자에게 청탁의 명목으로 교부한 경우에는 그 부분의 이익은 실질적으로 범인에게 귀속된 것이 아니어서 이를 제외한 나머지 금품만을 몰수하거나 그 가액을 추징하여야 한다.

② 피해자로 하여금 사기도박에 참여하도록 유인하기 위하여 고액의 수표를 제시해 보인 경우 위 수표가 피해자로 하여금 사기도박에 참여하도록 만들기 위한 수단으로 사용된 이상 이를 몰수할 수 있다.

③ 오락실업자, 상품권업자 및 환전소 운영자가 공모하여 사행성 전자식 유기기구에서 경품으로 배출된 상품권을 현금으로 환전하면서 그 수수료를 일정한 비율로 나누어 가지는 방식으로 영업을 한 경우, 환전소 운영자가 환전소에 보관하던 현금 전부가 위와 같은 상품권의 환전을 통한 범죄행위에 제공하려 하였거나 그 범행으로 인하여 취득한 물건에 해당한다.

④ 대형할인매장에서 상당한 부피의 상품을 수회 절취하여 승용차로 운반한 경우 그 승용차는 실행행위의 종료 이후 사용한 물건이므로 「형법」 제48조 제1항 제1호의 "범죄행위에 제공한 물건"으로 볼 수 없어 몰수의 대상이 되지 않는다.

15 다음 설명 중 옳은 것은?(단, 다툼이 있는 경우 판례에 의함)

① 경찰관 甲이 행사할 목적으로 A의 음주운전을 눈감아 주기 위하여 A에 대한 음주운전자 적발보고서를 찢어버리고, 부하로 하여금 일련번호가 동일한 가짜 음주운전 적발보고서에 B의 음주운전 사실을 기재케 하여 그 정을 모르는 담당 경찰관으로 하여금 음주운전자 음주측정처리부에 B의 음주운전 사실을 기재케 한 경우 허위공문서작성죄의 간접정범이 성립하지 않는다.

② 공무원 아닌 자가 관공서에 허위 내용의 증명원을 제출하여 그 내용이 허위인 정을 모르는 담당공무원으로부터 그 증명원 내용과 같은 증명서를 발급받은 경우, 공문서위조죄의 간접정범이 성립한다.

③ 신용카드를 제시받은 상점점원이 그 카드의 금액란을 정정기재 하였다 하더라도 그것이 카드소지인이 위 점원에게 자신이 위 금액을 정정기재할 수 있는 권리가 있는 양 기망하여 이루어졌다면 이는 간접정범에 의한 유가증권 변조죄가 성립한다.

④ 타인 명의의 문서를 위조하여 행사하였다고 하더라도 그 명의인이 실재하지 않는 허무인이거나 또는 문서의 작성일자 전에 이미 사망한 경우에는 사문서위조죄 및 동행사죄가 성립하지 않는다.

16 상해와 폭행의 죄에 대한 설명으로 가장 옳지 않은 것은?(단, 다툼이 있는 경우 판례에 의함)

① 폭행죄에서 말하는 폭행이란 사람의 신체에 대하여 육체적, 정신적 고통을 주는 유형력을 행사하는 것으로서 반드시 피해자의 신체에 접촉할 필요가 없다.

② 상해죄 성립에는 상해의 원인인 폭행에 대한 인식과 함께 상해를 가할 의사가 존재해야 한다.

③ 특수폭행죄의 경우 위험한 물건의 휴대란 범죄현장에서 사용할 의도로 몸 또는 몸 가까이에 소지하는 것을 말한다.

④ 「형법」 제260조의 폭행죄의 경우, 검사는 피해자의 명시한 의사에 반해 공소를 제기할 수 없다.

17 다음 중 동시범(독립행위의 경합)에 대한 설명으로 적절하지 않은 것은?(단, 다툼이 있는 경우 판례에 의함)

① 시간적 차이가 있는 독립행위가 경합한 경우, 그 결과 발생의 원인된 행위가 판명되지 아니한 때에 「형법」 제263조가 적용되는 경우를 제외하고는 「형법」 제19조가 적용된다.

② 「형법」 제263조의 동시범은 강간치상죄에도 적용된다.

③ 경합하는 독립행위의 존재 자체가 불분명하거나 결과가 아예 발생하지 않은 경우에는 동시범 규정이 적용되지 않는다.

④ A가 甲으로부터 폭행을 당하고 얼마 후 함께 A를 폭행하자는 甲의 연락을 받고 달려 온 乙로부터 다시 폭행을 당하고 사망하였으나 사망의 원인행위가 판명되지 않았다면, 「형법」 제263조는 적용되지 않는다.

18 다음 중 가장 옳지 않은 것은?(단, 다툼이 있는 경우 판례에 의함)

① 일반인의 출입이 허용된 음식점이라 하더라도, 영업주의 명시적 또는 추정적 의사에 반하여 들어간 것이라면 주거침입죄가 성립한다.

② 적법히 직장폐쇄를 단행한 사용자로부터 퇴거요구를 받고도 불응한 채 직장점거를 계속한 행위는 퇴거불응죄를 구성한다.

③ 남편의 일시 부재 중 간통의 목적하에 그 처의 승낙만을 얻고 주거에 들어갔다면, 사회통념상 남편의 의사에 반하므로 주거자 1인의 승낙을 얻었다고 하더라도 주거침입죄는 성립한다.

④ 다가구용 단독주택이나 다세대주택·연립주택·아파트 등 공동주택의 내부에 있는 엘리베이터, 공용 계단과 복도는 특별한 사정이 없는 한 주거침입죄의 객체인 사람의 주거에 해당한다.

19 명예훼손죄에서 공연성에 대한 설명으로 가장 옳지 않은 것은?(단, 다툼이 있는 경우 판례에 의함)

① 피고인은 甲의 집 뒷길에서 자신의 남편 乙과 친척인 丙이 듣는 가운데 다른 사람들이 들을 수 있을 정도의 큰 소리로 甲에게 "저것이 징역 살다온 전과자이다."라고 말한 경우, 자신의 남편 乙과 甲의 친척에게 말한 것이라 하더라도 공연성이 인정된다.

② 기자를 통하여 사실을 적시하였다면 기자가 취재를 한 상태에서 아직 기사화하여 보도하지 아니한 경우라도 전파 가능성이 있으므로 공연성이 인정된다.

③ 피고인이 명예훼손죄로 고소할 수 있도록 그 증거자료를 미리 은밀하게 수집, 확보하기 위하여 피고인의 발언을 유도하였다고 의심되는 사람들에게 한 피해자의 여자 문제 등 사생활에 관한 피고인의 발언은 공연성이 인정되지 않는다.

④ 명예훼손죄에서 공연성이란 개별적으로 한 사람에 대하여 사실을 유포하였다고 하더라도 이로부터 불특정 또는 다수인에게 전파될 가능성이 있다면 공연성의 요건을 충족한다.

20 사기죄에 대한 설명으로 가장 적절한 것은?(단, 다툼이 있는 경우 판례에 의함)

① 기한 미도래의 채권을 소송에 의하여 청구함에 있어서 기한의 이익이 상실되었다는 허위의 증거를 조작하는 등의 적극적인 사술을 사용하지 아니한 채, 단지 즉시 지급을 구하는 취지의 지급명령신청은 기망행위에 해당하지 아니한다.

② 출판사 경영자가 출고현황표를 조작하는 방법으로 실제 출판부수를 속여 작가에게 인세의 일부만을 지급한 경우 사기죄가 성립하지 않는다.

③ 소송사기죄는 승소 확정판결에 기하여 현실적으로 재물 또는 재산상 이익을 취득한 때 기수에 이른다.

④ 피기망자의 처분의사가 인정되기 위해서는 피기망자가 자신의 처분행위에 따른 결과까지 인식하여야 한다.

21 친족상도례에 대한 설명으로 가장 옳지 않은 것은? (단, 다툼이 있는 경우 판례에 의함)

① 피고인이 백화점 내 점포에 입점시켜 주겠다고 속여 피해자로부터 입점비 명목으로 돈을 편취한 경우, 피고인의 딸과 피해자의 아들이 혼인하여 피고인과 피해자가 사돈지간이라면 피고인에게 사기죄가 인정되지 않는다.

② 「특정경제범죄 가중처벌 등에 관한 법률」 제3조 제1항에 의해 사기죄가 가중처벌되는 경우에도 형법상 사기죄의 성질은 그대로 유지되므로 친족상도례가 적용된다.

③ 사기죄에 있어서 피기망자와 재산상의 피해자가 다른 경우, 친족상도례가 적용되기 위해서는 사기범인이 재물을 편취당한 제3자가 피해자에 대해 친족관계에 있어야 한다.

④ 법원을 기망하여 제3자로부터 재물을 편취한 경우에 피해자인 제3자와 사기죄를 범한 자가 직계혈족의 관계에 있을 때에는 그 범인에 대하여 형을 면제하여야 한다.

22 2인 이상이 합동하여 죄를 범하는 경우가 아닌 것은?(단, 다툼이 있는 경우 판례에 의함)

① 특수도주　　　　② 특수강도
③ 특수상해　　　　④ 특수절도

23 다음 중 무고죄가 성립하는 것은?(단, 다툼이 있는 경우 판례에 의함)

① 타인에게 형사처벌을 받게 할 목적으로 허위의 사실을 신고하였다 하더라도 그 사실 자체가 범죄가 되지 않는 경우

② 공소시효가 완성되었더라도 마치 공소시효가 완성되지 않은 것처럼 고소한 경우

③ 고소 내용이 터무니없는 허위사실이 아니고 사실에 기초하여 그 정황을 다소 과장한 데 지나지 아니한 경우

④ 신고사실의 일부에 허위 사실이 포함되어 있지만 그 허위부분이 범죄의 성부에 영향을 미치는 중요한 부분이 아니고, 단지 신고한 사실을 과장한 것에 불과한 경우

24 공동정범의 성립이 인정되는 것을 모두 고른 것은? (단, 다툼이 있는 경우 판례에 의함)

> ㉠ 부작위범 사이의 공동정범은 다수의 부작위범에게 공통된 의무가 부여되어 있고 그 의무를 공통으로 이행할 수 있는 경우
> ㉡ 공모자 중 1인이 다른 공범들이 실행에 착수하기 전에 공모관계에서 이탈한 경우
> ㉢ 2인 이상이 공동가공하여 범죄를 실현하려는 의사의 결합이 있는 경우
> ㉣ 선행행위자의 실행행위의 일부 종료 후 후행 행위자가 공동가공의 의사를 가지고 그에 가담한 경우
> ㉤ 피고인 자신이 직접 형사처분을 받게 될 것을 두려워한 나머지 자기의 이익을 위하여 그 증거가 될 자료를 은닉하였다면 증거은닉죄에 해당하지 않으나, 제3자와 공동하여 그러한 행위를 한 경우

① ㉠, ㉡, ㉢　　　　② ㉠, ㉢, ㉣
③ ㉡, ㉢, ㉣　　　　④ ㉡, ㉢, ㉤

25 「형법」 제123조의 직권남용죄에 대한 설명으로 가장 옳지 않은 것은?(단, 다툼이 있는 경우 판례에 의함)

① 퇴임 전 공모한 범행에 관한 기능적 행위지배가 계속 되었다고 인정할 만한 특별한 사정이 없는 한 퇴임 후 의 범행에 관하여는 직권남용죄 공범으로서 책임을 지 지 않는다.

② 직권남용권리행사방해죄는 직권을 남용하여 현실적으로 다른 사람이 법령상 의무 없는 일을 하게 하였거나 다른 사람의 구체적인 권리 행사를 방해하는 결과가 발생하여야 하고, 그 결과의 발생은 직권남용행위로 인한 것이어야 한다.

③ 명문의 규정이 없더라도 법령과 제도를 종합적, 실질 적으로 살펴보아 그것이 해당 공무원의 직무권한에 속 한다고 해석되고, 이것이 남용된 경우 상대방으로 하 여금 사실상 의무 없는 일을 하게 하거나 권리를 방해 하기에 충분한 것이라고 인정되는 경우에는 직권남용 죄에서 말하는 일반적 직무권한에 포함된다.

④ 직권남용행위의 상대방이 일반 사인인 경우에는 그에 게 어떠한 행위를 하게 하였더라도 '의무 없는 일을 하 게 한 때'에 해당할 수 없다.

제3과목: 형사소송법

QR코드 접속을 통해 풀이시간 측정, 자동 채점 그리고 결과 분석까지!

01 관할에 대한 설명으로 가장 적절하지 않은 것은?(단, 다툼이 있는 경우 판례에 의함)

① 고등법원은 형사사건에 관하여 지방법원 합의부의 제1심판결·결정·명령에 대한 항소 또는 항고사건을 심판한다.

② 「형사소송법」 제4조 제1항은 "토지관할은 범죄지, 피고인의 주소, 거소 또는 현재지로 한다."라고 정하고, 여기서 '현재지'라고 함은 공소제기 당시 피고인이 현재한 장소로서 적법한 강제에 의한 현재지도 이에 해당한다.

③ 법원은 피고인이 그 관할구역 내에 현재하지 아니하는 경우에 특별한 사정이 있으면 결정으로 사건을 피고인의 현재지를 관할하는 동급 법원에 이송할 수 있고, 단독판사의 관할사건이 공소장변경에 의하여 합의부 관할사건으로 변경된 경우에 법원은 결정으로 관할권이 있는 법원에 이송한다.

④ 사물관할을 달리하는 수 개의 관련사건이 각각 법원합의부와 단독판사에 계속된 때에는 합의부는 검사 또는 피고인의 신청에 의한 결정으로 단독판사에 속한 사건을 병합하여 심리할 수 있다.

02 공판준비절차에 대한 설명으로 가장 적절하지 않은 것은?

① 공판준비기일은 검사, 피고인, 변호인의 신청에 따라 법원이 결정한 경우에 한하여 공개할 수 있다.

② 법원은 공판준비기일이 지정된 사건에 관하여 변호인이 없는 때에는 직권으로 변호인을 선정하여야 한다.

③ 법원은 공판준비절차에서 공소사실 또는 적용법조의 추가·철회 또는 변경을 허가할 수 있다.

④ 공판준비는 제1회 공판기일 전은 물론 제1회 공판기일 이후에도 가능하다.

03 甲이 수사를 받으면서 乙의 성명, 생년월일 등 인적사항을 모용하였고 이를 오인한 검사가 甲을 乙로 오인하여 乙에 대해 약식명령을 하였다. 법원에서도 그대로 약식명령을 하였고, 약식명령을 송달받은 乙이 정식재판을 청구하여 정식재판절차에서 위와 같은 사실이 밝혀진 경우에 대한 설명으로 적절하지 않은 것은?(단, 다툼이 있는 경우 판례에 의함)

① 乙이 피고인으로 표시되어 있으나 공소제기의 효과는 실질적 피고인인 甲에게 미친다.

② 검사는 법원의 허가를 받아 피고인을 乙에서 甲로 공소장변경을 하여야 한다.

③ 甲에 대하여 재판을 진행하게 되는 경우에도 甲은 이미 자신에 대하여 수사가 진행되었다는 사실을 알고 있으므로 甲에게 약식명령을 다시 송달할 필요가 없다.

④ 乙에게 사실상의 소송계속이 발생하고 형식상 또는 외관상 피고인의 지위를 갖게 된 경우에는 법원으로서는 공소기각판결을 함으로써 피모용자의 불안정한 지위를 명확히 해소해 주어야 한다.

04 보석에 대한 설명으로 가장 옳지 않은 것은?(단, 다툼이 있는 경우 판례에 의함)

① 보증금몰수사건은 지방법원 단독판사의 관할이지만 소송절차 계속 중에 보석허가 결정이나 그 취소결정을 본안 관할법원인 제1심 합의부가 한 경우 당해 합의부가 사물관할을 갖는다.

② 법원이 검사의 의견을 듣지 아니한 채 보석에 관한 결정을 하였다고 하더라도 그 결정이 적정한 이상, 절차상의 하자만을 들어 그 결정을 취소할 수는 없다.

③ 피고인이 누범에 해당하는 경우 필요적 보석의 제외사유에 해당한다.

④ 법원의 보석기각결정에 대하여 피고인은 보통항고를 할 수 있다.

05 진술거부권에 대한 설명으로 가장 적절하지 않은 것은?(단, 다툼이 있는 경우 판례에 의함)

① 헌법에 규정된 진술거부권은 형사상 자기에게 불리한 내용의 진술을 강요당하지 아니하는 것이므로, 고문 등 폭행에 의한 강요는 물론 법률로써도 진술을 강제할 수 없다.

② 수사기관이 피의자를 신문함에 있어서 피의자에게 미리 진술거부권을 고지하지 않은 때에는 진술의 임의성이 인정되는 경우라도 증거능력이 부인되어야 한다.

③ 재판장은 인정신문을 하기 전에 피고인에게 진술을 하지 아니하거나 개개의 질문에 대하여 진술을 거부할 수 있고, 이익되는 사실을 진술할 수 있음을 알려 주어야 한다.

④ 진술거부권을 고지받을 권리는 「헌법」 제12조 제2항에 의하여 바로 도출되므로 입법적 뒷받침은 필요 없다.

06 재심에 대한 설명으로 가장 적절하지 않은 것은? (단, 다툼이 있는 경우 판례에 의함)

① 재심청구인이 재심의 청구를 한 후 청구에 대한 결정이 확정되기 전에 사망한 경우 재심청구절차는 재심청구인의 사망으로 당연히 종료한다.

② 재심심판절차에서는 특별한 사정이 없는 한 검사가 재심대상사건과 별개의 공소사실을 추가하는 내용으로 공소장을 변경하는 것은 허용되지 않는다.

③ 형사소송법상 재심개시절차에서는 형사소송법 등에서 규정하고 있는 재심사유가 있는지 여부를 판단할 뿐만 아니라, 재심사유가 재심대상판결에 영향을 미칠 가능성이 있는가의 실체적 사유도 함께 고려하여야 한다.

④ 재심판결에서 피고인에게 또다시 집행유예를 선고할 경우 그 집행유예 기간의 시기는 재심대상판결의 확정일이 아니라 재심판결의 확정일로 보아야 한다.

07 소송행위에 대한 설명으로 가장 옳은 것을 모두 고른 것은?(단, 다툼이 있는 경우 판례에 의함)

> ㉠ 형사소송법상 규정된 필요적 변호사건에 해당하는 사건에서 유죄판결이 선고된 제1심 공판절차가 변호인 없이 이루어졌다면 이와 같이 위법한 공판절차에서 이루어진 소송행위는 무효이다.
>
> ㉡ 검사가 공판기일에서 피고인 등이 특정되어 있지 않은 공소장변경허가신청서를 공소장에 갈음하는 것으로 구두진술하고, 피고인과 변호인이 이의를 제기하지 않고 변론에 응하였다면 공소제기의 하자는 치유된다.
>
> ㉢ 기피신청을 받은 법관이 본안의 소송절차를 정지하지 않은 채 그대로 소송행위를 진행하였으나 이후에 기피신청에 대한 기각결정이 확정되었다면 그 소송행위는 유효하다.
>
> ㉣ 법원에서 피고인이 국민참여재판을 원하는지에 관한 의사의 확인절차를 거치지 아니한 채 통상의 공판절차로 재판을 진행한 경우 그 공판절차에서 이루어진 소송행위는 무효이다.

① ㉠
② ㉢, ㉣
③ ㉠, ㉡
④ ㉠, ㉣

08 전속고발에 대한 설명으로 가장 옳지 않은 것은? (단, 다툼이 있는 경우 판례에 의함)

① 공정거래위원회의 고발이 있어야 공소를 제기할 수 있는 독점규제 및 공정거래에 관한 법률 위반죄를 적용하여 위반행위자들 중 일부에 대하여 공정거래위원회가 고발을 하였다면 나머지 위반행위자에 대하여도 위 고발의 효력이 미친다.

② 공정거래위원회가 사업자에게 독점규제 및 공정거래에 관한 법률의 규정을 위반한 혐의가 있다고 인정하여 동법 제71조에 따라 사업자를 고발하였다면, 법원이 본안에 대하여 심판한 결과 위반되는 혐의 사실이 인정되지 아니하더라도 이러한 사정만으로는 그 고발을 기초로 이루어진 공소제기 등 형사절차의 효력에 영향을 미치지 아니한다.

③ 세무공무원 등의 고발이 있어야 공소를 제기할 수 있는 조세범 처벌법 위반죄에 관하여 일단 불기소처분이 있었더라도 세무공무원 등이 종전에 한 고발은 여전히 유효하고, 따라서 나중에 공소를 제기함에 있어 세무공무원 등의 새로운 고발이 있어야 하는 것은 아니다.

④ 전속고발사건에 있어서 수사기관이 고발에 앞서 수사를 하고 甲에 대한 구속영장을 발부받은 후 검찰의 요청에 따라 관계 공무원이 고발조치를 하였다고 하더라도 공소제기 전에 고발이 있은 이상 甲에 대한 공소제기의 절차가 법률의 규정에 위반하여 무효라고 할 수는 없다.

09 수사에 대한 설명으로 적절하지 않은 것은?(단, 다툼이 있는 경우 판례에 의함)

① 사법경찰관은 피의자를 신문하기 전에 수사 과정에서 법령위반, 인권침해 또는 현저한 수사권 남용이 있는 경우 검사에게 구제를 신청할 수 있음을 피의자에게 알려주어야 한다.

② 보석보증금을 몰수하려면 반드시 보석취소와 동시에 하여야만 하고 보석취소 후에 별도로 보증금몰수결정을 할 수 없다.

③ 검사 또는 사법경찰관은 정당한 사유가 없으면 피의자신문에 참여한 변호인에게 피의자에 대한 법적인 조언·상담을 보장해야 하며, 법적인 조언·상담을 위한 변호인의 메모를 허용해야 한다.

④ 피의자진술의 영상녹화는 조사가 개시된 시점부터 종료까지의 전 과정이 녹화된 것이어야 하며, 조사과정 일부에 대한 선별적 영상녹화는 허용되지 않는다.

10 다음 중 국선변호인에 대한 설명으로 적절하지 않은 것은?(단, 다툼이 있는 경우 판례에 의함)

① 「형사소송법」 제33조(국선변호인) 제1항 제1호의 '피고인이 구속된 때'라고 함은, 피고인이 당해 형사사건에서 구속되어 재판을 받고 있는 경우뿐만 아니라 피고인이 별건으로 구속되어 있는 경우를 포함한다.

② 피고인에게 국선변호인의 조력을 받을 권리를 보장하여야 할 국가의 의무에는 피고인이 국선변호인의 실질적 조력을 받을 수 있도록 할 의무가 포함된다.

③ 공범관계에 있지 않더라도 이해가 상반되는 공동피고인들을 동일한 한 명의 국선변호인이 모두 변론하는 것은 위법하다.

④ 구속영장실질심사에서 피의자에게 변호인이 없어 지방법원판사가 직권으로 변호인을 선정한 경우 그 선정의 효력은 구속영장청구가 기각되어 효력이 소멸한 경우를 제외하고는 제1심까지 효력이 있다.

11 다음 중 체포에 대한 설명으로 적절하지 않은 것은?

① 검사 또는 사법경찰관은 긴급체포되었다가 구속영장이 청구되지 아니하여 석방된 자를 영장 없이는 동일한 범죄사실에 관하여 다시 체포하지 못한다.

② 사법경찰관은 긴급체포한 피의자에 대하여 구속영장을 신청하지 아니하고 석방한 경우에는 즉시 검사에게 보고하여야 한다.

③ 긴급체포한 피의자에 대해 검사가 구속영장을 청구하지 아니하고 석방한 경우에는 석방한 때로부터 60시간 이내에 서면으로 법원에 통지하여야 한다.

④ 사법경찰관리가 현행범인의 인도를 받은 때에는 체포자의 성명, 주거, 체포의 사유를 물어야 하고 필요한 때에는 체포자에 대하여 경찰관서에 동행함을 요구할 수 있다.

12 다음 중 전자정보의 압수·수색에 대한 설명으로 옳지 않은 것은?(단, 다툼이 있는 경우 판례에 의함)

① 전자정보에 대한 압수·수색영장을 집행할 때에는 원칙적으로 영장 발부의 사유인 혐의사실과 관련된 부분만을 문서 출력물로 수집하거나 수사기관이 휴대한 저장매체에 해당 파일을 복사하는 방식으로 이루어져야 한다.

② 저장매체 자체 또는 적법하게 획득한 복제본을 탐색하여 혐의사실과 관련된 전자정보를 문서로 출력하거나 파일로 복제하는 일련의 과정 역시 전체적으로 하나의 영장에 기한 압수·수색의 일환에 해당한다.

③ 수사기관이 정보저장매체에 기억된 정보 중에서 범죄 혐의사실과 관련 있는 정보를 선별한 다음 '이미지 파일'을 제출받아 압수하고, 수사기관 사무실에서 그 압수된 이미지 파일을 탐색·복제·출력하는 과정을 거치는 경우, 이 모든 과정에 피의자나 변호인 등에게 참여의 기회를 보장하여야 한다.

④ 통신비밀보호법상의 '감청'이란 대상이 되는 전기통신의 송·수신과 동시에 이루어지는 경우만을 의미하므로, 이미 송·수신이 완료된 이메일은 압수·수색 검증의 대상이 되지 않는다.

13 다음 중 증거보전에 대한 설명으로 가장 적절한 것은?(단, 다툼이 있는 경우 판례에 의함)

① 증거보전은 제1회 공판기일 전에 한하여 허용되는 것이 원칙이지만, 재심청구사건에서는 예외적으로 증거보전절차가 허용된다.

② 지방법원판사는 증거보전의 청구가 부적법하거나 필요 없을 경우에는 청구기각결정을 하여야 하고, 증거보전 청구기각결정에 대해서는 불복할 수 없다.

③ 공소제기 전에 검사의 증거보전 청구에 의하여 증인신문을 한 법관은 「형사소송법」 제17조 제7호에 이른바 전심재판 또는 기초되는 조사, 심리에 관여한 법관이다.

④ 증거보전을 청구할 수 있는 것은 압수·수색·검증·증인신문·감정에 한하며 공동피고인 또는 공범자를 증인으로 신문하는 것은 허용된다.

14 다음 중 진술 또는 자백에 대한 설명으로 적절하지 않은 것은?(단, 다툼이 있는 경우 판례에 의함)

① 피고인의 자백에 공범인 공동피고인의 진술은 포함되지 아니하므로 공범인 공동피고인의 진술은 다른 공동피고인에 대한 범죄사실을 인정하는 증거로 할 수 있는 것일 뿐만 아니라 공범인 공동피고인들의 각 진술은 상호 간에 서로 보강증거가 될 수 있다.

② 피고인이 수사기관에서 가혹행위 등으로 임의성이 없는 자백을 하고 그 후 법정에서도 임의성 없는 심리상태가 계속되어 동일한 내용의 자백을 한 경우 법정에서의 자백도 임의성이 없는 자백이다.

③ 피고인이 범행을 자인하는 것을 들었다는 피고인 아닌 자의 진술은 피고인의 자백에 대한 보강증거가 될 수 있다.

④ 법원은 간이공판절차의 결정을 한 사건에 대하여 피고인의 자백이 신빙할 수 없다고 인정되거나 간이공판절차로 심판하는 것이 현저히 부당하다고 인정할 때에는 검사의 의견을 들어 그 결정을 취소하여야 한다.

15 다음 중 위법수집증거에 대한 설명으로 옳은 것은? (단, 다툼이 있는 경우 판례에 의함)

① 범행 현장에서 피해자 소유 대상물인 맥주컵에 대한 지문채취가 먼저 이루어지고 수사기관이 그 이후 지문 채취 대상물인 맥주컵을 적법한 절차에 의하지 아니한 채 압수한 경우에는 위와 같이 채취한 지문을 유죄 인정의 증거로 사용할 수 없다.

② 위법수집증거에 해당하여 그 증거능력이 부정되는 경우에는 피고인이나 변호인이 이를 증거로 함에 동의하더라도 증거로 사용할 수 없다.

③ 소송사기의 피해자가 제3자에 의하여 절취된 피고인 회사의 업무일지를 수사기관에 증거로 제출한 경우 피고인의 사생활 영역에 대한 현저한 침해의 결과가 초래되므로 이를 증거로 사용하는 것은 위법하다.

④ 수사기관이 법원으로부터 영장 또는 감정처분허가장을 발부받지 않고 의식불명 상태인 피의자의 동의 없이 피의자의 신체로부터 혈액을 채취하고 사후에도 지체 없이 영장을 발부받지 않았더라도 그 혈액 중 알코올농도에 관한 감정을 의뢰하여 얻은 감정의뢰회보는 피고인이나 변호인이 동의하면 유죄의 증거로 사용할 수 있다.

16 다음 중 공소장변경에 대한 설명으로 옳지 않은 것은?(단, 다툼이 있는 경우 판례에 의함)

① 검사의 공소장변경 신청이 공소사실의 동일성을 해하지 아니하는 한 법원은 이를 허가하여야 한다.

② 항소심에서 공소장변경에 의하여 단독판사의 관할사건이 합의부 관할사건으로 된 경우 법원은 사건을 관할권이 있는 고등법원으로 이송하여야 한다.

③ 친고죄에서 고소가 취소되었음에도 친고죄로 기소되었다가 그 후 공소사실이 인정되는 비친고죄로 공소장변경이 허용된 경우 그 공소 제기의 흠은 치유된다.

④ 약식명령에 대하여 피고인만 정식재판을 청구한 사건에서 법정형에 유기징역형만 있는 범죄로 공소장을 변경하는 것은 공소사실의 동일성이 인정되더라도 허용될 수 없다.

17 다음 중 간이공판절차에 대한 설명으로 적절하지 않은 것은?(단, 다툼이 있는 경우 판례에 의함)

① 간이공판절차로 진행된 사건의 항소심에 이르러 피고인이 범행을 부인하는 경우, 항소심은 제1심에서 증거동의가 의제된 사실들에 대한 증거조사를 다시 하여야 한다.

② 피고인이 공판정에서 검사가 신문할 때 공소사실을 모두 사실과 다름없다고 진술했으나 변호인이 신문할 때 범의나 공소사실을 부인한 경우 그 공소사실은 간이공판절차에 의해 심판할 대상이 아니다.

③ 간이공판절차에서는 증인신문의 방식, 증거조사의 시기와 방식, 증인신문시 피고인의 퇴정 등에 관한 형사소송법의 규정이 적용되지 아니하며 법원이 상당하다고 인정하는 방법으로 증거조사를 할 수 있다.

④ 간이공판절차에서도 자백의 보강법칙은 적용된다.

18 다음은 형사소송법의 조문으로서 수소법원이 영장에 의해 피고인을 구속할 때 고지해야 하는 내용을 규정한 것이다. 이에 대한 설명으로 적절한 것은?(단, 다툼이 있는 경우 판례에 의함)

> • **제72조(구속과 이유의 고지)** 피고인에 대하여 범죄사실의 요지, 구속의 이유와 변호인을 선임할 수 있음을 말하고 변명할 기회를 준 후가 아니면 구속할 수 없다. 다만, 피고인이 도망한 경우에는 그러하지 아니하다.
> • **제88조(구속과 공소사실 등의 고지)** 피고인을 구속한 때에는 즉시 공소사실의 요지와 변호인을 선임할 수 있음을 알려야 한다.

① 제72조의 고지는 피고인 구속에 관한 사후 청문절차이다.
② 제88조의 고지는 피고인 구속에 관한 사전 청문절차이다.
③ 제88조의 고지는 이를 이행하지 않으면 구속영장은 효력이 없다.
④ 제72조의 고지는 이를 이행하지 않았더라도 제72조에 따른 절차적 권리가 실질적으로 보장되었다면 구속영장은 효력이 있다.

19 다음 중 전문증거에 대한 설명으로 적절하지 않은 것은?(단, 다툼이 있는 경우 판례에 의함)

① 현행범을 체포한 경찰관의 진술도 범행을 목격한 부분에 관하여는 증거능력이 있다.
② 구속적부심문조서는 「형사소송법」 제315조 제3호에 의해 당연히 그 증거능력이 인정된다.
③ 피고인 아닌 자의 전문진술이 기재된 수사기관작성의 조서는 「형사소송법」 제312조 내지 제314조의 규정에 따른 요건을 갖추고 제316조의 규정에 따른 요건도 갖추어야 예외적으로 증거능력이 있다.
④ 휴대전화로 협박내용을 반복적으로 보냈다는 공소사실에 대한 증거로 제출된 '전송된 문자정보를 휴대전화 화면에 띄워 촬영한 사진'에 대해 피고인이 성립 및 내용의 진정을 부인하는 경우 이는 유죄인정의 증거가 될 수 없다.

20 증거동의에 대한 설명으로 가장 적절하지 않은 것은?(단, 다툼이 있는 경우 판례에 의함)

① 공판준비 또는 공판기일에서 이미 증언을 마친 증인을 검사가 소환한 후 피고인에게 유리한 증언 내용을 추궁하여 이를 일방적으로 번복시키는 방식으로 작성한 진술조서는 피고인이 증거로 할 수 있음에 동의하지 아니하는 한 증거능력이 없다.

② 변호인이 검사가 공판기일에 제출한 증거 중 뇌물공여자가 작성한 고발장에 대하여는 증거 부동의 의견을 밝히고, 같은 고발장을 첨부문서로 포함하고 있는 검찰주사보 작성의 수사보고에 대하여는 증거에 동의하여 증거조사가 행하여진 경우, 수사보고에 대한 증거동의의 효력은 첨부된 고발장에도 당연히 미친다.

③ 소유자, 소지자 또는 보관자가 아닌 피해자로부터 임의로 제출받은 물건을 영장없이 압수한 경우 그 '압수물' 및 '압수물을 찍은 사진'에 대해 피고인이나 변호인이 증거동의를 하였다 하더라도 이를 유죄 인정의 증거로 사용할 수 없다.

④ 개개의 증거에 대하여 개별적인 증거조사방식을 거치지 아니하고 검사가 제시한 모든 증거에 대하여 피고인이 증거로 함에 동의한다는 방식으로 증거동의를 하여도 효력이 있다.

21 다음 중 국민참여재판에 대한 설명으로 가장 적절한 것은?(단, 다툼이 있는 경우 판례에 의함)

① 국민참여재판을 진행하던 중 공소사실의 변경으로 대상사건에 해당하지 않게 된 경우 국민참여재판으로 진행할 수 없다.

② 국민참여재판 대상사건의 피고인이 국민참여재판을 신청하였으나 법원이 이에 대한 배제결정을 하지 않은 채 통상의 공판절차로 진행한 것은 적법하다.

③ 배심원은 유·무죄에 관하여 전원의 의견이 일치하지 아니하는 때에는 평결을 하기 전에 심리에 관여한 판사의 의견을 들어야 하며, 이 경우 유·무죄의 평결은 다수결의 방법으로 한다.

④ 배심원은 만 18세 이상의 대한민국 국민 중에서 법으로 정하는 바에 따라 선정된다.

22 약식절차에 대한 설명으로 가장 옳지 않은 것은? (단, 다툼이 있는 경우 판례에 의함)

① 약식명령에 대하여 정식재판 청구가 이루어지고 그 후 진행된 정식재판절차에서 유죄판결이 선고되어 확정된 경우 약식명령은 그 효력을 잃게 되므로 재심사유가 존재한다고 주장하는 피고인 등은 효력을 잃은 약식명령이 아니라 유죄의 확정판결을 대상으로 재심을 청구하여야 한다.

② 정식재판의 청구는 일부상소와 같이 공소불가분의 원칙에 반하지 않는 한 약식명령의 일부에 대하여도 할 수 있다.

③ 약식명령은 정식재판의 청구를 한 때 효력을 잃는다.

④ 약식명령은 정식재판의 청구기간이 경과하거나 그 청구의 취하 또는 청구기각의 결정이 확정한 때에는 확정판결과 동일한 효력이 있다.

23 재판에 대한 설명으로 가장 적절하지 않은 것은? (단, 다툼이 있는 경우 판례에 의함)

① 공소취소에 의한 공소기각의 결정이 확정된 때에는 공소취소 후 그 범죄사실에 대한 다른 중요한 증거를 발견한 경우에 한하여 다시 공소를 제기할 수 있다.

② 공소가 취소된 경우 법원은 판결로 공소를 기각하여야 한다.

③ 판결 선고 전 미결구금일수는 그 전부가 법률상 당연히 본형에 산입되므로 판결에서 별도로 미결구금일수 산입에 관한 사항을 판단할 필요가 없다.

④ 무죄, 면소, 형의 면제, 형의 선고유예, 형의 집행유예, 공소기각 또는 벌금이나 과료를 과하는 판결이 선고된 때에는 구속영장은 효력을 잃는다.

24 공소사실의 특정에 관하여 옳지 않은 것을 모두 고른 것은?(단, 다툼이 있는 경우 판례에 의함)

> ⊙ 수인의 피해자에 대하여 각 별도로 기망행위를 하여 각각 재물을 편취한 사기죄에 있어 '일정한 기간 사이에 성명불상의 고객들에게 1일 평균 매상액 상당을 판매하여 그 대금 상당액을 편취 하였다'고 기재한 때에는 공소사실의 특정이 인정된다.
>
> ⊙ 살인죄에 있어 범죄의 일시·장소와 방법을 구체적으로 규명할 수 없어 '2020.1.28. 03:00경부터 05:20경까지 피고인의 집에서 불상의 방법으로 피해자를 살해하였다'라고 기재한 때에는 공소사실의 특정이 인정된다.
>
> ⊙ 마약류 범죄에 있어 '피고인은 2019.11.2.경부터 2020.7.2.경까지의 사이에 인천 이하 불상지에서 향정신성의약품인 메스암페타민 불상량을 불상의 방법으로 수 회 투약하였다'라고 기재한 때에는 공소사실의 특정이 인정된다.
>
> ⊙ 외국 유명대학의 박사학위기를 위조하여 행사했다는 공소사실에 대해 위조문서의 내용, 행사일시, 장소, 행사방법 등이 특정되어 기재되어 있고, 박사학위기 사본이 현출된 경우에는 공소사실의 특정이 인정된다.

① ⊙, ⊙
② ⊙, ⊙
③ ⊙, ⊙
④ ⊙, ⊙

25 공판에 대한 설명으로 가장 적절하지 않은 것은?

① 피고인이 출석하지 아니하면 개정하지 못하는 경우에는 구속된 피고인이 정당한 사유 없이 공판정 출석을 거부하고, 교도관에 의한 인치가 불가능하거나 현저히 곤란하다고 인정되는 때에도 피고인의 출석 없이 공판절차를 진행하였다면 위법하다.

② 재판장은 피고인에게 각 증거조사의 결과에 대한 의견을 묻고 권리를 보호함에 필요한 증거조사를 신청할 수 있음을 고지하여야 한다.

③ 검사가 공판기일의 통지를 2회 이상 받고 출석하지 아니하거나 판결만을 선고하는 때에는 검사의 출석없이 개정할 수 있다.

④ 법원의 구내에 있는 피고인에 대하여 공판기일을 통지한 때에는 소환장송달의 효력이 있다.

합격의공식 SD에듀

www.sdedu.co.kr

군무원 수사직 FINAL 실전 봉투모의고사
제2회 모의고사

수사직

제1과목	국어	제2과목	형법
제3과목	형사소송법	제4과목	

응시번호		성 명	

〈 안내 사항 〉

1. 답안지의 모든 기재 및 표기사항은 반드시 『컴퓨터용 흑색사인펜』으로만 작성하여야 합니다.
   (사인펜에 "컴퓨터용"으로 표시되어 있음) (사인펜 본인 지참)
   * 매년 지정된 펜을 사용하지 않아 답안지가 무효처리 되는 상황이 빈발하고 있으므로, 답안지는 반드시 『컴퓨터용 흑색사인펜』으로만 표기하시기 바랍니다.

2. 답안은 매 문항마다 반드시 하나의 답만 골라 그 숫자에 "●"로 표기해야 하며, 표기한 내용은 수정테이프를 이용하여 정정할 수 있습니다. 단, 시험시행본부에서 수정테이프를 제공하지 않습니다.
   (표기한 부분을 긁는 경우 오답처리 될 수 있으며, 수정스티커 또는 수정액은 사용 불가)
   * 답안지는 훼손·오염되거나 구겨지지 않도록 주의해야 하며, 특히 답안지 상단의 타이밍마크
   (┃┃┃┃┃)를 절대로 훼손해서는 안 됩니다.

3. 필기시험 문제 관련 의견제시 기간 : 시험 당일을 포함한 5일간
   * 국방부 군무원채용관리홈페이지(http://recruit.mnd.go.kr) - 시험안내 - 시험문고답하기

제2회 모의고사

제1과목: 국어

QR코드 접속을 통해 풀이시간 측정, 자동 채점
그리고 결과 분석까지!

01 맞춤법에 맞는 것은?

① 희생을 치뤄야 대가를 얻을 수 있다.

② 내로라하는 선수들이 뒤쳐진 이유가 있겠지.

③ 방과 후 고모 댁에 들른 후 저녁에 갈 거여요.

④ 가스 밸브를 안 잠궈 화를 입으리라고는 전혀 생각지 못했다.

02 다음 글의 내용을 잘못 이해한 사람은 누구인가?

> 심리학에서는 동조(同調)가 일어나는 이유를 크게 두 가지로 설명한다. 첫째는, 사람들은 자기가 확실히 알지 못하는 일에 대해 남이 하는 대로 따라 하면 적어도 손해를 보지는 않는다고 생각한다는 것이다. 둘째는, 어떤 집단이 그 구성원들을 이끌어 나가는 질서나 규범 같은 힘을 가지고 있을 때, 그러한 집단의 압력 때문에 동조 현상이 일어난다는 것이다. 만약 어떤 개인이 그 힘을 인정하지 않는다면 그는 집단에서 배척당하기 쉽다. 이런 사정 때문에 사람들은 집단으로부터 소외되지 않기 위해서 동조를 하게 된다. 여기서 주목할 것은 자신이 믿지 않거나 옳지 않다고 생각하는 문제에 대해서도 동조의 입장을 취하게 된다는 것이다.
>
> 동조는 개인의 심리 작용에 영향을 미치는 요인이 무엇이냐에 따라 그 강도가 다르게 나타난다. 가지고 있는 정보가 부족하여 어떤 판단을 내리기 어려운 상황일수록, 자신의 판단에 대한 확신이 들지 않을수록 동조 현상은 강하게 나타난다. 또한 집단의 구성원 수가 많거나 그 결속력이 강할 때, 특정 정보를 제공하는 사람의 권위와 지위, 그에 대한 신뢰도가 높을 때도 동조 현상은 강하게 나타난다. 그리고 어떤 문제에 대한 집단 구성원들의 만장일치 여부도 동조에 큰 영향을 미치게 되는데, 만약 이때 단 한 명이라도 이탈자가 생기면 동조의 정도는 급격히 약화된다.

① 태영: 집단으로부터 배척당하는 것이 두려워 동조하는 사람이 생기기도 하는 것 같아.

② 수희: 동조 현상에 영향을 미치는 요인은 우매한 조직의 결속력보다 개인의 신념이라고 볼 수 있겠군.

③ 지석: 응집력이 강한 집단일수록 항거하는 것이 더 어려워지지. 이런 경우, 동조 압력은 더 강할 수밖에 없겠지.

④ 영지: 아침에 수많은 정류장 중 어디에서 공항버스를 타야 할지 몰랐는데 스튜어디스 차림의 여성이 향하는 정류장 쪽으로 따라갔었어. 이 경우, 그 스튜어디스 복장이 신뢰도를 높였다고 할 수 있겠네.

03 다음 밑줄 친 ㉠과 ㉡에서 '−의'의 쓰임을 바르게 설명한 것은?

> 吾等(오등)은 玆(자)에 我(아) ㉠ <u>朝鮮(조선)의 獨立國(독립국)</u>임과 ㉡ <u>朝鮮人(조선인)의 自主民(자주민)</u>임을 宣言(선언)하노라. 此(차)로써 世界萬邦(세계만방)에 告(고)하야 人類平等(인류평등)의 大義(대의)를 克明(극명)하며 此(차)로써 子孫萬代(자손만대)에 誥(고)하야 民族自存(민족자존)의 正權(정권)을 永有(영유)케 하노라.

① ㉠에서 '−의'는 앞 체언이 뒤 체언에 대하여 비유의 대상임을 나타내고, ㉡에서 '−의'는 앞 체언이 뒤 체언이 나타내는 행동이나 작용의 주체임을 나타낸다.

② ㉠에서 '−의'는 앞 체언이 뒤 체언이 나타내는 행동이나 작용의 주체임을 나타내고, ㉡에서 '−의'는 앞 체언이 뒤 체언에 대하여 비유의 대상임을 나타낸다.

③ ㉠과 ㉡에서 '−의'는 앞 체언이 뒤 체언에 대하여 비유의 대상임을 나타낸다.

④ ㉠과 ㉡에서 '−의'는 앞 체언이 뒤 체언이 나타내는 행동이나 작용의 주체임을 나타낸다.

04 〈보기〉에서 설명한 시의 표현 방법이 적용된 시구로 가장 옳은 것은?

> ───〈보 기〉───
> 본래의 의미와 의도를 더욱 효과적으로 강조하기 위해 그것을 가장하거나 위장하는 것이다. 즉 본래의 의도를 숨기고 반대되는 말로 표현하는 것으로, 표면의미(표현)와 이면의미(의도) 사이에 괴리와 모순을 통해 시적 진실을 전달하는 표현 방법이다.

① 돌담에 속삭이는 햇발같이 / 풀 아래 웃음 짓는 샘물 같이

                 − 김영랑, 「돌담에 속삭이는 햇발같이」

② 내가 그의 이름을 불러 주었을 때 / 그는 나에게로 와서 / 꽃이 되었다

                 − 김춘수, 「꽃」

③ 산은 나무를 기르는 법으로 / 벼랑에 오르지 못하는 법으로 / 사람을 다스린다

                 − 김광섭, 「산」

④ 나보기가 역겨워 / 가실 때에는 / 죽어도 아니 눈물 / 흘리오리다

                 − 김소월, 「진달래꽃」

05 다음 중 〈보기〉의 시에 대한 감상으로 가장 적절한 것은?

〈보 기〉

계절이 지나가는 하늘에는
가을로 가득 차 있습니다.

나는 아무 걱정도 없이
가을 속의 별들을 다 헤일 듯합니다.

가슴 속에 하나 둘 새겨지는 별을
이제 다 못 헤는 것은
쉬이 아침이 오는 까닭이요,
내일 밤이 남은 까닭이요,
아직 나의 청춘이 다하지 않은 까닭입니다.

별 하나에 추억과
별 하나에 사랑과
별 하나에 쓸쓸함과
별 하나에 동경과
별 하나에 시와
별 하나에 어머니, 어머니

① 화자의 내면과 갈등 관계에 있는 현실에 비판적 시각을 드러내고 있다.
② 화자는 어린 시절 친구들을 청자로 설정하여 내면을 고백하고 있다.
③ 별은 시적 화자가 지향하는 내적 세계를 나타낸다.
④ 별은 현실 상황의 변화를 바라는 화자의 현실적 욕망을 상징한다.

06 〈보기〉의 ㉠~㉣ 중 띄어쓰기가 옳은 것은?

〈보 기〉

㉠ 창 밖은 가을이다. 남쪽으로 난 창으로 햇빛은 하루하루 깊이 안을 넘본다. 창가에 놓인 우단 의자는 부드러운 잿빛이다. 그러나 손으로 ㉡ 우단천을 결과 반대 방향으로 쓸면 슬쩍 녹둣빛이 돈다. 처음엔 짙은 쑥색이었다. 그 의자는 아무짝에도 쓸모가 없다. ㉢ 30년 동안을 같은 자리에서 움직이지 않은 채 하는 일이라곤 햇볕에 자신의 몸을 잿빛으로 바래는 ㉣ 일 밖에 없다.

① ㉠　　　　　② ㉡
③ ㉢　　　　　④ ㉣

07 다음 중 〈보기〉와 관련된 언어의 특성은?

〈보 기〉

㉠ '줄기나 가지가 목질로 된 여러해살이 식물'을 한국어로는 '나무[namu]'라고 하지만 영어로는'tree[triː]', 중국어로는 '樹[shù]'라고 한다.
㉡ '배'는 소리는 같지만 문장에서 '가슴과 엉덩이 사이의 부위', '물 위로 떠다니도록 나무나 쇠 따위로 만든 물건', '배나무의 열매' 등의 다양한 의미로 쓰인다.
㉢ '어리다'는 중세국어에서는 '어리석다'의 의미로 쓰였지만, 현대국어에서는 '나이가 적다'의 의미로 쓰이고 있다.

① 내용과 형식의 결합에 필연적 관련성이 없다.
② 물리적으로 연속된 실체를 분절하여 표현한다.
③ 기본적인 어순이 정해져 있어 이를 어기면 비문이 된다.
④ 한정된 기호만으로 무수히 많은 문장을 만들어 사용할 수 있다.

08 다음 중 우리말 어법에 맞고 가장 자연스러운 문장은?

① 뜰에 핀 꽃이 여간 탐스러웠다.

② 안내서 및 과업 지시서 교부는 참가 신청자에게만 교부한다.

③ 졸업한 형도 못 푸는 문제인데, 하물며 네가 풀겠다고 덤비느냐.

④ 한국 정부는 독도 영유권 문제에 대하여 일본에게 강력히 항의하였다.

09 다음 표준어 규정 중 〈보기〉에 부합하는 단어들로 이루어진 것은?

─〈보 기〉─

[제22항] 고유어 계열의 단어가 생명력을 잃고 그에 대응하는 한자어 계열의 단어가 널리 쓰이면, 한자어 계열의 단어를 표준어로 삼는다.

① 성냥, 겸상

② 어질병, 총각무

③ 개다리소반, 푼돈

④ 칫솔, 구들장

10 ㉠~㉢에 들어갈 적절한 접속어를 순서대로 나열한 것은?

역사의 연구는 개별성을 추구하는 것이라고 할 수가 있다. (㉠) 구체적인 과거의 사실 자체에 대해 구명(究明)을 꾀하는 것이 역사학인 것이다. (㉡) 고구려가 한족과 투쟁한 일을 고구려라든가 한족이라든가 하는 구체적인 요소들을 빼 버리고, 단지 "자주적 대제국이 침략자와 투쟁하였다."라고만 진술해 버리는 것은 한국사일 수가 없다. (㉢) 일정한 시대에 활약하던 특정한 인간 집단의 구체적인 활동을 서술하지 않는다면 그것을 역사라고 말할 수 없는 것이다.

	㉠	㉡	㉢
①	가령	한편	역시
②	다시 말해	만약	그런데
③	이를테면	역시	결국
④	즉	가령	요컨대

11 다음 중 국어 로마자 표기법 규정에 어긋나는 것은?

① 독도 – Docdo

② 선릉 – Seolleung

③ 한라산 – Hallasan

④ 학여울 – Hangnyeoul

12 다음 중 〈보기〉에 따라 ㉠~㉢에 들어갈 단어가 바르게 배열된 것은?

〈보 기〉

어휘의 의미는 몇 가지 의미 자질로 분석할 수 있다. 예컨대 '바지'의 의미는 [+옷], [−위]의 자질로 나눌 수 있다. 이에 반해 '저고리'의 의미 자질은 [+옷]이라는 점에서 '바지'와 같지만, [+위]라는 점에서 '바지'와 다르다.

구분	㉠	㉡	㉢	㉣
어른	+	−	+	−
남성	+	+	−	−

	㉠	㉡	㉢	㉣
①	아저씨	소년	아주머니	소녀
②	아저씨	아주머니	소녀	소년
③	아주머니	소년	아저씨	소녀
④	소년	소녀	아주머니	아저씨

13 다음에 제시된 의미와 가장 가까운 속담은?

가난한 사람이 남에게 업신여김을 당하기 싫어서 허세를 부리려는 심리를 비유적으로 이르는 말

① 가난할수록 기와집 짓는다
② 가난한 집 신주 굶듯
③ 가난한 집에 자식이 많다
④ 가난한 집 제사 돌아오듯

14 다음 중 나이와 한자어가 바르게 연결된 것은?

① 고희(古稀): 일흔 살
② 이순(耳順): 마흔 살
③ 미수(米壽): 여든 살
④ 백수(白壽): 아흔 살

[15~16] 다음 시를 읽고 물음에 답하시오.

(가) 나무토막으로 조그마한 당닭을 새겨
　　　젓가락으로 집어다가 벽에 앉히고
　　　이 닭이 꼬기오 하고 때를 알리면
　　　그제사 어머님 얼굴 늙으시옵소서.

(나) 삭삭기 셰몰애 별헤 나는
　　　삭삭기 셰몰애 별헤 나는
　　　구은 밤 닷 되를 심고이다
　　　그 바미 우미 도다 삭나거시아
　　　그 바미 우미 도다 삭나거시아
　　　유덕(有德)ᄒᆞ신 니믈 여히ᄋᆞ와지이다

(다) 三冬(삼동)에 뵈옷 닙고 巖穴(암혈)에 눈비 마자
　　　구름 낀 볏뉘도 쬔 적이 업건마난
　　　西山(서산)에 해지다 하니 눈물겨워 하노라.

(라) 四海(ᄉᆞ힉) 바닷 기픠ᄂᆞᆫ 닫줄로 자히리어니와
　　　님의 德澤(덕틱) 기픠ᄂᆞᆫ 어닉 줄로 자히리잇고
　　　享福無彊(향복무강)ᄒᆞ샤 萬歲(만셰)를 누리쇼셔
　　　享福無彊(향복무강)ᄒᆞ샤 萬歲(만셰)를 누리쇼셔
　　　一竿明月(일간명월)이 亦君恩(역군은)이샷다.

(마) 철령 노픈 봉에 쉬여 넘는 저 구름아
　　　고신원루를 비 삼아 띄여다가
　　　님 계신 구중심처에 뿌려본들 엇더리.

(바) 마음이 어린 後(후)ㅣ니 하는 일이 다 어리다.
　　　萬重雲山(만중운산)에 어내 님 오리마는
　　　지는 닙 부는 바람에 행여 긘가 하노라.

15 위 작품의 밑줄 친 부분에서 서로 유사한 의미의 시어끼리 바르게 연결된 것은?

① 눈비 – 비
② 당닭 – 님
③ 별뉘 – 덕틱
④ 구중심처 – 만중운산

16 위 작품 중 역설적 표현이 사용된 것으로만 묶인 것은?

① (가), (나)
② (가), (다)
③ (다), (라)
④ (마), (바)

17 다음 중 밑줄 친 부분이 주체가 제3의 대상에게 동작이나 행동을 하도록 시키는 표현인 것은?

① 철수가 옷을 입었다.
② 장난감이 그로부터 잊혔다.
③ 따스한 햇살이 고드름을 녹였다.
④ 내 책이 친구 책과 섞여서 찾느라 애를 썼다.

18 다음 시에 대한 감상으로 적절하지 않은 것은?

> 매운 계절(季節)의 챗죽에 갈겨
> 마츰내 북방(北方)으로 휩쓸려 오다
>
> 하늘도 그만 지쳐 끝난 고원(高原)
> 서리빨 칼날진 그우에 서다.
>
> 어데다 무릎을 꾸러야하나?
> 한발 재겨디딜 곳조차 없다
>
> 이러매 눈깜아 생각해볼밖에
> 겨울은 강철로된 무지갠가 보다
>
> – 이육사, 「절정」

① 1연과 2연은 화자가 처한 현실의 상황을 암시하고 있다.
② 1연의 극한적 상황이 2연에서 중첩되어 나타나 극한의 정도가 점층되고 있다.
③ 3연은 1연과 2연의 상황으로 인해 화자가 맞이한 절박함이 드러나 있다.
④ 3연과 4연은 화자의 심화된 내적 갈등을 단계적으로 보여 주고 있다.

19 다음 중 글의 전개 방식에 묘사를 사용한 것은?

① 지구와 화성은 비슷한 점이 많다. 둘은 태양계의 행성으로, 태양으로부터 거리가 비슷하고, 태양을 중심으로 공전(公轉), 자전(自轉)하고 있는 점이 같다. 그런데 지구에는 물과 공기가 있고, 생물이 있다. 그러므로 화성에도 물과 공기가 있고, 생물이 존재할 가능성이 있다.

② 거대한 기계에서 일부분만 분리되면 아무 쓸모없는 고철이 될 수도 있다. 기계의 일부분은 전체의 체계 속에서만 진정한 기능을 발휘하게 되는 것이다. 우리가 독서를 할 때에는, 이와 같이 어느 한 부분의 내용도 한 편의 글이라는 전체의 구조 속에서 파악하여야만 그 바른 의미를 이해할 수 있게 된다.

③ 이마에서 뒷머리까지는 갈색의 양털 모양 솜털이 있고, 눈앞과 뒤, 덮깃과 턱밑과 뺨에는 갈색을 띤 짧은 솜털과 어두운 갈색 털 모양의 깃털이 있다. 눈 주위에는 푸른색을 띤 흰색의 솜털과 어두운 갈색 털이 나 있다.

④ 이 사회의 경제는 모두가 제로섬 요소로 구성되어 있다. 제로섬(Zero-sum)이란 어떤 수를 합해서 제로가 된다는 뜻이다. 어떤 운동 경기를 한다고 할 때, 이기는 사람이 있으면 반드시 지는 사람이 있게 마련이다. 어느 한쪽 팀이 점수를 얻게 되면 다른 팀은 점수를 잃는다. 이 승리자와 패배자의 점수를 합치면 전체로서는 제로가 된다.

20 〈보기〉의 ㉠~㉣ 중 명사절이 동일한 문장 성분으로 사용된 것끼리 묶인 것은?

─── 〈보 기〉───
㉠ 농부들은 비가 오기를 기다린다.
㉡ 지금은 집에 가기에 이른 시간이다.
㉢ 그는 1년 후에 돌아오기로 결심했다.
㉣ 어린 아이들은 병원에 가기 싫어한다.

① ㉠, ㉡ / ㉢, ㉣
② ㉠, ㉢ / ㉡, ㉣
③ ㉠, ㉣ / ㉡, ㉢
④ ㉠ / ㉡, ㉢, ㉣

21 다음 중 ㉠~㉢의 예를 바르게 연결한 것은?

국어 단어는 그 형성 방식에 따라 크게 두 가지로 구성된다. 하나는 '바다, 겨우'처럼 단일한 요소가 곧 한 단어가 되는 경우이다. '바다, 겨우'와 같은 단어들은 더 이상 나뉠 수 없는 단일한 구성을 보이는 예들로서 이들은 ㉠ 단일어라고 한다.

다른 하나는 다양한 요소들이 결합하여 한 단어가 되는 경우이다. 이들은 단일어와 구별하여 복합어라고 한다. 복합어는 다시 두 가지 종류로 나뉜다. '샛노랗다, 잠'은 어휘 형태소인 '노랗다, 자–'에 각각 '샛–, –ㅁ'과 같은 접사가 덧붙어서 파생된 단어들이다. 이처럼 어휘 형태소에 접사가 결합하여 형성된 단어들을 ㉡ 파생어라고 한다. '손목, 날짐승'과 같은 단어는 각각 '손–목, 날–짐승'으로 분석된다. 이들은 각각 어근인 어휘 형태소끼리 결합하여 한 단어가 된 경우로 이를 ㉢ 합성어라고 한다.

	㉠	㉡	㉢
①	구름	무덤	빛나다
②	지우개	헛웃음	덮밥
③	맑다	고무신	선생님
④	웃음	곁눈	시나브로

22 다음 밑줄 친 단어 중 '종성부용초성'에 의한 표기가 사용된 것은?

> 불휘 기픈 남 바 매 아니 뮐씨 곶 됴코 여름 하 니
> 시미 기픈 므른   래 아니 그츨씨 내히 이러 바 래
> 가 니
>
> – 「용비어천가」 제2장

① 곶
② 시미
③ 내히
④ 바 래

23 문맥상 ㉠에 들어갈 문장으로 가장 적절한 것은?

> 인간의 역사가 발전과 변화의 가능성을 내포하고 있는 반면, 자연사는 무한한 반복 속에서 반복을 반복할 뿐이다. 그런데 마르크스는 「1844년의 경제학 철학 수고」 말미에, "역사는 인간의 진정한 자연사이다"라고 적은 바 있다. 또한 인간의 활동에 대립과 통일이 있듯이, 자연의 내부에서도 대립과 통일은 존재한다. (㉠) 마르크스의 진의(眞意) 또한 인간의 역사와 자연사의 변증법적 지양과 일여(一如)한 합일을 지향했다는 것에 있을 것이다.

① 즉 인간과 자연은 상호 간에 필연적으로 경쟁할 수밖에 없다.
② 따라서 인간의 역사와 자연의 역사를 이분법적 대립구도로 파악하는 것은 위험하다.
③ 즉 자연이 인간의 세계에 흡수 · 통합됨으로써 인간의 역사가 시작된다.
④ 그러나 인간사를 연구하는 일은 자연사를 연구하는 일보다 많은 노력이 요구된다.

24 다음 중 밑줄 친 말의 기본형이 옳지 않은 것은?

① 시장에 들러 배추와 무를 샀다. (기본형: 들르다)
② 북어포가 물에 불어 부드러워졌다. (기본형: 붓다)
③ 지나가는 사람에게 길을 물어 본다. (기본형: 묻다)
④ 기계로 옥돌을 가니 반들반들해졌다. (기본형: 갈다)

25 다음 글을 통해 도출할 수 있는 내용으로 적절하지 않은 것은?

미생물은 오늘날 흔히 질병과 연관된 것으로 여겨진다. 1762년 마르쿠스 플렌치즈는 미생물이 체내에서 증식함으로써 질병을 일으키고, 이는 공기를 통해 전염될 수 있다고 주장했으며, 모든 질병은 각자 고유의 미생물을 갖고 있다고 말했다. 그러나 유감스럽게도 그 주장에 대한 증거가 없었으므로 플렌치즈는 외견상 하찮아 보이는 미생물들도 사실은 중요하다는 점을 다른 사람들에게 납득시킬 수가 없었다. 심지어 한 비평가는 그처럼 어처구니없는 가설에 반박하느라 시간을 허비할 생각이 없다며 대꾸했다.

그런데 19세기 중반 들어 프랑스의 화학자 루이 파스퇴르에 의해 상황이 바뀌기 시작했다. 파스퇴르는 세균이 술을 식초로 만들고 고기를 썩게 한다는 사실을 연달아 증명한 뒤 만약 세균이 발효와 부패의 주범이라면 질병도 일으킬 수 있을 것이라고 주장했다. 이러한 배종설은 오랫동안 이어져 내려온 자연발생설에 반박하는 이론으로서 플렌치즈 등에 의해 옹호되었지만 아직 논란이 많았다. 사람들은 흔히 썩어가는 물질이 내뿜는 나쁜 공기, 즉 독기가 질병을 일으킨다고 생각했다. 1865년 파스퇴르는 이런 생각이 틀렸음을 증명했다. 그는 미생물이 누에에게 두 가지 질병을 일으킨다는 사실을 입증한 뒤, 감염된 알을 분리하여 질병이 전염되는 것을 막음으로써 프랑스의 잠사업을 위기에서 구했다.

한편 독일에서는 로베르트 코흐라는 내과 의사가 지역농장의 사육동물을 휩쓸던 탄저병을 연구하고 있었다. 때마침 다른 과학자들이 동물의 시체에서 탄저균을 발견하자, 1876년 코흐는 이 미생물을 쥐에게 주입한 뒤 쥐가 죽은 것을 확인했다. 그는 이 암울한 과정을 스무 세대에 걸쳐 집요하게 반복하여 번번이 똑같은 현상이 반복되는 것을 확인했고, 마침내 세균이 탄저병을 일으킨다는 결론을 내렸다. 배종설이 옳았던 것이다.

파스퇴르와 코흐가 미생물을 효과적으로 재발견하자 미생물은 곧 죽음의 아바타로 캐스팅되어 전염병을 옮기는 주범으로 여겨지기 시작했다. 탄저병이 연구된 뒤 20년에 걸쳐 코흐를 비롯한 과학자들은 한센병, 임질, 장티푸스, 결핵 등의 질병 뒤에 도사리고 있는 세균들을 속속 발견했다. 이러한 발견을 견인한 것은 새로운 도구였다. 이전에 있었던 렌즈를 능가하는 렌즈가 나왔고, 젤리 비슷한 배양액이 깔린 접시에서 순수한 미생물을 배양하는 방법이 개발되었으며, 새로운 염색제가 등장하여 세균의 발견과 확인을 도왔다.

세균을 확인하자 과학자들은 거두절미하고 세균을 제거하는 작업에 착수했다. 조지프 리스터는 파스퇴르에게서 영감을 얻어 소독 기법을 실무에 도입했다. 그는 자신의 스태프들에게 손과 의료 장비와 수술실을 화학적으로 소독하라고 지시함으로써 수많은 환자들을 극심한 감염으로부터 구해냈다. 또, 다른 과학자들은 질병 치료, 위생 개선, 식품 보존이라는 명분으로 세균 차단 방법을 궁리했다. 그리고 세균학은 응용과학이 되어 미생물을 쫓아내거나 파괴하는 데 동원되었다. 과학자들은 미생물과의 전쟁을 선포하고, 병든 개인과 사회에서 미생물을 몰아내는 것을 목표로 삼은 것이다. 이렇게 미생물에 대한 인식이 형성되었으며 그 부정적 태도는 오늘날에도 지속되고 있다.

① 세균은 미생물의 일종이다.
② 세균은 화학적인 방법으로 제거할 수 있다.
③ 미생물과 질병의 연관성에 대한 인식은 통시적으로 변화해 왔다.
④ 코흐는 새로운 도구의 개발 이전에 질병을 유발하는 미생물들을 발견했다.

QR코드 접속을 통해 풀이시간 측정, 자동 채점
그리고 결과 분석까지!

01 인과관계와 객관적 귀속에 대한 설명으로 옳지 않은 것은?(단, 다툼이 있는 경우 판례에 의함)

① 객관적 귀속을 위하여는 위험의 창출이 있어야 하는데, 행위자가 이미 진행되고 있는 인과과정 속에서 자신의 행위를 통하여 결과의 발생을 지연시킨 경우에는 객관적 귀속이 부정된다.

② 비유형적 인과관계의 경우에는 인과관계가 인정되나, 결과발생의 예견가능성이 없는 경우에는 객관적 귀속이 부정된다.

③ 상당인과관계설에 의할 경우에는 결과의 행위에 대한 귀속과 관련하여 객관적 귀속에 대한 평가가 필요 없지만, 합법칙적 조건설에 의할 경우에는 객관적 귀속에 대한 별도의 평가가 필요하다.

④ 강간을 당한 A가 집에 돌아가 음독자살하기에 이른 원인이 강간을 당함으로 인하여 생긴 수치심과 장래에 대한 절망감 등에 있었다면, 강간행위와 A의 자살행위 사이에 인과관계를 인정할 수 있다.

02 횡령죄에 대한 설명으로 적절하지 않은 것은?(단, 다툼이 있는 경우 판례에 의함)

① 채권양도인이 채무자에게 채권양도 통지를 하는 등으로 채권양도의 대항요건을 갖추어 주지 않은 채 채무자로부터 양도한 채권을 추심하여 수령한 금전에 관하여 채권양수인을 위해 보관하는 자의 지위에 해당하지 아니하므로 채권양도인이 위 금전을 임의로 처분한 경우 횡령죄가 성립한다.

② 부동산 실권리자명의 등기에 관한 법률을 위반한 양자간 명의신탁의 경우, 명의수탁자가 명의신탁자에 대한 관계에서 '타인의 재물을 보관하는 자'의 지위에 해당하지 아니하므로 명의수탁자가 신탁받은 부동산을 임의로 처분하면 명의신탁자에 대한 관계에서 횡령죄가 성립하지 않는다.

③ 이른바 '착오송금'의 법리는 계좌명의인이 개설한 예금계좌가 전기통신금융사기 범행에 이용되어 그 계좌에 피해자가 사기피해금을 송금·이체한 경우에도 마찬가지로 적용된다. 계좌명의인은 아무런 법률관계 없이 송금·이체된 사기피해금을 보관하는 지위에 있고, 만약 그 돈을 영득할 의사로 인출하면 피해자에 대한 횡령죄가 성립한다.

④ 채권자가 채무자로부터 채권확보를 위하여 담보물을 제공받았을 때 그 물건이 채무자가 보관중인 타인의 물건임을 알았다는 것만으로 채권자가 채무자의 횡령행위에 공모가담한 것으로 단정 지을 수 없다.

03 형법상 구성요건적 착오에 대한 설명으로 옳은 것은?(단, 다툼이 있는 경우 판례에 의함)

① 甲이 乙을 살해할 목적으로 발사한 총탄이 이를 제지하려고 뛰어들던 丙에게 명중되어 丙이 사망한 경우에 구체적 부합설은 살인죄의 성립을 인정한다.

② 자(子)가 부(父)의 재물로 오인하고 타인의 재물을 절취한 경우에는 「형법」 제15조 제1항(사실의 착오)에 의하여 절도죄의 형을 면제한다.

③ 甲을 乙로 오인하고 살해하려고 총을 쏘아 甲이 사망한 경우에 구체적 부합설과 법정적 부합설의 결론은 동일하다.

④ 甲은 심야에 짖어대는 乙의 개를 죽이려고 총을 발사하였다. 그런데 조준에 실패하여 乙이 총에 맞아 사망하였다. 추상적 부합설에 의할 경우 甲은 개에 대한 재물손괴기수와 乙에 대한 살인미수죄의 상상적 경합범이 된다.

04 양벌규정에 대한 설명으로 옳은 것은?(단, 다툼이 있는 경우 판례에 의함)

① 1인회사에 있어서 행위자를 처벌하는 이외에 회사에 대하여 양벌규정에 의한 벌금을 부과하는 것은 이중처벌에 해당되어 위법하다.

② 회사가 해산 및 청산등기 전에 재산형에 해당하는 사건으로 기소되었으나, 그 후 청산종결의 등기가 경료되었다면, 위 회사는 형사소송법상 당사자 능력을 상실하게 된다.

③ 법인이 형사처벌을 면탈하기 위한 방편으로 합병제도 등을 남용하는 경우에도 합병으로 인하여 소멸한 법인이 그 종업원 등의 위법행위에 대해 양벌규정에 따라 부담하던 형사책임은 합병으로 인하여 존속하는 법인에 승계되지 않는다.

④ 지방자치단체 소속 공무원이 기관위임사무를 수행하는 중 위반행위를 한 경우, 별개로 지방자치단체는 양벌규정에 따른 처벌대상이 되지 않는다.

05 과실범에 대한 설명으로 옳지 않은 것은?(단, 다툼이 있는 경우 판례에 의함)

① 「형법」 제268조의 업무상 과실의 유무를 판단함에는 같은 업무와 직무에 종사하는 일반적 보통인의 주의의무를 표준으로 한다.

② 내과의사 甲이 신경과 전문의와의 협의진료 결과 乙의 증세와 관련하여 신경과 영역에서 이상이 없다는 회신을 받은 후 그 회신을 신뢰하여 뇌혈관 계통 질환의 가능성을 염두에 두지 않고 내과 영역의 진료 행위를 계속하다가 乙의 증세가 호전되어 퇴원 조치한 경우, 乙의 지주막하출혈을 발견하지 못한 데 대하여 甲의 업무상 과실은 인정된다.

③ 건설업자 甲과 이를 감독하는 공무원 乙 및 완공된 교량의 관리를 담당하는 공무원 丙의 과실이 서로 합쳐져 교량이 붕괴되어 사람이 사망한 사실이 인정되더라도 과실범의 공동정범은 성립된다.

④ 법인 대표자의 법규위반행위에 대한 법인의 책임은 법인 자신의 법규위반행위로 평가될 수 있는 행위에 대한 법인의 직접책임으로서의 성격을 가지지만, 대표자의 과실에 의한 위반행위에 대하여는 법인 자신의 과실에 의한 책임을 지는 것이다.

06 공범에 대한 설명으로 적절한 것은?(단, 다툼이 있는 경우 판례에 의함)

① 정범의 성립은 교사범, 방조범의 구성요건의 일부를 형성하고 교사범, 방조범이 성립하기 위해서는 먼저 정범의 범죄행위가 인정되는 것이 그 전제요건이 된다.

② 甲과 乙이 A를 강도하기로 공모하였음에도 불구하고 乙이 공모한 내용과 전혀 다른 강도강간을 한 경우, 직접 실행행위에 관여하지 않았더라도 甲은 강도강간죄의 죄책을 진다.

③ 교사행위에 의하여 피교사자가 범죄 실행을 결의하게 되었더라도 피교사자가 다른 원인으로 범죄를 실행한 때에는 교사범이 성립하지 아니한다.

④ 뇌물공여죄와 뇌물수수죄는 필요적 공범관계에 있으므로 뇌물을 수수한 사람에게 뇌물수수의 죄책을 물을 수 없는 경우라면 뇌물을 공여한 사람에게도 뇌물공여의 죄책을 물을 수 없다.

07 형법의 적용범위에 대한 설명으로 적절하지 않은 것은?(단, 다툼이 있는 경우 판례에 의함)

① 우리 형법은 세계주의에 관한 규정을 두고 있다.

② 실행행위의 도중에 법률의 변경이 있어 실행행위가 신·구법에 걸쳐 행해진 경우 신법 시행 이후의 범행이 신법의 구성요건을 충족하는 때에는 신법을 적용해야 한다.

③ 외국인이 외국에서 형법상 약취·유인죄나 인신매매죄 또는 그 미수범과 예비·음모죄를 범한 경우에는 우리나라 형법이 적용된다.

④ 「형법」 제7조에서 규정하고 있는 '외국에서 형의 전부 또는 일부가 집행된 사람'이란 '외국 법원의 유죄판결에 의하여 자유형이나 벌금형 등의 전부 또는 일부가 실제로 집행된 사람'을 말한다.

08 다음 중 정당행위에 대한 설명으로 옳은 것은?(단, 다툼이 있는 경우 판례에 의함)

① A가 술에 만취하여 아무런 연고도 없는 가정주부인 甲의 집에 들어가 유리창을 깨는 등 행패를 부리고 나가자 甲이 유리창 값을 받으러 A를 뒤따라가며 그 어깨를 붙잡았으나, 상스러운 욕설을 계속하므로 더 이상 참지 못하고 잡고 있던 손으로 A의 어깨부분을 밀치자 술에 취하여 비틀거리던 A가 몸을 제대로 가누지 못하고 앞으로 넘어져 시멘트 바닥에 이마를 부딪쳐 1차성 쇼크로 사망한 경우, 甲의 행위는 정당방위에 해당한다.

② 방송사 기자인 甲은 국가안전기획부 정보수집팀이 타인 간의 8년전 사적 대화를 불법 녹음하여 생성한 도청자료인 녹음테이프와 녹취보고서를 입수한 후 이를 자사의 방송프로그램을 통하여 공개한 경우, 甲의 행위는 수단이나 방법이 상당성을 충족하여 정당행위에 해당한다.

③ 근로자들이 사용자가 제3자와 공동으로 관리·사용하는 공간을 사용자에 대한 쟁의행위를 이유로 관리자의 의사에 반하여 침입·점거한 경우, 그러한 행위가 사용자에 대한 관계에서 정당한 쟁의행위로 평가된다면 제3자에 대하여서도 정당행위로서 주거침입죄의 위법성이 조각된다.

④ 질병의 예방과 치료행위 내지 의학적 전문지식이 있는 의료인이 행하지 아니하면 사람의 생명, 신체나 공중위생에 위해를 발생시킬 우려가 있는 행위가 무면허로 행하여진 경우에는 사회상규에 위배되지 아니하는 행위로서 위법성이 조각된다.

09 책임능력에 대한 설명으로 적절한 것을 모두 고른 것은?(단, 다툼이 있는 경우 판례에 의함)

> ㉠ 정신적 장애가 있더라도 범행 당시 정상적인 사물변별능력이나 의사결정능력(행위통제능력)이 있었다고 판단되는 경우에는 책임이 조각되지 않는다.
> ㉡ 원인에 있어서 자유로운 행위에 대한「형법」제10조 제3항은 고의에 의한 원인에 있어서 자유로운 행위만이 아니라 과실에 의한 원인에 있어서 자유로운 행위까지도 포함한다.
> ㉢ 법원은 심신장애 여부를 판단하는 데 있어 반드시 감정인의 감정결과에 기속되어야 한다.
> ㉣ 심신상실자란 심신장애로 인하여 사물을 변별할 능력뿐만 아니라 의사결정의 능력까지도 결여된 자를 말한다.

① ㉠, ㉡
② ㉠, ㉢
③ ㉠, ㉡, ㉢
④ ㉡, ㉢

10 형의 감경에 대한 설명으로 옳지 않은 것은?(단, 다툼이 있으면 판례에 의함)

① 「형법」제37조 후단 경합범에 대하여「형법」제39조 제1항에 의하여 형을 감경할 때에도 법률상 감경에 관한「형법」제55조 제1항이 적용되어 유기징역을 감경할 때에는 그 형기의 2분의 1 미만으로는 감경할 수 없다.
② 「형법」제55조 제1항을 적용하여 유기징역형을 감경할 경우에는 법정형의 장기와 단기를 모두 2분의 1로 감경하여야 한다.
③ 법률에 임의적 감경이 가능하도록 규정된 경우, 법관은 다른 양형조건에 대한 고려를 배제하고 임의적 감경사유만을 심리하여 감경 여부를 결정하여야 한다.
④ 필요적 감경의 경우에는 감경사유의 존재가 인정되면 반드시 법률상 감경을 하여야 함에 반해, 임의적 감경의 경우에는 감경사유의 존재가 인정되더라도 법관이 법률상 감경을 할 수도 있고 하지 않을 수도 있다.

11 간접정범에 대한 설명으로 옳지 않은 것은?(단, 다툼이 있는 경우 판례에 의함)

① 간접정범의 실행의 착수시기를 이용자의 이용행위 시로 보는 경우, 이용자의 이용의사가 외부로 표현되기만 하면 실행의 착수가 인정되어 미수범의 성립과 처벌 범위가 지나치게 확장될 수 있다.
② 강제추행에 관한 간접정범의 의사를 실현하는 도구로서의 타인에는 피해자도 포함될 수 있으므로, 피해자를 도구로 삼아 피해자의 신체를 이용하여 추행행위를 한 경우에도 강제추행죄의 간접정범이 성립한다.
③ 수표의 발행인 아닌 자가 허위신고의 고의 없는 발행인을 이용하여 허위신고를 하게 하였다면 부정수표단속법상 허위신고죄의 간접정범이 성립한다.
④ 피고인이 축산업협동조합이 점유하는 타인소유의 창고의 패널을 점유자인 조합으로부터 명시적인 허락을 받지 않은 채 소유자인 위 타인으로 하여금 취거하게 한 경우 소유자를 도구로 이용한 절도죄의 간접정범이 성립한다.

12 미수범에 대한 설명으로 적절하지 않은 것은?(단, 다툼이 있는 경우 판례에 의함)

① 범행이 발각될 것이 두려워 범행을 중지한 경우, 자의에 의한 중지미수로 볼 수 없다.
② 중지미수범은 임의적 형감면사유에 해당하지만, 불능미수범(「형법」제27조)은 필요적 형감면사유에 해당한다.
③ 상대방을 살해할 목적으로 낫을 들고 상대방에게 다가섰지만 제3자가 이를 제지하는 사이에 상대방이 도망함으로써 그 목적을 이루지 못한 경우에는 살인죄의 미수범에 해당한다.
④ 소송비용을 편취할 의사로 소송비용의 지급을 구하는 손해배상청구의 소를 제기하였다고 하더라도 이는 객관적으로 소송비용의 청구방법에 관한 법률적 지식을 가진 일반인의 판단으로 보아 결과 발생의 가능성이 없어 위험성이 인정되지 않는다.

13 체포와 감금죄에 대한 설명으로 옳지 않은 것은? (단, 다툼이 있는 경우 판례에 의함)

① 체포죄에서 체포의 수단과 방법은 불문하며, 체포의 고의로 타인의 신체적 활동의 자유를 현실적으로 침해하는 행위를 개시한 때 체포죄의 기수가 된다.

② 강도계획 후에 피해자를 강제로 자신의 승용차에 태우고 가면서 돈을 빼앗고 상해를 가한 뒤에 계속하여 상당한 거리를 진행하여 가다가 교통사고를 일으켜 감금행위가 중단된 경우 감금죄와 강도상해죄의 실체적 경합범이 성립한다.

③ 중감금죄는 구체적 위험범이 아니므로 생명·신체에 대한 구체적 위험이 발생할 필요는 없다.

④ 감금죄의 수단과 방법에는 아무런 제한이 없어서 유형적인 것이나 무형적인 것이거나를 가리지 아니하며, 사람의 행동의 자유의 박탈은 반드시 전면적이어야 할 필요가 없다.

14 강간과 추행의 죄에 대한 설명으로 적절한 것은? (단, 다툼이 있는 경우 판례에 의함)

① 강제추행죄의 '추행'이란 일반인에게 성적 수치심이나 혐오감을 일으키고 선량한 성적 도덕관념에 반하는 행위인 것으로 족하고, 반드시 그 행위의 상대방인 피해자의 성적 자기결정의 자유를 침해할 필요까지는 없다.

② 형법의 '강간과 추행의 죄'의 장에 규정된 죄는 모두 개인의 성적 자유 또는 성적 자기결정권을 침해하는 것을 내용으로 하고 있으며, 여기에서 '성적 자유'는 적극적으로 성행위를 할 수 있는 자유가 아니라 소극적으로 원치 않는 성행위를 하지 않을 자유를 의미한다.

③ 강간치상의 범행을 저지른 자가 그 범행으로 인하여 실신상태에 있는 피해자를 구호하지 아니하고 방치한 경우, 그에게 피해자를 보호할 법률상 또는 계약상 의무여부를 떠나 유기죄는 별도로 인정된다.

④ 수면제 등 약물을 투약하여 피해자를 단지 일시적으로 수면 또는 의식불명 상태에 이르게 하였다면 그로 인하여 피해자의 건강상태가 나쁘게 변경되고 생활기능에 장애가 초래되었더라도 강간치상죄에서의 상해를 인정할 수 없다.

15 강제집행면탈죄에 대한 설명으로 옳지 않은 것은? (단, 다툼이 있는 경우 판례에 의함)

① 이혼을 요구하는 처로부터 재산분할청구권에 근거한 가압류 등 강제집행을 받을 우려가 있는 상태에서 남편이 이를 면탈할 목적으로 허위의 채무를 부담하고 소유권 이전 청구권 보전 가등기를 경료한 경우, 강제집행면탈죄가 성립한다.

② '보전처분 단계에서의 가압류채권자의 지위' 자체는 원칙적으로 민사집행법상 강제집행 또는 보전처분의 대상이 될 수 없어 강제집행면탈죄의 객체에 해당한다고 볼 수 없으나 가압류채무자가 가압류해방금을 공탁한 경우에도 마찬가지다.

③ '담보권 실행 등을 위한 경매'를 면탈할 목적으로 재산을 은닉하여도 강제집행면탈죄가 성립하지 않는다.

④ 강제집행면탈죄가 성립하기 위해서는 재산의 은닉, 손괴, 허위양도 또는 허위채무를 부담하여 현실적으로 채권자를 해하는 결과가 야기되어야 하고, 채권자를 해할 위험만으로는 강제집행면탈죄가 성립하지 않는다.

16 무고죄에 대한 설명으로 옳지 않은 것은?(단, 다툼이 있는 경우 판례에 의함)

① 무고죄를 범한 자가 그 신고한 사건의 재판 또는 징계처분이 확정되기 전에 자백 또는 자수한 때에는 그 형을 감경 또는 면제하도록 규정한 「형법」 제157조, 제153조는 무고자가 그 사건을 다루는 재판부에 증인으로 출석하여 자신의 신고가 허위임을 고백하는 때에도 적용된다.

② 타인 명의의 고소장을 대리하여 작성하고 제출하는 형식으로 고소가 이루어진 경우라 하더라도 그 명의자는 고소의 의사가 없이 이름만 빌려준 것에 불과하고 명의자를 대리한 자가 실제 고소의 의사를 가지고 고소행위를 주도한 경우라면 그 명의자를 대리한 자를 신고자로 보아 무고죄의 주체로 인정하여야 할 것이다

③ 군인에 대한 무고의 경우, 공무소 또는 공무원에 대하여 신고를 하여도 그것이 지휘명령 계통이나 수사관할 이첩을 통하여 해당 군인에 대하여 징계처분 또는 형사처분을 할 직권이 있는 소속 상관에게 도달되어야 무고죄가 성립한다.

④ 허위의 사실을 신고하였는가의 여부를 심사함에 있어서 그 신고사실의 진실성을 인정할 수 없다는 소극적 증명이 있으면 신고자를 무고죄로 처벌할 수 있다.

17 배임죄에 대한 설명으로 옳지 않은 것은?(단, 다툼이 있는 경우 판례에 의함)

① 매도인이 매수인에게 매도인 소유의 토지를 양도하는 계약을 체결하고 순위 보전의 효력이 있는 가등기를 마쳐준 경우에는 매수인이 매도인의 협력 없이도 자신 명의로 소유권이전등기를 마칠 수 있으므로 매도인이 그 이후 제3자에게 처분에 따른 등기가 이루어지면 배임죄가 성립한다.

② 거래상대방의 대향적 행위의 존재를 필요로 하는 유형의 배임죄에서 거래상대방은 실행행위자의 행위가 피해자 본인에 대한 배임행위에 해당한다는 점을 인식한 상태에서 배임의 의도가 전혀 없었던 실행행위자에게 배임행위를 교사하거나 또는 배임행위의 전 과정에 관여하는 등으로 배임행위에 적극 가담한 경우에 한하여 배임의 실행행위자에 대한 공동정범으로 인정할 수 있다.

③ 양도담보권자가 변제기 경과 후에 담보권을 실행하여 채권원리금의 변제에 충당하고 잔액을 담보권 설정자에게 반환하지 않은 경우 배임죄가 성립한다.

④ 타인의 사무를 처리하는 자가 그 임무에 위배하여 본인을 기망하고 착오에 빠진 본인으로부터 재산상 이득을 취하는 경우와 같이 배임행위에 사기행위가 수반된 때에는 사기죄와 배임죄의 상상적 경합이 성립한다.

18 공무집행방해죄에 대한 설명으로 옳지 않은 것은? (단, 다툼이 있는 경우 판례에 의함)

① 위계공무집행방해죄의 직무집행이란 법령의 위임에 따른 공무원의 권력적 작용을 의미하며, 사경제주체로서의 활동을 비롯한 비권력적 작용은 이에 포함되지 않는다.

② 피의자 등이 적극적으로 허위의 증거를 조작하여 제출하고 그 증거 조작의 결과 수사기관이 그 진위에 관하여 나름대로 충실한 수사를 하더라도 제출된 증거가 허위임을 발견하지 못할 정도에 이르렀다면 위계공무집행방해죄가 성립한다.

③ 민사소송을 제기함에 있어 피고의 주소를 허위로 기재하여 법원공무원으로 하여금 변론기일소환장 등을 허위주소로 송달케 하였다는 사실만으로는 위계에 의한 공무집행방해죄가 성립하지 않는다.

④ 위계가 공무원의 구체적인 직무집행을 저지하거나 현실적으로 곤란하게 하는 데까지는 이르지 않은 경우에는 위계공무집행방해죄로 처벌되지 아니한다.

19 부작위범에 대한 설명으로 적절한 것은?(단, 다툼이 있는 경우 판례에 의함)

① 사기죄에 있어서 부작위에 의한 기망은 법률상 고지의무 있는 자가 일정한 사실에 관하여 상대방이 착오에 빠져 있음을 알면서도 이를 고지하지 않는 것으로서, 관습이나 조리에 의하여서도 법률상 고지의무가 인정될 수 있다.

② 부작위에 의한 업무방해죄가 성립하기 위해서는 그 부작위를 실행행위로서의 작위와 동일시할 수 있어야 하는바, 피고인이 일부러 건축자재를 피해자의 토지 위에 쌓아 두어 공사 현장을 막은 것이 아니고 당초 자신의 공사를 위해 쌓아 두었던 건축자재를 공사대금을 받을 목적으로 공사 완료 후 치우지 않은 경우에는, 위력으로써 피해자의 추가 공사 업무를 방해하는 업무방해죄의 실행행위로서 피해자의 업무에 대한 적극적인 방해행위와 동등한 형법적 가치를 가진다.

③ 부진정 부작위범의 작위의무는 법령, 법률행위, 선행행위로 인한 경우에 발생하고 사회상규 혹은 조리로부터는 법적 작위의무가 발생하지 않는다.

④ 근로자가 근로의 제공을 거부하여 업무의 정상적인 운영을 저해하는 쟁의행위로서의 파업이 집단적으로 이루어진 경우, 그러한 행위는 사용자의 업무수행에 대한 적극적인 방해행위로 인한 법익침해와 동등한 형법적 가치를 갖는 것으로서 부작위에 의한 업무방해죄가 성립한다.

20 죄형법정주의에 대한 설명으로 옳은 것은?(단, 다툼이 있는 경우 판례에 의함)

① 죄형법정주의는 형법의 보장적 기능보다는 보호적 기능의 실현과 더욱 관련이 있다.

② 소급효금지원칙은 실체법상의 가벌성과 형사제재에 관련된 것이기 때문에 원칙적으로 형사소송법상의 규정에 대해서는 이 원칙이 적용되지 않는다.

③ 「공직선거법」 제262조의 '자수'를 통상 관용적으로 사용되는 용례와는 달리 범행 발각 전에 자수한 경우로 한정하여 해석한 경우 유추해석금지의 원칙에 위반되지 않는다.

④ 행위 당시의 판례에 의하면 처벌대상이 아니었던 행위를 판례의 변경에 따라 처벌하는 것은 평등의 원칙과 형벌불소급의 원칙에 위반된다.

21 뇌물죄에 대한 설명으로 옳은 것은?(단, 다툼이 있는 경우 판례에 의함)

① 뇌물수수죄가 성립하려면 불법영득의 의사가 인정되어야 하는 바, 공무원과 비공무원이 사전에 뇌물을 비공무원에게 귀속시키기로 공모하고 비공무원이 금품을 수수한 때에는 공무원은 불법영득의 의사가 없어서 뇌물수수죄의 정범으로 처벌할 수 없다.

② 공무원이 직무관련자에게 제3자와 계약을 체결하도록 요구하여 그 계약 체결을 하게 한 행위가 제3자뇌물수수죄의 구성요건과 직권남용권리행사방해죄의 구성요건에 모두 해당할 수 있는 경우, 그러한 계약체결이 뇌물수수에 대한 대가로서의 성질을 갖는다면 원칙적으로 제3자뇌물수수죄만 성립하고 직권남용권리행사방해죄는 성립하지 않는다.

③ 뇌물약속죄에 있어서 뇌물의 목적물이 이익인 경우, 이익이 약속 당시에 현존할 필요는 없고 약속 당시에 예기할 수 있는 것이라도 무방하며 그 가액이 확정되어 있을 필요도 없다.

④ 국립대학교 의과대학 교수 겸 국립대학교병원 의사가 구치소로 왕진을 나가 진료하고 진단서를 작성해 주거나 구속집행정지신청에 관한 법원의 사실조회에 대하여 회신을 해주면서 사례금 명목으로 금품을 수수한 경우 뇌물죄의 직무관련성이 인정된다.

22 결과적 가중범에 대한 설명으로 적절한 것은?(단, 다툼이 있는 경우 판례에 의함)

① 형법은 결과적 가중범에 있어서 중한 결과에 대하여 과실(예견 가능성)을 요구함으로써 고의와 과실의 결합형식에 의하여 책임주의와 조화시키고 있다.

② 강간이 미수에 그친 경우라면 그 수단이 된 폭행에 의하여 피해자가 상해를 입었으면 상해죄가 성립한다.

③ 존속을 살해할 목적으로 현주건조물에 방화하여 사망에 이르게 한 경우 살인죄와 현주건조물방화치사죄의 상상적 경합이 된다.

④ 음주로 인한 특정범죄가중처벌 등에 관한 법률 위반(위험운전치사상)죄는 도로교통법 위반(음주운전)죄를 기본범죄로 하는 결과적 가중범으로 그 행위유형과 보호법익을 모두 포함하고 있으므로 특정범죄가중처벌 등에 관한 법률 위반(위험운전치사상)죄가 성립하면 도로교통법 위반(음주운전)죄는 이에 흡수된다.

23 문서죄에 대한 설명으로 옳은 것은?(단, 다툼이 있는 경우 판례에 의함)

① 위명의자의 명시적인 승낙이나 동의가 없다는 것을 알고 있었더라도 명의자가 문서작성 사실을 알았다면 승낙하였을 것이라고 기대하거나 예측한 경우에는 문서위조죄가 성립하지 않는다.

② 최종 결재권자를 보조하여 문서의 기안업무를 담당한 공무원이 이미 결재를 받아 완성된 공문서에 대하여 적법한 절차를 밟지 않고 그 내용을 변경한 경우, 특별한 사정이 없는 한 공문서변조죄가 성립하지 아니한다.

③ 허위공문서작성죄의 객체가 되는 문서에는 문서에 작성명의인이 명시되어 있어야 하며, 그 문서 자체에 의하여 작성명의인을 알 수 있는 경우에도 포함되지 않는다.

④ 공사 감리업체의 책임감리원 갑이 공사를 감독하는 담당공무원 을과 공모하여 허위내용의 준공검사조서를 작성한 다음 준공검사결과보고서에 첨부하여 을에게 제출하고 을이 그 진정성을 확인한다는 의미로 결재한 다음 최종결재권자의 결재를 받은 경우, 갑은 허위공문서작성죄의 간접정범의 공범으로 처벌된다.

24 교통방해의 죄에 대한 설명으로 옳은 것은?(단, 다툼이 있는 경우 판례에 의함)

① 「형법」 제187조에서 정한 '파괴'란 교통기관으로서의 기능·용법의 전부나 일부를 불가능하게 할 정도의 파손에 이르지 아니하는 단순한 손괴도 포함된다.

② 일반교통방해죄는 추상적 위험범으로서 교통이 현실적으로 불가능하게 되면 바로 기수에 이르지만, 단지 교통이 현저히 곤란한 상태가 발생하였다는 사정만으로 기수에 이른다고 볼 수는 없다.

③ 교통방해 행위가 피해자의 사상이라는 결과를 발생하게 한 유일하거나 직접적인 원인이 된 경우만이 아니라, 그 행위와 결과 사이에 피해자나 제3자의 과실 등 다른 사실이 개재된 때에도 그와 같은 사실이 통상 예견될 수 있는 것이라면 상당인과관계를 인정할 수 있다.

④ 일반 공중의 자유로운 왕래에 공용된 곳이 아니고 토지 소유자가 개인적으로 사용하면서 부수적으로 통행을 묵인한 장소에 해당할지라도 그 도로를 인근 주민이 대로에 출입하는 통로로 이용하여 왔더라면 당해 도로는 일반교통방해죄가 규정하는 육로에 해당한다.

25 사기죄에 대한 설명으로 적절한 것은?(단, 다툼이 있는 경우 판례에 의함)

① 단일한 범의하에 동일한 방법으로 수인의 피해자에 대하여 각 피해자별로 기망행위를 하여 재물을 편취한 경우, 사기죄의 포괄일죄가 성립한다.

② 「민법」 제746조의 불법원인급여에 해당하여 급여자가 수익자에 대한 반환청구권을 행사할 수 없다면, 설령 수익자가 기망을 통하여 급여자로 하여금 불법원인급여에 해당하는 재물을 제공하도록 하였더라도 사기죄는 성립하지 않는다.

③ 컴퓨터 등 사용사기죄에서 '부정한 명령의 입력'이란 당해 사무처리시스템의 프로그램을 구성하는 개개의 명령을 부정하게 변개·삭제하는 행위를 말하고, 프로그램 자체에서 발생하는 오류를 적극적으로 이용하여 그 사무처리의 목적에 비추어 정당하지 아니한 사무처리를 하게 하는 행위는 특별한 사정이 없는 한 '부정한 명령의 입력'에 해당하지 않는다.

④ 허위의 채권을 피보전권리로 삼아 가압류를 하였다고 하더라도 그 채권에 관하여 현실적으로 청구의 의사표시를 한 것이라고 볼 수 없으므로, 소의 제기 없이 가압류를 신청한 것만으로는 사기죄의 실행에 착수한 것이라고 할 수 없다.

제3과목: 형사소송법

QR코드 접속을 통해 풀이시간 측정, 자동 채점
그리고 결과 분석까지!

01 형사소송의 이념과 구조에 대한 설명으로 옳지 않은 것은?(단, 다툼이 있는 경우 판례에 의함)

① 공소장의 공소사실 첫머리에 피고인이 전에 받은 소년 부송치처분과 직업 없음을 기재한 것은 피고인을 특정할 수 있는 사항에 속하는 것이어서 헌법상의 형사피고인에 대한 무죄추정조항이나 평등조항에 위배되는 것은 아니다.

② 적법절차를 위반한 수사행위에 기초하여 수집한 증거라도 적법절차에 위배되는 행위의 영향이 차단되거나 소멸되었다고 볼 수 있는 상태에서 수집한 것이라면 유죄 인정의 증거로 사용할 수 있다.

③ 신속한 재판을 받을 권리는 주로 피고인의 이익을 보호하기위하여 인정된 기본권이지만 실체적 진실발견, 소송경제, 재판에 대한 국민의 신뢰와 형벌목적의 달성과 같은 공공의 이익에도 근거가 있다.

④ 형사소송법은 신속한 재판의 원칙에 위반한 때에는 공소기각판결을 해야 한다고 규정하고 있다.

02 형사소송법상 고소권을 가질 수 없는 자로 옳은 것은?

① 피해자 '본인'

② 사기죄에 있어 '피해자에게 채권이 있는 자'

③ 살인죄에 있어서 '피살자의 처'

④ 피해자의 법정대리인이 피의자인 때 '피해자의 친족'

03 형사소송법상 피의자에게 인정되는 권리가 아닌 것을 모두 고른 것은?

> ㉠ 진술거부권
> ㉡ 보석청구권
> ㉢ 증거보전청구권
> ㉣ 구속취소청구권
> ㉤ 수사상의 증인신문청구권
> ㉥ 공소제기 전 수사기록 열람 · 등사권

① ㉡, ㉤

② ㉡, ㉢, ㉤

③ ㉠, ㉡, ㉢

④ ㉠, ㉢, ㉣, ㉤

04 일반법원과 군사법원의 구별기준으로 옳은 것은?

① 직무집행지

② 재판권

③ 관할

④ 범죄지

05 관할에 대한 설명으로 옳지 않은 것은?(단, 다툼이 있는 경우 판례에 의함)

① 지방법원 판사에 대한 제척 · 기피사건은 고등법원의 합의부가 사건을 제1심으로 심판한다.

② 토지관할의 기준이 되는 현재지는 공소제기 당시를 기준으로 한다.

③ 토지관할의 기준인 현재지에는 적법한 강제에 의한 현재지도 포함된다.

④ 고등법원의 결정 · 명령에 대한 재항고 사건은 대법원이 관할한다.

06 고소의 취소에 대한 설명으로 옳지 않은 것은?(단, 다툼이 있는 경우 판례에 의함)

① 제1심판결 선고 후에는 친고죄에서 고소의 취소가 고소취소로서의 효력을 가지지 않으므로 항소심에서 비로소 친고죄로 변경된 경우에도 항소심에서의 고소취소는 고소취소로서의 효력을 가지지 않는다.

② 고소의 취소는 수사기관 또는 법원에 대한 고소한 자의 의사표시로서 서면 또는 구술로 할 수 있다.

③ 피해자가 피고인을 고소한 사건에서, 법원으로부터 증인으로 출석하라는 소환장을 받은 피해자가 자신에 대한 증인소환을 연기해 달라고 하거나 기일변경신청을 하고 출석을 하지 않는 경우, 법원은 이를 피해자의 처벌불원의 의사표시로 볼 수 있다.

④ 친고죄의 공범 중 일부에 대한 제1심판결 선고 후에는 아직 제1심판결 선고 전인 다른 공범에 대한 고소취소가 있어도 그 효력이 발생하지 않는다.

07 자수와 고발에 대한 설명으로 옳지 않은 것은?(단, 다툼이 있는 경우 판례에 의함)

① 피고인이 자수하였음에도 법원이 「형법」 제52조 제1항에 따른 자수감경을 하지 않거나 자수감경 주장에 대하여 판단을 하지 않았더라도 위법하지 않다.

② 피고인이 된 피의자가 사법경찰관의 여죄 추궁 끝에 다른 범죄사실을 자백한 경우에는 자수라고 할 수 없다.

③ 법정대리인의 고소가 가능한 것과 달리 고발의 경우 대리고발은 허용되지 않는다.

④ 필요적 고발사건인 조세범 처벌법에 의한 고발은 범죄의 일시·장소의 표시 등 사건의 동일성이 특정될 정도의 방식을 갖추어야 한다.

08 임의수사로서의 피의자신문과 참고인조사에 대한 설명으로 옳은 것을 모두 고른 것은?(단, 다툼이 있는 경우 판례에 의함)

> ⊙ 수사가 개시되어 피의자의 지위를 지니는 자가 아닌 참고인에 대한 조사에서는 진술거부권을 고지할 필요가 없으며, 진술거부권 불고지를 이유로 그 진술조서의 증거능력을 부정할 수 없다.
>
> ⓒ 참고인이 수사기관에서 범인에 관해 조사를 받으면서 그가 알고 있는 사실을 묵비하거나 허위로 진술하였다고 하더라도 원칙적으로 처벌의 대상이 되지 않지만, 피의자가 수사기관에서 공범에 관하여 묵비 또는 허위진술을 하는 경우에는 이 법리가 동일하게 적용되지 않는다.
>
> ⓒ 피의자를 신문하는 경우 피의자가 신체적 또는 정신적 장애로 사물을 변별하거나 의사를 결정·전달할 능력이 미약한 때 신뢰관계 있는 자의 동석사유가 된다.
>
> ⓔ 참고인 진술 시 참고인의 동의를 얻어 영상녹화할 수 있으며, 이 영상녹화물은 전문증거로서의 요건을 충족하는 경우 공소사실을 직접 증명하는 증거로 사용될 수 있다.

① ⊙, ⓒ　　　　　　② ⊙, ⓒ
③ ⓒ, ⓒ　　　　　　④ ⓒ, ⓔ

09 환부 및 가환부에 대한 설명으로 가장 옳지 않은 것은?(단, 다툼이 있는 경우 판례에 의함)

① 피고인 이외 제3자의 소유에 속하는 압수물에 대하여 몰수를 선고한 판결이 있는 경우, 그 판결의 효력은 유죄판결을 받은 피고인에 대하여 미치는 것일 뿐 제3자의 소유권에 어떤 영향을 미치는 것은 아니다.

② 압수한 장물은 피해자에게 환부할 이유가 명백한 때에는 피고사건의 종결 전이라도 판결로 피해자에게 환부하여야 한다.

③ 소유자 등 신청인의 가환부 청구에 대하여 수사기관이 가환부를 거부하는 경우의 불복방법으로 신청인은 해당 검사의 소속 검찰청에 대응한 법원에 가환부결정을 청구할 수 있다.

④ 소유자 등의 환부 또는 가환부 청구에 대해 검사가 이를 거부하는 경우, 신청인은 해당 검사의 소속 검찰청에 대응한 법원에 압수물의 환부 또는 가환부결정을 청구할 수 있다.

10 피고인의 구속에 대한 설명으로 옳지 않은 것은? (단, 다툼이 있는 경우 판례에 의함)

① 변호인을 선정하여 공판절차에서 변명과 증거의 제출을 다하고 그의 변호 아래 판결을 선고받았다면 피고인의 구속 시 법원의 고지사항 등을 고지하지 않은 채 구속영장의 발부결정은 위법하다고 볼 수 없다.

② 피고인을 구속한 때 즉시 공소사실의 요지와 변호인을 선임할 수 있음을 알리지 않았다면 구속영장의 효력은 상실된다.

③ 불구속 기소된 피고인이 불출석상태에서 제1심법원에서 징역형을 선고받고 항소하였던 경우, 소송기록이 항소심법원에 도달하기 전에 제1심법원이 구속영장을 발부하는 것은 적법하다.

④ 구속의 효력은 원칙적으로 구속영장에 기재된 범죄사실에만 미치는 것으로, 종전 구속영장의 기재 범죄사실과 다른 범죄사실로 구속영장을 발부하여 피고인을 구속하는 것은 적법하다.

11 체포절차에 대한 설명으로 가장 옳지 않은 것은?(단, 다툼이 있는 경우 판례에 의함)

① 사법경찰관은 검사에게 신청하여 검사의 청구로 관할 지방법원 판사의 체포영장을 발부받아 피의자를 체포할 수 있지만, 다액 50만 원 이하의 벌금, 구류 또는 과료에 해당하는 사건에 관하여는 피의자가 일정한 주거가 없는 경우 또는 정당한 이유없이「형사소송법」제200조의 규정에 의한 출석요구에 응하지 아니한 경우에 한한다.

② 미리 체포영장을 받을 시간적 여유가 없었던 경우가 아니라면 긴급성 요건이 충족되지 않으며, 이 요건의 판단은 체포 당시의 상황이 아니라 사후에 밝혀진 사정을 기초로 판단한다.

③ 음주운전을 종료한 후 40분 이상이 경과한 시점에서 길가에 앉아 있던 운전자를 술 냄새가 난다는 점만을 근거로 음주운전의 현행범인으로 체포한 것은 적법한 공무집행이라고 볼 수 없다.

④ 「형사소송법」제208조(재구속의 제한)에서 말하는 '구속되었다가 석방된 자'의 범위에는 긴급체포나 현행범으로 체포되었다가 사후영장발부 전에 석방된 경우는 포함되지 않는다.

12 공소장변경에 대한 설명으로 가장 옳지 않은 것은? (단, 다툼이 있는 경우 판례에 의함)

① 기소하였으나 그 심리과정에서 전후에 기소된 범죄사실이 포괄일죄를 구성하는 것으로 밝혀진 경우, 검사는 원칙적으로 먼저 기소한 사건의 범죄사실에 추가로 기소한 범죄사실을 추가하여 전체를 상습범행으로 변경하는 공소장변경 신청을 하고, 추가기소한 사건에 대하여는 공소취소를 하는 것이 형사소송법의 규정에 충실한 조치이다.

② 형사소송규칙은 '공소장변경 허가신청서가 제출된 경우 법원은 그 부본을 피고인 또는 변호인에게 즉시 송달하여야 한다.'라고 규정하고 있는데, 이는 피고인과 변호인 모두에게 부본을 송달하여야 한다는 취지가 아니므로 공소장변경신청서 부본을 피고인과 변호인 중 어느 한 쪽에 대해서만 송달하였다고 하여 절차상 잘못이 있다고 할 수 없다.

③ 검사가 구술로 공소장변경허가신청을 하면서 변경하려는 공소사실의 일부만 진술하고 나머지는 전자적 형태의 문서로 저장한 저장매체를 제출하였다면, 공소사실의 내용을 구체적으로 진술한 부분에 한하여 공소장변경 허가신청이 된 것으로 볼 수 있다.

④ 제1심에서 합의부 관할사건에 관하여 단독판사 관할사건으로 죄명과 적용 법조를 변경하는 공소장변경 허가신청서가 제출된 경우, 사건을 배당받은 합의부가 공소장변경을 허가하는 결정을 하였다면 합의부는 결정으로 관할권이 있는 단독판사에게 사건을 이송하여야 한다.

13 국민참여재판에 대한 설명으로 옳지 않은 것은? (단, 다툼이 있는 경우 판례에 의함)

① 법원은 국민참여재판에 대한 배제결정을 하기 전에 검사·피고인 또는 변호인의 의견을 들어야 한다.

② 국민참여재판은 필요적 변호사건으로서, 변호인이 없는 경우 법원은 직권으로 변호인을 선정하여야한다.

③ 피고인은 공소장 부본을 송달받은 후 7일 이내에 국민참여재판을 원하는지 여부에 관한 의사확인서를 제출하여야 하나, 이를 제출하지 않았더라도 제1회 공판기일이 열리기 전까지는 국민참여재판 신청을 할 수 있다.

④ 법원은 공소제기 후부터 공판준비기일이 종결된 날까지 국민참여재판을 하지 아니하기로 하는 결정을 할 수 있다.

14 구속기간에 대한 설명으로 옳은 것을 모두 고른 것은?(단, 다툼이 있는 경우 판례에 의함)

┌───┐
│ ㉠ 현행범인으로 체포된 피의자의 구속기간은 구속영장 │
│   이 발부된 때로부터 기산한다. │
│ ㉡ 구속기간의 초일은 시간을 계산함 없이 1일로 산정하 │
│   고 구속기간의 말일이 공휴일인 경우 구속기간에 산 │
│   입하지 않는다. │
│ ㉢ 병합심리신청에 의한 공판절차의 정지기간은 피고인 │
│   의 구속기간에 산입한다. │
│ ㉣ 법원이 피고인을 구속한 상태에서 재판할 수 있는 기 │
│   간을 의미하는 것이지, 법원의 재판기간 내지 심리기 │
│   간 자체를 제한하려는 규정이라고 할 수는 없다. │
└───┘

① ㉠, ㉢   ② ㉡, ㉢
③ ㉡, ㉣   ④ ㉢, ㉣

15 보석제도에 대한 설명으로 가장 옳지 않은 것은?(단, 다툼이 있는 경우 판례에 의함)

① 보석의 청구를 받은 법원은 이미 제출한 자료만을 검토하여 보석을 허가하거나 불허가할지 여부가 명백하다면, 심문기일을 열지 않은 채 보석의 허가 여부에 관한 결정을 할 수도 있다.

② 법원이 검사의 의견을 듣지 아니한 채 보석에 관한 결정을 하였다고 하더라도 그 결정이 적정한 이상 절차상의 하자만을 들어 그 결정을 취소할 수 없다.

③ 보석취소의 결정이 있는 때에는 새로운 구속영장을 발부하여 피고인을 재구금하여야 한다.

④ 출석보증서의 제출을 보석조건으로 한 법원의 보석허가결정에 따라 석방된 피고인이 정당한 사유 없이 기일에 불출석하는 경우, 출석보증인에 대하여 500만 원 이하의 과태료를 부과하는 제재를 가할 수 있다.

16 자백보강법칙에 대한 설명으로 옳은 것은?(단, 다툼이 있는 경우 판례에 의함)

① 경찰이 피고인의 범행 직후 범행 현장에서 피고인으로부터 휴대전화를 임의제출 받은 사안에서 휴대전화에 대한 임의제출서, 압수조서 등은 피고인의 자백을 보강하는 증거로 사용할 수 없다.

② 자백에 대한 보강증거는 범죄사실의 전부 또는 중요 부분을 인정할 수 있는 정도가 되지 아니하더라도 피고인의 자백이 가공적인 것이 아닌 진실한 것임을 인정할 수 있는 정도만 되면 족하다.

③ 즉결심판은 피고인의 자백만을 증거로 범죄사실을 인정할 수 없다.

④ 피고인의 습벽을 범죄구성요건으로 하며 포괄일죄인 상습범에 있어서는 이를 구성하는 각 행위에 관하여 개별적으로 보강증거를 요한다.

17 당사자능력과 소송능력에 대한 설명으로 옳지 않은 것은?(단, 다툼이 있는 경우 판례에 의함)

① 자연인인 피고인이 사망하거나 법인인 피고인이 더 이상 존속하지 않는 경우 공소기각결정을 하여야 한다.

② 법인세 체납 등으로 공소제기되어 그 피고사건의 공판 계속 중에 법인의 청산종료의 등기가 경료되었어도 해당 사건이 종결되지 않는 한 법인의 청산사무는 종료된 것이 아니고 당사자능력은 존속한다.

③ 의사능력이 있는 미성년 피해자라 하더라도 반의사불벌죄에 있어 처벌을 희망한다는 의사표시를 철회하려는 경우에는 법정대리인의 동의를 필요로 한다.

④ 피고인이 사물의 변별 또는 의사의 결정을 할 능력이 없는 상태에 있는 때에는 법원은 검사와 변호인의 의견을 들어서 결정으로 그 상태가 계속하는 기간 공판절차를 정지하여야 한다.

18 「형사소송법」 제314조에 의한 증거능력의 인정요건에 대한 설명으로 가장 적절하지 않은 것은?(단, 다툼이 있는 경우 판례에 의함)

① 증인의 주소지가 아닌 곳으로 소환장을 보내 송달불능이 되자 그 곳을 중심으로 한 소재탐지 끝에 소재불능회보를 받은 경우에는 「형사소송법」 제314조에서 말하는 원진술자가 공판정에서 진술할 수 없는 때라고 할 수 없다.

② 진술을 요할 자가 일정한 주거를 가지고 있더라도 법원의 소환에 계속 불응하고 구인하여도 구인장이 집행되지 아니하는 등 법정에서의 신문이 불가능한 상태의 경우에는 「형사소송법」 제314조 소정의 '진술할 수 없는 때'에 해당한다.

③ 「형사소송법」 제314조에서 말하는 '외국거주'라고 함은 진술을 요할 자가 외국에 있다는 것만으로는 부족하고, 가능하고 상당한 수단을 다하더라도 그 진술을 요할 자를 법정에 출석하게 할 수 없는 사정이 있어야 예외적으로 그 적용이 있다.

④ 수사기관에서 진술한 참고인이 법정에서 증언을 거부하여 피고인이 반대신문을 하지 못한 경우, 정당하게 증언거부권을 행사한 것이 아니라면 피고인이 증인의 증언거부 상황을 초래하였다는 등의 특별한 사정이 있더라도 「형사소송법」 제314조의 '그 밖에 이에 준하는 사유로 인하여 진술할 수 없는 때'에 해당하지 않는다.

19 제척·기피에 대한 설명으로 옳은 것은?(단, 다툼이 있는 경우 판례에 의함)

① 변론종결 후 재판부에 대한 기피신청을 하였다 하더라도 소송진행을 정지하지 아니하고 판결을 선고할 수 있다.

② 제척원인은 「형사소송법」 제17조에 예시적으로 열거되어 있는 것으로서, 열거되어 있는 원인 이외의 경우에도 불공평한 재판을 할 염려가 있다면 제척원인이 된다.

③ 재심청구대상의 제1심에 관여한 법관이 재심청구사건에 관여하는 것은 제척사유에 해당한다.

④ 통역인이 피해자와 사실혼 관계에 있는 경우 재판의 공정성을 훼손할 우려가 있으므로 그 통역인에 대해서는 제척사유가 존재한다.

20 변호인에 대한 설명으로 옳지 않은 것은?(단, 다툼이 있는 경우 판례에 의함)

① 피고인이 법인인 경우에는 법인의 대표자가 피고인을 위한 변호인을 선임하여야 하며, 대표자가 제3자에게 변호인 선임을 위임하여 제3자로 하여금 변호인을 선임하도록 할 수는 없다.

② 원심법원에서의 변호인 선임은 관할위반의 재판이 법률에 위반됨을 이유로 원심판결을 파기하여 판결로써 사건을 원심법원에 환송한 후에도 효력이 있다.

③ 피고인이 경제적 어려움을 이유로 국선변호인 선임 신청을 하였으나 법원이 이유가 없다고 판단하여 그 신청에 대하여 아무런 결정을 하지 아니한 것은 위법하다.

④ 법원은 피고인이 빈곤을 이유로 변호인을 선임할 수 없는 경우에는 피고인의 명시적 의사에 반하지 아니하는 범위에서 변호인을 선정하여야 하며, 피고인의 나이·지능 및 교육 정도 등을 참작하여 권리보호를 위하여 필요하다고 인정하는 경우에는 피고인의 의사에 반하여도 변호인을 선정할 수 있다.

21 소송행위에 대한 설명으로 옳지 않은 것은?(단, 다툼이 있는 경우 판례에 의함)

① 음주운전과 관련한 도로교통법 위반죄의 범죄수사를 위하여 미성년자인 피의자의 혈액채취가 필요한 경우 피의자에게 의사능력이 있다면 피의자 본인만이 혈액채취에 관한 유효한 동의를 할 수 있다.

② 교도소에 구속된 자에 대한 소송서류의 송달은 교도소장에게 송달하여 구속된 자에게 전달되어야 효력이 발생한다.

③ 토지관할에 대한 피고인의 관할위반 신청은 피고사건에 대한 진술 후에는 할 수 없다.

④ 변호인 선임 신고서를 제출하지 아니한 변호인이 변호인 명의로 약식명령에 대하여 정식재판청구서를 제출하고 정식재판청구기간 경과 후에 비로소 변호인 선임 신고서를 제출한 경우 위 정식재판청구서는 적법·유효한 정식재판청구로서의 효력이 없다.

22 수사에 대한 설명으로 옳지 않은 것은?(단, 다툼이 있는 경우 판례에 의함)

① 범인식별절차에서 피해자 진술의 신빙성을 높이기 위해서는, 범인의 인상착의 등에 관한 목격자의 진술 내지 묘사를 사전에 상세히 기록화한 다음, 용의자를 포함하여 그와 인상착의가 비슷한 여러 사람을 동시에 목격자와 대면시켜 범인을 지목하도록 하기보다는, 용의자 한 사람을 단독으로 목격자와 대질시키거나 용의자의 사진 한 장만을 목격자에게 제시하여 범인 여부를 확인케 하여야 한다.

② 범의를 가지지 아니한 자에 대하여 수사기관이 사술이나 계략 등을 써서 범의를 유발케 하여 범죄인을 검거하는 함정수사는 위법하다.

③ 임의동행의 형식으로 수사기관에 연행된 피의자에게도 변호인 또는 변호인이 되려는 자와의 접견교통권은 당연히 인정된다고 보아야 한다.

④ 구속영장 발부에 의하여 적법하게 구금된 피의자가 피의자신문을 위한 수사기관 조사실 출석을 거부하는 경우 수사기관은 구속영장의 효력에 의하여 피의자를 조사실로 구인할 수 있다.

23 불이익변경금지원칙에 대한 설명으로 옳지 않은 것은?(단, 다툼이 있는 경우 판례에 의함)

① 원판결이 선고한 집행유예가 실효 또는 취소됨이 없이 그 유예기간이 지난 후에 새로운 형을 정한 재심판결이 선고되었다면 비록 그 재심판결의 형이 원판결의 형보다 중하지 않더라도 불이익변경금지원칙에 반하지 않는다.

② 별개의 사건으로 따로 두 개의 형을 선고받고 항소한 피고인에 대하여 사건을 병합심리 후 경합범으로 처단하면서 제1심의 각 형량보다 중한 형을 선고한 것은 불이익변경금지원칙에 반하지 않는다.

③ 피고인만이 약식명령에 대하여 정식재판을 청구한 사건과 공소가 제기된 다른 사건을 병합하여 심리한 결과 「형법」 제37조 전단의 경합범 관계에 있어 하나의 벌금형으로 처단하는 경우, 약식명령에서 정한 벌금형보다 중한 벌금형을 선고하더라도 불이익변경금지원칙에 반하지 않는다.

④ 환송 후 원심이 환송 전 원심판결에서 인정한 범죄사실 중 일부를 무죄로 판단하고 나머지 부분만 유죄로 판단하면서 이에 대하여 환송 전 원심판결과 동일한 형을 선고하는 것은 불이익변경금지원칙에 반한다.

24 공소시효의 정지에 대한 설명으로 옳지 않은 것은? (단, 다툼이 있는 경우 판례에 의함)

① 범인이 형사처분을 면할 목적으로 국외에 있는 경우에는 범인이 국외에서 범죄를 저지르고 형사처분을 면할 목적으로 국외에서 체류를 계속하는 경우도 포함된다.

② 소년보호사건에 관하여 소년부 판사가 심리 개시의 결정을 하면 그때부터 그 사건에 대한 보호처분의 결정이 선고될 때까지 공소시효가 정지된다.

③ 공범 중 1인에 대해 약식명령이 확정된 후 그에 대한 정식재판청구권회복결정이 있었다고 하더라도 그 사이의 기간 동안에는, 특별한 사정이 없는 한, 다른 공범자에 대한 공소시효는 정지함이 없이 계속 진행한다.

④ 공소시효는 공소의 제기로 진행이 정지되고 공소기각 또는 관할위반의 재판이 확정된 때로부터 진행한다.

25 탄핵증거에 대한 설명으로 옳지 않은 것은?(단, 다툼이 있는 경우 판례에 의함)

① 비록 증거목록에 기재되지 않았고 증거결정이 있지 아니하였다 하더라도 공판과정에서 그 입증취지가 구체적으로 명시되고 제시까지 된 이상, 그 제시된 증거에 대하여 탄핵증거로서의 증거조사는 이루어졌다고 보아야 할 것이다.

② 탄핵증거는 자유로운 증명의 대상이다.

③ 검사가 유죄의 자료로 제출한 사법경찰리 작성의 피고인에 대한 피의자신문조서는 피고인이 그 내용을 부인하는 이상 증거능력이 없지만, 그것이 임의로 작성된 것이 아니라고 하더라도 피고인의 법정에서의 진술을 탄핵하기 위한 반대증거로는 사용할 수 있다.

④ 탄핵증거의 제출에 있어서도 상대방에게 이에 대한 공격방어의 수단을 강구할 기회를 사전에 부여하여야 하지만, 증명력을 다투고자 하는 증거의 어느 부분에 의하여 진술의 어느 부분을 다투려고 한다는 것인지를 사전에 상대방에게 알려야 한다.

군무원 수사직 FINAL 실전 봉투모의고사
제3회 모의고사

수사직

제1과목	국어	제2과목	형법
제3과목	형사소송법	제4과목	

응시번호		성 명	

〈 안 내 사 항 〉

1. 답안지의 모든 기재 및 표기사항은 반드시 『컴퓨터용 흑색사인펜』으로만 작성하여야 합니다.
   (사인펜에 "컴퓨터용"으로 표시되어 있음) (사인펜 본인 지참)
   * 매년 지정된 펜을 사용하지 않아 답안지가 무효처리 되는 상황이 빈발하고 있으므로, 답안지는 반드시 『컴퓨터용 흑색사인펜』으로만 표기하시기 바랍니다.

2. 답안은 매 문항마다 반드시 하나의 답만 골라 그 숫자에 "●"로 표기해야 하며, 표기한 내용은 수정테이프를 이용하여 정정할 수 있습니다. 단, 시험시행본부에서 수정테이프를 제공하지 않습니다.
   (표기한 부분을 긁는 경우 오답처리 될 수 있으며, 수정스티커 또는 수정액은 사용 불가)
   * 답안지는 훼손·오염되거나 구겨지지 않도록 주의해야 하며, 특히 답안지 상단의 타이밍마크 (❙ ❙ ❙ ❙ ❙)를 절대로 훼손해서는 안 됩니다.

3. 필기시험 문제 관련 의견제시 기간 : 시험 당일을 포함한 5일간
   * 국방부 군무원채용관리홈페이지(http://recruit.mnd.go.kr) - 시험안내 - 시험묻고답하기

제3회 모의고사

제1과목: 국어

QR코드 접속을 통해 풀이시간 측정, 자동 채점
그리고 결과 분석까지!

01 밑줄 친 한자어를 쉬운 표현으로 바꾼 것으로 적절하지 않은 것은?

① 재산 관리인을 <u>개임</u>하는 처분을 하다.
　→ 재산 관리인을 교체 임명하는 처분을 하다.

② 일반 회계와 구분하여 <u>계리</u>하였다.
　→ 일반 회계와 구분하여 회계처리하였다.

③ 변경 사항을 <u>주말</u>하였다.
　→ 변경 사항을 붉은 선으로 표시했다.

④ 목록에 <u>게기</u>된 서류를 붙인다.
　→ 목록에 기재된 서류를 붙인다.

02 밑줄 친 단어의 품사가 다른 것은?

① 네가 <u>바로</u> 말하면 용서해 주겠다.
② 혼자 내버려 둔 것이 후회가 <u>된다</u>.
③ 이것은 <u>갖은</u> 노력을 다한 결과이다.
④ 초등학교, 중학교, 고등학교 <u>그리고</u> 대학교

03 다음 글의 사례로 적절하지 않은 것은?

> 인간은 언어를 사용하며 언어는 인간의 사고, 사회, 문화를 반영한다. 인간의 지적 능력이 발달하게 된 것은 바로 언어를 사용하기 때문이다.
> 언어와 사고는 기본적으로 상호작용을 한다. 둘 중 어느 것이 먼저 발달하고 어떻게 영향을 주는지는 알 수 없다. 그러나 언어와 사고가 서로 깊은 관계를 맺고 있다는 사실은 여러 가지 근거를 통해서 뒷받침된다.

① 어떤 사람은 산도 파랗다고 하고, 물도 파랗다고 하고, 보행신호의 녹색등도 파랗다고 한다.

② 일상생활에서 어떠한 사물의 개념은 머릿속에서 맴도는데도 그 명칭을 떠올리지 못할 때가 있다.

③ 우리나라는 수박(watermelon)은 '박'의 일종으로 보지만 어떤 나라는 '멜론(melon)'에 가까운 것으로 파악한다.

④ 영어의 '쌀(rice)'에 해당하는 우리말에는 '모', '벼', '쌀', '밥' 등이 있다.

04 다음 중 불규칙 활용에 대한 예로 적절하지 않은 것은?

① (실을) 잇+어 → 이어
② (소리를) 듣+어 → 들어
③ (물이) 흐르+어 → 흘러
④ (대가를) 치르+어 → 치러

05 다음 중 밑줄 친 관용 표현의 쓰임이 적절하지 않은 것은?

① 버스 안은 발 디딜 틈이 없이 복잡했다.
② 갑작스러운 태풍으로 손님들이 발이 묶였다.
③ 폭력단에 한번 들어서면 발을 빼기 어렵다고 한다.
④ 늦은 밤이 되어도 아이가 돌아오지 않자 어머니는 동동 발을 끊었다.

06 다음 시의 특징에 대한 설명으로 가장 적절한 것은?

> 허공 속에 발이 푹푹 빠진다
> 허공에서 허우적 발을 빼며 걷지만
> 얼마나 힘 드는 일인가
> 기댈 무게가 없다는 것은
> 걸어온 만큼의 거리가 없다는 것은
>
> 그동안 나는 여러 번 넘어졌는지 모른다
> 지금은 쓰러져 있는지도 모른다
> 끊임없이 제자리만 맴돌고 있거나
> 인력(引力)에 끌려 어느 주위를 공전하고 있는지도 모른다
>
> 발자국 발자국이 보고 싶다
> 뒤꿈치에서 퉁겨 오르는
> 발걸음의 힘찬 울림을 듣고 싶다
> 내가 걸어온
> 길고 삐뚤삐뚤한 길이 보고 싶다

① 과거로 돌아가고 싶은 화자의 소망을 전하고 있다.
② 시적 화자의 옛 경험을 사실적으로 묘사하고 있다.
③ 시어의 반복을 통해 화자의 정서를 강조하고 있다.
④ 허구적 상상을 통해 현실의 고난을 극복하고 있다.

[07~08] 다음 글을 읽고 물음에 답하시오.

> (가) A: 너 보고서 다 했어?
>   B: 무슨 보고서?
>   A: 내일까지 과업 달성 보고서 해서 내야 되잖아.
>   B: 맞다! 생각도 안 하고 있었네.
>   A: 버스 온다. 나 먼저 갈게. 내일 보자.
>
> (나) A: 벌써 추석이네.
>   B: 나도 고향에 내려가야 하는데 아직 기차표를 못 구했어.
>   A: 그래? 그럼 버스 타고 가야겠다.
>   B: 그건 그렇고 올해도 우리 할머니가 임진각에 가시려나?
>   A: ㉠ 해마다 가셨지?
>   B: 응.
>   A: 너희 할머니는 실향민이시구나.

07 다음 중 (가)에 대한 설명으로 적절하지 않은 것은?

① 모두 5개의 발화로 이루어져 있다.
② 모두 2개의 담화로 이루어져 있다.
③ 마지막 A의 이야기로 볼 때 버스를 기다리고 있는 상황임을 알 수 있다.
④ 위 대화에서는 특별한 사회 · 문화적 맥락이 드러나 있다고 보기 어렵다.

08 다음 중 (나)의 밑줄 친 ㉠에 대한 설명으로 가장 적절한 것은?

① B의 할머니와 만난 적이 있음을 보여 주는 발화이다.
② 우리나라의 풍습에 대해 잘 알고 있음을 보여 주는 발화이다.
③ 우리나라 근현대사에 대한 지식이 없으면 이해하기 힘든 발화이다.
④ A의 할머니도 매년 추석마다 임진각에 간다.

09 다음 중 '피동 표현'에서 '능동 표현'으로 바꿀 수 없는 것은?

① 그 문제가 어떤 수학자에 의해 풀렸다.
② 지민이가 감기에 걸렸다.
③ 딸이 아버지에게 안겼다.
④ 그 수필은 많은 사람들에게 읽혔다.

10 다음은 어떤 사전에 제시된 '고르다'의 내용이다. 사전에 대한 설명으로 옳지 않은 것은?

■ 고르다¹ [고르다]. 골라[골라], 고르니[고르니].
　「동사」【…에서 …을】여럿 중에서 가려내거나 뽑다.
■ 고르다² [고르다]. 골라[골라], 고르니[고르니].
　「동사」【…을】
　　「1」울퉁불퉁한 것을 평평하게 하거나 들쭉날쭉한 것을 가지런하게 하다.
　　「2」붓이나 악기의 줄 따위가 제 기능을 발휘하도록 다듬거나 손질하다.
■ 고르다³ [고르다]. 골라[골라], 고르니[고르니].
　「형용사」「1」여럿이 다 높낮이, 크기, 양 따위의 차이가 없이 한결같다.
　　「2」상태가 정상적으로 순조롭다.

① '고르다¹', '고르다²', '고르다³'은 서로 동음이의어이다.
② '고르다¹', '고르다²', '고르다³'은 모두 현재진행형으로 사용할 수 있다.
③ '고르다²'와 '고르다³'은 다의어이지만 '고르다¹'은 다의어가 아니다.
④ '고르다¹', '고르다²', '고르다³'은 모두 불규칙 활용을 한다.

11 다음은 어순 병렬의 원리에 대한 설명이다. 이와 가장 부합하지 않는 어순을 보이는 것은?

국어에는 언어 표현이 병렬될 때 일정한 규칙이 반영된다. 시간 용어가 병렬될 때 일반적으로는 자연 시간의 순서를 따르거나 화자가 말하는 때를 기준으로 가까운 쪽이 앞서고 멀어질수록 뒤로 간다. 공간 관련 용어들은 일반적으로 위쪽이나 앞쪽 그리고 왼쪽과 관련된 용어가 앞서고, 아래쪽이나 뒤쪽 그리고 오른쪽과 관련된 용어들이 나중에 온다.

① 꽃이 피고 지고 한다.
② 문 닫고 들어와라.
③ 수입과 지출을 맞추어 보다.
④ 머리끝부터 발끝까지 달라졌다.

12 다음 글을 요약한 것으로 가장 적절한 것은?

영어에서 위기를 뜻하는 단어 'crisis'의 어원은 '분리하다'라는 뜻의 그리스어 '크리네인(Krinein)'이다. 크리네인은 본래 회복과 죽음의 분기점이 되는 병세의 변화를 가리키는 의학 용어로 사용되었는데, 서양인들은 위기에 어떻게 대응하느냐에 따라 결과가 달라진다고 보았다. 상황에 위축되지 않고 침착하게 위기의 원인을 분석하여 사리에 맞는 해결 방안을 찾을 수 있다면 긍정적 결과가 나올 수 있다는 것이다. 한편, 동양에서는 위기(危機)를 '위험(危險)'과 '기회(機會)'가 합쳐진 것으로 해석하여, 위기를 통해 새로운 기회를 모색하라고 한다. 동양인들 또한 상황을 바라보는 관점에 따라 위기가 기회로 변모될 수도 있다고 본 것이다.

① 서양인과 동양인은 위기에 처한 상황을 바라보는 관점이 서로 다르다.
② 위기가 아예 다가오지 못하도록 미리 대처해야 새로운 기회가 많이 주어진다.
③ 위기 상황을 냉정하게 판단하고 긍정적으로 받아들여, 위기를 통해 새로운 기회를 모색한다.
④ 위기는 인간의 욕심에서 비롯된 경우가 많으므로, 자신을 반성하고 돌아보는 자세가 필요하다.

13 지명을 로마자로 표기한 것으로 옳은 것은?

① 가평군 – Gapyeong-goon
② 갈매봉 – Galmaibong
③ 마천령 – Macheollyeong
④ 백령도 – Baeknyeongdo

14 다음 〈보기〉의 밑줄 친 ㉠과 바꿔 쓰기에 가장 적절한 것은?

〈보 기〉
간접세는 조세 부담자와 납세자가 ㉠ 다르며, 주로 소비에 기준을 두고 세금을 징수하기 때문에 보통은 자신이 세금을 내고 있는지조차 모르는 경우가 많다. 부가가치세, 특별 소비세, 주세, 전화세 등이 여기에 속한다.

① 상관(相關)하며
② 상이(相異)하며
③ 상응(相應)하며
④ 상충(相衝)하며

15 다음 중 국어 순화가 옳지 않은 것은?

① 팝업 창(pop-up 窓) → 알림창
② 무빙워크(moving walk) → 안전길
③ 컨트롤타워(control tower) → 통제탑, 지휘 본부
④ 스카이 라운지(sky lounge) → 전망쉼터, 하늘쉼터

16 다음 중 ㉠과 의미가 가장 유사한 속담은 무엇인가?

그런데 문제는 정도에 지나친 생활을 하는 사람을 보면 이를 무시하거나 핀잔을 주어야 할 텐데, 오히려 없는 사람들까지도 있는 척하면서 그들을 부러워하고 모방하려고 애쓴다는 사실이다. 이러한 행동은 '모방 본능' 때문에 나타난다.
모방 본능은 필연적으로 '모방 소비'를 부추긴다. 모방 소비란 내게 꼭 필요하지도 않지만 남들이 하니까 나도 무작정 따라 하는 식의 소비이다. 이는 마치 ㉠ 남들이 시장에 가니까 나도 장바구니를 들고 덩달아 나서는 격이다. 이러한 모방 소비는 참여하는 사람들의 수가 대단히 많다는 점에서 과시 소비 못지않게 큰 경제 악이 된다.

① 친구 따라 강남 간다
② 계란으로 바위치기이다
③ 호랑이도 제 말하면 온다
④ 사공이 많으면 배가 산으로 간다

17 문맥에 따른 배열로 가장 적절한 것은?

(가) 그러나 사람들은 소유에서 오는 행복은 소중히 여기면서 정신적 창조와 인격적 성장에서 오는 행복은 모르고 사는 경우가 많다.
(나) 소유에서 오는 행복은 낮은 차원의 것이지만 성장과 창조적 활동에서 얻는 행복은 비교할 수 없이 고상한 것이다.
(다) 부자가 되어야 행복해진다고 생각하는 사람은 스스로 부자라고 만족할 때까지는 행복해지지 못한다.
(라) 하지만 최소한의 경제적 여건에 자족하면서 정신적 창조와 인격적 성장을 꾀하는 사람은 얼마든지 차원 높은 행복을 누릴 수 있다.
(마) 자기보다 더 큰 부자가 있다고 생각될 때는 여전히 불만과 불행에 사로잡히기 때문이다.

① (나) – (가) – (마) – (라) – (다)
② (나) – (라) – (가) – (다) – (마)
③ (다) – (마) – (라) – (나) – (가)
④ (다) – (라) – (마) – (가) – (나)

[18~19] 다음 작품을 읽고 물음에 답하시오.

> <u>돌하</u> 노피곰 도드샤
> 어긔야 머리곰 비취오시라
> 어긔야 어강됴리
> 아으 다롱디리
> 져재 녀러신고요
> 어긔야 즌 딕를 드딕욜셰라
> 어긔야 어강됴리
> 어느이다 노코시라
> 어긔야 내 가논 딕 졈그룰셰라
> 어긔야 어강됴리
> 아으 다롱디리
>
>   – 작자 미상, 「정읍사」

18 다음 중 제시된 작품에 대한 설명으로 가장 적절한 것은?

① 후렴구를 반복하여 주제 의식을 부각하고 있다.
② 반어적 표현을 사용하여 긴장감을 높이고 있다.
③ 성찰적 어조를 통해 엄숙한 분위기를 조성하고 있다.
④ 말을 건네는 방식을 통해 화자의 정서를 드러내고 있다.

19 다음 중 밑줄 친 '돌'에 대한 이해로 적절하지 않은 것은?

① 시적 진술의 시점으로 보아, 시간적 배경을 알려 주는 소재이다.
② 화자가 처한 상황으로 보아, 화자가 겪는 마음의 동요를 완화할 수 있는 존재이다.
③ '돌'과 결합한 조사 '하'의 쓰임으로 보아, 존경의 의미를 함축하고 있는 대상이다.
④ '노피곰'이 상승 이미지를 환기하는 것으로 보아, 초월적 세계에 대한 화자의 동경을 표상하는 존재이다.

20 다음 시에 대한 설명으로 적절하지 않은 것은?

> 가문 섬진강을 따라가며 보라.
> 퍼 가도 퍼 가도 전라도 실핏줄 같은
> 개울물들이 끊기지 않고 모여 흐르며
> 해 저물면 저무는 강변에
> 쌀밥 같은 토끼풀꽃,
> 숯불 같은 자운영꽃 머리에 이어 주며
> 지도에도 없는 동네 강변
> 식물 도감에도 없는 풀에
> 어둠을 끌어다 죽이며
> 그을린 이마 훤하게
> 꽃등도 달아 준다.
> 흐르다 흐르다 목메이면
> 영산강으로 가는 물줄기를 불러
> 뼈 으스러지게 그리워 얼싸안고
> 지리산 뭉툭한 허리를 감고 돌아가는
> 섬진강을 따라가며 보라.
> 섬진강물이 어디 몇 놈이 달려들어
> 퍼낸다고 마를 강물이더냐고,
> 지리산이 저문 강물에 얼굴을 씻고
> 일어서서 껄껄 웃으며
> 무등산을 보며 그렇지 않느냐고 물어 보면
> 노을 띤 무등산이 그렇다고 훤한 이마 끄덕이는
> 고갯짓을 바라보며
> 저무는 섬진강을 따라가며 보라.
> 어디 몇몇 애비 없는 후레자식들이
> 퍼 간다고 마를 강물인가를.
>
>   – 김용택, 「섬진강 1」

① 반어적인 어조를 활용하여 현실을 풍자하고 있다.
② 직유를 활용하여 대상을 인상적으로 드러내고 있다.
③ 의인화를 통해 대상의 강한 생명력을 표현하고 있다.
④ 대상이 지닌 속성을 통해 주제 의식을 강화하고 있다.

21 다음 중 밑줄 친 오류의 예를 추가할 때 가장 적절한 것은?

> 논리학에서 비형식적 오류 유형에는 우연의 오류, 애매어의 오류, 결합의 오류, 분해의 오류 등이 있다.
>
> 우선 우연의 오류란 거의 대부분의 경우에 적용되는 일반적인 원리나 규칙을 우연적인 상황으로 인해 생긴 예외적인 특수한 경우에까지도 무차별적으로 적용할 때 생기는 오류이다. 그 예로 "인간은 이성적인 동물이다. 중증 정신 질환자는 인간이다. 그러므로 중증 정신 질환자는 이성적인 동물이다."를 들 수 있다.
>
> 애매어의 오류는 동일한 한 단어가 한 논증에서 맥락마다 서로 다른 의미를 지니는 것으로 사용될 때 생기는 오류를 말한다. "김 씨는 성격이 직선적이다. 직선적인 모든 것들은 길이를 지닌다. 고로 김 씨의 성격은 길이를 지닌다."가 그 예이다.
>
> 한편 각각의 원소들이 개별적으로 어떤 성질을 지니고 있다는 내용의 전제로부터 그 원소들을 결합한 집합 전체도 역시 그 성질을 지니고 있다는 결론을 도출하는 경우가 결합의 오류이고, 반대로 집합이 어떤 성질을 지니고 있다는 내용의 전제로부터 그 집합의 각각의 원소들 역시 개별적으로 그 성질을 지니고 있다는 결론을 도출하는 경우가 분해의 오류이다. 전자의 예로는 "그 연극단 단원들 하나하나가 다 훌륭하다. 고로 그 연극단은 훌륭하다."를, 후자의 예로는 "그 연극단은 일류급이다. 박 씨는 그 연극단 일원이다. 그러므로 박 씨는 일류급이다."를 들 수 있다.

① 모든 사람은 죽는다. 소크라테스는 사람이다. 그러므로 소크라테스는 죽는다.

② 그 학생의 논술 시험 답안은 탁월하다. 그의 답안에 있는 문장 하나하나가 탁월하기 때문이다.

③ 부패하기 쉬운 것들은 냉동 보관해야 한다. 세상은 부패하기 쉽다. 고로 세상은 냉동 보관해야 한다.

④ 미국 아이스하키 선수단이 이번 올림픽에서 금메달을 차지했다. 그러므로 미국 선수 각자는 세계 최고 기량을 갖고 있다.

22 ㉠~㉣에 대한 이해로 가장 적절한 것은?

> 막차는 좀처럼 오지 않았다
> 대합실 밖에는 밤새 송이눈이 쌓이고
> ㉠ 흰 보라 수수꽃 눈시린 유리창마다
> 톱밥난로가 지펴지고 있었다
> 그믐처럼 몇은 졸고
> 몇은 감기에 쿨럭이고
> 그리웠던 순간들을 생각하며 나는
> 한 줌의 톱밥을 불빛 속에 던져 주었다
> 내면 깊숙이 할 말들은 가득해도
> ㉡ 청색의 손바닥을 불빛 속에 적셔 두고
> 모두들 아무 말도 하지 않았다
> 산다는 것이 때론 술에 취한 듯
> 한 두릅의 굴비 한 광주리의 사과를
> 만지작거리며 귀향하는 기분으로
> 침묵해야 한다는 것을
> 모두들 알고 있었다
> ㉢ 오래 앓은 기침소리와
> 쓴 약 같은 입술담배 연기 속에서
> 싸륵싸륵 눈꽃은 쌓이고
> 그래 지금은 모두들
> 눈꽃의 화음에 귀를 적신다
> 자정 넘으면
> 낯설음도 뼈아픔도 다 설원인데
> 단풍잎 같은 몇 잎의 차창을 달고
> 밤열차는 또 어디로 흘러가는지
> ㉣ 그리웠던 순간들을 호명하며 나는
> 한 줌의 눈물을 불빛 속에 던져 주었다
>
> — 곽재구, 「사평역에서」

① ㉠: 여러 개의 난로가 지펴져 안온한 대합실의 상황을 비유적으로 표현하였다.

② ㉡: 대조적 색채 이미지를 통해, 눈 오는 겨울 풍경의 서정적 정취를 강조하였다.

③ ㉢: 오랜 병마에 시달린 이들의 비관적 심리와 무례한 행동을 묘사하였다.

④ ㉣: 화자가 그리워하는 지난 때를 떠올리며 느끼는 정서를 화자의 행위에 투영하였다.

23 다음 글에 대한 이해로 적절하지 않은 것은?

희극의 발생 조건에 대하여 베르그송은 집단, 지성, 한 개인의 존재 등을 꼽았다. 즉 집단으로 모인 사람들이 자신들의 감성을 침묵하게 하고 지성만을 행사하는 가운데 그들 중 한 개인에게 그들의 모든 주의가 집중되도록 할 때 희극이 발생한다고 보았다. 그러나 그가 말하는 세 가지 사항은 웃음을 유발하는 것이 아니라 그러한 것을 가능케 하는 조건들이다. 웃음을 유발하는 단순한 형태의 직접적인 장치는 대상의 신체적인 결함이나 성격적인 결함을 들 수 있다. 관객은 이러한 결함을 지닌 인물을 통하여 스스로 자기 우월성을 인식하고 즐거워질 수 있게 된다. 이와 관련해 "한 인물이 우리에게 희극적으로 보이는 것은 우리 자신과 비교해서 그 인물이 육체의 활동에는 많은 힘을 소비하면서 정신의 활동에는 힘을 쓰지 않는 경우이다. 어느 경우에나 우리의 웃음이 그 인물에 대하여 우리가 지니는 기분 좋은 우월감을 나타내는 것임은 부정할 수 없다."라는 프로이트의 말은 시사적이다.

① 베르그송에 의하면 집단, 지성, 한 개인의 존재는 희극 발생의 조건이다.
② 베르그송에 의하면 희극은 관객의 감성이 집단적으로 표출된 결과이다.
③ 프로이트에 의하면 상대적으로 정신 활동보다 육체활동에 힘을 쓰는 상대가 희극적인 존재이다.
④ 한 개인의 신체적·성격적 결함은 집단의 웃음을 유발하는 직접적인 장치이다.

24 다음 제시문의 주된 설명 방식과 같은 설명 방식이 적용된 것은?

문학이 구축하는 세계는 실제 생활과 다르다. 즉 실제 생활은 허구의 세계를 구축하는 데 필요한 재료가 되지만 이 재료들이 일단 한 구조의 구성 분자가 되면 그 본래의 재료로서의 성질과 모습은 확연히 달라진다. 건축가가 집을 짓는 것을 떠올려 보자. 건축가는 어떤 완성된 구조를 생각하고 거기에 필요한 재료를 모아서 적절하게 집을 짓게 되는데, 이때 건물이라고 하는 하나의 구조를 완성하게 되면 이 완성된 구조의 구성 분자가 된 재료들은 본래의 재료와 전혀 다른 것이 된다.

① 국어 단어는 그 형성 방식에 따라 단일한 요소가 곧 한 단어가 되는 단일어와 다양한 요소들이 결합하여 한 단어가 되는 복합어로 구분할 수 있다.
② 르네상스 시대의 화가들은 원근법을 사용하여 세상을 향한 창과 같은 사실적인 그림을 그렸다. 현대 회화를 출발시켰다고 평가되는 인상주의자들이 의식적으로 추구한 것도 이러한 사실성이었다.
③ 여자는 생각하는 것이 남자와 다른 데가 있다. 남자는 미래를 생각하지만 여자는 현재의 상태를 더 소중하게 여긴다. 남자가 모험, 사업, 성 문제를 중심으로 생각한다면 여자는 가정, 사랑, 안정성에 비중을 두어 생각한다.
④ 목적을 지닌 인생은 의미 있다. 목적 없이 살아가는 사람은 험난한 인생의 노정을 완주하지 못한다. 목적을 갖고 뛰어야 마라톤에서 완주가 가능한 것처럼 우리의 인생에서도 목표를 가지고 꾸준히 노력하는 사람이 성공한다.

25 〈보기〉의 문장이 들어가기에 가장 적절한 곳은?

―〈보 기〉―

그동안 3·1 운동에 관한 학자들의 부단한 연구는 3·1 운동의 원인과 배경을 비롯하여, 운동의 형성과 전개 과정, 일제의 통치·지배 정책, 운동의 국내외의 반향, 운동의 검토와 평가 그리고 3·1 운동 이후의 국내외 민족운동 등 각 분야에 걸쳐 수많은 저작을 내놓고 있다.

(가) 일제의 식민지 통치 밑에서 천도교가 주도하여 일으킨 3·1 독립운동은 우리나라 민족사에서 가장 빛나는 위치를 차지하는 거족적인 해방 독립 투쟁이다.

(나) 그 뿐만 아니라 1918년 11월 제1차 세계 대전이 끝나자 미국 대통령 윌슨(Woodrow Wilson)이 전후 처리 방안인 14개조의 기본 원칙으로 민족자결주의를 이행한다고 발표한 후 최초이자 최대 규모로 일어난 제국주의에 대항한 비폭력 투쟁으로써 세계 여러 약소 민족 국가와 피압박 민족의 해방 운동에 끼친 영향은 실로 지대한 세계사적인 의의를 갖는다고 하겠다.

(다) 또한 '최후의 一人까지, 최후의 一刻까지'를 부르짖은 3·1 독립운동이 비록 민족 해방을 쟁취하는 투쟁으로서는 실패는 하였으나 평화적인 수단으로 지배자에게 청원(請願)을 하거나 외세에 의존하는 사대주의적 방법으로는 자주독립이 불가능하다는 교훈을 남겼다는 점에서도 그 의의는 크다고 할 것이다.

(라) 언론 분야는 3·1 운동이 일어나자 독립 선언서와 함께 천도교의 보성사에서 인쇄하여 발행한 지하신문인 「조선독립신문」이 나오자, 이를 계기로 국내에서는 다양한 신문이 쏟아져 나왔기 때문에 이들 자료를 통해 많은 연구가 이루어져 있다.

① (가)의 뒤
② (나)의 뒤
③ (다)의 뒤
④ (라)의 뒤

제2과목: 형법

QR코드 접속을 통해 풀이시간 측정, 자동 채점 그리고 결과 분석까지!

01 죄형법정주의에 대한 설명으로 적절하지 않은 것을 모두 고른 것은?(단, 다툼이 있는 경우 판례에 의함)

> ㉠ '공익'을 해할 목적으로 전기통신설비에 의하여 공연히 허위의 통신을 한 자를 형사처벌하는 「전기통신기본법」 제47조 제1항은 죄형법정주의의 명확성원칙에 위배된다.
>
> ㉡ '약국 개설자가 아니면 의약품을 판매하거나 판매 목적으로 취득할 수 없다'고 규정한 구 「약사법」 제44조 제1항의 '판매'에 무상으로 의약품을 양도하는 '수여'를 포함시키는 해석은 죄형법정주의에 위배되지 아니한다.
>
> ㉢ 구 「정보통신망 이용촉진 및 정보보호 등에 관한 법률」 제65조 제1항 제3호에서 규정하는 '불안감'이란 구성요건요소는 명확성의 원칙에 반한다.
>
> ㉣ 대법원 양형위원회가 설정한 '양형기준'이 발효하기 전에 공소가 제기된 범죄에 대하여 위 '양형기준'을 참고하여 형을 양정하였다면 피고인에게 불리한 법률을 소급하여 적용한 위법이 있다.
>
> ㉤ 「군형법」 제64조 제1항의 상관면전모욕죄의 구성요건은 '상관을 그 면전에서 모욕하는' 것인데, 여기에서 '면전에서'라 함은 얼굴을 마주 대한 상태를 의미하는 것임이 분명하므로, 전화를 통하여 통화하는 것은 면전에서의 대화라고 할 수 없다.

① ㉠, ㉢
② ㉡, ㉣
③ ㉢, ㉣
④ ㉣, ㉤

02 고의에 대한 설명으로 가장 옳지 않은 것은?(단, 다툼이 있는 경우 판례에 의함)

① 내란죄에서 국헌문란의 '목적'은 범죄성립을 위하여 고의 외에 요구되는 초과주관적 위법요소로서 엄격한 증명사항에 속하나, 확정적 인식임을 요하지 않는다.

② 방조범은 정범의 실행을 방조한다는 이른바 방조의 고의 이외에도 정범의 행위가 구성요건에 해당하는 행위라는 점에 대한 정범의 고의를 요한다.

③ 살인죄의 범의는 자기의 행위로 인하여 피해자가 사망할 수 있다는 사실을 인식·예견하는 것으로 족하고 피해자의 사망을 희망하거나 목적으로 할 필요는 없다.

④ 새로 목사로서 부임한 피고인이 전임목사에 관한 교회 내의 불미스러운 소문의 진위를 확인하기 위하여 이를 교회집사들에게 물어본 행위는 명예훼손의 구성요건 중 '사실의 적시'에 해당한다.

03 책임능력에 대한 설명으로 옳은 것은?(단, 다툼이 있는 경우 판례에 의함)

① 「소년법」 제60조 제2항의 소년인지 여부의 판단은 원칙적으로 심판 시, 즉 사실심판결 선고 시를 기준으로 한다.

② 절도의 충동을 억제하지 못하는 성격적 결함은 정상인에게서 찾아볼 수 없는 일로서 원칙적으로 형의 감면 사유인 심신장애에 해당한다.

③ 법원은 「형법」 제10조에 규정된 심신장애를 판단함에 있어 심리학적 요소 이외에 생물학적 요소를 고려하므로 생물학적인 관점에서 정신적 장애가 있다면 범행 당시 정상적인 사물변별 능력이나 행위통제능력이 있었더라도 심신장애가 인정된다.

④ 원인에 있어서 자유로운 행위에 대한 「형법」 제10조 제3항은 고의범의 경우에만 적용되고 과실범의 경우에는 적용되지 않는다.

04 위법성에 대한 설명으로 옳지 않은 것은?(단, 다툼이 있는 경우 통설에 의함)

① 「민사소송법」 제335조에 따른 법원의 감정인 지정결정 또는 같은 법 제341조 제1항에 따른 법원의 감정촉탁을 받은 경우에도 감정평가업자가 아닌 사람이 그 감정사항에 포함된 토지 등의 감정평가를 하는 행위는 법령에 근거한 법원의 적법한 결정이나 촉탁에 따른 것이 아니므로 「형법」 제20조의 정당행위에 해당하여 위법성이 조각되지 않는다.

② 정당방위의 성립과 관련하여 주관적 정당화요소가 필요하지 않다고 보는 경우, 우연방위는 정당방위에 해당한다.

③ 「병역법」 제88조 제1항은 현역입영 또는 소집통지서를 받고도 정당한 사유 없이 이에 응하지 않은 사람을 처벌하는데, 여기에서 정당한 사유는 구성요건해당성을 조각하는 사유를 말하는 것이지 위법성조각사유를 말하는 것은 아니다.

④ 위법성조각사유란 구성요건에 해당하는 행위의 위법성을 배제하는 특별한 사유를 말하는 것으로서 형법총칙상 위법성조각사유에는 정당행위, 정당방위, 긴급피난, 자구행위, 피해자의 승낙이 있다.

05 예비와 미수에 대한 설명으로 옳은 것은?(단, 다툼이 있는 경우 판례에 의함)

① 甲이 권총을 구입하는 乙에게 자금을 제공하였고, 乙에게 살인예비죄가 인정되면 甲은 살인예비죄의 방조범에 해당한다.

② 관세납부의무자 甲이 관세를 포탈할 목적으로 수입 물품의 수량과 가격이 낮게 기재된 계약서를 첨부하여 수입예정 물량 전부에 대한 과세가격 사전심사를 신청함으로써 과세가격을 허위로 신고하고 이에 따른 과세가격 사전심사서를 미리 받아 둔 경우, 관세포탈죄에 해당한다.

③ 소송비용을 편취하려는 의사로 소송비용의 지급을 구하는 손해배상청구의 소를 제기한 경우 사기죄의 불능미수가 성립한다.

④ 강도예비·음모죄가 성립하기 위해서는 예비·음모 행위자에게 미필적으로라도 강도를 할 목적이 있음이 인정되어야 하고, 단순히 준강도할 목적이 있음에 그치는 경우에는 강도예비·음모죄로 처벌할 수 없다.

06 실행의 착수에 대한 판례로 옳은 것을 모두 고른 것은?

> ㉠ 마약류를 소지 또는 입수하였거나 그것이 가능한 상태에 있었고, 甲이 그러한 상태에 있는 乙에게 그 매매대금을 송금하였다는 사실만으로 甲이 마약류 매수행위에 근접·밀착하는 행위를 하였다고 볼 수 없으므로 대마 또는 향정신성의약품 매매행위의 실행의 착수를 인정할 수 없다.
> ㉡ 피고인이 피해자의 팔을 낚아채어 일어나지 못하게 하고, 갑자기 입술을 빨고 계속하여 저항하는 피해자의 유방과 엉덩이를 만지면서 피해자의 팬티를 벗기려고 하였으나 실패하였다면 강간죄의 실행의 착수를 인정할 수 없다.
> ㉢ 사기죄는 편취의 의사로 기망행위를 개시한 때에 실행에 착수한 것으로 보아야 하므로, 사기도박에서도 사기적인 방법으로 도금을 편취하려고 하는 자가 상대방에게 도박에 참가할 것을 권유하는 등의 행위를 개시하였다면 실행의 착수를 인정할 수 있다.
> ㉣ 피고인이 피해자 소유자동차 안에 들어 있는 밍크코트를 발견하고 이를 절취할 생각으로 차 오른쪽 앞문을 열려고 손잡이를 잡아당기다가 피해자에게 발각되었다면 아직 실행의 착수에 이른 것이라 볼 수 없다.
> ㉤ 야간에 아파트에 침입하여 물건을 훔칠 의도하에 아파트의 베란다 철제난간까지 올라가 유리창문을 열려고 시도하였다면 야간주거침입절도죄의 실행에 착수한 것으로 보아야 한다.

① ㉠, ㉢　　　　　　② ㉢, ㉤
③ ㉡, ㉤　　　　　　④ ㉡, ㉣

07 다음 중 공범에 대한 설명으로 옳은 것은?(단, 다툼이 있는 경우 판례에 의함)

① 변호사 아닌 자에게 고용되어 법률사무소의 개설·운영에 관여한 변호사의 행위가 일반적인 형법총칙상의 공모, 교사 또는 방조에 해당된다면 변호사를 변호사 아닌 자의 공범으로 처벌할 수 있다.
② 뇌물공여자와 뇌물수수자 사이에서는 각자 상대방의 범행에 대하여 형법총칙의 공범규정이 적용되지 않는다.
③ 공모자가 공모에 주도적으로 참여하여 다른 공모자의 실행에 영향을 미친 경우 범행을 저지하기 위하여 적극적으로 노력하는 등 실행에 미친 영향력을 제거하지 아니하였더라도 공모관계에서 이탈하였다고 할 수 있다.
④ 독립행위가 경합하여 상해의 결과를 발생하게 한 경우에 있어서 원인된 행위가 판명되지 아니한 때에는 각 행위자를 미수범으로 처벌한다.

08 부작위범에 대한 설명으로 옳지 않은 것은?(단, 다툼이 있는 경우 판례에 의함)

① 부작위범에 대한 교사범은 보증인적 지위에 있는 자로 한정된다.
② 부작위범의 성립에는 반드시 고의가 있을 필요가 없으므로, 과실범 처벌규정이 있는 한 과실범의 부작위범도 성립할 수 있다.
③ 부작위범 사이의 공동정범은 다수의 부작위범에게 공통된 의무가 부여되어 있고 그 의무를 공통으로 이행할 수 있을 때에만 성립한다.
④ 부작위범은 형법이 금지하고 있는 법익침해의 결과발생을 방지할 법적인 작위의무를 지고 있는 자를 행위주체로 한다.

09 문서죄에 대한 설명으로 가장 옳지 않은 것은?(단, 다툼이 있는 경우 판례에 의함)

① 명의인이 실재하지 않는 허무인이거나 또는 문서의 작성일자 전에 이미 사망하였다고 하더라도 그러한 문서 역시 공공의 신용을 해할 위험성이 있으므로 문서위조죄가 성립한다고 봄이 상당하며, 이는 공문서뿐만 아니라 사문서의 경우에도 마찬가지라고 보아야 한다.

② 컴퓨터 모니터 화면에 나타나는 이미지는 이미지 파일을 보기 위한 프로그램을 실행할 경우에 그때마다 전자적 반응을 일으켜 화면에 나타나는 것에 지나지 아서 계속적으로 화면에 고정된 것으로는 볼 수 없으므로, 형법상 문서에 관한 죄에 있어서의 문서에는 해당되지 않는다.

③ 문서위조 및 동행사죄의 보호법익은 문서에 대한 공공의 신용이므로 '문서가 원본인지 여부'가 중요한 거래에서 문서의 사본을 진정한 원본인 것처럼 행사할 목적으로 다른 조작을 가함이 없이 문서의 원본을 그대로 컬러복사기로 복사한 후 복사한 문서의 사본을 원본인 것처럼 행사하여도 사문서위조죄 및 동행사죄에 해당되지 않는다.

④ 허위공문서작성죄에 있어서의 객체가 되는 문서는 문서상 작성명의인이 명시된 경우뿐 아니라 작성명의인이 명시되어 있지 아니하더라도 문서의 형식, 내용 등 그 문서 자체에 의하여 누가 작성하였는지를 추지할 수 있을 정도의 것이면 된다.

10 다음 중 옳은 것을 모두 고른 것은?(단, 다툼이 있는 경우 판례에 의함)

> ㉠ 방조범이 성립함에는 먼저 정범의 범죄행위가 인정되는 것이 그 전제요건이 되는 것은 공범의 종속성에 연유하는 당연한 귀결이다.
> ㉡ 효과없는 교사의 경우에는 교사자와 피교사자를 예비·음모에 준하여 처벌하고, 실패한 교사의 경우에는 교사자만 예비·음모에 준하여 처벌한다.
> ㉢ 불법조각 신분이 있는 자가 비신분자를 교사·방조하여 신분범죄를 실현한 경우, 공범이 성립하지 않는다.
> ㉣ 甲이 친구인 乙을 교사하여 乙의 아버지를 살해하게 한 경우, 乙에게는 존속살해죄의 정범이 성립하고 甲에게는 보통살인죄의 교사범이 성립한다.

① ㉠, ㉡
② ㉡, ㉢
③ ㉡, ㉢, ㉣
④ ㉢, ㉣

11 다음 중 옳지 않은 것을 모두 고른 것은?(단, 다툼이 있는 경우 판례에 의함)

> ㉠ 업무상과실치사상죄에 있어서의 업무는 그 자체가 사람의 생명·신체에 대한 위험성을 갖고 있거나 사람의 생명·신체의 위험을 방지하는 것을 내용으로 하는 업무일 것을 요한다.
>
> ㉡ 음주로 인한 심신장애의 여부는 기록에 나타난 제반 자료와 공판정에서의 피고인의 진술 등을 종합하여 판단하여도 무방하다.
>
> ㉢ 범행이 발각될 것이 두려워 범행을 중지한 경우, 일반 사회통념상 범죄를 완수함에 장애가 되는 사정에 해당하지 않으므로 중지미수로 볼 수 있다.
>
> ㉣ 甲이 사업당시 공사현장감독자이기는 하였으나 해당 공사의 발주자에 의하여 현장감독에 임명된 것이 아니고 구 건설업법상 요구되는 현장건설기술자의 자격도 없었다면, 비록 그의 현장감독부주의로 인하여 근로자가 다쳤다고 하더라도 甲에게 업무상 과실책임을 물을 수 없다.

① ㉠, ㉡
② ㉡, ㉢
③ ㉡, ㉣
④ ㉢, ㉣

12 법률의 착오에 대한 판례의 입장과 일치하는 것(○)과 일치하지 않는 것(×)을 올바르게 표시한 것은?(단, 다툼이 있는 경우 판례에 의함)

> ㉠ 변호사자격을 가진 국회의원이 의정보고서를 발간하는 과정에서 선거관리위원회에 정식으로 질의를 하여 공식적인 답변을 받지 않고 보좌관을 통하여 선거관리위원회 직원에게 문의하여 답변을 들은 것만으로 선거법규에 저촉되지 않는다고 오인한 경우, 그 오인에 정당한 이유가 있다.
>
> ㉡ 가처분결정으로 직무집행정지 중에 있던 종단대표자가 종단소유의 보관금을 소송비용으로 사용함에 있어 변호사의 조언이 있었다는 것만으로 보관금인출 사용행위가 법률의 착오에 의한 것이라 할 수 없다.
>
> ㉢ 기공원을 운영하면서 환자들을 대상으로 척추교정시술행위를 한 자가 정부 공인의 체육종목인 '활법'의 사회체육지도자 자격증을 취득한 자라 하여도 자신의 행위가 무면허 의료행위에 해당되지 아니하여 죄가 되지 않는다고 믿은 데에 정당사유가 있었다고 할 수 없다.
>
> ㉣ 부동산중개업자가 부동산중개협회의 자문을 통하여 인원수의 제한 없이 중개보조원을 채용하는 것이 허용되는 것으로 믿고서 제한인원을 초과하여 중개보조원을 채용함으로써 부동산중개업법 위반행위에 이르게 되었다면 그 오인에 정당한 이유가 있는 경우에 해당한다.

	㉠	㉡	㉢	㉣
①	×	○	○	×
②	○	○	×	×
③	○	×	×	○
④	○	○	○	×

13 신뢰의 원칙에 대한 판례로 가장 옳지 않은 것은?

① 사고일시가 한 가을의 심야이고 그 장소가 도로교통이 빈번한 대도시 육교 밑의 편도 4차선의 넓은 길 가운데 2차선 지점인 경우라면 자동차 운전자는 무단횡단자가 없을 것으로 믿고 운전하면 되는 것이고 그 자동차의 앞을 횡단하려고 하는 사람이 있을 것까지 예상하여 운전하여야 할 의무는 없다.

② 피고인이 근무하는 병원에서는 수혈의 경우 두 번째 이후의 혈액봉지는 인턴 대신 간호사가 교체하는 관행이 있었다고 하더라도, 혈액봉지가 바뀔 위험이 있는 상황에서 그에 대한 아무런 조치도 취함이 없이 간호사에게 혈액봉지의 교체를 일임한 것이 관행에 따른 것이라는 이유만으로 정당화될 수는 없다.

③ 약사가 의약품을 판매하거나 조제함에 있어서 특별한 사정이 없는 한 그 약의 포장상의 표시를 신뢰하고 이를 사용한 경우에는 과실이 없다.

④ 교통이 빈번한 간선도로에서는 횡단보도의 보행자 신호등이 적색으로 표시된 경우에도 운전자는 보행자가 적색신호를 무시하고 갑자기 뛰어나오리라는 것까지 미리 예견하여 운전하여야 할 업무상의 주의의무가 있다.

14 증거인멸의 죄에 대한 설명으로 가장 옳은 것은? (단, 다툼이 있는 경우 판례에 의함)

① 「형법」 제155조 제3항의 모해목적 증거인멸 등 죄에서 '피의자'라고 하기 위해서는 수사기관에 의하여 수사가 개시되어 있을 것을 필요로 하고, 그 이전의 단계에서는 장차 형사 입건될 가능성이 크다고 하더라도 피의자에 해당한다고 볼 수는 없다.

② 「형법」 제155조 제1항의 증거위조죄에서 '타인의 형사사건'이란 증거위조 행위시에 아직 수사절차가 개시되기 전이라도 장차 형사사건이 될 수 있는 것까지 포함하지만, 이후 그 형사사건이 기소되지 아니하거나 무죄가 선고된 경우, 증거위조죄는 성립하지 않는다.

③ 「형법」 제155조 제1항에서 '타인의 형사사건에 관한 증거를 위조한다' 함은, 증거 자체를 위조하는 것뿐만 아니라 널리 참고인이 수사기관에서 허위의 진술을 하는 것까지를 포함하는 개념으로 보아야 한다.

④ 「형법」 제155조 제1항의 증거인멸 등 죄에서 말하는 '징계사건'에는 국가의 징계사건은 물론 사인 간의 징계사건도 포함된다.

15 주거침입죄에 대한 설명으로 옳은 것(○)과 옳지 않은 것(×)을 올바르게 표시한 것은?(단, 다툼이 있는 경우 판례에 의함)

> ㉠ 야간에 아무도 없는 카페 내실에 침입하여 장식장 안에 들어 있던 정기적금통장 등을 꺼내 들고 카페로 나오던 중 발각되어 돌려준 경우 야간주거침입절도의 기수에 해당한다.
> ㉡ 타인의 주거에 침입하여 피해자를 강간한 경우 적용되는 「성폭력 처벌 등에 관한 특례법」 제3조 제1항에서 「형법」 제319조 제1항의 '주거침입죄'를 범한 자는 기수범만을 뜻하고 미수범은 포함되지 않는다.
> ㉢ 건조물의 이용에 기여하는 인접의 부속 토지라면 인적 또는 물적 설비 등에 의한 구획 내지 통제가 없어 통상의 보행으로 그 경계를 쉽사리 넘을 수 있는 정도라면 주거침입죄의 객체에 속한다.
> ㉣ 공동거주자 중 주거 내에 현재하는 거주자의 현실적인 승낙을 받아 통상적인 출입방법에 따라 들어갔다면, 설령 그것이 부재 중인 다른 거주자의 의사에 반하는 것으로 추정되더라도 주거침입죄의 보호법익인 사실상 주거의 평온을 깨트렸다고 볼 수 없다.

	㉠	㉡	㉢	㉣
①	○	○	×	○
②	○	×	○	×
③	×	○	○	×
④	×	×	×	○

16 재산범죄의 객체인 재물에 대한 설명으로 가장 옳지 않은 것은?(단, 다툼이 있는 경우 판례에 의함)

① 반드시 영구적으로 보유할 의사가 아니더라도 재물의 소유권 또는 이에 준하는 본권을 침해하는 의사가 있으면 절도죄의 성립에 필요한 불법영득의 의사를 인정할 수 있고, 그것이 물건 자체를 영득할 의사인지 물건의 가치만을 영득할 의사인지는 불문한다.

② 컴퓨터에 저장되어 있는 '정보' 그 자체는 유체물이라고 볼 수도 없고, 물질성을 가진 동력도 아니므로 재물이 될 수 없다.

③ 법원으로부터 송달된 심문기일소환장은 재산적 가치가 없는 물건으로서 형법상 재물에 해당하지 않는다.

④ 주권포기각서는 주권을 포기한다는 의사표시가 담긴 처분문서로서 그 경제적 가치가 있어 재물성이 있다.

17 절도죄에 대한 설명으로 가장 옳지 않은 것은?(단, 다툼이 있는 경우 판례에 의함)

① 甲이 타인의 신용카드를 이용하여 현금지급기에서 자신의 계좌로 돈을 이체한 후 현금지급기에서 甲자신의 신용카드나 현금카드를 이용하여 현금을 인출한 행위는 절도죄를 구성하지 않는다.

② 피고인이 상사와의 의견 충돌 끝에 항의의 표시로 사표를 제출한 다음 평소 자신이 전적으로 보관, 관리해 오던 이른바 비자금 관계 서류 및 금품이 든 가방을 들고 나온 경우 불법영득의사가 인정되어 절도죄가 성립한다.

③ 甲과 乙이 자신들의 A에 대한 물품대금 채권을 다른 채권자들보다 우선적으로 확보할 목적으로 A가 부도를 낸 다음날 새벽에 A의 승낙을 받지 아니한 채 A의 가구점의 시정장치를 쇠톱으로 절단하고 그곳에 침입하여 A의 가구들을 화물차에 싣고 가 다른 장소에 옮겨 놓은 경우에는 甲과 乙에게 불법영득의사가 인정되어 특수절도죄가 성립한다.

④ 甲과 A의 동업자금으로 구입하여 A가 관리하고 있던 건설기계를 甲이 A의 허락 없이 乙로 하여금 운전하여 가도록 한 행위는 절도죄를 구성한다.

18 공공의 신용에 대한 죄에 대한 설명으로 가장 적절한 것은?(단, 다툼이 있는 경우 판례에 의함)

① 컴퓨터 모니터에 나타나는 이미지는 문서에 해당하지 않으므로, 전세계약서 원본을 스캔하여 컴퓨터 화면에 띄운 후 그 보증금액란을 공란으로 만든 다음 이를 프린터로 출력하여 보증금액을 변조하고 변조된 전세계약서를 팩스로 송부하였더라도 사문서변조 및 동행사죄는 성립하지 않는다.

② 위조통화를 행사하여 재물을 불법영득한 때에는 위조통화행사죄와 사기죄가 성립하고 양 죄는 상상적 경합관계에 있다.

③ 허위진단서작성죄에 있어서 허위의 기재는 사실에 관한 것이건 판단에 관한 것이건 불문하나, 본죄는 원래 허위의 증명을 금지하려는 것이므로 그 내용이 허위라는 주관적 인식이 필요함은 물론 실질상 진실에 반하는 기재일 것이 필요하다.

④ 행사할 목적으로 허무인 명의의 유가증권을 작성한 경우, 외형상 일반인으로 하여금 진정하게 작성된 유가증권이라고 오신하게 할 수 있을 정도라고 하더라도, 유가증권위조죄는 성립하지 않는다.

19 업무방해죄에 대한 설명으로 가장 적절하지 않은 것은?(단, 다툼이 있는 경우 판례에 의함)

① 업무방해죄에 있어서 그 보호대상이 되는 '업무'라 함은 타인의 위법한 행위에 의한 침해로부터 보호할 가치가 있는 것이면 되고, 그 업무의 기초가 된 계약 또는 행정행위 등이 반드시 적법하여야 하는 것은 아니다.

② 업무방해죄에서 허위사실을 유포하여 업무를 방해한 것인지 등을 판단할 때에는 의견표현과 사실 적시 부분을 분리하여 별개로 범죄의 성립 여부를 판단해야 한다.

③ 주한외국영사관에 비자발급을 신청함에 있어 신청인이 제출한 허위의 자료 등에 대하여 업무담당자가 충분히 심사하였으나 신청사유 및 소명자료가 허위임을 발견하지 못하여 그 신청을 수리하게 된 경우 위계에 의한 업무방해죄가 성립한다.

④ 컴퓨터 등 장애 업무방해죄가 성립하기 위해서는 컴퓨터의 정보처리에 장애를 초래하는 가해수단으로 컴퓨터의 작동에 직접·간접으로 영향을 미치는 일체의 행위가 있어야 하며, 그 행위의 결과로써 정보처리장치의 사용목적에 부합하는 기능을 하지 못하면 족하고, 사용목적과 다른 기능을 하는 등 정보처리장치에 장애가 현실적으로 발생하여야 한다.

20 뇌물죄에 대한 설명으로 옳지 않은 것은?(단, 다툼이 있는 경우 판례에 의함)

① 수뢰자가 뇌물을 그대로 보관하였다가 증뢰자에게 반환한 경우, 수뢰자로부터 몰수·추징하지 않고 증뢰자로부터 몰수·추징하여야 한다.

② 임용될 당시 공무원법상 임용결격자에 해당하여 임용행위는 무효였지만 그 후 공무원으로 계속 근무하면서 직무에 관하여 뇌물을 수수한 경우, 수뢰죄가 성립한다.

③ 공무원이 투기적 사업에 참여할 기회를 뇌물로 제공받은 경우, 뇌물수수죄의 기수 시기는 투기적 사업에 참여하는 행위가 종료한 때로 보아야 한다.

④ 뇌물을 수수함에 있어서 공여자를 기망한 경우 뇌물을 수수한 공무원에 대하여는 뇌물죄와 사기죄가 성립하고 양 죄는 보호법익이 달라 실체적 경합관계에 있다.

21 다음 설명 중 판례의 입장과 일치하는 것(○)과 일치하지 않는 것(×)을 올바르게 표시한 것은?

⊙ 범인 아닌 자가 수사기관에서 범인임을 자처하고 허위사실을 진술하여 진범의 체포와 발견에 지장을 초래하게 한 행위는 범인은닉죄에 해당한다.

ⓒ 직권남용죄가 성립하기 위해서는 행위자에게 상대방에게 의무 없는 일을 시키거나 권리행사를 방해하는 행위를 한 것으로 충분하고, 피해자의 권리행사가 현실적으로 방해될 필요는 없다.

ⓒ 甲이 허위의 매매계약서 및 영수증을 소명자료로 첨부하여 가처분신청을 하여 법원으로부터 유체동산에 대한 가처분결정을 받은 경우 위계에 의한 공무집행방해죄가 성립한다.

ⓔ 「형법」 제155조 제3항(모해 증거인멸죄)에서 말하는 '피의자'라고 하기 위해서는 수사기관에 의하여 범죄의 인지 등으로 수사가 개시되어 있을 것을 필요로 하고, 그 이전의 단계에서는 장차 형사입건될 가능성이 크다고 하더라도 그러한 사정만으로 '피의자'에 해당한다고 볼 수 없다.

	⊙	ⓒ	ⓒ	ⓔ
①	○	○	×	×
②	○	×	×	○
③	×	○	○	○
④	×	×	○	○

22 유기죄에 대한 설명으로 옳은 것은?(단, 다툼이 있는 경우 판례에 의함)

① 법률상 부부가 아니라 사실상 관계에 있는 자는 요부조자에 대한 법률상 보호의무가 인정되지 않아 유기죄의 주체가 될 수 없다.

② 유기죄가 성립하려면 보호의무자가 요부조자에 대한 보호책임의 발생원인이 된 사실을 인식해야 할 뿐 아니라, 이에 기한 부조의무를 해태한다는 인식까지 있어야 한다.

③ 경찰공무원이 지명수배 중인 범인을 발견하고도 직무상 의무에 따른 적절한 조치를 취하지 아니하고 오히려 범인을 도피하게 하는 행위를 하였다면 범인도피죄와 직무유기죄가 모두 성립하고 양 죄는 실체적 경합관계에 있다.

④ 사람을 살해한 자가 그 사체를 다른 장소로 옮겨 유기하였을 때에는 사체유기는 불가벌적 사후행위에 해당하므로 별도로 사체유기죄가 성립하지 아니한다.

23 결과적 가중범에 대한 설명으로 옳은 것을 모두 고른 것은?(단, 다툼이 있는 경우 판례에 의함)

⊙ 음주로 인한 특정범죄 가중처벌 등에 관한 법률 위반(위험운전치사상)죄는 중한 형태의 도로교통법 위반(음주운전)죄를 기본범죄로 하는 결과적 가중범으로 그 행위유형과 보호법익을 이미 모두 포함하고 있으므로, 특정범죄 가중처벌 등에 관한 법률 위반(위험운전치사상)죄가 성립하면 도로교통법 위반(음주운전)죄는 이에 흡수되어 따로 성립하지 아니한다.

ⓛ 업무방해죄와 폭행죄의 관계에 있어 피해자에 대한 폭행행위가 동일한 피해자에 대한 업무방해죄의 수단이 된 경우, 그러한 폭행행위는 이른바 불가벌적 수반행위에 해당하여 업무방해죄에 대하여 흡수관계에 있다.

ⓒ 결과적 가중범은 행위자가 행위 시에 그 결과의 발생을 예견할 수 없을 때에는 비록 그 행위와 결과 사이에 인과관계가 있다 하더라도 중한 죄로 벌할 수 없다.

ⓔ 사람을 살해할 목적으로 현주건조물에 방화하여 사망에 이르게 한 경우에는 살인죄와 현주건조물방화치사죄의 상상적 경합범이 된다.

ⓜ 「특정범죄가중처벌 등에 관한 법률」 제5조의10 제2항은 운전자에 대한 폭행·협박으로 인하여 교통사고의 발생 등과 같은 구체적 위험을 초래하는 중간매개원인이 유발되고 그 결과로 불특정 다중에게 상해나 사망의 결과를 발생시킨 경우에 적용될 수 있을 뿐만 아니라, 교통사고 등의 발생 없이 직접적으로 운전자에 대한 상해의 결과만을 발생시킨 경우에도 적용된다.

① ⊙, ⓒ   ② ⓒ, ⓜ

③ ⓛ, ⓜ   ④ ⓒ, ⓔ

24 협박죄 및 강요죄에 대한 설명으로 옳은 것은?(단, 다툼이 있는 경우 판례에 의함)

① 협박죄에서 법인은 협박죄의 객체가 될 수 없으며 협박죄가 성립하기 위해서는 적어도 발생 가능한 것으로 생각될 수 있는 정도의 구체적인 해악의 고지가 있어야 한다.

② 피고인이 투자금을 회수하기 위하여 피해자를 강요하여 물품대금을 횡령하였다는 자인서를 받아낸 뒤 이를 근거로 돈을 갈취한 경우, 주된 범의가 피해자로부터 돈을 갈취하는 데 있었던 것이라면 위 행위는 공갈죄와 강요죄가 성립한다.

③ 甲은 피해자에 대하여 채권이 있다는 이유로 권리행사를 빙자하여 사회통념상 용인되기 어려운 정도를 넘는 협박을 수단으로 피해자를 외포케 하여 채권을 변제받았다면 협박죄와 공갈죄가 성립한다.

④ 협박죄의 미수범 처벌조항은 해악의 고지가 현실적으로 상대방에게 도달하지 아니한 경우에만 적용된다.

25 방화와 실화의 죄에 대한 설명으로 적절한 것을 모두 고른 것은?(단, 다툼이 있는 경우 판례에 의함)

> ㉠ 방화의 의사로 뿌린 휘발유가 사람이 현존하는 주택 주변과 피해자의 몸에 적지 않게 살포되어 있는 사정을 알면서도 라이터를 켜 불꽃을 일으킴으로써 피해자의 몸에 불이 붙은 경우, 비록 불이 방화 목적물인 주택 자체에 옮겨 붙지는 아니하였다 하더라도 현존건조물방화죄의 실행의 착수가 인정된다.
>
> ㉡ 자기소유물에 대한 방화죄는 모두 구체적 위험범의 형태로 규정되어 있으며, 구체적 위험의 발생은 구성요건요소로서 고의의 인식대상이 된다.
>
> ㉢ 연소죄는 결과적 가중범으로 자기소유물에 대한 방화가 확대되어 타인소유물 또는 현주건조물 등의 소훼라는 중한 결과를 야기한 경우에 처벌한다.
>
> ㉣ 성냥불이 꺼진 것을 확인하지 아니한 채 휴지가 들어 있는 플라스틱 쓰레기통에 던진 것은 중대한 과실에 해당한다.

① ㉠, ㉡

② ㉠, ㉣

③ ㉠, ㉡, ㉢

④ ㉠, ㉢, ㉣

제3과목: 형사소송법

QR코드 접속을 통해 풀이시간 측정, 자동 채점
그리고 결과 분석까지!

01 법원의 관할에 대한 설명으로 적절한 것은?(단, 다툼이 있는 경우 판례에 의함)

① 사물관할을 달리하는 수 개의 관련 항소사건이 각각 고등법원과 지방법원 본원 합의부에 계속된 때에는 고등법원은 결정으로 지방법원 본원 합의부에 계속된 사건을 병합하여 심리할 수 있다.

② 항소심에서 공소장변경에 의하여 단독판사의 관할사건이 합의부 관할사건으로 된 경우에도 법원은 사건을 관할권이 있는 법원에 이송할 수 있고, 항소심에서 변경된 위 합의부 관할사건에 대한 관할권이 있는 법원은 대법원이다.

③ 지방법원판사에 대한 제척·기피사건은 지방법원과 그 지원의 합의부가 제2심으로 심판한다.

④ 제1심 결정에 대한 비약적 상고사건은 대법원이 관리한다.

02 제척사유에 해당하는 것으로 옳은 것은?(단, 다툼이 있는 경우 판례에 의함)

① 약식명령을 발부한 법관이 정식재판절차의 제1심판결에 관여한 경우

② 제1심판결에서 피고인에 대한 유죄의 증거로 사용된 증거를 조사한 판사가 항소심 재판에 관여한 경우

③ 파기환송 전의 원심에 관여한 법관이 파기환송 후의 재판에 관여하는 경우

④ 재심청구의 목적이 된 확정판결에 관여한 법관이 그 재심청구 사건에 관여하는 경우

03 피고인에 대한 설명으로 옳지 않은 것은?(단, 다툼이 있는 경우 판례에 의함)

① 피고인은 유죄의 판결이 확정될 때까지 무죄로 추정된다.

② 구속적부심사청구권은 형사소송법상 인정하고 있는 피고인의 권리에 해당한다.

③ 자연인은 연령이나 책임능력의 여하를 불문하고 언제나 당사자 능력을 가진다.

④ 신체구속을 당한 피고인에 대한 변호인의 접견교통권은 수사기관의 처분은 물론이고 법원의 결정으로도 이를 제한할 수 없다.

04 진술거부권에 대한 설명으로 옳은 것은?(단, 다툼이 있는 경우 판례에 의함)

① 피의자에게는 진술거부권과 자기에게 유리한 진술을 할 권리와 유리한 증거를 제출할 권리가 있지만, 수사기관에 대하여 진실만을 진술하여야 할 의무가 있는 것은 아니다.

② 검사가 당해 재판의 피고인에게 사법경찰관이 작성한 피고인에 대한 피의자신문조서의 진정성립 여부를 묻는 경우, 피고인은 진술거부권을 행사할 수 없다.

③ 공판준비기일의 경우에는 피고인이 출석하더라도 그에게 진술거부권을 고지하여야 하는 것은 아니다.

④ 피의자 또는 피고인은 개개의 질문에 대해서만 그 진술을 거부할 수 있으며, 일체의 진술을 거부할 수는 없다.

05 다음 설명 중 가장 옳은 것은?(단, 다툼이 있는 경우 판례에 의함)

① '변호인이 되려는 자'의 접견교통권은 피의자 등이 가지는 '변호인이 되려는 자'의 조력을 받을 권리가 실질적으로 확보되기 위하여 헌법상 기본권으로서 보장되어야 한다.

② 국선변호인 선임의 청구를 기각한 결정은 판결 전의 소송절차이므로 항고 또는 재항고를 할 수 있다.

③ 피고인이 사형, 무기 또는 장기 3년 이상의 징역이나 금고에 해당하는 사건으로 기소된 때에는 법원은 직권으로 변호인을 선정하여야 한다.

④ 미결수용자의 변호인 접견권은 어떠한 명분으로도 제한할 수 없으므로 국가안전보장·질서유지 또는 공공복리를 위해 필요한 경우라도 법률로써 제한될 수 없다.

06 고소 및 고발에 대한 설명으로 옳지 않은 것은?(단, 다툼이 있는 경우 판례에 의함)

① 친고죄에 대하여 고소할 자가 없는 경우에 이해관계인의 신청이 있으면 검사는 7일 이내에 고소할 수 있는 자를 지정해야 한다.

② 즉시고발사건에는 고소의 주관적 불가분원칙이 적용되지 않는다.

③ 고소는 검사 또는 사법경찰관에게 서면 또는 구술로 하여야 한다.

④ 민법상 행위능력이 없는 자도 고소할 능력을 갖추었으면 고소능력이 인정된다.

07 체포제도에 대한 설명으로 옳은 것은?(단, 다툼이 있는 경우 판례에 의함)

① 현행범인으로 규정한 '범죄의 실행의 즉후인 자'라고 함은 범죄의 실행행위를 종료한 직후의 범인이라는 것이 제3자의 입장에서 볼 때 명백한 경우를 일컫는다.

② 체포영장을 발부받아 피의자를 체포하기 위해서는 피의자가 정당한 이유 없이 수사기관의 출석요구에 응하지 아니하거나 응하지 아니할 우려가 있어야 한다.

③ 긴급체포의 요건을 갖추었는지 여부는 체포 당시의 상황을 기초로 판단할 것이 아니라 사후에 밝혀진 사정을 기초로 법원이 객관적으로 엄격하게 판단하여야 한다.

④ 체포적부심이 청구된 경우에 판사는 보증금납입을 조건으로 그 체포된 피의자를 석방할 수 있다.

08 국민참여재판에 대한 설명으로 옳지 않은 것은?(단, 다툼이 있는 경우 판례에 의함)

① 금고 이상의 형의 집행유예를 선고받고 그 기간이 완료된 날부터 2년을 경과하지 아니한 사람은 배심원으로 선정될 수 없다.

② 국민참여재판으로 진행하기로 한 법원의 결정에 대해서는 항고할 수 없다.

③ 국민참여재판의 대상사건이 공소장변경으로 인하여 대상사건에 해당하지 않게 된 경우에도 법원은 국민참여재판을 계속 진행할 수 있다.

④ 법원은 공소제기 후부터 공판준비기일이 종결된 날까지 공범 관계에 있는 피고인들 중 일부가 국민참여재판을 원하지 아니하여 국민참여재판의 진행에 어려움이 있다고 인정되는 경우 국민참여재판을 하지 아니하기로 하는 결정을 해야 한다.

09 자백배제법칙에 대한 설명으로 가장 옳지 않은 것은?(단, 다툼이 있는 경우 판례에 의함)

① 일정한 증거가 발견되면 자백하겠다고 한 피의자의 약속이 검사의 강요나 위계에 의하여 이루어진 것이 아니라 경한 죄의 소추 등 이익과 교환조건으로 이루어진 경우 그 약속에 의한 자백은 임의성 없는 자백이라 할 수 없다.

② 검사 작성의 피의자신문조서에 기재된 진술의 임의성에 다툼이 있을 때에는 그 임의성을 의심할 만한 합리적이고 구체적인 사실을 피고인이 증명할 것이 아니라 검사가 그 임의성의 의문점을 없애는 증명을 하여야 한다.

③ 검찰에서의 피고인의 자백이 임의성이 있어 그 증거능력이 부여된다고 하여 자백의 진실성과 신빙성까지도 당연히 인정되어야 하는 것은 아니다.

④ 피고인의 자백에 임의성이 없다고 의심할 만한 사유가 있더라도 임의성이 없다고 의심하게 된 사유와 피고인의 자백과의 사이에 인과관계가 존재하지 않은 것이 명백할 때 그 자백의 증거능력은 인정된다.

10 항고에 대한 설명으로 옳지 않은 것은?(단, 다툼이 있는 경우 판례에 의함)

① 법원의 관할 또는 판결 전의 소송절차에 관한 결정에 대하여는 특히 즉시항고를 할 수 있는 경우 외에는 항고하지 못한다.

② 검사가 압수·수색영장의 청구 등 강제처분을 위한 조치를 취하지 않은 것에 대해 고소인은 준항고로 불복할 수 없다.

③ 해제된 것으로 되었음에도 불구하고 검사가 그 해제된 압수물의 인도를 거부하는 조치에 대해서는 「형사소송법」 제417조에 의하여 준항고로 불복할 수 있다.

④ 재정신청에 관한 법원의 공소제기결정에 대하여는 재항고가 허용되지 않는다.

11 재정신청에 대한 설명으로 옳은 것은?(단, 다툼이 있는 경우 판례에 의함)

① 협의의 불기소처분과는 달리 기소유예처분에 대해서는 재정신청을 할 수 없다.

② 재정신청사건의 심리 중에는 관련 서류 및 증거물을 열람 또는 등사할 수 없지만 법원은 「형사소송법」 제262조 제2항 후단의 증거조사과정에서 작성된 서류의 전부 또는 일부의 열람 또는 등사를 허가할 수 있다.

③ 구금 중인 고소인이 교도관에게 재정신청서를 제출하였으나 이 기간 안에 불기소처분을 한 검사 소속의 지방검찰청 검사장 또는 지청장에게 도달하지 않아도 재정신청서 제출은 적법하다.

④ 고소인 또는 고발인은 대상범죄에 제한 없이 모든 범죄에 대하여 재정신청을 할 수 있다.

12 공소시효에 대한 설명으로 옳지 않은 것은?(단, 다툼이 있는 경우 판례에 의함)

① 포괄일죄의 공소시효는 각각의 행위에 대하여 개별적으로 진행한다.

② 공소시효가 완성된 사건에 대해 공소가 제기되면 법원은 면소판결을 하여야 한다.

③ 범죄 후 법률의 변경에 의해 법정형이 가벼워진 경우에는 당해 범죄사실에 적용될 가벼운 법정형에 따라 공소시효의 기간을 정한다.

④ 공소장변경이 있는 경우 공소시효의 완성여부는 당초의 공소제기가 있었던 시점을 기준으로 판단한다.

13 공소취소에 대한 설명으로 옳지 않은 것은?(단, 다툼이 있는 경우, 판례에 의함)

① 공소장에 기재된 수 개의 공소사실이 서로 동일성이 없고 실체적 경합관계에 있는 경우에 그 일부를 소추대상에서 철회하려면 공소의 일부 취소절차에 의할 것이 아니라 공소장변경의 방식에 의하여야 한다.

② 공소의 취소는 검사만이 할 수 있으나 재정신청에 대한 고등법원의 공소제기결정에 따라 공소를 제기한 경우 검사는 공소를 취소할 수 없다.

③ 공소취소에 의한 공소기각결정이 확정된 때에는 공소취소 후 그 범죄사실에 대한 다른 중요한 증거를 발견한 경우에 한하여 다시 공소를 제기할 수 있다

④ 공소사실에 대하여 제1심판결이 선고되고 동 판결이 확정되었지만. 이에 대한 재심소송절차가 진행중인 경우 공소취소를 할 수 없다.

14 증거개시제도에 대한 설명으로 옳지 않은 것은?(단, 다툼이 있는 경우 판례에 의함)

① 신속 공정한 재판을 받을 권리를 실현하기 위한 제도로서, 형사소송법은 검사가 보유하고 있는 증거뿐만 아니라 피고인이 보유하고 있는 증거의 개시도 인정하고 있다.

② 개시하여야 할 '서류 등'에는 비디오테이프나 컴퓨터용 디스크와 같은 특수매체도 포함되지만 그에 대한 등사는 필요·최소한의 범위에 한한다.

③ 법원의 증거개시에 관한 결정에 대하여는 집행정지의 효력이 있는 즉시항고의 방법으로 불복할 수 있다.

④ 검사가 법원의 증거개시명령을 이행하지 아니한 때에는 해당 증인 및 서류 등에 대하여 증거 신청을 할 수 없다.

15 자백의 보강법칙에 대한 설명으로 옳지 않은 것은? (단, 다툼이 있는 경우 판례에 의함)

① 일정한 증거가 발견되면 자백하겠다고 한 피의자의 약속이 검사의 강요나 위계에 의하여 이루어진 것이 아니라 경한 죄의 소추 등 이익과 교환조건으로 이루어진 경우 그 약속에 의한 자백은 임의성 없는 자백이라 할 수 없다.

② 자동차등록증에 차량의 소유자가 피고인으로 등록·기재된 것이 피고인이 그 차량을 운전하였다는 사실의 자백 부분에 대한 보강증거가 될 수 있고 결과적으로 피고인의 무면허운전이라는 전체 범죄 사실의 보강증거로 충분하다.

③ 뇌물수수자가 무자격인 뇌물공여자로 하여금 건축공사를 하도급 받도록 알선하고 그 하도급계약을 승인받을 수 있도록 하였으며, 공사와 관련된 각종의 편의를 제공한 사실을 인정할 수 있는 증거들은 뇌물공여자의 자백에 대한 보강증거가 될 수 있다.

④ 금전출납부 등과 같이 자기에게 맡겨진 사무를 처리한 사무내역을 그때그때 계속적·기계적으로 기재한 문서의 경우에는 그 존재 자체 및 기재가 그러한 내용의 사무가 처리되었음의 여부를 판단할 수 있는 별개의 독립된 증거자료이므로 피고인이 우연히 작성한 그 문서의 내용 중 공소사실에 일부 부합되는 사실의 기재가 있다면 피고인의 자백에 대한 보강증거가 될 수 있다.

16 상소에 대한 설명으로 옳은 것은?(단, 다툼이 있는 경우 판례에 의함)

① 피고인의 변호인은 피고인의 이익을 위하여 그의 명시적인 의사에 반하여서도 상소할 수 있다.

② 피고인을 위하여 원심판결을 파기하는 경우 파기의 이유가 항소한 공동피고인에게 공통되는 때에도 그 공동피고인은 제3자에 불과하므로 그에 대하여 원심판결을 파기할 필요는 없다.

③ 변호인은 독립한 상소권자로서 피고인의 상고권이 소멸한 후에도 상소를 제기할 수 있다.

④ 피고인의 상고에 의하여 상고심에서 원심판결을 파기하고 사건을 항소심에 환송한 경우에도 공소사실의 동일성이 인정되면 공소장변경이 허용된다.

17 불이익변경금지 원칙에 위배되지 않는 것을 모두 고른 것은?(단, 다툼이 있는 경우 판례에 의함)

> ㉠ 살인죄에 대하여 원심이 유기징역형을 선택한 제1심보다 중하게 무기징역형을 선택하였으나 선고한 형이 중하게 변경되지 아니한 경우
> ㉡ 항소심에 제1심과 동일한 벌금형을 선고하면서 성폭력 치료프로그램 이수명령을 병과한 경우
> ㉢ 징역형의 선고유예를 벌금형으로 변경한 경우
> ㉣ 검사만이 양형부당을 이유로 항소한 경우, 항소법원이 직권으로 심판하여 제1심의 양형보다 가벼운 형을 선고한 경우
> ㉤ 금고 5월의 실형을 선고한 제1심판결을 파기하고 항소심이 징역 5월, 집행유예 2년, 보호관찰 및 40시간의 수강명령을 선고한 경우

① ㉠, ㉡, ㉢ ② ㉡, ㉢, ㉣
③ ㉢, ㉣, ㉤ ④ ㉠, ㉣, ㉤

18 다음 설명 중 가장 옳은 것은?(단, 다툼이 있는 경우 판례에 의함)

① 전자정보에 대한 압수·수색이 종료되기 전에 혐의사실과 관련된 전자정보를 적법하게 탐색하는 과정에서 별도의 범죄혐의와 관련된 전자정보를 우연히 발견한 경우에는, 그 전자정보를 적법하게 압수·수색을 할 수 없다.

② 형사소송법은 재전문진술이나 재전문진술을 기재한 조서에 대하여는 그 증거능력을 인정하는 규정을 두고 있지 아니하고 있으므로, 피고인이 증거로 하는 데 동의하지 아니하는 한 「형사소송법」 제310조의2의 규정에 의하여 이를 증거로 할 수 없다.

③ 압수된 정보저장매체로부터 출력한 문건을 진술증거로 사용하는 경우에는, 그 기재 내용의 진실성에 관하여는 전문법칙이 적용되지 않으므로 「형사소송법」 제313조 제1항에 따라 증거 능력을 판단할 수 없다.

④ 위법수집증거배제법칙에 대한 예외를 인정하기 위해서는 예외적인 경우에 해당한다고 볼 만한 구체적이고 특별한 사정이 존재한다는 점을 피고인이 증명하여야 한다.

19 다음 설명 중 가장 옳은 것은?(단, 다툼이 있는 경우 판례에 의함)

① 「형사소송법」 제225조 제1항이 규정하는 피해자의 법정대리인은 피해자 본인의 고소권이 소멸하더라도 고소권을 행사할 수 있으나, 피해자 본인의 명시한 의사에 반하여 이를 행사할 수는 없다.

② 친고죄의 공범 중 일부에 대하여 제1심판결이 선고된 후에도 제1심판결 선고 전의 다른 공범자에 대하여 고소를 취소할 수 있고, 고소의 취소가 있다면 당연히 그 효력이 발생한다.

③ 대리인에 의한 고소의 경우 구술에 의한 방식으로 고소할 수 없으며, 대리권이 정당한 고소권자에 의하여 수여되었음이 반드시 위임장이나 대리의 표시를 통해 증명되어야 한다.

④ 고소능력은 피해를 받은 사실을 이해하고 고소에 따른 사회생활상의 이해관계를 알아차릴 수 있는 사실상의 의사능력으로 충분하므로, 민법상의 행위능력이 없는 사람이라도 고소능력이 인정될 수 있다.

20 공판준비절차에 대한 설명으로 옳지 않은 것만을 모두 고른 것은?(단, 다툼이 있는 경우 판례에 의함)

㉠ 공판준비기일은 공개하지만 절차의 진행이 방해될 우려가 있는 때에는 공개하지 아니할 수 있다.

㉡ 제1심이 공소장 부본을 피고인 또는 변호인에게 송달하지 아니한 채 공판절차를 진행하였다면, 설령 피고인이 제1심 법정에서 이의함이 없이 공소사실에 관하여 충분히 진술할 기회를 부여받았다 하더라도, 이는 「형사소송법」 제266조(공소장부본의 송달) 위반에 해당하여 위법한 공판절차에서 이루어진 소송행위이므로 판결에 영향을 미친 위법이 있다.

㉢ 법원은 쟁점 및 증거의 정리를 위해 필요한 경우 제1회 공판기일 후에도 사건을 공판준비절차에 부칠 수 있다.

㉣ 피고인의 출석 없이는 공판준비기일을 개정할 수 없으며, 재판장은 출석한 피고인에게 진술을 거부할 수 있음을 알려주어야 한다.

① ㉠, ㉡   ② ㉠, ㉢

③ ㉡, ㉣   ④ ㉢, ㉣

21 공판정의 심리에 대한 설명으로 옳은 것은?(단, 다툼이 있는 경우 판례에 의함)

① 필요적 변호사건에서 피고인이 재판 거부의 의사를 표시하고 재판장의 허가 없이 퇴정하고 변호인마저 이에 동조하여 퇴정해버린 경우 수소법원은 피고인이나 변호인의 재정 없이는 심리 판결할 수 없다.

② 법원이 피고인에게 증인신문의 시일과 장소를 미리 통지함이 없이 증인들의 신문을 시행하였다면 그 후 그 증인신문 결과를 소송관계인에게 고지하고 피고인이나 변호인이 이의를 제기하지 않았더라도 증인의 법정진술은 위법한 증거로써 증거능력을 가지지 못한다.

③ 다액 500만 원 이하의 벌금 또는 과료에 해당하는 사건에 관하여는 원칙적으로 피고인의 출석을 요하지 아니한다.

④ 「형사소송법」 제318조에 규정된 증거동의의 의사표시는 증거조사가 완료된 뒤에도 제한된 범위 내에서 취소 또는 철회가 인정되고, 이 경우 취소 또는 철회 이전에 이미 취득한 증거 능력은 상실된다.

22 약식절차에 대한 설명으로 옳지 않은 것은?(단, 다툼이 있는 경우 판례에 의함)

① 지방법원은 그 관할에 속한 사건에 대하여 검사의 청구가 있는 때에는 공판절차 없이 약식명령으로 피고인을 벌금, 과료 또는 몰수에 처할 수 있다.

② 피고인에 대하여 약식명령이 확정된 절도죄와 그 약식명령의 확정일 이전에 피고인이 범한 사기죄는 「형법」 제37조 후단의 경합범 관계에 있다.

③ 약식명령의 기판력은 약식명령의 송달 시가 아니라, 발령 시까지의 범죄사실에 미친다.

④ 공범 중 1인에 대해 약식명령이 확정된 후 그에 대한 정식재판청구권회복결정이 있었다고 하더라도 그 사이의 기간 동안에는 특별한 사정이 없는 한 다른 공범자에 대한 공소시효는 정지함이 없이 계속 진행한다.

23 형사보상에 대한 설명으로 가장 옳지 않은 것은?(단, 다툼이 있는 경우 판례에 의함)

① 보상의 청구가 이유 있을 때에는 보상결정을 하여야 하고 그 보상결정에 대하여는 언제든지 즉시항고를 할 수 있다.

② 판결 주문에서 경합범의 일부에 대하여 유죄가 선고되고 다른 부분에 대하여 무죄가 선고되었다면 형사보상을 청구할 수 있다.

③ 상소권회복에 의한 비상상고의 절차에서 무죄재판을 받아 확정된 사건의 피고인이 원판결에 의하여 구금되거나 형 집행을 받은 경우 구금 또는 형의 집행에 대한 보상을 청구할 수 있다.

④ 법원은 형사미성년자이거나 심신장애로 사물을 변별할 능력이 없거나 의사 결정의 능력이 없어 무죄 판결을 받은 경우 형사보상 청구를 기각할 수 있다.

24 탄핵증거에 대한 설명으로 옳은 것은?(단, 다툼이 있는 경우 판례에 의함)

① 탄핵증거는 범죄사실을 인정하는 증거가 아니므로 엄격한 증거조사를 거쳐야 하며 법정에서 이에 대한 탄핵증거로서의 증거조사는 필요하다.

② 피고인이 내용을 부인하여 증거능력이 없는 사법경찰리 작성의 피의자신문조서가 당초 증거제출 당시 탄핵증거라는 입증취지를 명시하지 아니하였지만 탄핵증거로서의 증거조사절차가 대부분 이루어졌다면 피의자신문조서를 피고인의 법정 진술에 대한 탄핵증거로 사용할 수 있다.

③ 검사가 탄핵증거로 신청한 체포·구속인접견부 사본은 피고인의 부인진술을 탄핵한다는 것으로써 이는 입증책임이 있는 검사가 공소사실 자체를 입증하기 위한 것으로「형사소송법」제318조의2 제1항 소정의 피고인의 진술의 증명력을 다투기 위한 탄핵증거에 해당한다.

④ 탄핵증거 제출에 있어 상대방에게 공격·방어 수단을 강구할 기회를 사전에 부여하여야 하므로 증명력을 다투고자 하는 증거의 어느 부분을 다투려고 하는지 상대방에게 알릴 필요는 없다.

25 증거동의에 대한 설명 중 옳은 것(○)과 옳지 않은 것(×)을 올바르게 표시한 것은?(단, 다툼이 있는 경우 판례에 의함)

> ㉠ 진술의 임의성이 인정되지 않아 증거능력이 없는 증거라도 당사자가 증거동의하고 또 법원이 진정한 것으로 인정하는 경우에는 증거능력이 있다.
> ㉡ 증거동의는 공판절차의 갱신이 있거나 심급을 달리하는 경우에도 미치므로 제1심에서 한 증거동의는 항소심에서도 그 효력이 있다.
> ㉢ 피고인이 공시송달의 방법에 의한 공판기일의 소환을 2회 이상 받고도 출석하지 않아 소송촉진 등에 관한 특례법에 따라 피고인의 출정 없이 증거조사를 하는 경우에는 증거동의를 간주할 수 없다.
> ㉣ 변호인은 피고인의 명시적 의사에 반하지 않는 한 서류나 물건에 대하여 증거로 함에 동의할 수 있다.
> ㉤「형사소송법」제318조에 언급된 '서류나 물건' 외의 전문진술은 증거동의의 대상이 아니다.

	㉠	㉡	㉢	㉣	㉤
①	○	×	○	×	○
②	×	○	×	○	×
③	○	○	×	×	○
④	×	×	○	○	×

군무원 수사직 FINAL 실전 봉투모의고사
제4회 모의고사

수사직

제1과목	국어	제2과목	형법
제3과목	형사소송법	제4과목	

응시번호		성 명	

〈 안 내 사 항 〉

1. 답안지의 모든 기재 및 표기사항은 반드시 『컴퓨터용 흑색사인펜』으로만 작성하여야 합니다.
   (사인펜에 "컴퓨터용"으로 표시되어 있음) (사인펜 본인 지참)
   * 매년 지정된 펜을 사용하지 않아 답안지가 무효처리 되는 상황이 빈발하고 있으므로, 답안지
     는 반드시 『컴퓨터용 흑색사인펜』으로만 표기하시기 바랍니다.

2. 답안은 매 문항마다 반드시 하나의 답만 골라 그 숫자에 "●"로 표기해야 하며, 표기한 내용은 수정
   테이프를 이용하여 정정할 수 있습니다. 단, 시험시행본부에서 수정테이프를 제공하지 않습니다.
   (표기한 부분을 긁는 경우 오답처리 될 수 있으며, 수정스티커 또는 수정액은 사용 불가)
   * 답안지는 훼손·오염되거나 구겨지지 않도록 주의해야 하며, 특히 답안지 상단의 타이밍마크
     (❙ ❙ ❙ ❙ ❙)를 절대로 훼손해서는 안 됩니다.

3. 필기시험 문제 관련 의견제시 기간 : 시험 당일을 포함한 5일간
   * 국방부 군무원채용관리홈페이지(http://recruit.mnd.go.kr) - 시험안내 - 시험묻고답하기

제4회 모의고사

QR코드 접속을 통해 풀이시간 측정, 자동 채점
그리고 결과 분석까지!

01 언어 예절에 가장 알맞게 발화한 것은?

① (아침에 출근해서 직급이 같은 동료에게) 좋은 아침!
② (집에서 손님을 보낼 때 손위 사람에게) 살펴 가십시오.
③ (윗사람의 생일을 축하하며) 건강하십시오.
④ (관공서에서 손님이 들어올 때) 무엇을 도와 드릴까요?

02 주장하는 말이 범하는 논리적 오류 유형이 다른 하나는?

① 식량을 주면, 옷을 달라고 할 것이고, 그 다음 집을 달라고 할 것이고, 결국 평생직장을 보장하라고 할 것이 틀림없어. 식량 배급은 당장 그만두어야 해.
② 네가 술 한 잔을 마시면, 다시 마시게 되고, 결국 알코올 중독자가 될 거야. 애초부터 술 마실 생각은 하지 마라.
③ 아이들에게 부드럽게 말하면, 아이들은 부모를 무서워하지 않게 되고, 그 부모는 아이들을 망치게 될 겁니다. 아이들에게 엄하게 말하는 것을 두려워하지 마세요.
④ 식이요법을 시작하면 영양 부족에 빠지고, 어설픈 식이요법이 알코올 중독에 이르게 한다는 것을 암시해. 식이요법을 시작하지 못 하게 막아야 해.

03 〈자료〉를 바탕으로 〈보기〉의 문장을 작성하였다. 다음 〈보기〉의 문장 중 띄어쓰기가 옳은 것끼리 묶인 것은?

───────〈자 료〉───────
한글 맞춤법
[제2항] 문장의 각 단어는 띄어 씀을 원칙으로 한다.
[제41항] 조사는 그 앞말에 붙여 쓴다.
[제42항] 의존 명사는 띄어 쓴다.
[제43항] 단위를 나타내는 명사는 띄어 쓴다.

───────〈보 기〉───────
㉠ 당신이 문득 나를 알아볼 때까지.
㉡ 한국인 만큼 부지런한 민족이 있을까?
㉢ 돈을 많이 모아서 멋진 집 한 채를 샀다.
㉣ 무궁화는 자랑스럽고 아름다운 꽃 입니다.

① ㉠, ㉡　　　　　　② ㉠, ㉢
③ ㉡, ㉣　　　　　　④ ㉢, ㉣

04 다음 중 복수 표준어가 아닌 것은?

① 자장면 – 짜장면
② 나부랭이 – 너부렁이
③ 멀찌가니 – 멀찌감찌
④ 허섭스레기 – 허접쓰레기

05 다음 중 문장의 구조가 다른 것은?

① 농부들은 비가 오기를 고대했다.
② 나는 지금이 중요한 때임을 알고 있다.
③ 형은 대학생이고, 누나는 고등학생이다.
④ 우리 집 앞마당에 드디어 장미꽃이 피었다.

06 다음 중 밑줄 친 단어의 의미 관계가 다른 것은?

① • 눈가에 잔주름이 <u>가다</u>.
　• 밥을 먹으러 식당에 <u>가다</u>.
② • <u>철</u>에 따라 피는 꽃이 다르다.
　• 아이들이 <u>철</u>이 너무 없다.
③ • 벽난로에서 장작이 활활 <u>타고</u> 있었다.
　• 서쪽으로 뻗은 주능선을 <u>타고</u> 산행을 계속했다.
④ • 밥을 식지 않게 아랫목에 <u>묻었다</u>.
　• 손에 기름이 <u>묻었다</u>.

07 다음의 〈사례〉와 〈보기〉의 언어 특성을 잘못 연결한 것은?

─〈사 례〉─
(가) '방송(放送)'은 '석방'에서 '보도'로 의미가 변하였다.
(나) '밥'이라는 의미의 말소리 [밥]을 내 마음대로 [법]으로 바꾸면 다른 사람들은 '밥'이라는 의미로 이해할 수 없다.
(다) '종이가 찢어졌어.'라는 말을 배운 아이는 '책이 찢어졌어.'라는 새로운 문장을 만들어 낸다.
(라) '오늘'이라는 의미를 가진 말을 한국어에서는 '오늘 [오늘]', 영어에서는 'today(투데이)'라고 한다.

─〈보 기〉─
㉠ 자의성　　㉡ 규칙성　　㉢ 창조성　　㉣ 사회성

① (가) – ㉡　　　　② (나) – ㉣
③ (다) – ㉢　　　　④ (라) – ㉠

08 다음 중 높임법에 대한 설명으로 옳지 않은 것은?

㉠ 아버지께서 할머니를 모시고 댁에 들어가셨다.
㉡ 어머니께서 아주머니께 이 김치를 드리라고 하셨습니다.
㉢ 주민 여러분께서는 잠시만 제 이야기에 귀를 기울여 주시기 바랍니다.

① ㉠, ㉡, ㉢: 문장의 주체를 높이고 있다.
② ㉠, ㉢: 문장의 객체를 높이고 있다.
③ ㉡, ㉢: 듣는 이를 높이고 있다.
④ ㉠, ㉡: 특수한 어휘를 사용하여 높임을 표현하고 있다.

09 외래어 표기가 옳은 것을 모두 고른 것은?

㉠ vision: 비전
㉡ cardigan: 카디건
㉢ container: 콘테이너
㉣ yellow: 옐로
㉤ lobster: 롭스터

① ㉠, ㉤
② ㉢, ㉣
③ ㉠, ㉡, ㉣
④ ㉡, ㉢, ㉤

10 다음 중 고유어의 뜻풀이가 옳지 않은 것은?

① 짜장: 과연 정말로
② 곰살맞다: 몹시 부드럽고 친절하다
③ 가리사니: 사물을 분간하여 판단할 수 있는 실마리
④ 비나리: 갑자기 내리는 비

11 다음 중 〈보기〉의 발음 과정에 적용되는 음운 변동 규칙이 아닌 것은?

〈보 기〉
홑이불 → [혼니불]

① 'ㄴ' 첨가
② 두음 법칙
③ 자음 동화
④ 음절의 끝소리 규칙

12 밑줄 친 부분의 함축적 의미로 가장 적절한 것은?

그는 피아노를 향하여 앉아서 머리를 기울였습니다. 몇 번 손으로 키를 두드려 보다가는 다시 머리를 기울이고 생각하고 하였습니다. 그러나 다섯 번 여섯 번을 다시 하여 보았으나 아무 효과도 없었습니다. 피아노에서 울려 나오는 음향은 규칙 없고 되지 않은 한낱 소음에 지나지 못하였습니다. 야성? 힘? 귀기? 그런 것은 없었습니다. 감정의 재뿐이 있었습니다.

"선생님, 잘 안 됩니다."

그는 부끄러운 듯이 연하여 고개를 기울이며 이렇게 말하였습니다.

"두 시간도 못 되어서 벌써 잊어버린담?"

나는 그를 밀어 놓고 내가 대신하여 피아노 앞에 앉아서 아까 베낀 그 음보를 펴 놓았습니다. 그리고 내가 베낀 곳부터 다시 시작하였습니다.

화염! 화염! 빈곤, 주림, 야성적 힘, 기괴한 감금당한 감정! 음보를 보면서 타던 나는 스스로 흥분이 되었습니다.

– 김동인, 「광염 소나타」

① 화려한 기교가 없는 연주
② 악보와 일치하지 않는 연주
③ 도저히 이해할 수 없는 연주
④ 기괴한 감정이 느껴지지 않는 연주

13 다음 글의 주제로 옳은 것은?

야생 동물이 건강에 좋은 먹을거리를 선택한다는 것은 이미 과학적으로 입증되었다. 그 수준도 '동물 따위가 뭘 알겠어.' 하고 치부하기에는 놀라울 정도로 높다. 예를 들면 동물은 기운을 북돋기 위해 흥분제 성분이 들어 있는 과일이나 환각 작용을 일으키는 버섯, 아편 성분이 들어 있는 양귀비 등 향정신성 먹을거리를 즐겨 섭취한다. 개중에는 흥분제에 중독 증상을 보이는 동물도 있다. 더욱 놀랄 만한 사실은 교미 시의 생산 능력을 높이기 위해 자연에 널려 있는 '최음제'를 먹는 경우마저 있다는 사실이다. 사막에 사는 거북은 칼슘을 찾아 사막을 몇십 킬로미터씩 여행한다. 칼슘은 거북의 껍질을 단단하게 만드는 데 필요한 성분이다. 원숭이와 곰 등은 신맛이 나는 기름과 고약한 냄새의 송진을 온몸에 즐겨 바른다. 이러한 냄새들은 벌레에 물리는 것을 막아줄 뿐만 아니라 세균 감염도 예방해 준다. 침팬지는 털이 난 나뭇잎을 독특한 방법으로 뭉쳐서 삼킨다. 잎에 난 털이 식도로 넘어가며 식도 주위의 기생충들을 청소해 준다. 개와 고양이가 가끔 풀을 뜯어먹는 것도 비슷한 이유다. 이 풀들은 기생충과 함께 소화되지 않고 몸 바깥으로 배설된다. 새들은 특정한 향이 나는 허브 잎을 모아 둥지를 둘러싼다. 잎의 향 때문에 진드기와 벼룩이 둥지로 접근하지 못한다. 코끼리는 나트륨 성분을 섭취하기 위해 소금을 먹는다. 만약 소금이 모자라면 새로운 소금 동굴을 찾기 위해 죽음을 무릅쓴 집단 이동도 마다하지 않는다. 붉은원숭이는 주식인 나뭇잎이 함유하는 독성 성분을 없애기 위해 숯을 먹는다. 보통 동물들은 모체로부터 이 같은 식습관을 배운다. 하지만 동물들이 먹을거리의 의학적 효능에 대해 정확하게 알고 있는 것은 아니다. 침팬지와 원숭이가 기생충을 제거하기 위해 먹는 나뭇잎의 종류는 30가지가 넘는다. 만약 침팬지가 나뭇잎을 먹는 이유를 정확하게 알고 있다면 털이 가장 부숭부숭한 나뭇잎을 골라 먹을 것이다.

① 동물은 질병을 치료하는 물을 알고 있다.
② 동물은 어느 자연환경에서나 잘 적응할 수 있다.
③ 동물은 각각 좋아하는 음식이 따로 있다.
④ 동물은 스스로를 자연적으로 치유하는 방법에 대해 선천적으로 알고 있다.

14 다음 〈보기〉를 참고하여 ㉠~㉢에 대해 설명한 내용으로 적절하지 않은 것은?

> 집의 옷밥을 언고 들먹는 져 고공(雇工)아,
> 우리 집 긔별을 아는다 모르는다.
> 비 오는 늘 일 업슬지 숫 꼬면셔 니르리라.
> ㉠ 처음의 한어버이 사룸스리 흐려 홀 지,
> 인심(仁心)을 만히 쓰니 사룸이 절로 모다,
> ㉡ 풀 쪗고 터흘 닷가 큰 집을 지어 내고,
> 셔리 보십 장기 쇼로 전답(田畓)을 긔경(起耕)흐니,
> ㉢ 오려논 터밧치 여드레 그리로다.
> 자손(子孫)에 전계(傳繼)흐야 대대(代代)로 나려오니,
> 논밧도 죠커니와 고공도 근검(勤儉)터라.
> 저희마다 여름 지어 가옴여리 사던 것슬,
> 요스이 고공들은 혬이 어이 아조 업서,
> 밥사발 큰나 쟈그나 동옷시 죠코 즈나,
> ㉣ 모음을 듯호는 듯 호슈(戶首)을 식오는 듯,
> 무슴 일 갬드러 흘긧할긧 흐느슨다.
> 너희너 일 아니코 시절(時節) 좃촛 스오나와,
> 굿득의 너 세간이 플러지게 되야는디,
> 엇그지 화강도(火强盜)에 가산(家産)이 탕진(蕩盡)흐니,
> 집 흐나 불타 붓고 먹을 껏시 전혀 업다.
> 크나큰 셰스(歲事)을 엇지흐여 니로려료.
> 김가(金哥) 이가(李哥) 고공들아 식 모음 먹어슬라.
> — 허전, 「고공가(雇工歌)」

〈보 기〉

이 작품은 조선 왕조의 창업부터 임진왜란 직후의 역사를 농사일이나 집안 살림에 빗대는 방식을 활용하고 있다. 특히 제 역할을 하지 않고 서로 시기하고 반목하는 요즘 고공들의 행태를 질책하고 있다.

① ㉠: 태조 이성계가 조선 왕조를 창업한 사실과 관련지을 수 있다.
② ㉡: 나라의 기초를 닦은 조선 왕조의 모습과 관련지을 수 있다.
③ ㉢: 조선의 땅이 외침으로 인해 피폐해진 현실과 관련지을 수 있다.
④ ㉣: 신하들이 서로 다투고 시기하는 상황과 관련지을 수 있다.

15 다음 중 ㉠~㉣에 대한 설명으로 옳지 않은 것은?

> ㉠ 못난 놈들은 서로 얼굴만 봐도 흥겹다
> 이발소 앞에 서서 참외를 깎고
> 목로에 앉아 막걸리를 들이켜면
> 모두들 한결같이 친구 같은 얼굴들
> ㉡ 호남의 가뭄 얘기 조합 빚 얘기
> 약장수 기타 소리에 발장단을 치다 보면
> 왜 이렇게 자꾸만 서울이 그리워지나
> 어디를 들어가 섰다라도 벌일까
> 주머니를 털어 색싯집에라도 갈까
> ㉢ 학교 마당에들 모여 소주에 오징어를 찢다
> 어느새 긴 여름 해도 저물어
> 고무신 한 켤레 또는 조기 한 마리 들고
> ㉣ 달이 환한 마찻길을 절뚝이는 파장
> — 신경림, 「파장」

① ㉠: 농민들이 서로에게 느끼는 유대감을 보여 준다.
② ㉡: 농민들이 겪는 여러 가지 어려움이 나타난다.
③ ㉢: 어려움을 극복한 농민들의 흥겨움이 드러난다.
④ ㉣: 농촌의 힘겨운 현실을 시적으로 형상화하고 있다.

[16~17] 다음 글을 읽고 물음에 답하시오.

도르래는 둥근 바퀴에 튼튼한 줄을 미끄러지지 않도록 감아 무거운 물체를 들어 올리는 데 사용하는 도구이다. 가장 기본이 되는 도르래는 고정도르래와 움직도르래이다. 그렇다면 두 도르래의 차이는 어떤 것이 있을까?

우선 고정도르래부터 살펴보도록 하자. 고정도르래는 힘의 방향만 바꾸어 주는 도르래로 줄을 감은 바퀴의 중심축이 고정되어 있다. 힘의 이득을 볼 수는 없지만, 힘의 작용 방향을 바꿀 수 있는 장점이 있다. 고정도르래를 사용할 때는 줄의 한쪽에 물체를 걸고 다른 쪽 줄을 잡아 당겨 물체를 원하는 높이까지 움직인다. 이때 물체를 들어 올리는 힘은 줄 하나가 지탱하고 있다. 따라서 직접 들어 올리는 것과 비교해 힘의 이득은 없으며 단지 고정도르래 때문에 줄을 당기는 힘의 방향만 바뀐다. 하지만 물체를 높은 곳으로 직접 들어 올리는 것보다는 줄을 아래로 잡아당김으로써 물체를 올리는 방법이 훨씬 편하다. 또한 물체를 1미터 들어 올리기 위해 잡아당기는 줄의 길이도 1미터면 된다.

한편 움직도르래는 힘의 이득을 보기 위해 사용한다. 움직도르래를 사용할 때는 도르래에 줄을 감고 물체를 들어 올린다. 움직도르래는 도르래 축에 직접 물체를 매달기 때문에 줄을 당기면 물체와 함께 도르래도 움직인다. 이때 물체를 지탱하는 줄은 두 가닥이 된다. 물체의 무게는 각 줄에 분산되어 두 사람이 각각의 줄을 잡고 동시에 들어 올리는 효과가 난다. 따라서 움직도르래 한 개를 사용하면 물체 무게의 2분의 1의 힘으로 물체를 움직일 수 있게 되는 것이다. 하지만 물체를 1미터 들어 올리기 위해 당겨야 하는 줄의 길이는 물체가 올라가는 높이의 두 배인 2미터이다. 왜냐하면 물체가 1미터 올라갈 때 물체를 지탱하는 두 줄도 동시에 1미터씩 움직여야 하는데, 줄을 당기는 쪽으로 줄이 감기게 되기 때문이다. 그래서 움직도르래를 이용하여 물체를 들어 올리면 줄의 길이는 물체가 움직여야 하는 높이의 두 배가 필요하게 된다.

16 다음 중 윗글의 내용과 일치하는 것은?

① 고정도르래는 도르래 축에 물체를 직접 매달아 사용한다.
② 움직도르래와 고정도르래를 함께 사용해야 물체의 무게가 분산된다.
③ 움직도르래로 물체를 들어 올릴 수 있는 높이는 줄의 길이에 영향을 받는다.
④ 고정도르래는 줄을 당기는 힘의 방향과 물체에 작용하는 힘의 방향이 일치한다.

17 다음 중 윗글의 내용 전개 방식으로 가장 적절한 것은?

① 구체적 사례를 통해 개념 이해를 돕고 있다.
② 대상의 차이점을 중심으로 특징을 설명하고 있다.
③ 대상의 인과 관계에 초점을 맞추어 설명하고 있다.
④ 특정 기술이 발달한 과정을 순서대로 제시하고 있다.

18 다음 글을 순서대로 바르게 나열한 것은?

> (가) 제임스 러브록이 말하는 사이보그는 우리가 아는 것과 조금 다르다. 그는 사이보그를 오늘날 로봇과 인공지능(AI) 시스템의 후예로 자급자족하고 자각할 수 있는 존재라고 묘사했다. 이는 뇌를 제외한 팔다리나 장기를 기계로 바꾼 개조 인간을 뜻하는 사이보그보다 AI 로봇의 의미에 가깝다.
>
> (나) 제임스 러브록은 "사이보그를 생물의 또 다른 계 (king-dom)라고 생각한다."면서 "그들은 인간이 동물계로서 식물계 위에 선 것처럼 우리 위에 설 것"이라고 말했다. 러브록은 계속해서 자신을 개선할 수 있는 AI 시스템의 발명은 노바세의 결실에 다가가는 중요한 핵심 요소라고 말했다.
>
> (다) 지구를 하나의 작은 생명체로 보는 '가이아 이론'의 창시자인 제임스 러브록은 인간은 인공지능(AI) 로봇에 의해 지구 최상위층 자리를 내줄 수도 있다고 경고하고 나섰다. 제임스 러브록은 가이아 이론을 '노바세(Novacene)'에서 이렇게 밝혔다. 러브록은 "인간의 우위가 급격히 약해지고 있다. 미래에는 인간이 아니라 스스로 설계하고 만드는 존재들이 우위에 설 것"이라면서 "난 그들을 쉽게 사이보그라고 부른다."고 말했다.
>
> (라) 만일 지구가 멸망 위기에 직면하면 사이보그는 대규모 지구공학을 이용해 지구를 인간보다 자신들 환경에 맞게 바꿔놓으려 할 수도 있을 것이라고 그는 설명했다. 그러면 세계는 산소나 물을 필요하지 않는 사이보그에게 맞게 변해 인간의 생존에는 적합하지 않을 수도 있다는 것이다. 하지만 이보다 가능성이 높은 상황은 지능이 매우 높은 사이보그들은 지구에서 지내기 어려운 상황이 되기 전에 지구를 떠나는 길을 선택할 수도 있다.

① (가) - (나) - (다) - (라)
② (나) - (가) - (라) - (다)
③ (다) - (가) - (나) - (라)
④ (라) - (나) - (다) - (가)

19 밑줄 친 한자성어의 쓰임이 적절하지 않은 것은?

① 말이 너무 번드르르해 미덥지 않은 자들은 대부분 口蜜腹劍형의 사람이다.
② 그는 싸움다운 전쟁도 못하고 一敗塗地가 되어 고향으로 달아나고 말았다.
③ 그에게 마땅히 대응했어야 했는데, 그대는 어찌하여 首鼠兩端하다가 시기를 놓쳤소?
④ 요새 신입생들이 선배들에게 예의를 차릴 줄 모르는 걸 보면 참 後生可畏하다는 생각이다.

20 다음 작품에 대한 설명으로 적절하지 않은 것은?

> 기심 매러 갈 적에는 갈뽕을 따 가지고
> 기심 매고 올 적에는 올뽕을 따 가지고
> 삼간방에 누어 놓고 청실홍실 뽑아 내서
> 강릉 가서 날아다가 서울 가서 매어다가
> 하늘에다 베틀 놓고 구름 속에 이매 걸어
> 함경나무 바디집에 오리나무 북게다가
> 짜궁짜궁 짜아 내어 가지잎과 뭅거워라
> 배꽃같이 바래워서 참외같이 올 짓고
> 외씨 같은 보선 지어 오빠님께 드리고
> 겹옷 짓고 솜옷 지어 우리 부모 드리겠네
>
> — 작자 미상, 「베틀 노래」

① 노동 현실에 대한 한과 비판이 드러나 있다.
② 대구법과 직유법 등의 표현 기법을 사용하고 있다.
③ 4·4조의 운율과 언어유희로 리듬감을 형성하고 있다.
④ 화자의 상상력을 바탕으로 과장되게 표현한 부분이 나타나 있다.

21 다음 중 ㉠~㉣의 지시 대상이 같은 것끼리 묶인 것은?

> 서은: 지난번 샀던 ㉠ 이 과자는 별로 맛이 없어. ㉡ 그 과자는 어때?
>
> 지희: 응. ㉢ 이 과자는 꽤 맛있던데, 서은아 저 과자 먹어봤니?
>
> 서은: 아니, ㉣ 저 과자는 안 먹어봤는데.

① ㉠, ㉢   ② ㉠, ㉣
③ ㉡, ㉢   ④ ㉡, ㉣

[22~23] 다음 글을 읽고 물음에 답하시오.

> 기업은 다른 기업들과의 경쟁에서 이기고, 자신이 설정한 경영 목표를 달성하기 위해서 기업의 사업 내용과 목표시장 범위를 결정하는데, 이를 기업전략이라고 한다. 즉, 기업전략은 다양한 사업의 포트폴리오*를 전사적(全社的) 차원에서 어떻게 구성하고 조정할 것인가를 결정하는, 즉 참여할 사업을 결정하는 것이라고 할 수 있다.
>
> 기업전략의 구체적 예로 기업 다각화 전략을 들 수 있다. 기업 다각화 전략은 한 기업이 복수의 산업 또는 시장에서 복수의 사업을 영위하기 위한 전략으로, 제품 다각화 전략, 지리적 시장 다각화 전략, 제품 시장 다각화 전략으로 크게 구분된다. 이는 다시 제품이나 판매 지역 측면에서 관련된 사업에 종사하는 관련 다각화와 관련이 없는 사업에 종사하는 비관련 다각화로 구분된다. 리처드 러멜트는 미국의 다각화 기업을 구분하며, 관련 사업에서 70% 이상의 매출을 올리는 기업을 관련 다각화 기업, 70% 미만의 매출을 올리는 기업을 비관련 다각화 기업으로 명명했다.
>
> 기업 다각화는 범위의 경제성을 창출함으로써 수익 증대에 기여한다. 범위의 경제성이란 하나의 기업이 동시에 복수의 사업 활동을 하는 것이, 복수의 기업이 단일의 사업 활동을 하는 것보다 총비용이 적고 효율적이라는 이론이다. 범위의 경제성은 한 기업이 여러 제품을 동시에 생산할 때, 투입되는 요소 중 공통적으로 투입되는 생산요소가 존재하기 때문에 투입 요소 비용이 적게

> 발생한다는 사실을 통해 설명된다.
>
> 또한 다각화된 기업은 기업 내부 시장을 활용함으로써 새로운 가치를 창출할 수 있다. 여러 사업부에서 나오는 자금을 통합하여 활용할 수 있는 내부 자본시장을 갖추었을 뿐 아니라 여러 사업부에서 훈련된 인력을 전출하여 활용할 수 있는 내부 노동시장도 갖추었기 때문이다. 새로운 인력을 채용하여 교육시키는 데 많은 시간과 비용이 들어감을 고려하면, 다각화된 기업은 신규 기업에 비해 훨씬 우월한 위치에서 경쟁할 수 있다.
>
> 한편 다각화를 함으로써 기업은 사업 부문들의 경기 순환에서 오는 위험을 줄일 수 있다. 예를 들어 기업의 주력 사업이 반도체, 철강, 조선과 같이 불경기와 호경기가 반복적으로 순환되는 사업 분야일수록, 기업은 (㉠) 분야의 다각화를 함으로써 경기가 불안정할 때에도 자금 순환의 안정성을 비교적 (㉡)할 수 있다.

*포트폴리오: 다양한 투자 대상에 분산하여 자금을 투입하여 운용하는 일

22 윗글의 문맥을 고려하여, 윗글의 ㉠, ㉡ 부분에 들어갈 단어를 가장 적절하게 추론한 것은?

	㉠	㉡
①	비관련	제거
②	비관련	확보
③	관련	제거
④	관련	확보

23 윗글에 대한 이해로 가장 적절한 것은?

① 다각화된 기업은 여러 사업부에서 나오는 자금을 통합하여 활용할 수 없다.

② 범위의 경제성에 의하면 한 기업이 제품A, 제품B를 모두 생산하는 것은, 서로 다른 두 기업이 각각 제품A, 제품B를 생산하는 것보다 비효율적이다.

③ 리처드 러멜트에 의하면, 관련 사업에서 50%의 매출을 올리는 기업은 관련 다각화 기업이다.

④ 신규 기업은 새로운 인력을 채용하고 교육하는 것에 부담이 있다.

[24~25] 다음 글을 읽고 물음에 답하시오.

벤담과 같은 고전적인 공리주의에서는 사람들의 행복은 계측과 합계가 가능하다고 생각하기 때문에, 행복에 공통의 기준이 성립되어 있다고 여긴다. 벤담의 효용이라는 개념은 공통의 통화를 제공하는 것이다.

이런 생각을 근거로 한 것이 비용편익분석이다. 어떤 정책이나 행동이 얼마만큼의 행복을 가져오고 동시에 얼마만큼의 비용이 드는가를 화폐 가치로 환산해서 그 차액으로 정책이나 행동을 결정하는 것이다.

비용편익분석의 사례로 체코에서 일어난 필립 모리스 담배 문제를 소개할 수 있다. 담배 때문에 사람이 죽게 되는 경우, 살아 있는 동안 국가의 의료비 부담은 늘어나지만, 흡연자는 빨리 사망하기 때문에 연금, 고령자를 위한 주택 등의 예산이 절약되어 국가 재정에는 오히려 도움이 된다. 국민들이 담배를 피울 때 국가의 비용보다 편익이 크므로 국가는 담배를 금하지 말고 계속 피우게 하는 편이 좋다는 이 결과에 인간의 생명을 경시하는, 비인도적인 발상이라는 비난 여론이 들끓었다. 결국 필립 모리스는 사죄하게 되었다.

포드사는 소형자동차 핀토의 결함을 수리할 것인가에 대해 판단하기 위해 비용편익분석을 하였다. 차의 결함으로 인한 사고로 죽는 인간의 생명이나 부상자들의 부상을 그들에게 배상해야 할 금액으로 환산해서 이것을 (㉠) 속에 넣고 결함을 개량하는 데 드는 비용이 편익보다 많기 때문에 인명이 희생되더라도 결함을 개량하지 않는 편이 낫다고 결정했다. 그 외에도 환경보호국의 분석에서 고령자의 생명을 화폐로 환산하면서 할인했다는 예, 자동차의 제한용편익분석에서 인명을 화폐로 환산해서 인명을 잃은 비용보다 방지 대책에 드는 비용이 크다는 이유로 행위나 정책이 정당화되었다는 예도 있다.

결국 비용편익분석과 같은 결과주의의 생각, 즉 인명 희생의 방치나 정당화와 같이 도덕적으로 허용되지 않는 답을 이끌어낸 사례들을 지적하면서 '비용과 편익을 분석하는 주체는 누가 되어야 하는가?'와 같은 문제를 제기할 수 있다.

24 ㉠에 들어갈 내용으로 가장 적절한 것은?

① 수리의 비용
② 수리의 편익
③ 사고의 비용
④ 사고의 편익

25 윗글의 서술 방식으로 가장 적절한 것은?

① 구체적인 사례를 제시하여 논지를 전개하고 있다.
② 비교와 대조를 통해 대상의 특징을 드러내고 있다.
③ 철학적 사상을 근거로 삼아 설득력을 높이고 있다.
④ 문제 상황과 대안을 제시하고 타당성을 검증하고 있다.

제2과목: 형법

QR코드 접속을 통해 풀이시간 측정, 자동 채점
그리고 결과 분석까지!

01 책임능력에 대한 설명으로 옳지 않은 것은?(단, 다툼이 있는 경우 판례에 의함)

① 농아자는 행위 당시 사물을 변별하고 이에 따라 행위를 통제할 능력이 있더라도 형을 감경한다.

② 정신적 장애가 있는 자라도 범행 당시 정상적인 사물변별능력이나 행위통제능력이 있었다면 심신장애로 볼 수 없다.

③ 심신장애로 인하여 사물을 변별할 능력 또는 의사를 결정할 능력이 미약한 자의 행위는 반드시 형을 감경한다.

④ 범행을 기억하고 있지 않다는 사실만으로 바로 범행당시 심신상실상태에 있었다고 단정할 수는 없다.

02 실행의 착수에 대한 설명으로 옳지 않은 것은?(단, 다툼이 있는 경우 판례에 의함)

① 사기도박에서 사기적인 방법으로 도금을 편취하려고 하는 자가 상대방에게 도박에 참가할 것을 권유하는 등 기망행위를 개시한 때에 사기죄의 실행의 착수가 인정된다.

② 부동산 이중양도에 있어서 매도인이 제2차 매수인으로부터 계약금만을 지급받고 중도금을 수령한 바 없다면 배임죄의 실행의 착수가 있었다고 볼 수 없다.

③ 주간에 주거에 침입하여 야간에 절도를 범한 경우 주거침입을 한 때에 야간주거침입절도죄의 실행에 착수한 것으로 보는 것이 타당하다.

④ 피해자가 심신상실 또는 항거불능 상태에 있는가를 살피기 시작하였더라면 준강간죄의 실행의 착수가 인정하기는 부족하다.

03 공동정범에 대한 설명으로 적절하지 않은 것은?(단, 다툼이 있는 경우 판례에 의함)

① 2인 이상이 상호 의사연락하에 과실행위를 함으로써 범죄가 되는 결과를 발생케 한 경우 과실범의 공동정범이 성립된다.

② 3인 이상의 범인이 합동절도의 범행을 공모하였지만 범행현장에 있지 않은 자에 대해서는 합동범의 공동정범을 인정할 수 없다.

③ 결과적 가중범의 공동정범은 행위를 공동으로 할 의사가 있으면 성립하고 그 결과를 공동으로 할 의사까지는 필요 없다.

④ 신분관계가 없는 사람이 신분관계로 인하여 성립될 범죄에 가공한 경우에는 신분관계가 있는 사람과 공범이 성립한다. 이 경우 신분관계가 없는 사람에게 공동가공의 의사와 이에 기초한 기능적 행위지배를 통한 범죄의 실행이라는 주관적·객관적 요건이 충족되면 공동정범으로 처벌한다.

04 손괴의 죄에 대한 설명으로 옳지 않은 것은?(단, 다툼이 있는 경우 판례에 의함)

① 재건축사업으로 철거예정이고 그 입주자들이 모두 이사하여 아무도 거주하지 않은 채 비어 있는 아파트라도 재산적 이용가치 내지 효용이 있는 경우에는 재물손괴죄의 재물에 포함된다.

② 해고노동자 등이 복직을 요구하는 집회를 개최하던 중 래커 스프레이를 이용하여 회사 건물 외벽과 1층 벽면 등에 낙서한 행위는 건물의 효용을 해한 것으로 볼 수 있으나, 이와 별도로 계란 30여 개를 건물에 투척한 행위는 건물의 효용을 해하는 정도의 것에 해당하지 않는다.

③ 홍보를 위해 1층 로비에 설치해 둔 홍보용 배너와 거치대를 훼손 없이 그 장소에서 제거하여 컨테이너로 된 창고로 옮겨 놓아 사용할 수 없게 한 행위는 재물의 효용을 해하는 행위에 해당한다.

④ 甲은 A 건물 1층 출입구 자동문의 설치공사를 맡았던 자로서, 설치자가 아니면 해제할 수 없는 자동문의 자동작동중지 예약기능을 이용하여 특정시점부터 자동문이 수동으로만 여닫히게 하였으나, 자동문이 자동 잠금장치로서 일시적으로 역할을 할 수 없게 된 것에 그쳤다면 재물손괴죄가 성립하지 않는다.

05 의료행위에 있어서 과실 여부에 대한 설명으로 적절한 것은?(단, 다툼이 있는 경우 판례에 의함)

① 의사가 자신의 환자에 대하여 다른 의사를 지휘·감독하는 지위에 있다면, 그 의료영역이 다른 의사에게 전적으로 위임된 경우라도 다른 의사의 의료행위 내용이 적절한 것인지를 확인하고 감독하여야 할 업무상 주의의무가 있다.

② 간호사가 의사의 처방에 의한 정맥주사를 의사의 입회 없이 간호실습생에게 실시하도록 하여 의료사고가 발생한 경우 의사가 이러한 사정을 예견할 수 없었더라도 의사의 과실이 인정된다.

③ 의료인의 과실 유무를 판단함에는 같은 업무와 직무에 종사하는 일반적 보통인의 주의 정도를 표준으로 하여야 하며, 사고 당시의 일반적 의학수준과 의료환경 등이 고려되어야 한다.

④ 의료과오사건에 있어서 의사의 과실 유무를 판단함에는 같은 업무와 직무에 종사하는 특수한 정도의 주의 정도를 표준으로 하여야 하며, 이때 사고 당시의 일반적인 의학의 수준과 의료환경 및 조건, 의료행위의 특수성 등을 고려하여야 하는 것은 아니다.

06 괄호 안에 기재된 범죄에 대한 미필적 고의가 인정되지 않는 것은?(단, 다툼이 있는 경우 판례에 의함)

① 피고인이 만 12세의 피해자를 강간할 당시 피해자가 자신을 중학교 1학년이라 14세라고 하였고, 피해자는 키와 체중이 동급생보다 큰 편이었으며, 이들이 모텔에 들어갈 때 특별한 제지도 받지 아니하였다. (성폭력범죄의 처벌 등에 관한 특례법 위반-13세 미만 미성년자 강간 등)

② 피고인이 피해자의 머리나 가슴 등 치명적인 부위가 아닌 허벅지와 종아리 부위 등을 20여 회 힘껏 찔러 피해자가 과다 실혈로 사망하였다. (살인)

③ 피고인이 청소년으로 의심되는 피해자에게 단지 나이만 묻고 신분증 등으로 정확히 연령을 확인하지 않은 채 청소년인 피해자를 성매매 알선을 위한 종업원으로 고용하여 성매매 알선행위를 업으로 하였다. (아동·청소년의 성보호에 관한 법률 위반-알선영업행위 등)

④ 피고인이 이미 도산이 불가피한 상황으로 대금지급이 불가능하게 될 가능성을 충분히 인식하면서도 이러한 사정을 숨기고 피해자로부터 생산자재용 물품을 납품받았다. (사기)

07 종범에 대한 설명으로 옳지 않은 것은?(단, 다툼이 있는 경우 판례에 의함)

① 정범이 실행의 착수에 이르지 아니한 예비의 단계에 그쳤다면 이에 가공한 자에게는 예비죄의 종범이 성립하지 않는다.

② 종범이 성립하기 위해서는 방조자에게 자신이 피방조자의 범죄실행을 방조한다는 점에 대한 고의와 피방조자의 행위가 구성요건적 결과를 실현한다는 점에 대한 고의가 둘 다 있어야 한다.

③ 정범이 강도의 예비행위를 할 때 방조행위가 행해졌고 그 후에 정범이 강도의 실행에 착수하지 못했다면 방조자는 강도예비죄의 종범으로 처벌된다.

④ 간호보조원의 무면허 진료행위 후에 이를 의사가 진료부에 기재하는 행위는 무면허 의료행위의 방조에 해당한다.

08 몰수·추징에 대한 설명으로 적절하지 않은 것은? (단, 다툼이 있는 경우 판례에 의함)

① 살인행위에 사용한 칼 등 범죄의 실행행위 자체에 사용한 물건뿐 아니라 실행행위의 착수 전의 행위에 사용한 물건도 몰수할 수 있지만, 실행행위의 종료 후의 행위에 사용한 물건이 범죄행위의 수행에 실질적으로 기여하였다고 하더라도 몰수할 수 없다.

② 피고인이 음란물유포 인터넷사이트를 운영하면서 정보통신망 이용촉진 및 정보보호 등에 관한 법률 위반(음란물유포)죄와 도박개장방조죄에 의하여 취득한 비트코인(Bitcoin)은 몰수할 수 있다.

③ 법인이 알선 대가로 수수한 금품에 관하여 소득신고를 하고 이에 관하여 법인세 등 세금을 납부하였다면 이는 법인이 자신의 알선수재행위를 정당화시키기 위한 것이나 이를 추징에서 제외하지는 않는다.

④ 「형법」제48조 제1항의 '범인'에 해당하는 공범자는 유죄의 죄책을 지는 자에 국한되지 않으므로, 공범자의 물건은 몰수할 수 있다.

09 범죄유형에 대한 설명으로 옳지 않은 것은?(단, 다툼이 있는 경우 판례에 의함)

① 내란죄는 다수인이 한 지방의 평온을 해할 정도의 폭동을 하였을 때 이미 그 구성요건이 완전히 충족된다고 할 것이어서 상태범으로 봄이 상당하다.

② 직무유기죄는 직무를 수행하지 아니하는 위법한 부작위상태가 계속되는 한 가벌적 위법상태가 계속 존재한다고 할 것이므로 즉시범이라고 할 수 없다.

③ 구 「폭력행위 등 처벌에 관한 법률」제4조 소정의 '단체 등의 조직죄'는 같은 법에 규정된 범죄를 목적으로 한 단체 또는 집단을 구성함으로써 즉시 성립하고, 그와 동시에 완성되는 즉시범이지 계속범이 아니다.

④ 「군형법」제79조에 규정된 무단이탈죄는 허가 없이 근무장소 또는 지정장소를 일시 이탈한 기간 동안 행위가 지속된다는 점에서 계속범에 해당한다.

10 죄수에 대한 설명으로 옳지 않은 것은?(단, 다툼이 있는 경우 판례에 의함)

① 한국소비자보호원을 비방할 목적으로 18회에 걸쳐서 출판물에 의하여 공연히 허위의 사실을 적시·유포함으로써 한국소비자보호원의 명예를 훼손하고 업무를 방해하였다는 각 죄는 1개의 행위가 2개의 죄에 해당하는 상상적 경합관계이다.

② 공무원 甲이 직무 관련성이 있는 A에게 제3자와 계약을 체결하도록 요구하여 계약 체결을 하게 한 행위가 제3자뇌물수수죄의 구성요건과 직권남용권리행사방해죄의 구성요건에 모두 해당하는 경우, 甲에게 제3자뇌물수수죄와 직권남용권리행사방해죄가 각각 성립하고 양 죄는 실체적 경합관계이다.

③ 甲에게 폭행 범행을 반복하여 저지르는 습벽이 있고 이러한 습벽에 의하여 A를 단순폭행하고, 甲의 어머니 B를 존속폭행한 경우, 각 죄별로 상습성을 판단할 것이 아니라 포괄하여 甲에게 상습존속폭행죄만 성립한다.

④ 부동산 명의수탁자가 명의신탁자의 승낙 없이 제3자에게 근저당 설정등기를 경료한 후에 다시 피해자의 승낙 없이 같은 부동산에 별개의 근저당권을 설정하거나 해당 부동산을 매각한 경우, 후행행위는 불가벌적 사후행위로서 별도의 횡령죄를 구성한다.

11 강제추행의 죄에 대한 설명으로 옳지 않은 것은? (단, 다툼이 있는 경우 판례에 의함)

① 엘리베이터 안에서 피해자들을 칼로 위협하여 자신의 실력적인 지배하에 둔 다음 피해자들에게 자신의 자위 행위 모습을 보여 주고 이를 외면하거나 피할 수 없게 한 행위는 강제추행에 해당한다.

② 강제추행죄는 폭행행위 자체가 추행행위라고 인정되는 경우도 포함하며, 이 경우의 폭행은 반드시 상대방의 의사를 억압할 정도의 것임을 요하지 않고 상대방의 의사에 반하는 유형력의 행사가 있는 이상 그 힘의 대소강약을 불문한다.

③ 밤에 혼자 걸어가는 피해자(여, 17세)를 추행의 고의로 뒤따라 가다가 갑자기 껴안으려 하였으나 피해자가 뒤돌아보면서 소리치는 바람에 몸을 껴안는 추행의 결과에 이르지 못하고 행위자의 팔이 피해자의 몸에 닿지 않은 경우, 아동·청소년에 대한 강제추행미수죄에 해당하지 않는다.

④ 강제추행죄의 성립에 필요한 주관적 구성요건으로 성욕을 자극·흥분·만족시키려는 동기나 목적이 있어야 하는 것은 아니다.

12 교통방해의 죄에 대한 설명으로 옳지 않은 것은? (단, 다툼이 있는 경우 판례에 의함)

① 일반교통방해죄는 교통이 불가능하거나 현저히 곤란한 상태가 발생하면 바로 기수가 되고 교통방해의 결과가 현실적으로 발생해야 하는 것은 아니다.

② 집회로 인하여 중대한 교통방해가 유발되었는데 이미 다른 참가자들에 의해 교통의 흐름이 차단된 상태에서 집회참가자들과 도로점거를 사전에 공모하지 않고 집회에 참가한 자의 경우, 그가 다른 집회참가자들과 도로점거를 사전에 공모하지 아니하였다면 일반교통방해죄로 처벌할 수 없다.

③ 공항 여객터미널 버스 정류장 앞 도로 중 공항리무진 버스 외의 다른 차의 주차가 금지된 구역에서 밴 차량을 40분간 불법주차하고 호객행위를 한 것만으로는 일반교통방해죄에 해당하지 아니한다.

④ 주민들이 농기계 등으로 그 주변의 농경지나 임야에 통행하기 위해 이용하는 자신 소유의 도로에 깊이 1m 정도의 구덩이를 판 행위는 일반교통방해죄의 구성요건에 해당하지만, 자구행위로서 위법성이 조각된다.

13 재산범죄와 관련한 다음 문장에서 괄호 안의 어느 곳에도 들어갈 수 없는 죄명은?(단, 다툼이 있는 경우 판례에 의함)

> ㉠ 피해자를 살해한 방에서 사망한 피해자 곁에 4시간 30분쯤 있다가 그곳 피해자의 자취방 벽에 걸려 있던 피해자가 소지하는 물건들을 영득의 의사로 가지고 나온 행위는 (   )를 구성한다.
>
> ㉡ 점원에게 금고 열쇠와 오토바이 열쇠를 맡기고 금고 안의 돈을 배달될 가스대금으로 지급할 것을 지시한 후 외출하자 점원이 금고 안에서 현금을 꺼내 도주한 행위는 (   )를 구성한다.
>
> ㉢ 다른 사람이 PC방에 두고 간 핸드폰을 PC방주인 등 관리자가 아닌 제3자가 취거해 간 행위는 (   )를 구성한다.
>
> ㉣ 계주가 계원들로부터 월불입금을 모두 징수하였음에도 불구하고 정당한 사유 없이 이를 지정된 계원에게 지급하지 아니한 행위는 다른 특별한 사정이 없는 한 (   )를 구성한다.
>
> ㉤ 자기 명의의 은행 계좌에 착오로 송금된 돈을 다른 계좌로 이체하는 등 임의로 사용한 행위는 (   )를 구성한다.

① 절도죄
② 횡령죄
③ 점유이탈물횡령죄
④ 배임죄

14 유기죄에 대한 설명으로 적절한 것은?(단, 다툼이 있는 경우 판례에 의함)

① 학대죄의 '학대'란 육체적으로 고통을 주거나 정신적으로 차별대우를 하는 행위를 가리키는 것으로, 단순히 상대방의 인격에 대한 반인륜적 침해만으로는 부족하며 유기에 준할 정도에 이를 것은 요하지 않는다.

② 유기죄를 범하여 사람의 생명 · 신체에 대하여 위험을 발생하게 한 때에는 중유기죄로 가중처벌된다.

③ 유기의 수단과 방법으로 협의 · 광의를 불문하고 작위이외에 부작위로도 가능하나 유형적 방법에 한정한다.

④ 유기죄에서 계약상 의무는 반드시 계약에 기한 주된 급부의무가 부조를 제공하는 경우에 한정되지 아니한다.

15 「형법」의 적용범위에 대한 설명으로 가장 옳은 것은?(단, 다툼이 있는 경우 판례에 의함)

① 대한민국 영역 외에서 형법상 공문서에 관한 죄를 범한 외국인에게는 대한민국 형법을 적용한다. 다만, 행위지의 법률에 의하여 범죄를 구성하지 아니하거나 소추 또는 형의 집행을 면제할 경우에는 예외로 한다.

② 구법에 규정된 형이 '3년 이하의 징역'이고 신법에 규정된 형이 '5년 이하의 징역 또는 1천만 원 이하의 벌금'이라면 벌금형이 병과되었다는 점에서 형이 경하게 변경된 것이므로 「형법」 제1조 제2항에 따라 신법을 적용하여야 한다.

③ 형벌에 관한 법률조항에 대하여 헌법불합치결정이 선고된 경우, 당해 조항을 적용하여 공소가 제기된 피고사건에 대하여 법원은 공소기각판결을 선고하여야 한다.

④ 포괄일죄로 되는 개개의 범죄행위가 법 개정의 전후에 걸쳐서 행하여진 경우에는 신 · 구법의 법정형에 대한 경중을 비교하여 볼 필요도 없이 범죄 실행 종료 시의 법이라고 할 수 있는 신법을 적용하여 포괄일죄로 처단하여야 한다.

16 문서의 죄에 대한 설명으로 옳지 않은 것은?(단, 다툼이 있는 경우 판례에 의함)

① 위조의 요건을 구비한 이상 그 명의인이 허무인이거나 문서의 작성일자 전에 이미 사망하였다 하더라도 문서위조죄가 성립하며, 이는 공문서뿐만 아니라 사문서의 경우에도 마찬가지이다.

② 공무원인 의사가 공무소의 명의로 허위의 진단서를 작성한 경우 허위공문서작성만 성립하고 허위진단서작성죄는 별도로 성립하지 않는다.

③ 타인의 대표자 또는 대리자가 그 대표 또는 대리명의로 문서를 작성할 권한을 가지는 경우, 그 지위를 남용하여 자기 또는 제3자의 이익을 도모할 목적으로 문서를 작성하였다 하더라도 자격모용사문서작성죄는 성립하지 아니한다.

④ 불실의 사실이 기재된 공정증서의 정본을 그 정을 모르는 법원 직원에게 교부한 행위는 불실기재공정증서원본행사죄에 해당한다.

17 피해자의 승낙에 대한 설명으로 옳지 않은 것은? (단, 다툼이 있는 경우 판례에 의함)

① 명의인이 문서의 작성일자 전에 이미 사망하였다 하더라도 그러한 문서 역시 공공의 신용을 해할 위험이 있는 경우에는 사문서위조죄가 성립하나, 그 문서에 관하여 사망한 명의자의 승낙이 추정되는 경우에는 피해자의 승낙에 따라 위법성이 조각된다.

② 사문서위조죄나 공정증서원본불실기재죄가 성립한 이후, 피해자의 동의 등으로 문서에 기재된 대로 효과의 승인을 받거나 등기가 실체적 권리관계에 부합하게 되더라도 이미 성립한 범죄에 아무런 영향이 없다.

③ 피해자와 공모하여 보험금을 편취할 목적으로 교통사고를 가장하여 피해자에게 상해를 가하였다면 피해자의 승낙이 있었더라도 위법성이 조각되지 않는다.

④ 「형법」 제24조의 규정에 의하여 위법성이 조각되는 피해자의 승낙은 개인적 법익을 훼손하는 경우에 법률상 이를 처분할 수 있는 사람의 승낙을 말할 뿐만 아니라 그 승낙이 윤리적·도덕적으로 사회상규에 반하는 것이 아니어야 하므로, 폭행치사죄에 대한 피해자의 승낙은 위법성을 조각하지 못한다.

18 다음 설명 중 옳지 않은 것은?(단, 다툼이 있는 경우 판례에 의함)

① 병원장인 甲은 A가 정상적으로 입원한 것으로 작성된 허위의 입·퇴원확인서를 A에게 교부하고 A가 보험회사에 보험금을 청구하여 보험금을 받도록 방조하였더라도, A에 대한 공소장에 있어서 검사가 제출한 증거만으로는 A가 보험금을 부당하게 편취하였다고 인정하기 어려운 경우라면, 甲은 사기죄의 방조범이 성립하지 않는다.

② 甲이 乙에게 평소 사용하는 칼로 A의 다리를 못 쓰게 하라고 교사하여 乙이 칼로 A의 허벅지 등을 20여 회 힘껏 찔러 과다 출혈로 사망에 이른 경우, 甲은 상해치사죄의 교사범이 성립한다.

③ 甲이 가감삼십전대보초와 한약 가지 수에만 차이가 있는 십전대보초를 제조하고 그 효능에 관해 광고를 한 사실에 대하여 이전에 검찰의 혐의없음 결정을 받은 적이 있었다고 하더라도, 한의사, 약사, 한약업사 면허나 의약품판매업 허가 없이 의약품인 가감삼십전대보초를 판매한 자신의 행위가 죄가 되지 않는 것으로 믿을 수밖에 없었다거나 그렇게 오인함에 있어서 정당한 이유가 있다.

④ 외국인학교 경영자인 甲이 학교의 교비회계에 속하는 자금을 다른 외국인학교에 대여함으로써 사립학교법을 위반한 경우, 甲이 외국인으로서 국어에 능숙하지 못하였고 학교운영위원회에서 자금 대여 안건을 보고한 사실이 있었다면, 비록 그와 같은 대여행위가 적법한지에 관하여 관할 도교육청의 담당공무원에게 정확한 정보를 제공하고 회신을 받거나 법률 전문가에게 자문을 구하는 등의 조치를 취하지 않았더라도 「형법」 제16조에 따라 처벌되지 않는다.

19 다음 설명 중 적절한 것은?(단, 다툼이 있는 경우 판례에 의함)

① 강제추행죄는 정범 자신이 직접 범죄를 실행하여야 성립하는 자수범이지만, 피해자를 도구로 삼아 피해자의 신체를 이용하여 추행행위를 한 경우에도 강제추행죄의 간접정범에 해당할 수 있다.

② 피해자가 심신상실 또는 항거불능의 상태에 있다고 인식하고 그러한 상태를 이용하여 간음할 의사로 피해자를 간음하였으나 피해자가 실제로는 심신상실 또는 항거불능의 상태에 있지 않았던 경우, 준강간죄의 미수범이 성립한다.

③ 계좌 명의인이 개설한 예금계좌가 사기 범행에 이용되어 그 계좌에 피해자가 사기피해금을 송금·이체한 경우, 해당계좌의 명의인은 피해자를 위하여 사기피해금을 보관하는 지위에 있다고 볼 수 없다.

④ 주치의 甲은 정신병(조증)으로 입원한 환자에게 포도당액을 주사하였는데 주사 전이나 후에 신체의 균형을 담당하는 전해질 이상 유무에 대하여 아무런 검사도 아니 하였다. 이후 환자가 포도당액 과다 주사로 인한 전해질 이상 등으로 쇼크사하였다면, 그 치료과정에서 야간 당직의사 乙의 과실이 일부 개입하였으므로 甲은 업무상과실치사죄의 책임을 면한다.

20 다음 설명 중 적절하지 않은 것을 모두 고른 것은? (단, 다툼이 있는 경우 판례에 의함)

㉠ 군인인 상관이 직무수행을 태만히 하거나 지시사항을 불이행하고 허위보고 등을 한 부하에게 근무태도를 교정하고 직무수행을 감독하기 위해 직무수행 내역을 일지 형식으로 기재하여 보고하도록 명령한 경우에는 형법상 강요죄에 해당하지 않는다.

㉡ 피해자 본인이 아니라 하더라도 본인과 제3자가 밀접한 관계에 있어 그 해악의 내용이 피해자 본인에게 공포심을 일으킬 만한 정도의 것이라면 협박죄가 성립할 수 있다. 이때 '제3자'에는 자연인 뿐만 아니라 법인도 포함되며, 법인도 직접 협박죄의 객체가 될 수 있다.

㉢ 행위주체가 공무원과 공무소가 아니더라도 형법 또는 특별법에 의해 공무원으로 의제되는 경우와 계약에 의하여 공무와 관련되는 업무를 일부 대행하는 경우에는 공전자기록 위작·변작죄에 있어서의 공무원 또는 공무소에 해당한다.

㉣ 의사들의 주의의무 위반과 처방 체계상의 문제점으로 인하여, 수술 후 회복과정에 있는 환자에게 사용할 수 없는 약제가 잘못 처방되었고, 간호사 甲이 처방 약제의 기본적인 약효나 부작용 및 주사 투약에 따르는 주의사항 등을 미리 확인·숙지하였다면 과실로 처방된 것을 알 수 있었음에도 그대로 주사하여 환자가 의식불명 상태에 이르게 되었다면, 甲의 행위는 업무상과실치상죄에 해당한다.

① ㉠, ㉡
② ㉡, ㉢
③ ㉢, ㉣
④ ㉡, ㉣

21 정당행위에 대한 설명으로 적절한 것은?(단, 다툼이 있는 경우 판례에 의함)

① 기업의 구조조정 실시 여부는 원칙적으로 단체교섭의 대상이 될 수 없으나, 구조조정의 실시가 필연적으로 근로자들의 지위나 근로조건의 변경을 수반하기 때문에 이를 반대하기 위하여 진행한 노동조합의 쟁의행위는 목적의 정당성이 인정된다.

② 노동조합이 쟁의행위의 일시·장소·참가인원 및 그 방법에 관한 서면신고를 하지 않고 쟁의를 한 경우에는 신고절차의 미준수만을 이유로 쟁의행위의 정당성을 부정할 수 없다.

③ 사용자가 당해 사업과 관계없는 자를 쟁의행위로 중단된 업무의 수행을 위하여 채용 또는 대체하는 경우, 쟁의행위에 참가한 근로자들이 위법한 대체근로를 저지하기 위하여 상당한 정도의 실력을 행사하는 것은 정당성이 인정되지 않는다.

④ 주식회사 임원이 회사직원들 및 그 가족들에게 수여할 목적으로 전문의약품인 타미플루 39,600정 등을 제약회사로부터 매수하여 취득한 행위는 정당성이 인정된다.

22 책임에 대한 설명으로 옳지 않은 것은?(단, 다툼이 있는 경우 판례에 의함)

① 원인에 있어서 자유로운 행위의 가벌성 근거를 원인설정행위와 실행행위 간의 불가분적 연관성에서 찾는 견해는 책임의 근거뿐만 아니라 실행의 착수도 원인행위를 기준으로 판단한다.

② 심신장애를 인정하기 위해서는 정신병 또는 비정상적 정신상태와 같은 정신적 장애가 있는 외에 이와 같은 정신적 장애로 말미암아 사물에 대한 변별능력이나 그에 따른 행위통제능력이 결여 또는 감소되었음을 요한다.

③ 살인을 공모한 다음 자의로 대마초를 흡연함으로써 심신장애를 야기한 후에 살인을 범한 경우에는 심신장애로 인한 감경을 할 수 없다.

④ 피고인이 심신장애의 상태에 있었는지 여부를 판단함에는 반드시 전문가의 감정을 거쳐야 하는 것은 아니다.

23 뇌물죄에 대한 설명으로 가장 적절하지 않은 것은? (단, 다툼이 있는 경우 판례에 의함)

① 성교행위나 유사성교행위를 통해 성적 이익을 제공하는 것도 뇌물죄의 객체가 될 수 있다.

② 공무원이 평소 다른 사람의 생활비 등을 부담하거나 다른 사람에 대해 채무를 부담하고 있는 경우 그 다른 사람이 뇌물을 받았다면 공무원이 직접 받은 것과 같이 평가되어도 제3자뇌물공여죄가 성립한다.

③ 수뢰자가 증뢰자에게서 수수한 뇌물을 일단 소비한 다음에 같은 액수의 금원을 증뢰자에게 반환했다면, 수뢰자로부터 가액을 추징해야 한다.

④ 뇌물수수자가 공동수수자가 아닌 교사범 또는 종범에게 뇌물 중 일부를 사례금 등의 명목으로 교부한 경우 뇌물수수자에게 수뢰액 전부를 추징하여야 한다.

24 명예에 관한 죄에 대한 설명으로 가장 적절하지 않은 것은?(단, 다툼이 있는 경우 판례에 의함)

① 직장의 전산망에 설치된 전자게시판에 타인의 명예를 훼손하는 내용의 허위사실을 적시한 글을 게시한 경우 명예훼손죄가 성립한다.

② 가치중립적인 표현을 사용하였다 하더라도 사회통념상 그로 인하여 특정인의 사회적 평가가 저하되었다고 판단된다면 명예훼손죄가 성립할 수 있다.

③ 정당의 시당위원장인 甲은 비방의 목적으로 허위의 기사자료를 그 정을 모르는 평소에 안면이 있던 기자 E에게 제공하여 그 허위의 사실이 신문에 보도되게 한 경우 출판물에 의한 명예훼손죄가 성립한다.

④ 불미스러운 소문의 진위를 확인하고자 질문을 하는 과정에서 타인의 명예를 훼손하는 발언을 한 경우에는 그 동기에 비추어 명예훼손의 고의를 인정하기 어렵다.

25 죄수에 대한 설명 중 옳은 것(○)과 옳지 않은 것(×)을 올바르게 표시한 것은?(단, 다툼이 있는 경우 판례에 의함)

> ㉠ 보이스피싱 범죄의 범인 甲이 A를 기망하여 A의 돈을 사기이용 계좌로 이체받아 인출한 경우 – 사기죄는 성립하나 이체받은 돈의 인출행위는 불가벌적 사후행위로 횡령죄 불성립
>
> ㉡ 사람을 살해한 자가 그 사체를 다른 장소로 옮겨 유기한 경우 – 사체유기는 불가벌적 사후행위에 해당하지 않으므로 별도로 사체유기죄 성립
>
> ㉢ 컴퓨터로 음란 동영상을 제공한 제1범죄행위로 서버 컴퓨터가 압수된 이후 다시 장비를 갖추어 동종의 제2범죄행위를 한 경우 – 제1행위(음란 동영상 제공)에 대한 범죄는 성립하나 제2행위(음란 동영상 제공)는 불가벌적 사후행위로 범죄 불성립
>
> ㉣ 1인 회사의 주주가 자신의 개인채무를 담보하기 위해 회사 소유의 부동산에 근저당권을 설정한 후 자신의 다른 채무를 담보하기 위해 그 부동산에 새로운 담보권을 설정해 준 경우 – 제1행위에 대한 범죄(배임죄)는 성립하나 제2행위는 불가벌적 사후행위로 범죄(배임죄) 불성립

	㉠	㉡	㉢	㉣
①	○	○	×	○
②	×	○	×	×
③	○	○	×	×
④	×	×	○	○

QR코드 접속을 통해 풀이시간 측정, 자동 채점 그리고 결과 분석까지!

01 형사소송의 이념과 기본원칙에 대한 설명으로 옳지 않은 것은?(단, 다툼이 있는 경우 판례에 의함)

① 헌법과 형사소송법이 정한 절차에 따르지 아니하고 수집한 증거는 물론 이를 기초로 하여 획득한 2차적 증거 역시 기본적 인권보장을 위해 마련된 적법한 절차에 따르지 않은 것으로, 원칙적으로 유죄 인정의 증거로 삼을 수 없다.

② 검사와 피고인 쌍방이 항소한 경우에 제1심 선고형기 경과 후 제2심 공판이 개정되었을 경우 이는 위법으로서 신속한 재판을 받을 권리를 박탈한 것이다.

③ 형사소송법은 집중심리주의를 채택하여 심리에 2일 이상이 필요한 경우에는 부득이한 사정이 없는 한 매일 계속 개정하여야 하고, 매일 계속 개정하지 못하는 경우에도 특별한 사정이 없는 한 전회의 공판기일부터 14일 이내로 다음 공판기일을 지정하여야 한다고 규정하고 있다.

④ 실체적진실주의는 형사소송의 지도이념이며, 이를 공판절차에서 구현하기 위하여 형사소송법은 법원이 직권에 의한 증거조사를 할 수 있도록 하고 있다.

02 진술거부권에 대한 설명으로 옳은 것을 모두 고른 것은?(단, 다툼이 있는 경우 판례에 의함)

㉠ 진술거부권은 형사책임과 관련하여 형사절차에서 보장되는 것이므로 행정절차나 회의 조사절차 등에서는 자기에게 불리한 사실을 묵비할 권리가 인정되지 않는다.

㉡ 「헌법」 제12조 제2항은 형사상 자기에게 불리한 진술을 강요당하지 아니한다고 규정하고 있으나, 피고인 또는 피의자는 자기에게 유리한 내용이더라도 그 진술을 거부할 수 있다.

㉢ 검사가 당해 재판의 피고인에게 사법경찰관이 작성한 피고인에 대한 피의자 신문조서의 진정성립 여부를 묻는 경우, 피고인은 진술거부권을 행사할 수 없다.

㉣ 재판장은 인정신문을 하기 전에 피고인에게 진술거부권을 고지하여야 하고, 공판기일마다 고지할 필요는 없으나 공판절차를 갱신하는 경우에는 다시 고지하여야 한다.

㉤ 진술거부권이 보장되는 절차에서 진술거부권을 고지받을 권리는 「헌법」 제12조 제2항에 의하여 바로 도출되므로 별도의 입법적 뒷받침이 필요 없다.

① ㉠, ㉡   ② ㉡, ㉢
③ ㉡, ㉣   ④ ㉣, ㉤

03 친고죄에서의 고소에 대한 설명으로 옳은 것은?(단, 다툼이 있는 경우 판례에 의함)

① 고소권자가 비친고죄로 고소한 사건이더라도 검사가 사건을 친고죄로 구성하여 공소를 제기하였다면 법원으로서는 친고죄에서 소송조건이 되는 고소가 유효하게 존재하는지를 직권으로 조사 심리하여야 한다.

② 친고죄에서 공범 중 일부에 대하여만 처벌을 구하고 나머지에 대하여는 처벌을 원하지 않는 내용의 고소는 적법한 고소라고 할 수 없고 공범 중 1인에 대한 고소취소는 그 1인에 대하여만 미칠뿐 다른 공범에 대하여는 효력이 없다.

③ 친고죄에서 적법한 고소가 있었는지는 엄격한 증명의 대상이 되고, 일죄의 관계에 있는 범죄사실 일부에 대한 고소의 효력은 일죄 전부에 대하여 미친다.

④ 고소는 제1심판결 선고 전까지 취소할 수 있으나 상소심에서 제1심 공소기각판결을 파기하고 이 사건을 제1심으로 환송한 경우 환송받은 제1심에서는 판결 선고 전이더라도 친고죄에서의 고소를 취소할 수 없다.

04 하자의 치유가 인정되지 않는 것은?(단, 다툼이 있는 경우 판례에 의함)

① 제1심법원이 국민참여재판의 대상이 되는 사건임을 간과하여 이에 관한 피고인의 의사를 확인하지 아니한 채 통상의 공판절차로 재판을 진행한 경우, 항소심에서 피고인에게 국민참여재판절차 등에 관한 충분한 안내와 그 희망 여부에 관하여 숙고할 수 있는 상당한 시간을 주었음에도 국민참여재판을 원하지 아니한다고 하면서 위와 같은 제1심의 절차적 위법을 문제 삼지 아니할 의사를 명백히 표시하는 경우

② 제1심법원이 국민의 형사재판 참여에 관한 법률상 국민참여재판 대상인 사건의 피고인에게 국민참여재판을 원하는지 확인하지 아니한 채 통상의 공판절차에 따라 재판을 진행하여 유죄를 인정하였더라도, 항소심에서 피고인에게 국민참여재판에 관하여 충분히 안내하고 그 희망 여부에 관하여 숙고할 수 있는 상당한 시간을 부여하였으며, 피고인도 그에 따라 숙고한 후 제1심의 절차적 위법을 문제 삼지 않겠다는 의사를 명백히 밝힌 경우

③ 검사가 피고인을 필로폰 판매행위로 공소제기한 후 필로폰 매매알선행위를 예비적으로 추가하는 내용의 공소장변경 허가신청을 하였으나 불허되자 그 자리에서 이 공소장변경 허가신청서를 공소장에 갈음하는 것으로 구두진술하고 피고인과 변호인이 이에 대하여 이의를 제기하지 않은 경우

④ 공소장일본주의에 위배된 공소제기가 있었는데 피고인이 아무런 이의를 제기하지 아니하여 그대로 공판절차가 진행되고 증거조사절차가 마무리된 경우

05 증거개시제도에 대한 설명으로 옳지 않은 것은?(단. 다툼이 있는 경우 판례에 의함)

① 검사는 피고인 또는 변호인이 공판기일 또는 공판준비절차에서 현장부재·심신상실 또는 심신미약 등 법률상·사실상의 주장을 한 때에는 피고인 또는 변호인에게 피고인 또는 변호인이 증거로 신청할 서류 등의 열람·등사 또는 서면의 교부를 요구할 수 있다.

② 검사는 공소사실의 인정 또는 양형에 영향을 미칠 수 있는 서류 등의 열람·등사 또는 서면의 교부를 거부하거나 그 범위를 제한하는 때에는 지체 없이 그 이유를 서면의 방법으로 통지하여야 한다.

③ 검사의 증거개시는 검사가 신청할 예정인 증거 이외의 피고인에게 유리한 증거를 포함한 전면적 개시를 원칙으로 한다.

④ 열람·등사 청구에 대하여, 검사는 국가안보, 증인보호의 필요성 등을 이유로 이를 허용하지 않을 상당한 이유가 있을 때에는 서류 등의 목록에 대하여도 열람·등사를 거부할 수 없다.

06 전문증거에 대한 설명으로 옳은 것을 모두 고른 것은?(단, 다툼이 있는 경우 판례에 의함)

㉠ "甲이 乙을 살해하는 것을 목격했다"라는 丙의 말을 들은 丁이 丙의 진술내용을 증언하는 경우, 甲의 살인 사건에 대하여는 전문증거이지만, 丙의 명예훼손 사건에 대하여는 전문증거가 아니다.

㉡ 어떤 진술이 기재된 서류가 그 내용의 진실성이 범죄사실에 대한 직접증거로 사용함에 있어서는 전문증거가 된다고 하더라도 그와 같은 진술을 하였다는 것 자체 또는 그 진술의 진실성과 관계없는 간접사실에 대한 정황증거로 사용함에 있어서는 반드시 전문증거가 되는 것은 아니다.

㉢ 재전문진술이나 재전문진술을 기재한 조서는 증거능력이 인정되지 않으며, 나아가 설령 피고인이 증거로 하는 데 동의한 경우라 하더라도 증거로 할 수 없다.

㉣ 「형사소송법」 제314조의 적용에 있어서 증인이 소재불명이거나 그 밖에 이에 준하는 사유로 인하여 진술할 수 없는 때에 해당한다고 법원이 인정할 수 있으려면 증인의 법정 출석을 위한 가능하고도 충분한 노력을 다하였음에도 부득이 증인의 법정 출석이 불가능하게 되었다는 사정을 검사가 입증하여야 한다.

① ㉠, ㉡
② ㉠, ㉡, ㉢
③ ㉠, ㉡, ㉣
④ ㉢, ㉣

07 불심검문에 대한 설명으로 옳지 않은 것은?(단, 다툼이 있는 경우 판례에 의함)

① 경찰관이 불심검문 대상자 해당 여부를 판단할 때에는 객관적 · 합리적인 기준에 따라야 하며, 불심검문 대상자에게 형사소송법상 체포나 구속에 이를 정도의 혐의가 있을 것을 요하지 않는다.

② 검문하려는 사람이 경찰관이고, 검문하는 이유가 범죄행위에 관한 것임을 피검문자가 충분히 알고 있었던 경우라도 검문 시 경찰관이 신분증을 제시하지 않았다면 위법한 불심검문에 해당한다.

③ 임의동행을 당한 당해인은 언제든지 경찰관서에서 퇴거할 자유를 가지고 있으므로 6시간의 한계도 피의자를 6시간 동안 경찰서에 구금할 수 있다는 것을 의미하지는 아니한다.

④ 경찰관은 이미 행하여진 범죄나 행하여지려고 하는 범죄행위에 관한 사실을 안다고 인정되는 사람을 정지시켜 질문할 수 있다.

08 공판기일의 절차에 대한 설명으로 옳지 않은 것은? (단, 다툼이 있는 경우 판례에 의함)

① 검사가 공판기일의 통지를 2회 이상 받고 출석하지 아니하거나 판결만을 선고하는 때에는 검사의 출석없이 개정할 수 있다.

② 증거신청의 채택 여부는 법원의 재량으로서 법원이 필요하지 아니하다고 인정할 때에는 이를 조사하지 아니할 수 있다.

③ 피고인은 검사의 모두진술이 끝난 뒤에, 진술거부권을 행사하는 경우를 제외하고, 공소사실의 인정 여부를 진술해야 하며, 만일 이 단계에서 피고인이 자백하면 간이공판절차로 이행하는 계기가 된다.

④ 법원의 증거결정에 대해서는 법령 위반이 있음을 이유로 해서 준항고할 수 있다.

09 다음 중 재심의 대상에 해당하는 것은?(단, 다툼이 있는 경우 판례에 의함)

① 약식명령에 대한 정식재판청구에 따라 유죄의 판결이 확정된 경우, 그 약식명령

② 공소기각의 판결

③ 면소판결을 대상으로 한 재심청구

④ 특별사면으로 형 선고의 효력이 상실된 유죄의 확정판결

10 증거동의에 대한 설명으로 옳지 않은 것은?(단, 다툼이 있는 경우 판례에 의함)

① 간이공판절차에서는 검사, 피고인 또는 변호인이 증거로 함에 이의가 없는 한 전문증거에 대하여 동의가 있는 것으로 간주한다.

② 약식명령에 불복하여 정식재판을 청구한 피고인이 제1심에서 증거동의 간주 후 증거조사가 완료되었다고 하더라도, 항소심에 출석하여 그 증거동의를 철회 또는 취소한다는 의사표시를 하는 경우 그 증거능력이 상실된다.

③ 서류의 기재내용이 가분인 경우 서류의 일부에 대한 증거동의도 가능하다.

④ 필요적 변호사건에서 피고인과 변호인이 무단 퇴정하여 수소법원이 피고인이나 변호인이 출석하지 않은 상태에서 증거조사를 하는 경우, 피고인의 진의와 관계없이 증거로 함에 동의가 있는 것으로 간주한다.

11 공소장변경에 대한 설명으로 옳지 않은 것은?(단, 다툼이 있는 경우 판례에 의함)

① 공소사실의 동일성을 판단할 경우 순수한 사실관계의 동일성이라는 관점에서만 파악할 수 없고, 피고인의 행위와 자연적·사회적 사실관계 이외에 규범적 요소를 고려하여 기본적 사실관계가 실질적으로 동일한지에 따라 판단해야 한다.

② 甲이 한 개의 강도범행을 하는 기회에 수 명의 피해자에게 각각 폭행을 가하여 각 상해를 입힌 사실에 대하여 포괄일죄로 기소된 경우 법원은 공소장변경 없이 피해자별로 수 개의 강도상해죄의 실체적 경합범으로 처벌할 수 있다.

③ 검사가 당초 '피고인이 A 등에게 필로폰 약 0.3g을 교부하였다'고 하여 마약류 관리에 관한 법률 위반(향정)으로 공소를 제기하였다가 '피고인이 A 등에게 필로폰을 구해 주겠다고 속여 A 등에게서 필로폰 대금을 편취하였다'는 사기 범죄사실을 예비적으로 추가하는 공소장변경을 신청한 경우, 위 두 범죄사실은 기본적인 사실관계가 동일하므로 공소장변경은 허용된다.

④ 횡령죄와 배임죄는 다 같이 신임관계를 기본으로 하는 재산범죄로서 그에 대한 형벌도 경중의 차이가 없고 동일한 범죄사실에 대하여 단지 법률적용만을 달리하는 경우에 해당하므로 특별한 사정이 없는 한 횡령죄로 기소된 공소사실에 대하여 공소장변경 없이도 배임죄를 적용하여 처벌할 수 있다.

12 공동피고인에 대한 설명으로 옳지 않은 것은?(단, 다툼이 있는 경우 판례에 의함)

① 「형사소송법」 제310조 소정의 '피고인의 자백'에 공범인 공동피고인의 진술은 포함되지 아니하므로 공범인 공동피고인의 진술은 다른 공동피고인에 대한 범죄사실을 인정하는 증거로 할 수 있고 공범인 공동피고인들의 각 진술은 상호 간에 서로 보강증거가 될 수 있다.

② 대향범인 공동피고인은 소송절차의 분리로 피고인의 지위에서 벗어나더라도 다른 공동피고인에 대한 공소사실에 관하여 증인이 될 수 없다.

③ 공범이 아닌 공동피고인은 변론을 분리하지 않더라도 다른 공동피고인에 대한 공소사실에 대하여 증인이 될 수 있다.

④ 피고인의 이익을 위하여 원심판결을 파기하는 경우에 파기의 이유가 상고한 공동피고인에 공통된 때에는 그 공동피고인에 대하여도 원심판결을 파기하여야 한다.

13 다음 설명 중 옳지 않은 것은?(단, 다툼이 있는 경우 판례에 의함)

① 법관이 압수·수색영장을 발부하면서 '압수할 물건'을 특정하기 위하여 기재한 문언은 이를 엄격하게 해석하여야 하므로, 압수·수색영장의 범죄사실과 기본적 사실관계가 동일한 범행 또는 동종·유사의 범행과 관련된다고 의심할 만한 상당한 이유가 있는 물건까지 압수하였다면 위법한 압수에 해당한다.

② 검사의 불기소처분에는 확정재판에 있어서의 확정력과 같은 효력이 없어 일단 불기소처분을 한 후에도 공소시효가 완성되기 전이면 언제라도 공소를 제기할 수 있다.

③ 공판기일의 소송절차에 관하여는 수소법원의 재판장이 아니라 참여한 법원 사무관 등이 공판조서를 작성한다.

④ 공소장에 적용법조의 기재에 오기가 있거나 누락이 있더라도 이로 인하여 피고인의 방어에 실질적 불이익이 없는 한 공소제기의 효력에는 영향이 없다.

14 공소제기 후 수사에 대한 다음 사례에서 가장 적절하지 않은 것은?(단, 다툼이 있으면 판례에 의함)

① 검사 또는 사법경찰관이 피고인에 대한 구속영장을 집행하는 경우에 필요한 때에는 영장 없이 구속현장에서 압수·수색·검증을 할 수 있다.

② 공판준비 또는 공판기일에서 이미 증언을 마친 증인을 검사가 소환한 후 피고인에게 유리한 증언 내용을 추궁하여 이를 일방적으로 번복시키는 방식으로 작성한 진술조서는 피고인이 증거로 할 수 있음에 동의하지 않는다면 증거능력이 없다.

③ 검사가 공소제기 후 수소법원 이외의 지방법원 판사에게 청구하여 발부받은 영장에 의하여 압수·수색을 하였다면, 그와 같이 수집된 증거는 적법한 절차에 따르지 않은 것으로서 원칙적으로 유죄의 증거로 삼을 수 없다.

④ 공소제기 후 제3자가 임의로 제출하는 피고사건에 대한 증거물을 수사기관이 압수하는 것은 적법하다.

15 압수·수색에서 관련성에 대한 설명으로 옳지 않은 것은?(단, 다툼이 있는 경우 판례에 의함)

① 영장 발부의 사유가 된 범죄 혐의사실과 무관한 별개의 증거를 압수하였을 경우 이는 원칙적으로 유죄 인정의 증거로 사용할 수 없으나, 압수·수색의 목적이 된 범죄나 이와 관련된 범죄의 경우에는 그 압수·수색의 결과를 유죄의 증거로 사용할 수 있다.

② 수사기관이 범죄 증거를 수집할 목적으로 피의자의 동의 없이 피의자의 소변을 채취하는 것은 적법절차에 따라 법원으로부터 감정허가장을 받아 '감정에 필요한 처분'으로 할 수 있지만, 압수·수색의 방법으로도 할 수 있다.

③ 정보통신서비스 회사에서 보관 중인 이메일에 대하여 압수·수색영장을 집행하면서 팩스로 영장사본을 송신하였다면, 집행 시에 그 영장의 원본을 제시하지 않더라도 적법하다.

④ 인적 관련성은 영장에 기재된 대상자의 공동정범이나 교사범 등 공범이나 간접정범은 물론 필요적 공범 등에 대한 피고사건에 대해서도 인정될 수 있다.

16 영장 없는 압수·수색·검증에 대한 설명으로 옳지 않은 것은?(단, 다툼이 있는 경우 판례에 의함)

① 경찰관이 2020.10.5. 20:00 도로에서 마약류 거래를 하고 있는 피의자를 긴급체포한 뒤 같은 날 20:24경 영장 없이 체포현장에서 약 2km 떨어진 피의자의 주거지에 대한 수색을 실시해서 작은 방 서랍장 등에서 메스암페타민 약 10g을 압수한 것은 위법하다.

② 음주운전 중 교통사고를 야기하고 의식불명 상태에 빠져 병원 응급실에 후송된 피의자의 신체 내지 의복류에 주취로 인한 냄새가 강하게 나고, 교통사고 발생시각으로부터 사회통념상 범행 직후라고 볼 수 있는 시간 내라면 경찰관은 의료진에게 요청하여 피의자의 혈액을 채취하도록 하여 압수할 수 있다.

③ 경찰관이 음주운전과 관련한 도로교통법 위반죄의 수사를 목적으로 미성년자인 피의자의 혈액을 채취해야 할 경우, 피의자에게 의사능력이 있다면 피의자 본인의 동의를 받아서 하면 되고, 별도로 법정대리인의 동의를 받을 필요는 없다.

④ 체포영장이 발부된 피의자를 체포하기 위하여 경찰관이 타인의 주거 등을 수색하는 경우에는 그 피의자가 그 장소에 소재할 개연성 이외에도 별도로 사전에 수색영장을 발부받기 어려운 긴급한 사정이 있는 경우에만 제한적으로 이루어져야 한다.

17 다음 중 공판절차의 정지사유로 옳지 않은 것은?
(단, 다툼이 있는 경우 판례에 의함)

① 토지관할의 병합심리 신청
② 피고인의 심신상실과 질병
③ 위헌법률심판의 제청
④ 간이공판절차결정의 취소

18 보강증거에 대한 설명으로 옳지 않은 것은?(단, 다툼이 있는 경우 판례에 의함)

① 휴대전화기의 카메라를 이용하여 성명불상 여성 피해자의 치마 속을 몰래 촬영하다가 현행범으로 체포된 피고인이 공소사실에 대해 자백한 바, 현행범체포 당시 임의제출 방식으로 압수된 피고인 소유 휴대전화기에 대한 압수조서의 '압수경위'란에 기재된 피고인의 범행을 직접 목격한 사법경찰관의 진술내용은 피고인의 자백을 보강하는 증거가 된다.

② 피고인이 다세대주택의 여러 세대에서 7건의 절도행위를 한 것으로 기소되었는데 그중 4건은 범행 장소인 구체적 호수가 특정되지 않은 사안에서, 위 4건에 관한 피고인 자백의 진실성이 인정되는 경우라면, 피고인의 집에서 압수한 위 4건의 각 피해품에 대한 압수조서와 압수물 사진은 위 자백에 대한 보강증거가 된다.

③ 피고인이 甲과 합동하여 피해자 乙의 재물을 절취하려다가 미수에 그쳤다는 내용의 공소사실을 자백한 경우, 피고인을 현행범으로 체포한 피해자 乙의 수사기관에서의 진술과 현장 사진이 첨부된 수사보고서는 피고인 자백에 대한 보강증거가 된다.

④ 공소장에 기재된 대마 흡연일자로부터 한 달 후 피고인의 주거지에서 압수된 대마잎은 비록 피고인의 자백이 구체적이고 그 진실성이 인정된다고 하더라도 피고인의 자백에 대한 보강증거가 될 수 없다.

19 소년사건절차에 대한 설명으로 옳지 않은 것은?(단, 다툼이 있는 경우 판례에 의함)

① 「소년법」 제60조 제2항의 적용대상인 '소년'인지 여부는 판결 선고 시를 기준으로 판단한다.

② 보호처분이 계속 중일 때에 징역, 금고 또는 구류를 선고받은 소년에 대하여는 먼저 그 형을 집행한다.

③ 보호처분을 받은 소년에 대하여는 그 심리가 결정된 사건은 다시 공소제기 할 수 없으나, 다만 보호처분 계속 중 본인이 처분당시에 19세 이상인 것이 판명된 경우에는 공소제기할 수 있다.

④ 18세 미만인 소년에게는 「형법」 제70조(노역장 유치)에 따른 유치 선고를 하지 못하고, 판결 선고 전 구속되었다고 하더라도 그 구속기간을 노역장에 유치된 것으로 산정할 수 없다.

20 즉결심판에 대한 설명으로 옳지 않은 것은?(단, 다툼이 있는 경우 판례에 의함)

① 약식명령은 원칙적으로 재산형의 부과만이 가능하지만 즉결심판절차에서는 30일 미만의 구류형 선고가 가능하다는 점에서 차이가 있다.

② 경범죄 처벌법의 범칙행위에 대하여 경찰서장이 통고처분을 한 후 그 통고처분에서 정한 범칙금 납부기간이 경과하지 않았다면 원칙적으로 즉결심판을 청구할 수 없다.

③ 즉결심판절차에서 피고인이 정식재판을 청구하는 경우, 즉결심판의 선고 고지를 받은 날부터 7일 이내에 정식재판 청구서를 경찰서장에게 제출하여야 하며, 이를 받은 경찰서장은 지체 없이 판사에게 송부하여야 한다.

④ 즉결심판이 확정된 때에는 확정판결과 동일한 효력이 있고, 즉결심판은 정식재판의 청구기간의 경과, 정식재판청구권의 포기 또는 그 청구의 취하에 의하여 확정되며 정식재판청구를 기각하는 재판이 확정된 때에도 같다.

21 통신제한조치에 대한 설명으로 가장 적절하지 않은 것은?(단, 다툼이 있는 경우 판례에 의함)

① 통신기관 등은 통신제한조치 허가서에 기재된 통신제한조치 대상자의 전화번호 등이 사실과 일치하지 않을 경우에는 그 집행을 거부할 수 있으며, 어떠한 경우에도 전기통신에 사용되는 비밀번호를 누설할 수 없다.

② 통신제한조치 허가서에 의하여 허가된 통신제한조치가 '전기통신 감청 및 우편물 검열'인 경우 그 후 연장결정서에 당초 허가 내용에 없던 '대화녹음'이 기재되어 있다면 이는 대화녹음의 적법한 근거가 될 수 없다.

③ 통신비밀보호법상 감청이란 대상이 되는 전기통신의 송·수신과 동시에 이루어지는 경우만을 의미하고, 이미 수신이 완료된 전기통신의 내용을 지득하는 등의 행위는 포함되지 않는다.

④ 통신제한조치의 집행주체가 제3자의 도움을 받지 않고서는 '대화의 녹음·청취'가 사실상 불가능하거나 곤란한 사정이 있는 경우에는 비례의 원칙에 위배되지 않는 한 제3자에게 집행을 위탁하거나 그로부터 협조를 받아 '대화의 녹음·청취'를 할 수 있는데, 이 경우 통신기관 등이 아닌 일반 사인에게는 당해 통신제한조치를 청구한 목적과 그 집행 또는 협조일시 및 대상을 기재한 대장을 작성하여 비치할 의무가 있다.

22 구속에 대한 설명으로 가장 적절하지 않은 것은?(단, 다툼이 있는 경우 판례에 의함)

① 구속기간이 만료될 무렵에 종전 구속영장에 기재된 범죄사실과 다른 범죄사실로 새롭게 구속영장을 발부하여 피고인을 구속하였다는 사정만으로는 피고인에 대한 구속이 위법하다고 할 수 없다.

② 범죄혐의는 수사기관의 주관적 혐의로는 부족하고 유죄판결을 받을 수 있는 고도의 개연성 내지 충분한 범죄혐의, 즉 객관적 혐의가 있어야 한다.

③ 사법경찰관이 구속영장을 반환하는 경우에는 그 영장을 청구한 검사에게 반환하고, 검사는 사법경찰관이 반환한 영장을 법원에 반환한다.

④ 검사 또는 사법경찰관은 피의자를 구속하였을 때에는 변호인이 있으면 변호인에게, 변호인이 없으면 변호인 선임권자 가운데 피의자가 지정한 사람에게 24시간 이내에 서면 또는 구두의 방법으로 사건명, 체포·구속의 일시·장소, 범죄사실의 요지, 체포·구속의 이유와 변호인을 선임할 수 있음을 통지해야 한다.

23 탄핵증거에 대한 설명으로 가장 적절하지 않은 것은?(단, 다툼이 있는 경우 판례에 의함)

① 피고인의 진술을 내용으로 하는 영상녹화물은 공판준비 또는 공판기일에 피고인 진술의 증명력을 다투기 위한 증거로 사용할 수 있다.

② 탄핵증거는 범죄사실을 인정하는 증거가 아니므로 증거서류이던 진술이던 간에 유죄증거에 관한 소송법상의 엄격한 증거능력을 요하지 아니한다.

③ 검사가 증거로 신청한 체포·구속인접견부 사본이 피고인의 부인진술을 탄핵한다는 것이라면, 결국 검사에게 입증책임이 있는 공소사실 자체를 입증하기 위한 것에 불과하므로 그 사본을 탄핵증거로 볼 수 없다.

④ 원심이 법정에서 증거로 제출된 바가 없어 전혀 증거조사가 이루어지지 아니한 채 수사기록에만 편철되어 있는 서류를 탄핵증거로 사용하였다면, 이러한 원심의 조치에는 탄핵증거의 조사 방법에 관한 법리오해의 위법이 있다.

24 접견교통권에 대한 설명으로 옳은 것은?(단, 다툼이 있는 경우 판례에 의함)

① 변호인과의 접견교통권은 피내사자의 인권보장과 방어준비를 위해 필수 불가결한 권리이므로 임의동행의 형식으로 연행된 피내사자에 대해서도 접견교통권은 인정된다.

② 변호인의 구속된 피고인과의 접견교통권에 관한 「형사소송법」 제34조는 형이 확정되어 집행 중에 있는 수형자에 대한 재심개시의 여부를 결정하는 재심청구절차에도 그대로 적용된다.

③ 구속된 피고인의 변호인과의 접견교통권과 달리 변호인의 구속된 피고인과의 접견교통권은 헌법이 아니라 형사소송법에 의해 보장되는 권리이므로, 그 제한은 법령 또는 법원의 결정에 의해서만 가능하고 수사기관의 처분에 의해서는 할 수 없다.

④ 변호인 접견실에 CCTV를 설치하여 미결수용자와 변호인 간의 접견을 관찰한 행위는 변호인의 조력을 받을 권리를 침해한다고 볼 수 있다.

25 상소에 대한 설명으로 가장 적절하지 않은 것은?(단, 다툼이 있는 경우 판례에 의함)

① 징역 1년에 처하되 형의 집행을 면제한다는 제1심판결에 대해 피고인만 항소한 경우, 항소심이 징역 8월에 집행유예 2년을 선고하는 것은 불이익변경금지원칙에 어긋난다.

② 제1심판결에 대해 피고인만 항소한 경우, 항소심이 제1심의 징역형의 선고유예를 변경하여 벌금형을 선고하는 것은 피고인에게 불이익하게 변경된 것이어서 허용되지 아니한다.

③ 수 개의 공소사실이 금고 이상의 형에 처한 확정판결 전후의 것이어서 확정판결 전의 공소사실과 확정판결 후의 공소사실에 대하여 따로 유죄를 선고하여 두 개의 형을 정한 제1심판결에 대하여 피고인만이 확정판결전의 유죄판결 부분에 대하여 항소한 경우, 항소심에 계속된 사건은 확정판결 전의 유죄판결 부분 뿐이므로 항소심이 심리·판단하여야 할 범위는 확정판결 전의 유죄판결 부분에 한정된다.

④ 포괄일죄의 관계에 있는 공소사실 중 일부 유죄, 나머지 무죄의 판결에 대하여 검사만 무죄부분에 대하여 상고를 하고 피고인은 상고하지 아니하였더라도 유죄부분은 상고심에 이전되어 심판대상이 된다.

군무원 수사직 FINAL 실전 봉투모의고사
제5회 모의고사

수사직

제1과목	국어	제2과목	형법
제3과목	형사소송법	제4과목	

응시번호		성 명	

〈 안 내 사 항 〉

1. 답안지의 모든 기재 및 표기사항은 반드시 『컴퓨터용 흑색사인펜』으로만 작성하여야 합니다. (사인펜에 "컴퓨터용"으로 표시되어 있음) (사인펜 본인 지참)

    * 매년 지정된 펜을 사용하지 않아 답안지가 무효처리 되는 상황이 빈발하고 있으므로, 답안지는 반드시 『컴퓨터용 흑색사인펜』으로만 표기하시기 바랍니다.

2. 답안은 매 문항마다 반드시 하나의 답만 골라 그 숫자에 "●"로 표기해야 하며, 표기한 내용은 수정테이프를 이용하여 정정할 수 있습니다. 단, 시험시행본부에서 수정테이프를 제공하지 않습니다. (표기한 부분을 긁는 경우 오답처리 될 수 있으며, 수정스티커 또는 수정액은 사용 불가)

    * 답안지는 훼손·오염되거나 구겨지지 않도록 주의해야 하며, 특히 답안지 상단의 타이밍마크 (┃┃┃┃┃)를 절대로 훼손해서는 안 됩니다.

3. 필기시험 문제 관련 의견제시 기간 : 시험 당일을 포함한 5일간

    * 국방부 군무원채용관리홈페이지(http://recruit.mnd.go.kr) - 시험안내 - 시험묻고답하기

제5회 모의고사

QR코드 접속을 통해 풀이시간 측정, 자동 채점
그리고 결과 분석까지!

01 다음 〈보기〉의 예에 해당하지 않는 것은?

〈보 기〉

'노인, 여자'의 경우에서처럼, 첫머리에서 'ㄹ, ㄴ' 음
이 제약되어 '로인'이 '노인'으로, '녀자'가 '여자' 등으로
나타나는 것을 두음 법칙이라고 한다.

① 노기(怒氣)
② 논리(論理)
③ 이토(泥土)
④ 약도(略圖)

02 밑줄 친 관형절의 성격이 다른 것은?

① 우리는 급히 학교로 돌아오라는 연락을 받았다.
② 충무공이 만든 거북선은 세계 최초의 철갑선이었다.
③ 우리는 사람이 살지 않는 그 섬에서 하룻밤을 지냈다.
④ 수양버들이 서 있는 돌각담에 올라가 아득히 먼 수평
선을 바라본다.

03 다음은 훈민정음의 제자 방법에 대한 설명이다. 이
에 대한 예로 옳지 않은 것은?

훈민정음의 글자를 만드는 방법은 상형을 기본으로
하였다. 초성 글자의 경우 발음기관을 상형의 대상으로
삼아 ㄱ, ㄴ, ㅁ, ㅅ, ㅇ 기본 다섯 글자를 만들고 다른
글자들 중 일부는 '여(厲: 소리의 세기)'를 음성자질(音
聲資質)로 삼아 기본 글자에 획을 더하여 만들었는데 이
를 가획자라 한다.

① 아음 ㄱ에 획을 더해 가획자 ㅋ을 만들었다.
② 설음 ㄴ에 획을 더해 가획자 ㄷ을 만들었다.
③ 치음 ㅅ에 획을 더해 가획자 ㅈ을 만들었다.
④ 후음 ㅇ에 획을 더해 가획자 ㆁ(옛이응)을 만들었다.

04 다음 중 밑줄 친 단어를 고친 결과가 가장 적절하지
않은 것은?

① 금년에도 S전자는 최근 전 세계 휴대전화 부분(部分)
시장 점유율 1위를 차지한 것으로 조사되었다. → 부
문(部門)
② 그는 국왕이 명실상부하게 정치를 주도하는 체계(體
系)를 구축하고자 노력하였다. → 체제(體制)
③ 진정한 공동체를 향한 새롭고 진지한 모색(摸索)을 바
로 지금부터 시작해야 합니다. → 탐색(探索)
④ 환경 오염은 당면한 현실 문제라고 그가 지적한 것에
대해서는 나 역시 동감(同感)이 갔다. → 공감(共感)

05 다음에 제시된 단어의 의미에 맞게 쓴 문장으로 적절하지 않은 것은?

단어	의미	문장
풀다	모르거나 복잡한 문제 따위를 알아내거나 해결하다.	㉠
	어려운 것을 알기 쉽게 바꾸다.	㉡
	긴장된 분위기나 표정 따위를 부드럽게 하다.	㉢
	금지되거나 제한된 것을 할 수 있도록 터놓다.	㉣

① ㉠: 나는 형이 낸 수수께끼를 풀다가 결국 포기하고 말았다.

② ㉡: 선생님은 난해한 말을 알아들을 수 있게 풀어 설명하셨다.

③ ㉢: 막내도 잘못을 뉘우치니, 아버지도 그만 얼굴을 푸세요.

④ ㉣: 경찰을 풀어서 행방불명자를 백방으로 찾으려 하였다.

06 다음 ㉠, ㉡에 들어갈 말이 바르게 연결된 것은?

A: 가(㉠) 오(㉠) 마음대로 해라.
B: 지난겨울은 몹시 춥(㉡).

	㉠	㉡
①	-든지	-드라
②	-던지	-더라
③	-든지	-더라
④	-던지	-드라

07 다음 중 언어 예절과 어법에 가장 알맞게 발화한 것은?

① (남편의 형에게) 큰아빠, 전화 받으세요.

② 이어서 회장님의 인사 말씀이 계시겠습니다.

③ (직원이 고객에게) 주문하신 상품은 현재 품절이십니다.

④ (관공서에서 손님이 들어올 때) 어서 오십시오. 무엇을 도와 드릴까요?

08 다음 중 ㉠~㉣의 현대어 풀이가 옳지 않은 것은?

이 몸 삼기실 제 님을 조차 삼기시니, ㉠ 호 緣연分분이며 하늘 모를 일이런가. ㉡ 나 호나 졈어 잇고 님 호나 날 괴시니, 이 무음 이 사랑 견졸 뒤 노여 업다. 平평生싱애 願원호요뒤 호뒤 녜쟈 호얏더니, 늙거야 므스 일로 외오 두고 글이눈고. 엇그제 님을 뫼셔 廣광寒한殿뎐의 올낫더니, 그 더뒤 엇디호야 下하界계예 ᄂ려오니, ㉢ 올 적의 비슨 머리 얼킈연 디 三삼年년이라. 臙연脂지粉분 잇ᄂ마는 눌 위호야 고이 홀고. 무음의 미친 실음 疊텹疊텹이 ᄡ혀 이셔, ㉣ 짓ᄂ니 한숨이오 디ᄂ니 눈믈이라. 人인生싱은 有유限한호뒤 시름도 그지 업다. 無무心심혼 歲셰月월은 믈 흐ᄅ듯 ᄒᄂ고야. 炎염凉냥이 째를 아라 가는 듯 고텨 오니, 듯거니 보거니 늣길 일도 하도 할샤.

– 정철, 「사미인곡」

① ㉠: 한평생 인연임을 하늘이 모를 일이던가?

② ㉡: 나는 젊어 있고 임은 너무 괴로워하시니

③ ㉢: 떠나올 적에 빗은 머리가 헝클어진 지 삼 년이구나.

④ ㉣: 짓는 것은 한숨이고, 떨어지는 것은 눈물이구나.

09 다음 글의 상황에 어울리는 한자성어로 적절한 것은?

우리나라 축구 대표팀은 2023 카타르 월드컵에서 놀라운 성과를 거두었다. 월드컵 개최지의 무더운 날씨와 엎친 데 덮친 격으로 개막을 앞두고 주장인 손흥민 선수의 부상으로 16강 진출 가능성이 희박했지만, 우리 대표팀은 더 강도 높은 훈련을 이어가며 경기력 향상에 매진하였고, 조별 경기에서도 최선을 다하는 경기 모습을 보여 주면서 16강 진출이라는 좋은 성적으로 국민들의 찬사와 응원을 받았다.

① 走馬加鞭
② 走馬看山
③ 切齒腐心
④ 見蚊拔劍

10 ㉠~㉣의 고쳐 쓰기로 적절하지 않은 것은?

파놉티콘(panopticon)은 원형 평면의 중심에 감시탑을 설치해 놓고, 주변으로 빙 둘러서 죄수들의 방이 배치된 감시 시스템이다. 감시탑의 내부는 어둡게 되어 있는 반면 죄수들의 방은 밝아 교도관은 죄수를 볼 수 있지만, 죄수는 교도관을 바라볼 수 없다. 죄수가 잘못했을 때 교도관은 잘 보이는 곳에서 처벌을 가한다. 그렇게 수차례의 처벌이 있게 되면 죄수들은 실제로 교도관이 자리에 ㉠ 있을 때조차도 언제 처벌을 받을지 모르는 공포감에 의해서 스스로를 감시하게 된다. 이렇게 권력자에 의한 정보 독점 아래 ㉡ 다수가 통제된다는 점에서 파놉티콘의 디자인은 과거 사회 구조와 본질적으로 같았다.

현대사회는 다수가 소수의 권력자를 동시에 감시할 수 있는 시놉티콘(synopticon)의 시대가 되었다. 시놉티콘에 가장 크게 기여한 것은 인터넷의 ㉢ 동시성이다. 권력자에 대한 비판을 신변 노출 없이 자유롭게 표현할 수 있게 되었기 때문이다. 정보화 시대가 오면서 언론과 통신이 발달했고, ㉣ 특정인이 정보를 수용하고 생산하게 되었다. 그로 인해 사회에서 일어나는 일에 대한 비판적 인식 교류와 부정적 현실 고발 등 네티즌의 활동으로 권력자들을 감시하는 전환이 일어났다.

① ㉠을 '없을'로 고친다.
② ㉡을 '소수'로 고친다.
③ ㉢을 '익명성'으로 고친다.
④ ㉣을 '누구나가'로 고친다.

[11~12] 다음 글을 읽고 물음에 답하시오.

언젠가는 하도 갑갑해서 자를 가지고 덤벼들어서 그 키를 한번 재 볼까 했다마는, 우리는 장인님이 내외를 해야 한다고 해서 마주 서 이야기도 한 마디 하는 법 없다. 움물길에서 어쩌다 마주칠 적이면 겨우 눈어림으로 재 보고 하는 것인데, 그럴 적마다 나는 저만침 가서

"제─미, 키두!"

하고 논둑에다 침을 퇘 뱉는다. 아무리 잘 봐야 내 겨드랑(다른 사람보다 좀 크긴 하지만) 밑에서 넘을락 말락 밤낮 요 모양이다. 개, 돼지는 푹푹 크는데 왜 이리도 사람은 안 크는지, 한동안 머리가 아프도록 궁리도 해 보았다. 아하, 물동이를 자꾸 이니까 뼉다귀가 옴츠라드나 부다, 하고 내가 넌즛넌즈시 그 물을 대신 길어도 주었다. 뿐만 아니라 나무를 하러 가면 소낭당에 돌을 올려놓고

"점순이의 키 좀 크게 해 줍소사. 그러면 담엔 떡 갖다 놓고 고사 드립죠니까."

하고 치성도 한두 번 드린 것이 아니다. 어떻게 돼먹은 킨지 이래도 막무가내니……

그래 내 어저께 싸운 것이 결코 장인님이 밉다든가 해서가 아니다.

모를 붓다가 가만히 생각을 해 보니까 또 승겁다. 이 벼가 자라서 점순이가 먹고 좀 큰다면 모르지만, 그렇지도 못한 걸 내 심어서 뭘 하는 거냐. 해마다 앞으로 축 불거지는 장인님의 아랫배(가 너머 먹은 걸 모르고 내병이라나, 그 배)를 불리기 위하야 심으곤 조끔도 싶지 않다.

"아이구, 배야!"

난 몰 붓다 말고 배를 씨다듬으면서 그대루 논둑으로 기어올랐다. 그리고 겨드랑에 꼈든 벼 담긴 키를 그냥 땅바닥에 털썩 떨어치며 나도 털썩 주저앉았다. 일이 암만 바뻐도 나 배 아프면 고만이니까. 아픈 사람이 누가 일을 하느냐. 파릇파릇 돋아 오른 풀 한 숲을 뜯어 들고 다리의 거머리를 쓱쓱 문태며 장인님의 얼굴을 처다보았다.

─ 김유정, 「봄봄」

11 윗글의 사건 구성 방식에 대한 설명으로 적절한 것은?

① 중심 소재를 통해 사건에 대해 암시하고 있다.

② 사건들이 밀접한 관련성 없이 각각 독립적으로 연결되어 있다.

③ 바깥 이야기 속에 또 다른 이야기가 들어가 있다.

④ 현재의 사건을 진행하면서 과거의 사건을 끌어들이고 있다.

12 다음 중 [A]의 방법으로 윗글을 감상한 것은?

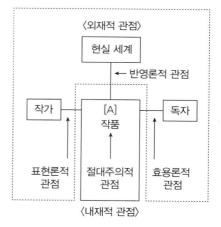

① 배경이 되는 1930년대의 농촌 현실의 모습이 어떠했는가를 반영한다.

② 순박한 인물이 겪는 일련의 사건을 주로 대화와 행동을 통해 전달한다.

③ 독자들은 이 작품을 통해 바른 삶의 자세에 대해 생각해 볼 수 있다.

④ 해학적이고 토속적인 작품을 주로 쓴 작가 김유정의 경향을 잘 드러낸다.

13 다음 작품에서 화자의 처지나 심정을 나타낸 말로 가장 적절한 것은?

어이 못 오던다 므스 일로 못 오던다
너 오는 길 우희 무쇠로 성(城)을 ᄡᆞ고 성(城) 안헤 담 ᄡᆞ고 담 안헤란 집을 짓고 집 안헤란 두지 노코 두지 안헤 궤(櫃)를 노코 궤(櫃) 안헤 너를 결박(結縛)ᄒᆞ여 노코 쌍(雙)비목 외걸새에 용(龍)거북 ᄌᆞ믈쇠로 수기수기 ᄌᆞᆷ갓더냐 네 어이 그리 아니 오던다
흔 달이 셜흔 날이여니 날 보라 올 흘리 업스랴

① 눈이 가다
② 눈이 맞다
③ 눈이 뒤집히다
④ 눈이 빠지다

14 다음 대화에서 '민재'의 의사소통 방식으로 가장 적절한 것은?

윤수: 요즘 짝꿍이랑 사이가 별로야.
민재: 왜? 무슨 일이 있었어?
윤수: 그 애가 내 일에 자꾸 끼어들어. 사물함 정리부터 내 걸음걸이까지 하나하나 지적하잖아.
민재: 그런 일이 있었구나. 짝꿍한테 그런 말을 해 보지 그랬어.
윤수: 해 봤지. 하지만 그때뿐이야. 아마 나를 자기 동생처럼 여기나 봐.
민재: 나도 그런 적이 있어. 작년의 내 짝꿍도 나한테 무척이나 심했거든. 자꾸 끼어들어서 너무 힘들었어. 네 얘기를 들으니 그때가 다시 생각난다. 그런데 생각을 바꿔 보니 그게 관심이다 싶더라고. 그랬더니 마음이 좀 편해졌어. 그리고 짝꿍과 솔직하게 얘기를 해 봤더니, 그 애도 자신의 잘못된 점을 고치더라고.
윤수: 너도 그랬구나. 나도 생각을 바꾸려고 노력해 보고, 짝꿍하고 진솔한 대화를 나눠 봐야겠어.

① 상대방의 입장을 고려해 용서함으로써 갈등을 해결하고 있다.
② 자신의 경험을 들어 상대방이 해결점을 찾을 수 있도록 돕고 있다.
③ 상대방의 약점을 비판하면서 자신의 장점을 최대한 부각하고 있다.
④ 상대방이 말하는 내용을 경청하면서 그 타당성을 평가하고 있다.

[15~16] 다음 글을 읽고 물음에 답하시오.

(가) '테라포밍'은 지구가 아닌 다른 외계의 천체 환경을 인간이 살 수 있도록 변화시키는 것을 말하는데 현재까지 최적의 후보로 꼽히는 행성은 바로 화성이다. 화성은 육안으로도 붉은 빛이 선명하기에 '火(불 화)' 자를 써서 화성(火星)이라고 부르며, 서양에서는 정열적인 전쟁의 신이기도 한 '마르스'와 함께 '레드 플래닛', 즉 '붉은 행성'으로도 일컬어진다. 화성이 이처럼 붉은 이유는 표면의 토양에 철과 산소의 화합물인 산화철이 많이 포함돼 있기 때문인데, 녹슨 쇠가 불그스름해지는 것과 같은 원리로 보면 된다. 그렇다면 이런 녹슨 행성인 화성을 왜 '테라포밍' 1순위로 선정했을까? 또한 어떤 과정을 통해서 이 화성을 인간이 살 수 있는 푸른 별로 바꿀 수 있을까?

(나) 영화 「레드 플래닛」을 보면 이런 '테라포밍'의 계획이 잘 나타나 있다. 21세기 초, 자원 고갈과 생태계 오염 등으로 지구의 환경이 점점 악화되자, 화성을 새로운 인류의 터전으로 바꾸기 위해서 이끼 종자를 가득 담은 무인 로켓이 화성으로 발사된다. 이끼가 번식해 화성 표면을 덮으면 그들이 배출하는 산소가 모여 궁극적으로는 인간이 호흡할 수 있는 대기층이 형성되기 때문이다. 그로부터 50여 년 후, 마침내 화성에 도착한 선발대는 희박하기는 하지만 화성의 공기가 사람이 숨 쉴 수 있을 정도로 바뀌었음을 알게 된다.

(다) 그렇다면 영화가 아닌 현실에서 화성을 변화시키는 일은 가능할까? 시간이 걸리고 힘든 일이지만 가능성은 있다. 화성의 극지방에는 '극관'이라고 부르는 드라이 아이스로 추정되는 하얀 막 같은 것이 존재하는데, 이것을 녹여 화성에 공기를 공급한다는 것이다. 극관에 검은 물질을 덮어 햇빛을 잘 흡수하게 만든 후 온도가 상승하면 극관이 자연스럽게 녹을 수 있도록 하는 방법인 것이다. 이 검은 물질을 자기 복제가 가능한 것으로 만들면 소량을 뿌려도 시간이 지나면서 극관 전체를 덮게 될 것이다.

(라) 자기 복제가 가능한 검은 물질이 바로 「레드 플래닛」에 나오는 이끼이다. 유전 공학에 의해 화성처럼 혹독한 환경에서도 성공적으로 번식할 수 있는, 지의류 같은 이끼의 변종을 만들어 내어 화성의 극관 지역에 투하한다. 그들이 뿌리를 내리고 성공적으로 번식할 경우 서서히 태양광선 흡수량이 많아지고 극관은 점점 녹게 될 것이다. 그러나 이런 방법을 택하더라도 인간이 직접 호흡하며 돌아다니게 될 때까지는 최소 몇백 년의 시간이 걸릴 것이다. 지금은 거의 불가능하다고 여겨지는 일들이지만 인류는 언제나 불가능한 일들을 불굴의 의지로 해결해 왔다. 화성 탐사선이 발사되고 반세기가 안 된 오늘날 인류는 화성을 지구 환경으로 만들 꿈을 꾸고 있다. 최소 몇 백 년이 걸릴 수도 있는 이 '테라포밍'도 언젠가는 인류의 도전 앞에 무릎을 꿇게 될 것이 분명하다. 그래서 아주 먼 훗날 우리의 후손들은 화성을 볼 때, 붉게 빛나는 별이 아니라 지구와 같은 초록색으로 반짝이는 화성을 볼 수 있게 될지도 모른다. 그렇다면 그때에는 화성을 '녹성(綠星)' 또는 '초록별'이라 이름을 바꿔 부르게 되지 않을까?

15 (가)~(라)에 대한 설명으로 적절하지 않은 것은?

① (가): 대상의 특성을 설명하고 화제를 제시하고 있다.
② (나): 예를 통해 화제에 대한 이해를 돕고 있다.
③ (다): 화제를 현실화할 수 있는 방법을 제시하고 있다.
④ (라): 귀납을 통해 화제의 실현 가능성을 증명하고 있다.

16 '테라포밍' 계획의 핵심이 되는 최종적인 작업은?

① 화성의 극관을 녹이는 일
② 화성에 대기층을 만드는 일
③ 화성의 온도를 상승시키는 일
④ 극관을 검은 물질로 덮는 일

17 다음 글의 내용과 가장 거리가 먼 것은?

글의 기본 단위가 문장이라면 구어를 통한 의사소통의 기본 단위는 발화이다. 담화에서 화자는 발화를 통해 '명령', '요청', '질문', '제안', '약속', '경고', '축하', '위로', '협박', '칭찬', '비난' 등의 의도를 전달한다. 이때 화자의 의도가 직접적으로 표현된 발화를 직접 발화, 암시적으로 혹은 간접적으로 표현된 발화를 간접 발화라고 한다.

일상 대화에서도 간접 발화는 많이 사용되는데, 그 의미는 맥락에 의존하여 파악된다. '아, 덥다.'라는 발화가 '창문을 열어라.'라는 의미로 파악되는 것이 대표적인 예이다. 방 안이 시원하지 않다는 상황을 고려하여 청자는 창문을 열게 되는 것이다. 이처럼 화자는 상대방이 충분히 그 의미를 파악할 수 있다고 판단될 때 간접 발화를 전략적으로 사용함으로써 의사소통을 원활하게 하기도 한다. 공손하게 표현하고자 할 때도 간접 발화는 유용하다. 남에게 무언가를 요구하려는 경우 직접 발화보다 청유 형식이나 의문 형식의 간접 발화를 사용하면 공손함이 잘 드러나기도 한다.

① 화자는 발화를 통해 다양한 의도를 전달한다.
② 직접 발화는 화자의 의도가 직접적으로 표현된다.
③ 간접 발화의 의미는 언어 사용 맥락에 기대어 파악된다.
④ 간접 발화가 직접 발화보다 화자의 의도를 더 잘 전달한다.

18 〈보기〉를 통해서 알 수 있는 내용으로 가장 적절하지 않은 것은?

〈보 기〉

나는 서울에서 고등학교를 다니는 학생이다. 며칠 전 제사가 있어서 대구에 있는 할아버지 댁에 갔다. 제사를 준비하면서 할아버지께서 나에게 심부름을 시키셨는데 사투리가 섞여 있어서 잘 알아들을 수가 없었다. 집으로 돌아올 때 할아버지께서 용돈을 듬뿍 주셔서 기분이 좋았다. 그런데 오늘 어머니께서 할아버지가 주신 용돈 중 일부를 달라고 하셨다. 나는 어머니께 그 용돈으로 '문상'을 다 샀기 때문에 남은 돈이 없다고 말씀드렸다. 어머니께서는 '문상'이 무엇이냐고 물으셨고 나는 '문화상품권'을 줄여서 사용하는 말이라고 말씀드렸다. 학교에서 친구들과 이야기할 때 흔히 사용하는 '컴싸'나 '훈남', '생파' 같은 단어들을 부모님과 대화할 때는 설명을 해드려야 해서 불편할 때가 많다.

① 어휘는 세대에 따라서 달라지기도 한다.
② 어휘는 지역에 따라서 달라지기도 한다.
③ 성별에 따라 사용하는 어휘가 달라지기도 한다.
④ 은어나 유행어는 청소년층이 쓰는 경우가 많다.

19 다음 중 밑줄 친 ㉠을 가장 자연스럽게 고친 것은?

나는 김 군을 만나면 글 이야기도 하고 잡담도 하며 시간을 보내는 때가 많았다. 어느 날 김 군과 저녁을 같이하면서 반찬으로 올라온 깍두기를 화제로 이야기를 나누었다.

깍두기는 조선 정종 때 홍현주(洪顯周)의 부인이 창안해 낸 음식이라고 한다. 궁중의 잔치 때에 각 신하들의 집에서 솜씨를 다투어 일품요리(一品料理)를 한 그릇씩 만들어 올리기로 하였다. 이때 홍현주의 부인이 만들어 올린 것이 그 누구도 처음 구경하는, 바로 이 소박한 음식이었다. 먹어 보니 얼근하고 싱싱하여 맛이 매우 뛰어났다. 그래서 임금이 "그 음식의 이름이 무엇이냐?" 하고 묻자 "이름이 없습니다. 평소에 우연히 무를 깍둑깍둑 썰어서 버무려 봤더니 맛이 그럴듯하기에 이번에 정성껏 만들어 맛보시도록 올리는 것입니다."라고 하였다. "그러면 깍두기라 부르면 되겠구나." 그 후 깍두기가 우리 음식의 한 자리를 차지하여 상에 자주 오르내리게 된 것이 그 유래라고 한다. 그 부인이야말로 참으로 우리 음식을 만들 줄 아는 솜씨 있는 부인이었다고 생각한다.

아마 다른 부인들은 산해진미, 희한하고 값진 재료를 구하기에 애쓰고 주방 주위에서 흔히 볼 수 있는 무·파·마늘은 거들떠보지도 아니했을 것이다. 갖은 양념, 갖은 고명을 쓰기에 애쓰고 소금·고춧가루는 무시했을지도 모른다. 그러나 재료는 가까운 데 있고 허름한 데 있었다. ㉠중국 음식의 모방이나 정통 궁중 음식을 본뜨거나 하여 음식을 만들기에 애썼으나 하나도 새로운 것은 없었을 것이다. 더욱이 궁중에 올릴 음식으로 그렇게 막되게 썬, 규범에 없는 음식을 만들려 들지는 아니했을 것이다. 썩둑썩둑 무를 썰면 곱게 채를 치거나 나박김치처럼 납작납작 예쁘게 썰거나 장아찌처럼 갈찍갈찍 썰지, 그렇게 꺽둑꺽둑 막 썰 수는 없다. 고춧가루도 적당히 치는 것이지, 그렇게 시뻘겋게 막 버무리는 것을 보면 질색을 했을 것이다. 그 점에 있어서 깍두기는 무법이요, 창의적인 대담한 파격이다.

① 중국 음식을 모방하고 정통 궁중 음식을 본뜨거나 하여
② 중국 음식을 모방하거나 정통 궁중 음식을 본뜨거나 하여
③ 중국 음식의 모방과 정통 궁중 음식을 본뜨거나 하여
④ 중국 음식의 모방이나 정통 궁중 음식을 본떠

20 다음 중 ㉠의 발상 및 표현과 가장 거리가 먼 것은?

나는 이제 너에게도 슬픔을 주겠다
㉠ 사랑보다 소중한 슬픔을 주겠다
겨울밤 거리에서 귤 몇 개 놓고
살아온 추위와 떨고 있는 할머니에게
귤값을 깎으면서 기뻐하던 너를 위하여
나는 슬픔의 평등한 얼굴을 보여 주겠다
내가 어둠 속에서 너를 부를 때
단 한 번도 평등하게 웃어 주질 않은
가마니에 덮인 동사자(凍死者)가 다시 얼어 죽을 때
가마니 한 장조차 덮어 주지 않은
무관심한 너의 사랑을 위해
흘릴 줄 모르는 너의 눈물을 위해
나는 이제 너에게도 기다림을 주겠다
이 세상에 내리던 함박눈을 멈추겠다
보리밭에 내리던 봄눈들을 데리고
추워 떠는 사람들의 슬픔에게 다녀와서
눈 그친 눈길을 너와 함께 걷겠다
슬픔의 힘에 대한 이야길 하며
기다림의 슬픔까지 걸어가겠다

– 정호승, 「슬픔이 기쁨에게」

① 내 마음은 호수요.
　그대 노저어 오오.

– 김동명, 「내 마음은」

② 죽음은 이렇듯 미움보다도, 사랑보다도
　더 너그러운 것이다.

– 구상, 「초토의 시」

③ 님이여, 당신은 의(義)가 무거웁고 황금(黃金)이 가벼운 것을 잘 아십니다.

– 한용운, 「찬송」

④ 향기로운 주검의 내도 풍기리
　살아서 섧던 주검 죽었으매 이내 안 서럽고

– 박두진, 「묘지송」

21 다음 글의 설명 방식에 대한 설명으로 옳은 것은?

> 멕시코의 환경 운동가로 유명한 가브리엘 과드리는 1960년대 이후 중앙아메리카 숲의 25% 이상이 목초지 조성을 위해 벌채되었으며 1970년대 말에는 중앙아메리카 전체 농토의 2/3가 축산 단지로 점유되었다고 주장했다. 실제로 1987년 이후로도 멕시코에만 1,497만 3,900ha의 열대 우림이 파괴되었는데, 이렇게 중앙아메리카의 열대림을 희생하면서까지 생산된 소고기는 주로 유럽과 미국으로 수출되었다. 그렇지만 이 소고기들은 지방분이 적고 미국인의 입맛에 그다지 맞지 않아 대부분 햄버거의 재료로 사용되었다.

① 통계 수치를 활용하여 논거의 타당성을 높이고 있다.
② 예상되는 반론을 제기한 후 논거를 제시하고 있다.
③ 서로 상반된 주장에 대해 구체적인 근거를 제시하고 있다.
④ 전문 용어의 뜻을 쉽게 풀이하여 독자의 이해를 돕고 있다.

22 〈보기〉는 국어 단모음 체계의 변화를 보여 주고 있다. 〈보기〉에 대한 설명으로 적절하지 않은 것은?

─〈보 기〉─

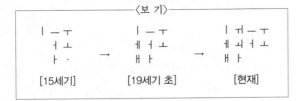

[15세기]　　　　　[19세기 초]　　　　　[현재]

① 모음들이 연쇄적으로 조음 위치의 변화를 겪는 현상이 발견된다.
② 단모음의 개수는 점차 늘어난 것으로 보인다.
③ 모음 중에서 음소 자체가 소멸된 것이 있다.
④ 일부 이중모음의 단모음화가 발견된다.

23 〈보기〉의 ㉠~㉢에 대한 다음 설명 중 가장 적절하지 않은 것은?

─〈보 기〉─

㉠ 부엌+일 → [부엉닐]
㉡ 콧+날 → [콘날]
㉢ 앉+고 → [안꼬]
㉣ 훑+는 → [훌른]

① ㉠, ㉡: '맞+불 → [맏뿔]'에서처럼 음절 끝에 올 수 있는 자음이 제한되어 있기 때문에 일어난 음운 변동이 있다.
② ㉠, ㉡, ㉣: '있+니 → [인니]'에서처럼 인접하는 자음과 조음 방법이 같아진 음운 변동이 있다.
③ ㉢: '앓+고 → [알코]'에서처럼 자음이 축약된 음운변동이 있다.
④ ㉢, ㉣: '몫+도 → [목또]'에서처럼 음절 끝에 둘 이상의 자음이 오지 못하기 때문에 일어난 음운 변동이 있다.

24 다음 중 단어의 의미 관계가 '넉넉하다 : 푼푼하다'와 같은 것은?

① 출발 : 도착
② 늙다 : 젊다
③ 팽이잠 : 노루잠
④ 느슨하다 : 팽팽하다

25 다음 글에 대한 이해로 적절하지 않은 것은?

> "워싱턴 : 1=링컨 : x (단, x는 1, 5, 16, 20 가운데 하나)"라는 유추 문제를 가정해 보자. 심리학자 스턴버그는 유추 문제의 해결 과정을 다음과 같이 제시하였다. 첫 번째, '부호화'는 유추 문제의 각 항들이 어떠한 의미인지 파악하는 과정이다. '워싱턴', '1', '링컨' 등의 단어가 무슨 뜻인지 이해하는 것이 부호화이다. 두 번째, '추리'는 앞의 두 항이 어떠한 연관성을 갖는지 규칙을 찾는 과정이다. 조지 워싱턴이 미국의 초대 대통령이라는 지식을 갖고 있는 사람이라면, '워싱턴'과 숫자 '1'로부터 연관성을 찾아낼 수 있을 것이다. 세 번째, '대응'은 유추의 근거 영역의 요소들과 대상 영역의 요소들을 연결하는 단계이다. '워싱턴'과 '링컨'을 연결하고, 숫자 '1'과 미지항 x를 연결하는 과정이 이에 해당한다. 네 번째, '적용'은 자신이 찾아낸 규칙을 대상 영역에 적용하는 과정이다. 조지 워싱턴이 미국의 초대 대통령이며 아브라함 링컨이 미국의 열여섯 번째 대통령임을 안다면, 적용의 단계에서 미지항 x의 답이 '16'이라고 생각할 것이다. 다섯 번째, '비교'는 자신이 찾아낸 미지항 x의 값과 다른 선택지들을 비교하는 과정이다. 만약 '16'을 답으로 찾은 사람에게 조지 워싱턴이 1달러 지폐의 인물이고 아브라함 링컨이 5달러 지폐의 인물이라는 정보가 있다면, 정답의 가능성이 있는 두 개의 선택지 사이에서 비교를 진행하게 될 것이다. 여섯 번째, '정당화'는 비교의 결과 더 적합하다고 생각되는 답을 선택하는 과정이며, 마지막으로 '반응'은 자신이 찾아낸 최종적인 결론을 말하거나 기록하는 과정이다.

① '워싱턴'이 미국의 도시 이름이라는 정보만 갖고 있는 사람이라면, '추리'의 단계에서 실패할 것이다.

② '링컨'이 몇 번째 대통령인지에 대한 정보와 미국의 화폐에 대한 정보가 없는 사람이라면, '대응'의 단계에서 실패할 것이다.

③ 미국의 화폐에 대한 정보는 갖고 있지만 미국 역대 대통령의 순서에 대한 정보가 없는 사람이라면, '적용'의 단계에서 '5'를 선택할 것이다.

④ 'x'에 들어갈 수 있는 답으로 '5'와 '16'을 찾아낸 사람이라면, 'x는 순서를 나타낸다'라는 새로운 기준을 제시했을 때 '정당화'의 단계에서 '16'을 선택할 것이다.

제2과목: 형법

QR코드 접속을 통해 풀이시간 측정, 자동 채점
그리고 결과 분석까지!

01 죄형법정주의에 대한 설명으로 옳은 것은?(단, 다툼이 있는 경우 판례에 의함)

① 도로교통법상 도로가 아닌 곳에서 운전면허 없이 운전한 행위를 무면허운전으로 처벌하는 것은 유추해석금지원칙에 반하지 않는다.

② 고농도 니코틴 용액에 프로필렌글리콜(Propylene Glycol)과 식물성 글리세린(Vegetable Glycerin)과 같은 희석액, 소비자의 기호에 맞는 향료를 일정한 비율로 첨가하여 전자장치를 이용해 흡입할 수 있는 니코틴 용액을 만든 것을 담배의 제조행위라고 보는 것은 유추해석금지원칙에 반한다.

③ 죄형법정주의의 핵심적 내용의 하나인 소급처벌금지의 원칙은 대법원 양형위원회가 설정한 양형기준에도 적용되므로, 그 양형기준이 발효하기 전에 이미 공소가 제기된 범죄에 대하여는 그 양형기준을 참고하여 형을 양정할 수 없다.

④ 처벌법규의 구성요건에 법관의 보충적인 해석을 필요로 하는 개념을 사용하였다고 하더라도 통상의 해석방법에 의하여 건전한 상식과 통상적인 법감정을 가진 사람이면 당해 처벌법규의 보호법익과 금지된 행위 및 처벌의 종류와 정도를 알 수 있도록 규정하였다면 처벌법규의 명확성에 배치되는 것은 아니다.

02 부작위범에 대한 설명으로 옳은 것은?(단, 다툼이 있는 경우 판례에 의함)

① 위치추적 전자장치의 피부착자 甲이 그 장치의 구성부분인 휴대용 추적장치를 분실한 후 3일이 경과하도록 보호관찰소에 분실신고를 하지 않고 돌아다닌 경우, 분실을 넘어서서 상당한 기간 동안 휴대용 추적장치가 없는 상태를 방치한 부작위는 「전자장치 부착 등에 관한 법률」제38조에 따른 전자장치의 효용을 해한 행위에 해당하지 아니한다.

② 대출자금으로 빌딩을 경락받았으나 분양이 저조하여 자금조달에 실패한 甲과 乙은 수분양자들과 사이에 대출금으로 충당되는 중도금을 제외한 계약금과 잔금의 지급을 유예하고 1년의 위탁기간 후 재매입하기로 하는 등의 비정상적인 이면약정을 체결하고 점포를 분양하였음에도, 금융기관에 대해서는 그러한 이면약정의 내용을 감춘 채 분양 중도금의 집단적 대출을 교섭하여 중도금 대출 명목으로 금원을 지급받은 경우, 甲과 乙의 행위는 사기죄의 요건으로서의 부작위에 의한 기망에 해당하지 아니한다.

③ 부진정 부작위범 성립에 있어서는 부작위로 인한 법익침해가 작위에 의한 법익침해와 동등한 형법적 가치가 있어야 하는 것은 아니다.

④ 부진정 부작위범에 있어서 작위의무는 법령, 법률행위, 선행행위로 인한 경우에는 물론, 신의성실의 원칙이나 사회상규 혹은 조리상 작위의무가 기대되는 경우에도 인정된다.

03 인과관계에 대한 설명으로 옳지 않은 것은?(단, 다툼이 있는 경우 판례에 의함)

① 한의사 甲이 A에게 문진하여 과거 봉침을 맞고도 별다른 이상반응이 없었다는 답변을 듣고 부작용에 대한 충분한 사전 설명 없이 환부인 목 부위에 봉침시술을 하였는데, A가 시술 직후 쇼크반응을 나타내는 등 상해를 입은 경우, 설명의무를 다하였더라도 피해자가 반드시 시술을 거부하였을 것이라고 볼 수 없다면 甲의 설명의무 위반과 A의 상해 사이에는 인과관계가 부정된다.

② 甲이 A를 2회에 걸쳐 두 손으로 힘껏 밀어 땅바닥에 넘어뜨리는 폭행을 가함으로써 그 충격으로 인한 쇼크성 심장마비로 사망케 하였다면, 비록 A에게 그 당시 심관상동맥경화 및 심근섬유화증세 등의 심장질환 지병이 있었고 음주로 만취된 상태였으며 그것이 A가 사망함에 있어 영향을 주었다고 해서, 甲의 폭행과 A의 사망 간에 상당인과관계가 없다고 할 수 없다.

③ 산부인과 의사 甲이 환자 A를 다른 병원으로 전원하는 과정에서 전원을 지체하고, 전원받는 병원 의료진에게 A가 고혈압환자이고 제왕절개수술 후 대량출혈이 있었던 사정을 설명하지 않아 A가 사망한 경우, 전원받은 병원에서 의료진의 조치가 미흡하여 전원 후 약 1시간 20분이 지나 수혈이 시작된 사정이 있었다면, 甲의 과실과 A의 사망 사이에는 인과관계가 단절된다.

④ 甲과 乙이 공동하여 A를 폭행하고 그 무렵 당구장 3층에 있는 화장실에 숨어 있던 A를 다시 폭행하려고 甲은 화장실을 지키고 乙은 당구치는 기구로 문을 내려쳐 부수자, 이에 위협을 느낀 A가 화장실 창문 밖으로 숨으려다 실족하여 떨어짐으로써 사망하였다. 이 경우, 甲과 乙의 폭행행위와 A의 사망 사이에는 인과관계가 있다.

04 다음 중 판례의 입장으로 옳지 않은 것은?

① 지방자치단체장이 관행적으로 간담회를 열어 업무추진비 지출 형식으로 참석자들에게 음식물을 제공해 오면서 법령에 의하여 허용되는 행위라고 오인하였다 하더라도, 그 오인에 정당한 이유가 없어 법률의 착오에 해당하지 않는다.

② 일본 영주권을 가진 재일교포가 영리를 목적으로 관세물품을 구입한 것이 아니라거나 국내 입국 시 관세신고를 하지 않아도 되는 것으로 착오하였다는 등의 사정만으로는 「형법」 제16조의 법률의 착오에 해당하지 않는다.

③ 내란죄에서 국헌문란의 '목적'은 범죄 성립을 위하여 고의 외에 요구되는 초과주관적 구성요건 요소로서 엄격한 증명사항에 속하므로 확정적 인식을 요한다.

④ 피고인이 자신의 구타행위로 상해를 입은 피해자가 정신을 잃고 빈사 상태에 빠지자 사망한 것으로 오인하고, 자신의 행위를 은폐하고 피해자가 자살한 것처럼 가장하기 위하여 피해자를 베란다 아래의 바닥으로 떨어뜨려 사망케 하였다면, 피고인의 행위는 포괄하여 단일의 상해치사죄에 해당한다.

05 법률의 착오에 대한 설명으로 옳지 않은 것은?(단, 다툼이 있는 경우 판례에 의함)

① 법규정을 몰라 자신의 행위가 위법하다는 것을 아예 생각조차 하지 않은 경우에는 법률의 착오가 된다.

② 변호사자격을 가진 국회의원이 의정보고서를 발간하는 과정에서 선거관리위원회에 정식으로 질의를 하여 공식적인 답변을 받지 않고 보좌관을 통하여 선거관리위원회 직원에게 문의하여 답변을 들은 것만으로 선거법규에 저촉되지 않는다고 오인한 경우, 그 오인에 정당한 이유가 있다고 하기 어렵다.

③ 가처분결정으로 직무집행정지 중에 있던 종단대표자가 종단소유의 보관금을 소송비용으로 사용함에 있어 변호사의 조언이 있었다는 것만으로 보관금인출사용행위가 법률의 착오에 의한 것이라 할 수 없다.

④ 죄가 되지 않는다고 오인한 행위의 정당성 여부는 행위자가 진지한 노력을 다하였더라면 스스로의 행위에 대하여 위법성을 인식할 수 있는 가능성이 있었음에도 이를 다하지 못한 결과 자기 행위의 위법성을 인식하지 못한 것인지 여부에 따라 판단하여야 한다.

06 위법성조각사유에 대한 설명으로 옳지 않은 것은? (단, 다툼이 있는 경우 판례에 의함)

① 어떠한 행위가 정당방위로 인정되려면 그 행위가 자기 또는 타인의 법익에 대한 현재의 부당한 침해를 방어하기 위한 것으로서 상당성이 있어야 하므로, 위법하지 않은 정당한 침해에 대한 정당방위는 인정되지 아니한다.

② 어떠한 물건에 대하여 자기에게 그 권리가 있다고 주장하면서 이를 가져간 데 대하여 피해자의 묵시적인 동의가 있었다면 위 주장이 후에 허위임이 밝혀졌더라도 피고인의 행위는 절취행위에 해당되지 않는다.

③ 2인 이상이 하나의 공간에서 공동생활을 하고 있는 경우에는 각자 주거의 평온을 누릴 권리가 있으므로, 사용자가 제3자와 공동으로 관리·사용하는 공간을 사용자에 대한 쟁의행위를 이유로 관리자의 의사에 반하여 침입·점거한 경우, 비록 그 공간의 점거가 사용자에 대한 관계에서 정당한 쟁의행위로 평가될 여지가 있다 하여도 이를 공동으로 관리·사용하는 제3자의 명시적 또는 추정적인 승낙이 없는 이상 위 제3자에 대하여서까지 이를 정당행위라고 하여 주거침입의 위법성이 조각된다.

④ 폭력행위 등 처벌에 관한 법률에 규정된 죄를 범한 사람이 흉기로 사람에게 위해를 가하려 할 때 이를 예방하기 위하여 한 행위는 벌하지 아니한다.

07 자구행위에 대한 설명으로 옳지 않은 것은?(단, 다툼이 있는 경우 판례에 의함)

① 과잉자구행위의 경우에는 과잉방위의 경우와 달리, 야간이나 그 밖의 불안한 상태에서 공포를 느끼거나 흥분하거나 당황하였기 때문에 그 행위를 하였을 때에는 벌하지 아니한다는 규정이 존재하지 않는다.

② 채무자가 부도를 내고 도피하자 채권자가 채권확보를 위하여 채무자 소유의 가구점에 관리종업원이 있는데도 그 가구점의 시정장치를 쇠톱으로 절단하고 들어가 가구들을 무단으로 취거한 행위는 자구행위에 해당하지 않는다.

③ 인근 상가의 통행로로 이용되고 있는 토지의 사실상 지배권자가 위 토지에 철주와 철망을 설치하고 포장된 아스팔트를 걷어냄으로써 통행로로 이용하지 못하게 한 경우, 이는 일반교통방해죄를 구성하고 자구행위에 해당하지 않는다.

④ 토지소유권자가 타인이 운영하는 회사에 대하여 사용대차계약을 해지하고 그 토지의 인도 등을 구할 권리가 있다는 이유로 그 회사로 들어가는 진입로를 폐쇄한 경우, 그 권리를 확보하기 위하여 다른 적법한 절차를 취하는 것이 곤란하지 않았더라도, 정당한 행위 또는 자력구제에 해당한다.

08 실행의 착수에 대한 설명으로 가장 적절하지 않은 것은?(단, 다툼이 있는 경우 판례에 의함)

① 甲이 A의 팔을 잡아당기거나 등을 미는 등의 방법으로 A를 끌고 가 그 신체적 활동의 자유를 침해하는 행위를 개시하였다면 체포죄의 실행의 착수를 인정할 수 있다.

② 법률사무의 수임에 관하여 당사자를 특정 변호사에게 소개한 후 그 대가로 금품을 수수하면 「변호사법」 제109조 제2호, 제34조 제1항을 위반하는 죄가 성립하는바, 소개의 대가로 금품을 받을 고의를 가지고 변호사에게 소개를 하면 실행의 착수를 인정할 수 있다.

③ 甲이 피담보채권인 공사대금 채권을 실제와 달리 허위로 크게 부풀려 유치권에 의한 경매를 신청한 경우 甲의 행위는 소송사기죄의 실행의 착수에 해당한다.

④ 법원을 기망하여 자기에게 유리한 판결을 얻기 위해 소를 제기하였더라도 소송사기죄의 실행의 착수를 인정하기 위해서는 소장이 소제기의 상대방에게 유효하게 송달되어야 한다.

09 법인의 처벌에 대한 설명으로 가장 적절한 것은? (단, 다툼이 있는 경우 판례에 의함)

① 지방자치단체의 장이 국가사무의 일부를 위임받아 사무를 처리하는 기관위임사무뿐만 아니라, 지방자치단체 고유의 자치사무를 처리하는 경우에도 지방자치단체는 국가기관과는 별도의 독립한 공법인이므로 양벌규정에 따라 처벌대상이 되는 법인에 해당한다.

② 법인격 없는 사단과 같은 단체는 법인과 마찬가지로 사법상의 권리의무의 주체가 될 수 있음은 별론으로 하더라도 법률에 명문의 규정이 없는 한 그 범죄능력은 없다.

③ 양벌규정에 의한 영업주의 처벌은 금지위반행위자인 종업원의 처벌에 종속하여 처벌된다.

④ 판례는 양벌규정의 적용대상자를 업무주가 아니면서 당해 업무를 실제 집행하는 자에게까지 확장하고 있어, 법인격 없는 공공기관도 개인정보보호법상 양벌규정에 의해 처벌될 수 있고, 해당 업무를 실제로 담당하는 소속 공무원도 양벌규정에 의해 처벌받을 수 있다.

10 필요적 공범에 대한 설명으로 옳지 않은 것은?(단, 다툼이 있는 경우 판례에 의함)

① 공소시효는 공소의 제기로 진행이 정지되고, 「형사소송법」 제253조 제2항에 따라 공범의 1인에 대한 시효의 정지는 다른 공범자에 대하여 효력이 미치므로, 뇌물수수자에 대하여 공소가 제기되었다면 뇌물공여자에 대한 공소시효 또한 정지된다.

② 피고인의 소유물은 물론 공범자의 소유물도 몰수할 수 있으나, 공범자의 소유물은 공범자의 소추 여부를 불문하고 몰수할 수 있다.

③ 합동범이 성립하기 위하여는 객관적 요건으로서의 실행행위가 시간적으로나 장소적으로 협동관계에 있다고 볼 수 있는 사정이 있어야 한다.

④ 필요적 공범이라는 것은 법률상 범죄의 실행이 다수인의 협력을 필요로 하는 것을 가리키는 것으로서 이러한 범죄의 성립에는 행위의 공동을 필요로 하는 것에 불과하고 반드시 협력자 전부가 책임이 있음을 필요로 하는 것은 아니다.

11 사기죄에 대한 설명으로 옳은 것을 모두 고른 것은? (단, 다툼이 있을 경우 판례에 의함)

> ㉠ 사기죄에 있어서 재물의 교부가 있었다고 하기 위하여는 반드시 재물의 현실의 인도가 필요하다.
> ㉡ 사기죄의 객체가 되는 재산상의 이익은 반드시 사법(私法)상 보호되는 경제적 이익만을 의미한다.
> ㉢ 자기가 점유하는 타인의 재물을 기망을 통해 영득한 경우에는 사기죄가 아니라 횡령죄가 성립한다.
> ㉣ 피기망자가 처분행위의 의미나 내용을 인식하지 못하였으나 피기망자의 작위 또는 부작위가 직접 재산상 손해를 초래하는 재산적 처분행위로 평가되고, 이러한 작위 또는 부작위를 피기망자가 인식하고 한 경우, 사기죄의 처분행위에 상응하는 처분의사가 인정된다.
> ㉤ 사기죄에서 그 대가가 일부 지급된 경우 편취액은 피해자로부터 교부된 재물의 가치로부터 그 대가를 공제한 차액이다.

① ㉠, ㉢
② ㉠, ㉤
③ ㉢, ㉣
④ ㉣, ㉤

12 공동정범에 대한 설명으로 옳지 않은 것은?(단, 다툼이 있는 경우 판례에 의함)

① 결과적가중범의 공동정범은 기본행위를 공동으로 할 의사가 있으면 성립하고 결과를 공동으로 할 의사는 필요 없다.
② 공동정범이 성립하기 위하여는 범죄행위 시에 행위자 상호간에 주관적으로는 서로 범죄행위를 공동으로 한다는 공동가공의 의사가 있어야 하고, 그 의사의 연락이 묵시적이거나 간접적이거나를 불문한다.
③ 부작위범 사이의 공동정범은 다수의 부작위범에게 공통된 의무가 부여되어 있고 그 의무를 공통으로 이행할 수 있을 때에만 성립한다.
④ 살인죄의 고의는 미필적 인식으로도 족하므로, 타인의 범행을 인식하면서 제지하지 않고 용인한 것만으로도 공동가공의 의사는 인정된다.

13 공무방해에 대한 죄에 대한 설명으로 가장 적절하지 않은 것은?(단, 다툼이 있는 경우 판례에 의함)

① 화물자동차 운송주선사업자가 관할 행정청에 주기적으로 허가기준에 관한 사항을 신고하는 과정에서 가장 납입에 의하여 발급받은 허위의 예금잔액증명서를 제출하는 부정한 방법으로 허가를 받는 행위는 위계에 의한 공무집행방해죄를 구성하지 않는다.
② 구 병역법상의 지정업체에서 전문연구요원으로 근무할 의사가 없음에도 해당 지정업체의 장과 공모하여 허위내용의 편입신청서를 제출하여 관할관청으로부터 산업기능요원 편입을 승인받고, 관할관청의 실태조사를 회피하기 위하여 허위서류를 작성·제출하는 등의 방법으로 파견근무를 신청하여 관할관청으로부터 파견근무를 승인받은 경우, 위계에 의한 공무집행방해죄가 성립한다.
③ 동일한 공무를 집행하는 여럿의 공무원에 대하여 폭행·협박 행위를 한 경우에는 공무를 집행하는 공무원의 수에 따라 여럿의 공무집행방해죄가 성립하고, 위와 같은 폭행·협박 행위가 동일한 장소에서 동일한 기회에 이루어진 것으로 여럿의 공무집행방해죄는 실체적 경합의 관계에 있다.
④ 경찰관들이 집시법상 질서유지선에 해당하지 아니한다고 하여 집회 또는 시위의 장소에 출입하거나 그 장소 안에 머무르는 경찰관들의 행위를 곧바로 위법하다고 할 것은 아니고, 「집회 및 시위에 관한 법률」 제19조에 의한 출입에 해당하는 경우라면 적법한 공무집행으로 볼 수 있을 것이다.

14 강간과 추행의 죄에 대한 설명으로 옳지 않은 것은? (단, 다툼이 있는 경우 판례에 의함)

① 피고인이 아파트 엘리베이터 내에 A(여, 11세)와 단둘이 탄 다음 A를 향하여 성기를 꺼내어 잡고 여러 방향으로 움직이다가 이를 보고 놀란 A 쪽으로 가까이 다가간 경우, 피고인이 A의 신체에 직접적인 접촉을 하지 아니하였고, 엘리베이터가 멈춘 후 A가 위 상황에서 바로 벗어날 수 있었으므로 피고인의 행위는 「성폭력범죄의 처벌 등에 관한 특례법」 제7조 제5항에서 정한 위력에 의한 추행에 해당하지 않는다.

② '미성년자 또는 심신미약자에 대하여 위계 또는 위력으로써 간음 또는 추행'한 자를 처벌하는 「형법」 제302조는, 미성년자나 심신미약자와 같이 판단능력이나 대처능력이 일반인에 비하여 낮은 사람은 낮은 정도의 유·무형력의 행사에 의해서도 저항을 제대로 하지 못하고 피해를 입을 가능성이 있기 때문에 범죄의 성립요건을 강간죄나 강제추행죄보다 완화된 형태로 규정한 것이다.

③ 위계에 의한 간음죄가 보호대상으로 삼는 아동·청소년, 미성년자, 심신미약자, 피보호자·피감독자, 장애인 등의 성적 자기결정 능력은 그 나이, 성장과정, 환경, 지능 내지 정신기능 장애의 정도 등에 따라 개인별로 차이가 있으므로 간음행위와 인과관계가 있는 위계에 해당하는지 여부를 판단할 때에는 구체적인 범행상황에 놓인 피해자의 입장과 관점이 충분히 고려되어야 한다.

④ 성적 자기결정권에는 자신이 하고자 하는 성행위를 결정할 권리라는 적극적 측면과 함께 원치 않는 성행위를 거부할 권리라는 소극적 측면이 함께 존재하는데, 위계에 의한 간음죄를 비롯한 강간과 추행의 죄는 소극적 성적 자기결정권을 침해하는 것을 내용으로 한다.

15 횡령의 죄에 대한 설명으로 옳지 않은 것은?(단, 다툼이 있는 경우 판례에 의함)

① 회사의 대표이사 혹은 그에 준하여 회사 자금의 보관이나 운용에 관한 사실상의 사무를 처리하여 온 자가 이자나 변제기의 약정과 이사회 결의 등 적법한 절차 없이 회사를 위한 지출 이외의 용도로 거액의 회사 자금을 가지급금 등의 명목으로 인출, 사용한 행위는 횡령죄를 구성한다.

② 횡령죄에서 보관자가 자기 또는 제3자의 이익을 위한 것이 아니라 소유자의 이익을 위하여 이를 처분한 경우에는 특별한 사정이 없는 한 불법영득의 의사를 인정할 수 없다.

③ 타인의 토지상에 권원 없이 식재한 수목의 소유권은 토지소유자에게 귀속하므로, 권원 없이 식재한 감나무에서 감을 수확한 것은 절도죄에 해당한다.

④ 법인의 운영자나 관리자가 법인의 회계장부에 올리지 않고 회계로부터 분리시켜 별도로 비자금을 조성한 경우, 특별한 사정이 없는 한 비자금 조성행위 자체로써 불법영득의 의사가 실현된 것으로 볼 수 없다.

16 미수범 성립에 대한 판례의 입장으로 옳지 않은 것을 모두 고른 것은?

> ⊙ 채무자의 기망행위로 인하여 채권자가 채무를 확정적으로 소멸 내지 면제시키는 특약 등의 처분행위를 한 경우, 그 재산적 처분행위가 사기를 이유로 민법에 따라 취소될 수 있다면 사기죄의 미수범이 성립할 뿐이다.
> ⓒ 체포의 고의로 피해자의 팔을 잡아당기거나 등을 미는 등의 방법으로 피해자를 끌고 갔으나 일시적인 자유박탈에 그친 경우 체포죄의 미수범을 인정한다.
> ⓒ 주간에 절도의 목적으로 타인의 주거에 침입하였지만, 아직 절취할 물건의 물색행위를 시작하기 전인 경우 특수절도죄의 미수범을 부정한다.
> ⓒ 민사소송법상의 소송비용액 확정절차에 의하지 아니한 채, 단순히 소송비용을 편취할 의사로 소송비용의 지급을 구하는 손해배상청구의 소를 제기한 경우 사기죄의 불능미수범을 인정한다.

① ⊙, ⓒ

② ⊙, ⓒ

③ ⓒ, ⓒ

④ ⓒ, ⓒ

17 명예의 죄에 대한 설명으로 적절하지 않은 것은? (단, 다툼이 있는 경우 판례에 의함)

① 서울시민 또는 경기도민 등과 같은 막연한 표시에 의해서는 명예훼손죄를 구성하지 않지만, 집합적 명사를 쓴 경우에도 그것에 의하여 그 범위에 속하는 특정인을 가리키는 것이 명백하면, 이를 각자의 명예를 훼손하는 행위라고 볼 수 있다.

② 인터넷 댓글에 의하여 모욕을 당한 피해자의 인터넷 아이디(ID)만을 알 수 있을 뿐 그 밖의 주위사정을 종합해보더라도 그와 같은 인터넷 아이디를 가진 사람이 동 피해자임을 알아차릴 수 없는 경우라면 명예훼손죄 또는 모욕죄가 성립하지 않는다.

③ 모욕죄는 피해자의 외부적 명예를 저하시킬 만한 추상적 판단이나 경멸적 감정을 공연히 표시함으로써 성립하는 것으로, 피해자의 외부적 명예가 현실적으로 침해되거나 적어도 구체적·현실적으로 침해될 위험이 발생하여야 한다.

④ 「형법」 제307조 명예훼손죄에 있어서 사실의 적시는 가치판단이나 평가를 내용으로 하는 의견표현에 대치되는 개념으로서 시간적으로나 공간적으로 구체적인 과거 또는 현재의 사실관계에 관한 보고나 진술을 뜻한다.

18 뇌물의 죄에 대한 설명으로 옳지 않은 것은?(단, 다툼이 있는 경우 판례에 의함)

① 공무원이 뇌물로 투기적 사업에 참여할 기회를 제공받은 경우, 뇌물수수죄의 기수 시기는 투기적 사업에 참여하는 행위가 종료된 때로 보아야 하며, 그 행위가 종료된 후 경제사정의 변동 등으로 인하여 당초의 예상과는 달리 그 사업 참여로 인하여 아무런 이득을 얻지 못한 경우라도 뇌물수수죄의 성립에는 영향이 없다.

② 구 해양수산부 해운정책과 소속 공무원인 피고인이 甲 해운회사의 대표이사 등에게서 중국의 선박운항허가 담당부서가 관장하는 중국 국적선사의 선박에 대한 운항허가를 받을 수 있도록 노력해 달라는 부탁을 받고 돈을 받은 경우, 뇌물수수죄가 성립한다.

③ 법령에 기한 임명권자에 의하여 임용되어 공무에 종사하여 온 사람이 나중에 그가 임용결격자였음이 밝혀져 당초의 임용행위가 무효라고 하더라도, 그가 임용행위라는 외관을 갖추어 실제로 공무를 수행한 이상, 그가 그 직무에 관하여 뇌물을 수수한 때에는 수뢰죄로 처벌할 수 있다.

④ 음주운전을 적발하여 단속에 관련된 제반 서류를 작성한 후 운전면허 취소업무를 담당하는 직원에게 이를 인계하는 업무를 담당하는 경찰관이 피단속자로부터 운전면허가 취소되지 않도록 하여 달라는 청탁을 받고 금원을 교부받은 경우, 뇌물수수죄가 성립한다.

19 방화죄 사례와 그에 대한 설명이 잘못 연결된 것은? (단, 다툼이 있는 경우 판례에 의함)

① 甲이 乙의 사체 위에 옷가지 등을 올려놓고 불을 붙인 천조각을 던져 그 불길이 방안을 태우면서 천정에까지 옮겨 붙었지만 완전연소에 이르지 못하고 도중에 진화되었다. - 甲은 현주건조물방화죄의 기수범

② 甲은 자신의 아버지(A)와 형(B)을 살해할 목적으로 A와 B가 자고 있는 방에 불을 놓았고, 그 결과 A와 B 모두 사망하였다. - 甲은 살인죄, 존속살해죄, 현주건조물방화치사죄의 실체적 경합범

③ 甲은 지붕과 문짝, 창문이 없고 담장과 일부 벽체가 붕괴된 철거 대상 건물로서 사실상 기거 · 취침에 사용할 수 없는 상태인 폐가의 내부와 외부에 쓰레기를 모아놓고 태워 그 불길이 폐가의 벽을 일부 그을리게 하였다. - 甲은 일반물건방화죄의 미수범에 해당하나 미수범 처벌 규정이 없으므로 무죄

④ 甲이 방화의 의사로 뿌린 휘발유가 인화성이 강한 상태로 주택주변과 A의 몸에 적지 않게 살포되어 있는 사정을 알면서도 라이터를 켜 불꽃을 일으킴으로써 A의 몸에 불이 붙어 상해를 입었다. - 甲은 현주건조물방화치상죄 기수범

20 폭행에 대한 설명으로 적절하지 않은 것은?(단, 다툼이 있는 경우 판례에 의함)

① 폭행죄에서 말하는 폭행이란 사람의 신체에 대하여 육체적, 정신적 고통을 주는 유형력을 행사하는 것으로서 반드시 피해자의 신체에 접촉할 필요가 없다.

② 상해죄는 결과범이므로 그 성립에는 상해의 원인인 폭행에 관한 인식이 있으면 충분하고 상해를 가할 의사의 존재는 필요하지 않다.

③ 공무원의 직무 수행에 대한 비판이나 시정 등을 요구하는 집회·시위 과정에서 일시적으로 상당한 소음이 발생하였다는 사정만으로도 공무집행방해죄에서의 음향으로 인한 폭행이 인정된다.

④ 거리상 멀리 떨어져 있는 사람에게 전화기를 이용하여 전화하면서 고성을 내거나 그 전화 대화를 녹음 후 듣게 하더라도 수화자의 청각기관을 자극하여 그 수화자로 하여금 고통스럽게 느끼게 할 정도의 음향이 아닌 경우에는 신체에 대한 유형력의 행사를 한 것으로 보기 어렵다.

21 약취·유인죄에 대한 설명으로 옳은 것을 모두 고른 것은?(단, 다툼이 있는 경우 판례에 의함)

> ㉠ 미성년자의 아버지의 부탁으로 그 아이들을 보호하고 있는 자는 위 아이를 인도하라는 어머니의 요구를 거부하였다고 하더라도 미성년자약취죄의 죄책을 진다고 보기는 어렵다.
> ㉡ 미성년자를 보호·감독하고 있던 그 아버지의 의사에 반하여 미성년자를 자신들의 사실상 지배로 옮긴 이상 미성년자약취죄가 성립한다 할 것이고, 설령 미성년자의 동의가 있었다 하더라도 마찬가지이다.
> ㉢ 미성년자를 보호·감독하는 사람이라고 하더라도 다른 보호감독자의 보호·양육권을 침해하거나 자신의 보호·양육권을 남용하여 미성년자 본인의 이익을 침해하는 때에는 미성년자에 대한 약취죄의 주체가 될 수 있다.
> ㉣ 강도 범행을 하는 과정에서 미성년자와 그의 부모를 함께 체포·감금, 또는 폭행·협박을 가하는 경우 특별한 사정이 없는 한 미성년자약취죄는 성립하지 않는다.
> ㉤ 미성년자유인죄 범의를 인정하기 위해서는 피해자가 미성년자임을 알면서 유인한다는 인식 및 나아가 유인하는 행위가 피해자의 의사에 반한다는 인식도 필요하다.

① ㉠, ㉡, ㉤

② ㉠, ㉡, ㉢

③ ㉡, ㉢, ㉣, ㉤

④ ㉠, ㉡, ㉢, ㉣

22 문서죄에 대한 설명으로 가장 적절하지 않은 것은? (단, 다툼이 있는 경우 판례에 의함)

① 인감증명서 발급업무를 담당하는 공무원이 발급을 신청한 본인이 직접 출두한 바 없음에도 불구하고 본인이 직접 신청하여 발급받은 것처럼 인감증명서에 기재하였다면, 이는 허위공문서작성죄를 구성한다.

② 컴퓨터의 기억장치 중 하나인 램(RAM)에 올려진 전자기록이 「형법」 제232조의2의 사전자기록위작·변작죄에서 말하는 권리의무 또는 사실증명에 관한 타인의 전자기록 등 특수매체기록에 해당한다.

③ 「형법」 제228조 제1항이 규정하는 공정증서원본 부실기재죄나 공전자기록 등 부실기재죄는 공무원에 대하여 진실에 반하는 허위신고를 하여 공정증서원본 또는 이와 동일한 전자기록 등 특수매체기록에 그 증명하는 사항에 관하여 실체관계에 부합하지 아니하는 '부실의 사실'을 기재 또는 기록하게 함으로써 성립하고, 여기서 '부실의 사실'이라 함은 권리의무관계에 중요한 의미를 갖는 사항이 객관적인 진실에 반하는 것을 말한다.

④ 권한 없는 자가 임의로 인감증명서의 사용용도란의 기재를 고쳐 썼다면 공무원 또는 공무소의 문서 내용에 대하여 변경을 가하여 새로운 증명력을 작출한 경우이므로 공문서변조죄가 성립된다.

23 도주와 범인은닉에 대한 설명으로 가장 적절하지 않은 것은?(단, 다툼이 있는 경우 판례에 의함)

① 수용설비 또는 기구를 손괴하거나 사람에게 폭행 또는 협박을 가하거나 2인 이상이 합동하여 제145조 제1항(도주)의 죄를 범한 때에는 특수도주죄가 성립하고, 특수도주죄의 미수범은 처벌된다.

② 참고인이 실제의 범인이 누군지도 정확하게 모르는 상태에서 수사기관에서 실제의 범인이 아닌 어떤 사람을 범인이 아닐지도 모른다고 생각하면서도 그를 범인이라고 지목하는 허위의 진술을 한 경우 범인도피죄가 성립된다.

③ 범인 스스로 도피하는 행위는 처벌되지 아니하는 것이므로 범인이 도피를 위하여 타인에게 도움을 요청하는 행위 역시 도피행위의 범주에 속하는 한 처벌되지 않으나, 범인이 타인으로 하여금 허위의 자백을 하게 하는 등으로 범인도피죄를 범하게 하는 경우와 같이 방어권의 남용으로 볼 수 있을 때에는 범인도피교사죄에 해당할 수 있다.

④ 「형법」 제151조 제1항의 '죄를 범한 자'는 범죄의 혐의를 받아 수사대상이 되어 있는 자를 포함하고, 벌금 이상의 형에 해당하는 죄를 범한 자라는 것을 인식하면서도 도피하게 한 경우에는 아직 수사대상이 되어 있지 않았다고 하더라도 범인도피죄가 성립한다.

24 다음 중 공갈죄에 대한 설명으로 가장 옳지 않은 것은?(단, 다툼이 있는 경우 판례에 의함)

① 재정악화로 어려움을 겪는 회사라 할지라도 합법적인 방법으로 피해자 회사들과 갈등을 해결하려 하지 않고 유예기간 안에 돈을 지급하지 않으면 자동차 부품 생산라인을 중단하여 큰 손실을 입게 만들겠다는 태도를 보였다면 공갈죄가 성립한다.

② 주점의 종업원에게 신체에 위해를 가할 듯한 태도를 보여 이에 겁을 먹은 위 종업원으로부터 주류를 제공받은 경우에 있어 위 종업원은 주류에 대한 처분권자가 아니므로 공갈죄가 성립할 수 없다.

③ 가출자의 가족에 대하여 그의 소재를 알려주는 조건으로 보험가입을 요구한 경우에는 공갈죄에 있어서의 협박으로 볼 수 없다.

④ 피공갈자의 하자 있는 의사에 기하여 이루어지는 재물의 교부 자체가 공갈죄에서의 재산상 손해에 해당하므로, 반드시 피해자의 전체 재산의 감소가 요구되는 것은 아니다.

25 신용카드 및 현금카드 관련 범죄에 대한 설명으로 적절하지 않은 것을 모두 고른 것은?(단, 다툼이 있는 경우 판례에 의함)

① 피해자로부터 현금카드를 강취하여 현금자동지급기에서 예금을 인출한 행위는 강도죄와는 별도로 절도죄를 구성한다.

② 대금을 결제할 의사와 능력이 없음에도 자기 명의의 신용카드를 발급받아 현금자동지급기를 통해 현금을 인출하였다면 사기죄와는 별도로 절도죄를 구성한다.

③ 피해자로부터 현금카드를 갈취하여 현금자동지급기에서 예금을 여러 번 인출한 행위는 포괄하여 하나의 공갈죄를 구성한다.

④ 강취한 신용카드로 피고인이 마치 신용카드의 정당한 소지인인 양 가맹점의 점주를 속여 점주로부터 주류 등을 제공받아 취득하였다면 신용카드부정사용죄와 별도로 사기죄가 성립한다.

01 무죄추정의 원칙에 대한 설명으로 적절하지 않은 것은?(단, 다툼이 있는 경우 판례에 의함)

① 무죄추정의 원칙은 수사를 하는 단계뿐만 아니라 판결이 확정될 때까지 형사절차와 형사재판 전반을 이끄는 대원칙이고, '의심스러우면 피고인의 이익으로'라는 오래된 법언에 내포된 이러한 원칙은 우리 형사법의 기초를 이루고 있다.

② 구 사립학교법이 형사사건으로 기소된 교원에 대하여 필요적으로 직위해제처분을 하도록 규정한 것은 무죄추정의 원칙에 반한다.

③ 무죄추정의 원칙으로 인하여 불구속수사와 불구속재판을 원칙으로 하고 예외적으로 피의자 또는 피고인이 도망할 우려가 있거나 증거를 인멸할 우려가 있는 때에만 구속수사 또는 구속재판이 인정될 뿐이다.

④ 파기환송을 받은 법원이 피고인 구속을 계속할 사유가 있어 결정으로 구속기간을 갱신하여 피고인을 계속 구금하는 것은 무죄추정의 원칙에 반한다.

02 신속한 재판의 원칙에 대한 설명으로 가장 적절하지 않은 것은?(단, 다툼이 있는 경우 판례에 의함)

① 형사소송법의 규정에 따르면 검사는 수사의 신속한 종결을 위해 피의자가 체포 또는 구속된 날부터 30일 이내에 공소장을 제출하여야 한다.

② 형사피고인은 헌법에 의해 신속한 재판을 받을 권리를 보장받고 있다.

③ 구속사건에 대해서는 법원이 구속기간 내에 재판을 하면 되는 것이고 구속 만기 25일을 앞두고 제1회 공판이 있었다 하여 헌법이 정한 신속한 재판을 받을 권리를 침해하였다고 할 수 없다.

④ 형사소송법은 신속한 재판을 위해 집중심리주의를 명문으로 규정하고 있다.

03 형사소송의 구조에 대한 설명으로 옳지 않은 것은?(단, 다툼이 있는 경우 판례에 의함)

① 증인에 대한 교호신문제도와 공소장일본주의는 당사자주의적 요소이다.

② 피고인신문제도와 법원의 공소장변경요구는 직권주의적 요소이다.

③ 직권주의의 경우 법원이 소송에 몰입되어 제2자로서의 공정성을 상실할 우려가 있다.

④ 탄핵주의란 소추기관과 재판기관이 분리되지 않고 재판기관이 스스로 절차를 개시하여 심리 재판하는 구조로 소추기관이 없어 재판기관과 대등한 소송의 주체로서의 지위를 갖게 된다.

04 공소제기에 대한 설명으로 적절하지 않은 것은?(단, 다툼이 있는 경우 판례에 의함)

① 검사가 절도죄에 관하여 일단 기소유예의 처분을 한 것을 그 후 다시 재기하여 기소하였다 하여도 기소의 효력에 아무런 영향이 없는 것이고, 법원이 그 기소사실에 대하여 유죄판결을 선고하였다 하여 그것이 일사부재리의 원칙에 반하는 것은 아니다.

② 검사의 기명날인 또는 서명이 없는 상태로 관할법원에 제출된 공소장에 의한 공소제기는 특별한 사정이 없는 한 그 절차가 법률의 규정에 위반하여 무효인 때에 해당하지만, 공소를 제기한 검사가 공소장에 기명날인 또는 서명을 추완하는 등의 방법에 의하여 공소제기가 유효하게 될 수 있다.

③ 하나의 행위가 부작위범인 직무유기죄와 작위범인 범인도피죄의 구성요건을 동시에 충족하는 경우, 공소제기권자는 작위범인 범인도피죄로 공소를 제기하지 않고 부작위범인 직무유기죄로만 공소를 제기할 수도 있다.

④ 포괄일죄에 대한 공소장을 작성하는 경우에 그 일죄의 일부를 구성하는 개개의 행위를 구체적으로 특정하지 않았다면, 설령 그 전체범행의 시기와 종기, 범행방법, 피해자나 상대방, 범행횟수나 피해액의 합계 등을 명시하였다 하더라도 그 범죄사실이 특정되었다고 할 수 없다.

05 보증금납입조건부 피의자석방과 보석에 대한 설명으로 옳지 않은 것은?(단, 다툼이 있는 경우 판례에 의함)

① 법원이 검사의 의견을 듣지 아니한 채 보석에 관한 결정을 하였다고 하더라도 그 결정이 적정한 이상, 이러한 절차상의 하자만을 들어 그 결정을 취소할 수 없다.

② 재판장은 보석에 관한 결정을 하기 전에 검사의 의견을 물어야 하고, 법원은 검사의 의견표명이 있기 전에 보석의 허가 여부를 결정할 수 없다.

③ 검사는 보증금납입조건부 피의자석방결정과 보석허가결정에 대해서 항고할 수 있다.

④ 보석취소결정을 비롯하여 고등법원이 한 최초 결정이 제1심법원이 하였더라면 보통항고가 인정되는 결정인 경우에는 이에 대한 재항고와 관련한 집행정지의 효력은 인정되지 않는다.

06 몰수·추징에 대한 설명으로 적절하지 않은 것은? (단, 다툼이 있는 경우 판례에 의함)

① 몰수나 추징을 선고하기 위해서는 몰수나 추징의 요건이 공소가 제기된 공소사실과 관련되어 있어야 하고, 공소가 제기되지 아니한 별개의 범죄사실을 법원이 인정하여 그에 관하여 몰수나 추징을 선고하는 것은 불고불리의 원칙에 위반되어 허용되지 않는다.

② 몰수는 범죄에 의한 이득을 박탈하는 데 그 취지가 있고, 추징도 이러한 몰수의 취지를 관철하기 위한 것인 점 등에 비추어 볼 때, 몰수할 수 없는 때에 추징하여야 할 가액은 범인이 그 물건을 보유하고 있다가 몰수의 선고를 받았더라면 잃었을 이득 상당액을 의미한다고 보아야 하므로, 다른 특별한 사정이 없는 한 그 가액산정은 재판선고 시의 가격을 기준으로 하여야 한다.

③ 징역 8월에 집행유예 2년이 선고된 당초의 원심판결에 대해 피고인만이 상고한 결과 상고심에서 파기환송하였다면, 환송 후 원심이 피고인에 대하여 징역 8월에 집행유예 2년 및 재판 시 압수물의 몰수를 선고하였더라도 불이익변경금지 원칙에 위배되지 않는다.

④ 몰수는 반드시 압수되어 있는 물건에 대하여만 하는 것이 아니므로 몰수대상 물건이 압수되어 있는가 하는 점 및 적법한 절차에 의하여 압수되었는가 하는 점은 몰수의 요건이 아니다.

07 현행범체포에 대한 설명으로 적절하지 않은 것은? (단, 다툼이 있는 경우 판례에 의함)

① 사법경찰관리가 현행범인의 인도를 받은 때에는 체포자의 성명, 주거, 체포의 사유를 물어야 하고 필요한 때에는 체포자에 대하여 경찰관서에 동행함을 요구할 수 있다.

② 현행범인은 누구든지 영장없이 체포할 수 있고, 검사 또는 사법경찰관리가 아닌 자가 현행범인을 체포한 때에는 즉시 검사 등에게 인도하여야 하며, '즉시'라고 함은 반드시 체포시점과 시간적으로 밀착된 시점이어야 하는 것은 아니다.

③ 현행범을 체포한 경찰관의 진술이라 하더라도 범행을 목격한 부분에 관하여는 어느 목격자의 진술과 다름없이 증거능력이 있으며, 다만 그 증거의 신빙성만 문제가 된다.

④ 사인의 현행범 체포과정에서 일어날 수 있는 물리적 충돌이 적정한 한계를 벗어났는지 여부는 그 행위가 소극적인 방어행위인가 적극적인 공격행위인가에 따라 결정된다.

08 수사에 대한 설명으로 옳지 않은 것은?(단, 다툼이 있는 경우 판례에 의함)

① 수사기관이 참고인을 조사하는 과정에서 「형사소송법」 제221조 제1항에 따라 작성한 영상녹화물은 다른 법률에서 달리 규정하고 있는 등의 특별한 사정이 없는 한, 원칙적으로 공소사실을 직접 증명할 수 있는 독립적인 증거로 사용할 수 없다.

② 위법한 함정수사에 기하여 공소를 제기한 경우 그 수사에 기하여 수집한 증거는 증거능력이 없다고 보아야 하므로 법원은 무죄판결을 하여야 한다.

③ 범죄의 인지는 실질적인 개념이므로 인지절차를 거치기 전에 범죄의 혐의가 있다고 보아 수사를 개시하는 행위를 한 때에 범죄를 인지한 것으로 보아야 하며, 그 뒤 범죄인지서를 작성하여 사건수리 절차를 밟은 때에 비로소 범죄를 인지하였다고 볼 것은 아니다.

④ 장애인 등 특별히 보호를 요하는 피의자를 신문하는 경우 피의자와 신뢰관계에 있는 자를 동석하게 할 수 있는데, 수사기관이 재량에 따라 이를 허락하더라도 동석한 사람으로 하여금 피의자를 대신하여 진술하도록 하여서는 안 된다.

09 다음 중 필요적 보석의 예외사유에 해당하지 않는 것은?

① 피고인이 도망하거나 도망할 염려가 있다고 믿을 만한 충분한 이유가 있는 때

② 피고인이 죄증을 인멸하거나 인멸할 염려가 있다고 믿을 만한 충분한 이유가 있는 때

③ 피고인의 주거가 불분명한 때

④ 피고인이 사형, 무기 또는 장기 5년이 넘는 징역이나 금고에 해당하는 죄를 범한 때

10 ㉠, ㉡에 들어갈 말을 바르게 연결한 것은?(단, 다툼이 있는 경우 판례에 의함)

- 甲이 乙의 성명을 모용하여 乙의 이름으로 공소가 제기된 경우, 공소제기의 효력은 명의를 사칭한 甲에게만 미치므로 甲만이 피고인이 되고 명의를 모용당한 乙에게는 공소의 효력이 미치지 않는다. 이 경우 검사는 (㉠) 절차에 의하여 피고인의 표시를 바로잡아야 한다.
- 甲이 乙의 성명을 모용하여 乙이 약식명령을 송달받고 정식재판을 청구하여 乙을 상대로 심리를 하는 과정에서 성명모용사실이 발각되어 검사가 표시를 바로잡는 등 사실상의 소송계속이 발생하고 乙이 형식상 또는 외관상 피고인의 지위를 갖게 되면, 이 경우 법원은 乙에게 (㉡)을 하여야 한다.

	㉠	㉡
①	공소장변경	공소기각결정
②	공소장변경	공소기각판결
③	공소장정정	공소기각결정
④	공소장정정	공소기각판결

11 간이공판절차에 대한 설명으로 옳지 않은 것은?(단, 다툼이 있는 경우 판례에 의함)

① 간이공판절차는 공판절차를 간이화함으로써 소송경제와 재판의 신속을 기하고자 하는 제도로서, 중죄에 해당하는 합의부 심판사건에는 적용되지 않는다.

② 간이공판절차에 있어서는 전문법칙이 적용되는 증거에 대하여 「형사소송법」 제318조의 동의가 있는 것으로 간주한다.

③ 음주상태로 운전하다가 교통사고를 내고, 사고 후 도주한 피고인이 법정에서 "공소사실은 모두 사실과 다름없다."라고 하면서 술에 만취되어 기억이 없다는 취지로 진술한 경우, 간이공판절차에 의하여 심판할 대상에 해당하지 아니한다.

④ 피고인의 출석 없이 개정할 수 있는 사건에 대하여 법원이 피고인의 출석 없이 개정하는 경우 피고인이 공판정에서 자백하였다면 간이공판절차에 의하여 심판할 수 있다.

12 위법수집증거에 대한 설명으로 가장 적절하지 않은 것은?(단, 다툼이 있는 경우 판례에 의함)

① 특별한 사정이 존재하지 아니하는 이상 피고인에게 실질적 반대신문권의 기회가 부여되지 아니한 채 이루어진 증인의 법정진술은 위법한 증거로서 증거능력을 인정하기 어려워 피고인의 책문권 포기로도 그 하자가 치유될 수 없다.

② 검사 작성의 피의자신문조서가 검사에 의하여 피의자에 대한 변호인의 접견이 부당하게 제한되고 있는 동안에 작성된 경우 그 피의자신문조서는 증거능력이 없다.

③ 수사기관이 甲으로부터 피고인의 범행에 대한 진술을 듣고, 추가적인 증거를 확보할 목적으로 구속수감되어 있던 甲에게 그의 압수된 휴대전화를 제공하여 피고인과 통화하고 위 범행에 관한 통화 내용을 녹음하게 한 행위는 불법감청에 해당하므로, 그 녹음 자체는 물론 이를 근거로 작성된 녹취록 첨부 수사보고는 피고인의 증거동의에 상관없이 그 증거능력이 없다.

④ 사기죄의 증거인 업무일지는 피고인의 사생활 영역과 관계된 자유로운 인격권의 발현물이라고 볼 수 없고 피고인을 형사소추하기 위해서는 이 사건 업무일지가 반드시 필요한 증거로 보이나 설령 그것이 제3자에 의하여 절취된 것으로서 피해자측이 이를 수사기관에 증거자료로 제출하기 위하여 대가를 지급하였다 하더라고, 공익의 실현을 위하여 위 업무일지는 증거로 사용할 수 있다.

13 「형사소송법」 제315조에 의하여 당연히 증거능력이 있는 서류를 모두 고른 것은?(단, 다툼이 있는 경우 판례에 의함)

> ㉠ 항해일지
> ㉡ 사법경찰관 작성의 '새세대 16호'에 대한 수사보고서
> ㉢ 체포 · 구속인접견부
> ㉣ 시가감정 업무에 4~5년 종사해 온 세관공무원이 세관에 비치된 기준과 수입신고서에 기재된 가격을 참작하여 작성한 감정서
> ㉤ 육군과학수사연구소의 실험분석관이 작성한 감정서
> ㉥ 기타 특히 신용할 만한 정황에 의하여 작성된 문서

① ㉠, ㉡, ㉢, ㉤ 　　② ㉡, ㉢, ㉥
③ ㉠, ㉡, ㉢, ㉣ 　　④ ㉠, ㉡, ㉣, ㉥

14 증명에 대한 설명으로 옳은 것을 모두 고른 것은? (단, 다툼이 있는 경우 판례에 의함)

> ㉠ 교사범에 있어서의 교사 사실은 범죄사실을 구성하는 것으로서 이를 인정하는 것은 자유로운 증명의 대상이 된다.
> ㉡ 공모관계를 인정하기 위해서는 엄격한 증명이 요구되지만 피고인이 공모관계를 부인하는 경우에는 상당한 관련성이 있는 간접사실 또는 정황사실을 증명하는 방법으로 이를 증명할 수밖에 없다.
> ㉢ 친고죄에서 적법한 고소가 있었는지 여부는 자유로운 증명의 대상이 된다.
> ㉣ 몰수는 부가형이자 형벌이므로 몰수의 대상 여부는 엄격한 증명의 대상이나, 추징은 형벌이 아니므로 추징의 대상, 추징액의 인정은 자유로운 증명의 대상이다.

① ㉠, ㉢, ㉣ 　　② ㉡, ㉢
③ ㉡, ㉢, ㉣ 　　④ ㉠, ㉡, ㉢, ㉣

15 즉결심판절차에 대한 설명으로 가장 적절하지 않은 것은?(단, 다툼이 있는 경우 판례에 의함)

① 경찰서장이 범칙행위에 대하여 통고처분을 한 이상, 통고처분에서정한 범칙금 납부기간까지는 원칙적으로 즉결심판을 청구할 수 없고, 검사도 동일한 범칙행위에 대하여 공소를 제기할 수 없다.
② 특별한 사정이 없는 이상 경찰서장은 범칙행위에 대한 형사소추를 위하여 이미 한 통고처분을 임의로 취소할 수 없다.
③ 판사는 구류의 선고를 받은 피고인이 도망할 염려가 있을 때에는 7일을 초과하지 아니하는 기간 경찰서유치장에 유치할 것을 명령할 수 있지만, 이 기간은 선고기간을 초과할 수 없다.
④ 즉결심판의 청구와 동시에 판사에게 증거서류 및 증거물을 제출하도록 한 것은 즉결심판이 범증이 명백하고 죄질이 경미한 범죄사건을 신속 · 적정하게 심판하기 위한 입법적 고려에서 공소장일본주의가 배제되도록 한 것이라고 보아야 한다.

16 포괄일죄의 취급에 대한 설명으로 옳지 않은 것은? (단, 다툼이 있는 경우 판례에 의함)

① 검사가 수 개의 협박 범행을 먼저 기소하고 다시 별개의 협박 범행을 추가로 기소하였는데 이를 병합하여 심리하는 과정에서 전후에 기소된 각각의 범행이 모두 포괄하여 하나의 협박죄를 구성하는 것으로 밝혀졌다면, 비록 협박죄의 포괄일죄로 공소장을 변경하는 절차가 없었다거나 추가로 공소장을 제출한 것이 포괄일죄를 구성하는 행위로서 기존의 공소장에 누락된 것을 추가·보충하는 취지의 것이라는 석명절차를 거치지 아니하였더라도, 법원은 전후에 기소된 범죄사실 전부에 대하여 실체 판단을 할 수 있고, 추가기소된 부분에 대하여 공소기각판결을 할 필요는 없다.

② 환송 전 항소심에서 포괄일죄의 일부만이 유죄로 인정된 경우 그 유죄부분에 대하여 피고인만이 상고하였을 뿐 무죄부분에 대하여 검사가 상고를 하지 않았더라도 상소불가분의 원칙에 의하여 무죄부분도 상고심에 이심되므로 상고심으로부터 위 유죄부분에 대한 항소심 판결이 잘못되었다는 이유로 사건을 파기환송받은 항소심은 그 무죄부분에 대하여 다시 심리판단하여 유죄를 선고할 수 있다.

③ 상습범으로서 포괄일죄의 관계에 있는 여러 개의 범죄사실 중 일부에 대하여 상습범으로 기소되어 유죄판결이 확정된 경우에, 그 확정판결의 사실심판결 선고 전에 저질러진 나머지 범죄에 대하여 새로이 공소가 제기되었다면 그 새로운 공소는 확정판결이 있었던 사건과 동일한 사건에 대하여 다시 제기된 데에 해당하므로 이에 대하여는 판결로써 면소의 선고를 하여야 한다.

④ 포괄일죄의 경우 공소시효는 최종의 범죄행위가 종료한 때로부터 진행한다.

17 증인 및 증인신문에 대한 설명으로 가장 적절한 것은?(단, 다툼이 있는 경우 판례에 의함)

① 법원이 변호인이 없는 피고인을 일시 퇴정하게 하고 증인신문을 한 다음 피고인에게 실질적인 반대신문의 기회를 부여하지 아니한 채 증인신문이 이루어졌다면, 다음 공판기일에서 재판장이 증인신문 결과 등을 공판조서에 의하여 고지할 때 피고인이 '변경할 점과 이의할 점이 없다'고 진술하였다고 하더라도 그 증인신문조서는 증거능력이 없다.

② 공범인 공동피고인의 법정에서의 자백은 이에 대한 다른 피고인의 반대신문권이 보장되어 있어 증인으로 신문한 경우와 다를 바 없으므로 독립한 증거능력이 있지만, 피고인들 간에 이해관계가 상반되는 경우에는 증거능력을 인정할 수 없다.

③ 법원은 소환장을 송달받은 증인이 정당한 사유 없이 출석하지 아니한 때에는 결정으로 300만 원 이하의 과태료를 부과할 수 있다.

④ 증언거부권을 고지받을 권리가 형사상 자기에게 불리한 진술을 강요당하지 아니함을 규정한 대한민국「헌법」제12조 제2항에 의하여 바로 국민의 기본권으로 보장받아야 한다고 볼 수는 없고, 증언거부권의 고지를 규정한 「형사소송법」제160조의 규정이 국회에서의 증언·감정 등에 관한 법률에도 유추 적용되는 것으로 인정할 근거는 없다.

18 증거에 대한 설명으로 옳지 않은 것은?(단, 다툼이 있는 경우 판례에 의함)

① 유류물의 경우 영장 없이 압수하였더라도 영장주의를 위반한 잘못이 있다 할 수 없고, 압수 후 압수조서의 작성 및 압수목록의 작성·교부절차가 제대로 이행되지 아니한 잘못이 있다 하더라도, 그것이 적법절차의 실질적인 내용을 침해하는 경우에 해당하는 것은 아니다.

② 제1심에서 피고인에 대하여 무죄판결이 선고되어 검사가 항소한 후, 수사기관이 항소심 공판기일에 증인으로 신청하여 신문할 수 있는 사람을 특별한 사정 없이 미리 수사기관에 소환하여 작성한 진술조서나 피의자신문조서는 피고인이 증거로 삼는 데 동의하지 않는 한 증거능력이 없지만, 참고인 등이 나중에 법정에 증인으로 출석하여 위 진술조서 등의 진정성립을 인정하고 피고인 측에 반대신문의 기회까지 충분히 부여되었다면 하자가 치유되었다고 할 것이므로 위 진술조서 등의 증거능력을 인정할 수 있다.

③ 피고인의 사용인이 위반행위를 하여 피고인이 양벌규정에 따라 기소된 경우, 사용인에 대하여 사법경찰관이 작성한 피의자신문조서에 대하여는 그 사용인이 사망하여 진술할 수 없더라도 「형사소송법」 제314조가 적용되지 않는다.

④ 압수조서의 '압수경위'란에 피고인이 범행을 저지르는 현장을 목격한 사법경찰관 및 사법경찰리의 진술이 담겨 있고, 그 하단에 피고인의 범행을 직접 목격하면서 위 압수조서를 작성한 사법경찰관 및 사법경찰리의 각 기명날인이 들어가 있다면, 위 압수조서 중 '압수경위'란에 기재된 내용은 「형사소송법」 제312조 제5항에서 정한 '피고인이 아닌 자가 수사과정에서 작성한 진술서'에 준하는 것으로 볼 수 있다.

19 재판에 대한 설명으로 옳지 않은 것은?(단, 다툼이 있는 경우 판례에 의함)

① 특별사면으로 형 선고의 효력이 상실된 유죄확정판결에 대하여 재심개시결정이 이루어진 경우, 재심심판절차에서 그 심급에 따라 다시 심판하여 실체에 관한 유·무죄 등의 판단을 하여야 하지, 특별사면이 있음을 들어 면소판결을 하여서는 아니 된다.

② 동일사건이 사물관할을 달리하는 수 개의 법원에 계속된 때에는 법원합의부가 심판하고 심판하지 않게 된 법원은 공소기각결정을 하여야 한다.

③ 「소년법」 제32조의 보호처분을 받은 사건과 동일한 사건에 대하여 다시 공소제기가 되었다면 「소년법」 제32조의 보호처분은 확정판결이어서 기판력을 가지므로 면소판결을 하여야 한다.

④ 경범죄처벌법상 범칙금 통고를 받고 범칙금을 납부하였다면, 이는 확정판결에 준하는 효력이 있는 경우로 동일사건에 대하여 다시 공소가 제기된 때에는 면소판결을 하여야 한다.

20 판결서의 작성에 대한 설명으로 옳은 것을 모두 고른 것은?(단, 다툼이 있는 경우 판례에 의함)

> ⊙ 판결서에는 기소한 검사의 관직, 성명과 변호인의 성명을 기재하여야 하나, 공판에 관여한 검사의 관직과 성명은 기재할 필요가 없다.
> ⓛ 유죄판결의 판결이유에는 범죄사실, 증거의 요지와 법령의 적용을 명시하여야 하고, 유죄판결을 선고하면서 판결이유에 그중 어느 하나를 전부 누락한 경우에는 「형사소송법」 제383조 제1호에 정한 판결에 영향을 미친 법률위반으로서 파기사유가 된다.
> ⓒ 무죄판결의 경우, 공소사실에 부합하는 증거를 배척하는 취지를 합리적 범위 내에서 판결이유에 기재하여야 하고, 만일 주문에서 무죄를 선고하고도 그 판결이유에는 이에 관한 아무런 판단도 기재하지 않았다면 항소 또는 상고이유가 될 수 있다.
> ⓔ 사실인정에 배치되는 증거에 대한 판단은 반드시 판결이유에 기재하여야 하므로 이를 기재하지 않은 때에는 항소 또는 상고이유가 될 수 있다.

① ㉠, ㉢
② ㉡, ㉣
③ ㉡, ㉢
④ ㉠, ㉡

21 상소심에 대한 설명으로 옳은 것을 모두 고른 것은? (단, 다툼이 있는 경우 판례에 의함)

> ⊙ 포괄일죄 중 유죄부분에 대하여 피고인만 상소하였을 뿐 무죄부분에 대하여 검사가 상소를 하지 않은 경우, 상소심은 무죄부분에 대하여 심리·판단할 수 없다.
> ⓛ 제1심법원이 법관의 면전에서 사실을 검토하고 법령을 적용하여 판결한 사유에 대해 피고인이 항소하지 않거나 양형부당만을 항소이유로 주장하여 항소함으로써 죄의 성부에 관한 판단 내용을 인정하는 태도를 보였다면 그에 관한 판단 내용이 잘못되었다고 주장하면서 상고하는 것은 허용될 수 없다.
> ⓒ 상소의 제기·포기·취하는 서면으로 하며 공판정에서 구술로써 할 수 없다.
> ⓔ 「형사소송법」 제186조 제1항의 피고인의 소송비용부담은 형이 아니지만 실질적인 의미에서 형에 존하여 평가할 수 있는 것이어서 불이익변경금지원칙이 적용된다.

① ㉠, ㉡
② ㉡, ㉢
③ ㉢, ㉣
④ ㉠, ㉡, ㉣

22 상소권회복에 대한 설명으로 옳은 것을 모두 고른 것은?(단, 다툼이 있는 경우 판례에 의함)

> ⊙ 피고인이 소송 계속 중인 사실을 알면서도 법원에 거주지 변경 신고를 하지 않은 경우에는, 잘못된 공시송달에 터 잡아 피고인의 진술 없이 공판이 진행되고 피고인이 출석하지 않은 기일에 판결이 선고되었더라도, 피고인이 자기 또는 대리인이 책임질 수 없는 사유로 상소제기기간을 준수하지 못한 것으로 볼 수 없다.
>
> ⓒ 제1심판결에 대하여 검사의 항소에 의한 항소심판결이 선고된 후, 피고인이 동일한 제1심판결에 대하여 항소권 회복청구를 하는 경우, 이는 적법하다고 볼 수 없어 법원은 「형사소송법」 제347조 제1항에 따라 결정으로 이를 기각하여야 한다.
>
> ⓒ 상소권을 포기한 자가 상소제기기간이 도과한 다음에 상소포기의 효력을 다투는 한편, 자기 또는 대리인이 책임질 수 없는 사유로 인하여 상소제기기간 내에 상소를 하지 못하였다고 주장하는 경우, 상소를 제기함과 동시에 상소권회복청구를 할 수 있다.
>
> ⓔ 「형사소송법」 제345조의 대리인이란 피고인을 대신하여 상소에 필요한 행위를 할 수 있는 지위에 있는 자를 말하는 것이고 교도소장은 피고인을 대리하여 결정정본을 수령할 수 있을 뿐이고 상소권행사를 돕거나 대신할 수 있는 자가 아니므로 이에 포함되지 않는다.

① ㉠, ㉢   ② ㉡, ㉢
③ ㉠, ㉡, ㉣   ④ ㉡, ㉢, ㉣

23 준항고에 대한 설명으로 적절하지 않은 것은?(단, 다툼이 있는 경우 판례에 의함)

① 검사의 불기소처분에 대하여 항고 또는 재항고의 결과, 재기수사명령에서 증거물의 압수·수색이 필요하다는 등의 지적이 있었다면 검사가 압수·수색영장의 청구 등 강제처분을 위한 조치를 취하지 아니한 것 그 자체를 준항고로써 다툴 수 있다.

② 「형사소송법」 제332조(몰수의 선고와 압수물)에 의하여 압수가 해제된 것으로 되었음에도 불구하고 검사가 그 해제된 압수물의 인도를 거부하는 조치에 대해서는 「형사소송법」 제417조가 규정하는 준항고로 불복할 대상이 될 수 없다.

③ 수사기관의 압수물의 환부에 관한 처분의 취소를 구하는 준항고는 일종의 항고소송이므로, 통상의 항고소송에서와 마찬가지로 그 이익이 있어야 하고, 소송계속 중 준항고로써 달성하고자 하는 목적이 이미 이루어졌거나 시일의 경과 또는 그 밖의 사정으로 인하여 그 이익이 상실된 경우에는 준항고는 그 이익이 없어 부적법하게 된다.

④ 수소법원을 구성하는 재판장 또는 수명법관의 재판에 대한 준항고만이 허용되고 검사의 청구에 의하여 영장을 발부하는 지방법원판사가 한 영장발부의 재판에 대하여는 준항고가 허용되지 않는다.

24 재심에 대한 설명으로 옳지 않은 것은?(단, 다툼이 있는 경우 판례에 의함)

① 「소송촉진 등에 관한 특례법」 제23조에 따라 진행된 제1심의 불출석 재판에 대하여 검사만 항소하고, 항소심도 불출석 재판으로 진행한 후 제1심판결을 파기하고 다시 유죄판결을 선고하여 확정된 경우, 비록 피고인에게 불출석의 귀책사유가 없다고 하더라도 항소심 법원에 재심을 청구할 수 없다.

② 조세심판원이 재조사결정을 하고 그에 따라 과세관청이 후속 처분으로 당초 부과처분을 취소하였다면 부과처분은 처분시에 소급하여 효력을 잃게 되어 원칙적으로 그에 따른 납세의무도 없어지므로, 형사소송법에 정한 재심사유에 해당한다.

③ 군사법원의 판결이 확정된 후 피고인에 대한 재판권이 더 이상 군사법원에 없게 된 경우, 군사법원의 판결에 대한 재심사건의 관할은 원판결을 한 군사법원과 같은 심급의 일반법원에 있다.

④ 피고인이 재심을 청구한 경우에 재심대상이 되는 확정판결의 소송절차 중에 증거를 제출하지 못한 데 과실이 있는 경우에는 그 증거는 '증거가 새로 발견된 때'에서 제외된다.

25 배상명령제도에 대한 설명으로 가장 적절한 것은? (단, 다툼이 있는 경우 판례에 의함)

① 피해자는 제1심 또는 제2심 공판의 변론종결 시까지 사건이 계속된 법원에 배상을 신청할 수 있다.

② 법원은 피고사건의 범죄행위로 인하여 발생한 간접적 손해에 대하여 배상을 명할 수 있다.

③ 배상신청을 각하하거나 그 일부를 인용한 재판에 대하여 신청인은 동일한 배상신청은 할 수 없으나, 불복신청은 할 수 있다.

④ 피해자가 이미 그 재산상 피해의 회복에 관한 채무명의를 가지고 있는 경우라고 하더라도 별도로 배상명령신청이 가능하다.

www.sdedu.co.kr

군무원 수사직
FINAL 실전 봉투모의고사

정답 및 해설

제1회 모의고사 정답 및 해설

제1과목: 국어

01	02	03	04	05	06	07	08	09	10
①	③	④	④	③	①	②	④	①	③

11	12	13	14	15	16	17	18	19	20
③	①	③	④	③	②	①	④	③	②

21	22	23	24	25
④	④	①	④	②

01
정답 ①

정답해설

①의 제시된 문장은 '영하는 부산에 산다.'라는 문장과 '민주는 대전에 산다.'라는 문장을 대등적 연결 어미 '-고'를 사용하여 연결한 것으로, 대등적으로 이어진 문장이다.

오답해설

② '형이 취직하기'는 명사절로 안긴문장으로, 제시된 문장에서 목적어의 역할을 한다.

③ '예쁜'이 뒤에 오는 체언 '지혜'를 수식하고 있으므로, 관형절로 안긴문장이다. 제시된 문장은 '지혜는 예쁘다.'라는 문장과 '지혜는 자주 거울을 본다.'라는 문장으로 구분할 수 있다.

④ '다음 주에 가족 여행을 가자.'라는 문장을 인용 조사 '고'를 활용해 연결한 것으로, 인용절로 안긴문장이다.

The 알아보기 문장의 종류

• 홑문장
  - 주어와 서술어가 하나씩 있어서 둘 사이의 관계가 한 번만 이루어지는 문장이다.
  - 간결하고 명쾌하게 의미를 전달할 수 있다.
  - 본용언과 보조 용언이 결합하여 서술어로 쓰인 문장은 홑문장이다.
  - 대칭 서술어(마주치다, 다르다, 같다, 비슷하다, 악수하다)가 사용된 문장은 홑문장이다.
• 겹문장
  - 주어와 서술어의 관계가 두 번 이상 이루어지는 문장이다.

- 복잡한 내용을 전달할 수 있지만, 너무 복잡해지면 오히려 의미 전달이 어려워질 수 있다.
- 종류

이어진 문장	개념	둘 이상의 절이 연결 어미에 의하여 결합된 문장
	종류	• 대등하게 이어진 문장 • 종속적으로 이어진 문장

02
정답 ③

정답해설

③은 문장의 목적어나 부사어가 지시하는 대상을 높이는 객체 높임법이 특수 어휘 '드리다'로 실현되었다.

오답해설

① · ② · ④ 서술어의 주체를 높이는 주체 높임법이 높임의 선어말 어미 '-시-'로 실현된 문장이다.

03
정답 ④

정답해설

문학 작품을 표현 방식에 따라 구분하면 크게 서정, 서사, 극, 교술 문학으로 나뉜다.

④ 교술 양식: 필자의 경험에서 우러나온 깨달음을 서술하는 문학 장르이며 교술 민요, 경기체가, 악장, 가사, 패관 문학, 가전체, 몽유록, 수필, 서간, 일기, 기행, 비평 등이 해당된다.

오답해설

① 서정 양식: 개인의 감정이나 정서를 노래하는 주관적인 문학 장르로, 고대 가요, 향가, 고려 속요, 시조, 현대시 등이 해당된다.

② 서사 양식: 인물들이 벌인 어떠한 사건에 대해 서술자가 서술하는 것으로, 설화(신화, 전설, 민담), 판소리, 고전 소설, 현대 소설, 신소설 등이 해당된다.

③ 극 양식: 서사 갈래와 동일하게 어떠한 사건을 다루지만 무대 위에 인물들이 직접 등장하여 대사와 행동으로 보여주는 문학 장르이다. 가면극(탈춤), 인형극, 무극, 그림자극, 희곡 등이 해당된다.

The 알아보기　문학의 갈래

갈래	특징	예
서정 (노래 하기)	• 운율이 있는 언어를 통해 내용이 전개되며 전개 방식이 매우 감각적임 • 작품 외적 세계(작가)의 개입이 없는 세계(객관적 세계)의 자아화(주관화)	고대 가요, 향가, 고려 속요, 시조, 한시, 민요, 근대시, 현대시 등
서사 (이야기 하기)	• 다른 장르에 비해 객관적이고 분석적임 • 작품 외적 자아(서술자)의 개입이 있는 자아(인물)와 세계(현실)의 대결	설화, 서사 무가, 판소리, 고전 소설, 신소설, 현대 소설 등
극 (보여 주기)	• 연극적인 형식을 갖추고 있으며 서정 갈래의 주관성과 서사 갈래의 객관성을 공유 • 작품 외적 자아(서술자)의 개입이 없는 자아(인물)와 세계(현실)의 대결	탈춤, 인형극, 창극, 근대극, 현대극 등
교술 (알려 주기)	• 다른 장르에 비해 교훈성과 설득성이 매우 강함 • 작품 외적 세계(작가)의 개입이 있는 자아(주관)의 세계화(객관화)	경기체가, 악장, 가사, 국문 수필, 기행문, 비평문 등

04　　　　정답 ④

정답해설

실질 형태소는 명사, 대명사, 수사, 관형사, 부사, 감탄사, 용언의 어간으로, 제시된 문장에서 실질 형태소는 '눈, 녹−, 남−, 발, 자국, 자리, 꽃, 피−'이므로 총 8개이다.

오답해설

① 제시된 문장의 형태소는 '눈(명사)/이(조사)/녹−(어간)/−으면(어미)/남−(어간)/−은(어미)/발(명사)/자국(명사)/자리(명사)/마다(조사)/꽃(명사)/이(조사)/피−(어간)/−리−(선어말 어미)/−니(어말 어미)'로 나눌 수 있다. 의존 형태소는 어간, 어미, 조사, 접사로, 제시된 문장에서 의존형태소는 '이, 녹−, −으면, 남−, −은, 마다, 이, 피−, −리−, −니'이므로 총 10개이다.

② 자립 형태소는 명사, 대명사, 수사, 관형사, 부사, 감탄사로, 제시된 문장에서 자립 형태소는 '눈, 발, 자국, 자리, 꽃'이므로 총 5개이다.

③ 어절은 띄어쓰기의 단위로, 제시된 문장은 '눈이/녹으면/남은/발자국/자리마다/꽃이/피리니'와 같이 총 7개의 어절로 이루어져 있다. 음절은 말소리의 단위로, 제시된 문장은 총 19개의 음절로 이루어져 있다.

05　　　　정답 ③

정답해설

제시문에서 경전을 인용하여 주장을 강조하는 부분은 찾아볼 수 없다.

오답해설

① 물결치고 바람 부는 물 위에서 배를 띄워 놓고 사는 '주옹'의 삶에 대해 '손'은 매우 위험하게 생각하며 상식과 통념에 입각하여 사물을 바라보는 관점을 취하고 있다. 이와 달리 '주옹'은 늘 위태로운 지경에 처하게 되면 조심하고 경계하게 되므로 오히려 더욱 안전하다고 주장하고 있다. 따라서 이러한 '주옹'의 관점은 상식과 통념을 뒤집는 역설적 발상의 결과라고 할 수 있다.

② '손'과의 대화 과정에서 '주옹'은 여러 가지 질문을 던지고 이에 대한 자신의 주장을 펴고 있다.

④ 끝부분에서 '주옹'은 시를 이용하여 '어떻게 살아야 하는가'에 대한 자신의 주장을 암시적으로 보여 주고 있다.

The 알아보기　권근, 「주옹설(舟翁說)」
• 갈래: 한문 수필, 설(說)
• 성격: 비유적, 교훈적, 계몽적, 역설적
• 표현: 여러 가지 질문을 던지고 이에 대한 자신의 주장을 폄
• 제재: 뱃사람의 삶
• 특징
　− 편안함에 젖어 위험을 깨닫지 못하는 삶을 경계
　− 역설적 발상을 통해 일반적인 삶의 태도를 비판
　− 허구적인 대리인(주옹)을 설정하여 글쓴이의 생각을 전달
• 주제
　− 세상살이의 어려움과 삶의 태도
　− 항상 경계하며 사는 삶의 태도의 필요성

06　정답 ①

정답해설

제시문의 [A]는 자연 속에서 근심 없이 유유자적하는 삶의 태도를 보여 주고 있다.

① 월산대군의 강호한정가로 세속에 관심 없이 자연의 아름다움을 즐기며 안분지족하는 삶의 태도를 보여 주고 있다.

오답해설

② 황진이의 시조로 임을 떠나보내고 후회하는 여인의 심리를 표현한 연정가이다.

③ 원천석의 시조로 대나무를 의인화하여 고려 왕조에 대한 변함없는 충절을 표현한 절의가이다.

④ 이황의 시조 「도산십이곡」으로 변함없는 자연과 인간의 유한성을 대비하여 영원한 학문과 덕행에의 정진을 다짐하고 있다.

07　정답 ②

정답해설

'서로 짠 일도 아닌데 ~ 네 집이 돌아가며 길어 먹었지요.'와 '집안에 일이 있으면 그 순번이 자연스럽게 양보되기도 했었구요.'를 통해 이웃 간의 배려에 대한 표현을 찾아볼 수는 있다. 그러나 '미나리가 푸르고(시각적 이미지)', '잘도 썩어 구린내 훅 풍겼지요(후각적 이미지).'에서 감각적 이미지가 사용된 것은 확인할 수 있으나, 하나의 감각에서 다른 감각으로 전이되는 공감각적 이미지는 찾을 수 없다.

오답해설

① '네 집이 돌아가며 길어 먹었지요.'와 '집안에 일이 있으면 그 순번이 자연스럽게 양보되기도 했었구요.'를 통해 '샘'은 이웃 간의 정과 배려를 느끼게 하는 소재임을 알 수 있다. 따라서 '샘'을 매개로 공동체의 삶을 표현하였다는 설명은 적절하다.

③ '-었지요', '-었구요' 등은 구어체 표현으로서 이웃 간의 정감 어린 분위기를 표현하기 위해 사용되었다.

④ '길이었습니다', '있었지요', '먹었지요', '했었구요', '풍겼지요' 등의 과거 시제를 사용하고 있으며 이를 통해 과거를 회상하는 분위기를 표현하였다.

08　정답 ④

정답해설

국밥: 예사소리(ㄱ, ㅂ), 파열음(ㄱ, ㅂ), 연구개음(ㄱ)

오답해설

① 해장
　• 예사소리(ㅈ), 'ㅎ'은 어디에도 포함되지 않는다.
　• 파찰음(ㅈ), 마찰음(ㅎ)
　• 경구개음(ㅈ), 목청소리(ㅎ)

② 사탕
　• 예사소리(ㅅ), 거센소리(ㅌ), 울림소리(ㅇ)
　• 마찰음(ㅅ), 혀끝소리(ㅅ)

③ 낭만
　• 울림소리(ㄴ, ㅁ, ㅇ)
　• 비음(ㄴ, ㅁ, ㅇ)
　• 연구개음(ㅇ), 혀끝소리(ㄴ), 입술소리(ㅁ)

09　정답 ①

정답해설

주어진 문장의 '쓰다'는 '어떤 일을 하는 데에 재료나 도구, 수단을 이용하다.'의 의미이다.

① '쓰다'는 '합당치 못한 일을 강하게 요구하다.'라는 의미로, 주어진 문장의 '쓰다'와 다의 관계이다.

오답해설

② '시체를 묻고 무덤을 만들다.'의 의미이다.

③ '얼굴에 어떤 물건을 걸거나 덮어쓰다.'의 의미이다.

④ '머릿속의 생각을 종이 혹은 이와 유사한 대상 따위에 글로 나타내다.'의 의미이다.

10　정답 ③

정답해설

ⓛ 송별연은 '별'의 종성인 'ㄹ'이 연음되어 [송벼련]으로 발음된다.

ⓔ 야금야금은 두 가지 발음 [야금냐금/야그먀금]이 모두 표준 발음으로 인정된다.

오답해설

ⓒ 동원령[동원녕]

ⓓ 삯일[상닐]

11
정답 ③

정답해설

제시된 글에서는 '화랑도(花郎道: 꽃 화, 사나이 랑, 길 도)'와 '화랑도(花郎徒: 꽃 화, 사나이 랑, 무리 도)'를 정의함으로써 독자의 이해를 돕고 있으므로 ③은 적절한 설명이다.

오답해설

① 화랑도라는 용어를 바탕으로 의견을 제시하고 있을 뿐, 이에 대한 반론이나 반론을 위한 전제를 제시하지 않았으므로 이는 적절하지 않은 설명이다.

② 과거 신라 시대의 화랑도를 설명하고 있을 뿐, 글쓴이의 체험담이 제시되지 않았으므로 이는 적절하지 않은 설명이다.

④ 역사적 개념과 사실을 전달하고 있을 뿐, 통계적 사실이나 사례를 제시하지 않았으므로 이는 적절하지 않은 설명이다.

12
정답 ①

정답해설

㉠ '꿈'은 헤어진 임과 다시 만날 것을 간절히 염원하는 그리움의 표상이다.

오답해설

② 초장의 '이화우'와 중장의 '추풍낙엽'에서 계절의 대립적 변화는 나타나 있지만 ㉠은 작가의 소망을 나타낸 것일 뿐 대립적인 상황을 해소하는 계기가 되지는 않는다.

③ 인물의 과거 행적과 ㉠은 아무 관련이 없다.

④ '천 리에 외로운 꿈'은 둘 사이에 놓여 있는 공간적 거리감과 함께 잊을 수 없는 임에 대한 그리움의 표상이지 긴박한 분위기의 이완과는 관련이 없다.

> **The 알아보기** 계량, 「이화우(梨花雨) 흩날릴 제」
> • 갈래: 평시조, 연정가(戀情歌), 이별가
> • 성격: 감상적, 애상적, 우수적
> • 표현: 은유법
> • 제재: 이별과 그리움
> • 주제: 임을 그리는 마음

13
정답 ②

정답해설

제시문은 '학교폭력 가해사실에 대한 학교생활기록부 기록 방침'에 대해 찬성하는 입장을 취하고 있다. 이와 반대로 ② 는 학교폭력의 가해자가 받을 수 있는 지나친 불이익을 이유로 들어 '학교폭력 가해사실에 대한 학교생활기록부 기록 방침'에 대해 반대하는 입장을 취하고 있다.

오답해설

①·③·④ '학교폭력 가해사실에 대한 학교생활기록부 기록 방침'이 갖는 긍정적인 측면을 기술하고 있다.

14
정답 ④

정답해설

제시문은 세잔, 고흐, 고갱 각자의 인상주의에 대한 비판점과 해결 방법에 대해 서술하고 있다.

오답해설

① 세잔은 인상주의가 균형과 질서의 감각을 잃었다고 생각했다.

② 고흐는 인상주의가 빛과 색의 광학적 성질만을 탐구하여서, 미술의 강렬한 정열을 상실하게 될 위험에 처했다고 느꼈다.

③ 고갱은 그가 본 인생과 예술 전부에 대해 철저하게 불만을 느꼈고, 더 단순하고 더 솔직한 것을 열망했다.

15
정답 ③

정답해설

4구체, 8구체, 10구체로 분류되는 것은 '시조'가 아니라 '향가'이다.

오답해설

①·②·④ 시조 갈래에 대해 잘 설명하고 있다.

> **The 알아보기** 송순, 「십 년(十年)을 경영하여」
> • 갈래: 평시조, 정형시
> • 주제: 자연에 대한 사랑과 안빈낙도
> • 특징
> – 의인법과 비유법을 통해 물아일체의 모습을 나타냄
> – 근경과 원경이 조화를 이루고 있음

16 정답 ②

정답해설

핫옷: 안에 솜을 두어 만든 옷

오답해설

① 감실감실: 사람이나 물체, 빛 따위가 먼 곳에서 자꾸 아렴 풋이 움직이는 모양

③ 닝큼닝큼: 머뭇거리지 않고 잇따라 빨리

④ 다붓하다: 조용하고 호젓하다

17 정답 ①

정답해설

오매불망(寤寐不忘): 자나 깨나 잊지 못함

오답해설

② 청출어람(靑出於藍): 쪽에서 뽑아낸 푸른 물감이 쪽보다 더 푸르다는 뜻으로, 제자나 후배가 스승이나 선배보다 나음을 비유적으로 이르는 말

③ 각골난망(刻骨難忘): 남에게 입은 은혜가 뼈에 새길 만큼 커서 잊히지 아니함

④ 불문곡직(不問曲直): 옳고 그름을 따지지 아니함

18 정답 ④

정답해설

㉣의 '금간 창 틈'은 넉넉하지 않은 가정 상황을 나타내며, '빗소리'는 화자의 외로움을 고조시키고 있다.

The 알아보기 기형도, 「엄마 걱정」

• 갈래: 자유시, 서정시

• 주제: 장에 간 엄마를 걱정하고 기다리던 어린 시절의 외로움

• 특징
  – 어른이 된 화자가 과거를 회상함
  – 외로웠던 어린 시절을 감각적 심상으로 묘사

---

19 정답 ③

정답해설

국어의 표기법은 한 음절의 종성을 다음 자의 초성으로 내려서 쓰는 '이어적기(연철)', 여러 형태소가 연결될 때에 형태소의 모음 사이에서 나는 자음을 각각 앞 음절의 종성으로 적고 뒤 음절의 초성으로 적는 '거듭적기(혼철)', 여러 형태소가 연결될 때 그 각각을 음절이나 성분 단위로 밝혀 적는 '끊어적기(분철)'가 있다.

③ '쟝긔판'은 '쟝긔판+올'을 거듭적기로 쓴 표기이고, '밍글어늘'은 '밍글-+-어늘'을 끊어적기로 쓴 표기이다. 따라서 이어적기가 쓰이지 않았다.

오답해설

① '기픈'은 '깊-+-은'을 이어적기로 쓴 표기이므로 이는 적절하다.

② 'ㅂᄅ매'는 'ᄇᄅᆷ+애'를 이어적기로 쓴 표기이므로 이는 적절하다.

④ '바ᄅ래'는 '바ᄅᆯ+애'를 이어적기로 쓴 표기이므로 이는 적절하다.

20 정답 ②

정답해설

㉡의 앞에서는 황사의 이점에 대해서 언급했지만 ㉡의 뒤에서는 황사가 해를 끼친다는 내용이 나오므로 ㉡에는 역접의 접속어가 들어가야 한다. 따라서 '그러나' 또는 '하지만' 등의 접속어를 쓰는 것이 적절하다.

오답해설

① 제시된 글의 중심 내용은 황사가 본래 이점도 있었지만 인간이 환경을 파괴시키면서 심각하게 해를 끼치는 존재가 되었다는 것이다. '황사의 이동 경로의 다양성'은 글 전체의 흐름을 방해하므로 삭제하는 것이 적절하다.

③ '덕분이다'는 어떤 상황에 긍정적인 영향을 준 경우 사용되는 서술어이다. 환경 파괴로 인해 황사가 재앙의 주범이 되는 부정적인 결과가 발생했으므로 '때문이다'를 사용하는 것이 적절하다.

④ '독성 물질'은 서술어 '포함하고 있는'의 주체가 아니므로 '독성 물질을'로 고쳐 쓰는 것이 적절하다.

21 정답 ④

정답해설

일제 강점기의 암울한 현실 상황 속에서 박목월이 의지할 수 있는 것은 오직 자연뿐이었다. 그곳은 단순히 자연으로의 귀의라는 동양적 자연관으로서의 자연이라기보다는 인간다운 삶을 빼앗긴 그에게 '새로운 고향'의 의미를 갖는 자연이다. 그러므로 박목월에 의해 형상화된 자연의 모습은 인간과 자연의 대상들이 아무런 대립이나 갈등 없이 조화를 이루는 자연이다.

④ 감정의 절제는 맞는 지적이나 화자는 '산(=자연)'과 일정한 거리를 유지하려 하는 것이 아니라 조화를 이루는 삶을 동경하고 있다.

오답해설

① 화자는 순수하고도 탈속적인 세계인 '산(=자연)'을 지향하며, 자연 속에 안겨 평범하면서도 풍요로운 삶, 즉 인간다운 삶을 살고 싶은 순수한 모습이 나타나고 있다.

② '산이 날 에워싸고(A)', '살아라 한다(B)'의 통사 구조의 반복을 통해 자연 친화를 통한 초월적 삶이라는 주제를 강조하고 있다.

③ '살아라 한다'의 명령 화법으로 되어 있지만 이는 '산(=자연)'이 화자에게 권유하는 것이며 또한 시적 화자의 소망이다.

The 알아보기   박목월, 「산이 날 에워싸고」

- 갈래: 자유시, 서정시
- 성격: 초월적, 자연 친화적, 관조적
- 제재: 산에 에워싸인 배경
- 구성: 점층적('생계 → 생활감 → 정신의 달관'으로 점차 고양되어가는 단계)
  - 제1연: 자연 속의 삶 – '씨나 뿌리고', '밭이나 갈며' 사는 최소한의 생계 수단
  - 제2연: 자연 속의 야성적인 삶 – '들찔레처럼', '쑥대밭처럼' 사는 생활상
  - 제3연: 자연 속의 생명 – '그믐달처럼' 사는 달관의 경지
- 특징
  - '산'을 의인화하여 화자에게 말을 하는 것처럼 표현함
  - '산이 날 에워싸고 ~ 살아라 한다'를 반복하여 리듬감을 형성하고 주제를 강조함
  - 자연과의 동화가 점층적으로 진행됨
- 주제
  - 평화롭고 순수한 자연에 대한 동경
  - 자연 친화를 통한 초월적 삶

---

22 정답 ④

오답해설

① 온가지(×) → 온갖(○)

② 며루치(×) → 멸치(○)

③ 천정(×) → 천장(○)

---

23 정답 ①

정답해설

「만분가」는 조위가 조선 연산군 4년(1498)에 전남 순천으로 유배 가서 지은 우리나라 최초의 유배 가사이다.

오답해설

②·③·④ 신재효의 판소리 여섯마당: 「춘향가」, 「심청가」, 「수궁가」, 「흥부가」, 「적벽가」, 「변강쇠 타령」

---

24 정답 ②

정답해설

㉠ 나무가 분명히 굽어보이지만 실제로 굽지 않았다고 하였으므로 ㉠에 들어갈 한자어는 '어떤 사실의 앞뒤, 또는 두 사실이 이치상 어긋나서 서로 맞지 않음을 이르는 말'인 '矛盾(창 모, 방패 순)'이 적절하다.

㉡ 사물이나 사태의 보임새를 의미하는 한자어가 들어가야 하므로 '인간이 지각할 수 있는, 사물의 모양과 상태'를 뜻하는 말인 '現象(나타날 현, 코끼리 상)'이 적절하다.

㉢ 사물이나 사태의 참모습을 의미하는 한자어가 들어가야 하므로 '본디부터 가지고 있는 사물 자체의 성질이나 모습'을 뜻하는 '本質(근본 본, 바탕 질)'이 적절하다.

따라서 ㉠~㉢에 들어갈 낱말은 ② 矛盾 – 現象 – 本質이다.

오답해설

㉠ 葛藤(칡 갈, 등나무 등): 칡과 등나무가 서로 얽히는 것과 같이, 개인이나 집단 사이에 목표나 이해관계가 달라 서로 적대시하거나 충돌함 또는 그런 상태

㉡ 假象(거짓 가, 코끼리 상): 주관적으로는 실제 있는 것처럼 보이나 객관적으로는 존재하지 않는 거짓 현상

㉢ 根本(뿌리 근, 근본 본): 사물의 본질이나 본바탕

25

정답 ②

정답해설

조국이 위기에 처했을 때, 시인이 민족의 예언가가 되거나 민족혼을 불러일으키는 선구자적 위치에 놓일 수 있다는 것을 설명한 글이다. 따라서 글의 제목으로 가장 적절한 것은 '맡겨진 임무'를 뜻하는 '사명'이 포함된 ② '시인의 사명'이다.

제2과목: 형법

01	02	03	04	05	06	07	08	09	10
④	①	④	③	④	④	①	④	③	④
11	12	13	14	15	16	17	18	19	20
③	①	②	④	③	②	②	③	②	①
21	22	23	24	25					
①	③	②	②	④					

01

정답 ④

정답해설

원인불명으로 재산상 이익인 가상자산을 이체받은 자가 가상자산을 사용·처분한 경우 이를 형사처벌하는 명문의 규정이 없는 현재의 상황에서 착오송금 시 횡령죄 성립을 긍정한 판례를 유추하여 신의칙을 근거로 피고인을 배임죄로 처벌하는 것은 죄형법정주의에 반한다(대판 2021.12.16, 2020도9789).

오답해설

① 대판 1999.9.17, 97도3349
② 대판 2018.7.24, 2018도3443
③ 대판 1997.6.13, 97도703

02

정답 ①

정답해설

ⓒ 추상적 사실의 착오 중 방법의 착오에 대한 내용이다. 따라서 구체적 사실의 착오 중 객체의 착오에 대해서만 발생사실에 대한 고의기수를 인정하며, 그 외의 착오에 대해서는 발생사실에 대한 고의가 인정되지 않고 인식사실의 미수와 발생사실의 과실이 상상적 경합한다. 따라서 상해미수죄가 성립한다.

오답해설

ⓒ 인식은 기본 범죄구성요건이나 결과가 가중적 구성요건인 경우 학설은 형법 제15조(사실의 착오) 제1항을 적용한다. 따라서 보통살인미수가 성립한다.

ⓔ '전 과정을 개괄적으로 보면 피해자 살해라는 처음에 예견된 사실이 결국은 실현된 것으로서 피고인들은 살인죄의 죄책을 면할 수 없다'라고 판시하였다(대판 1988.6.28, 88도650). 이러한 판례의 해석을 개괄적 고의설로 보거

나, 계획실현설의 입장으로 보는 견해도 있지만, 인과관계 착오설(다수설)을 취한 경우라고 해석하는 것이 적당하다.

> **The 알아보기**　**개괄적 고의 학설 정리**
>
> - **개괄적 고의설**: 행위의 전 과정이 단일한 범죄의사이다. 즉, 제1행위의 고의가 제2행위 부분에 대해서도 개괄적이므로 하나의 고의기수가 성립한다(베버).
> - **미수와 과실의 경합범설**: 제1행위의 미수를, 제2행위 시에는 과실이 있는 경우에 제2행위의 과실과의 실체적 경합을 인정한다.
> - **객관적 귀속설**: 구성요건적 결과가 일반적인 생활경험에 비추어 죄적 은폐를 위한 전형적인 행위로 평가된 제2행위에 의하여 야기되었을 때 원칙적으로 객관적 귀속을 인정한다.
> - **계획실현설**: 행위자가 제1행위 시에 의도적 고의를 갖고 있었던 경우에는 행위자의 범행계획실현으로 평가할 수 있어 고의기수가 인정되지만, 지정 고의 또는 미필적 고의를 갖고 있었던 경우에는 행위자의 계획실현으로 평가할 수 없으므로 미수가 된다.
> - **단일행위설**: 제1행위와 제2행위는 전체의 부분동작에 불과하고 두 개를 한 개의 행위로 평가할 수 있다면 고의기수범을 인정할 수 있다.
> - **인과관계착오설(다수설)**: 개괄적 고의는 인과관계의 착오의 하나로 결과발생의 결정적 원인은 고의가 존재하는 제1행위로 인과과정의 상위는 비본질적이기 때문에 발생한 결과의 고의기수로 처벌한다.

03　　　　　　　　　　　　　　　　　　　　정답 ④

정답해설

대판 1973.11.13, 73도1553 전합

오답해설

① 이는 손해배상청구권에 기한 것으로서 그 방법이 사회통념상 인용된 범위를 일탈한 것이라 단정하기 어려우므로 공갈 및 공갈미수의 죄책을 인정할 수 없다(대판 1980. 11.25, 79도2565).

② 피고인이 자신의 예금계좌에서 위 돈을 인출하였다 하더라도 이는 예금명의자로서 은행에 예금반환을 청구한 결과일 뿐 본범으로부터 위 돈에 대한 점유를 이전받아 사실상 처분권을 획득한 것은 아니므로, 피고인의 위와 같은 인출행위를 장물취득죄로 벌할 수는 없다(대판 2010. 12.9, 2010도6256).

③ 피고인은 인도명령의 집행이 이루어지기 전까지는 이 사건 건물을 점유하면서, 이 사건 건물에 들어오는 전기를 점유·관리하였다고 봄이 상당하고, 피고인이 이 사건 건물에 설치된 전기코드에 선을 연결하여 이 사건 컨테이너로 전기를 공급받아 사용하였다고 하더라도 이는 당초부터 피고인이 점유·관리하던 전기를 사용한 것에 불과하다(대판 2016.12.15, 2016도15492).

04　　　　　　　　　　　　　　　　　　　　정답 ③

정답해설

교통사고를 발생시킨 당해 차량의 운전자에게 그 사고발생에 있어서 고의·과실 혹은 유책·위법의 유무에 관계없이 부과된 의무라고 해석함이 상당할 것이므로, 당해 사고에 있어 귀책사유가 없는 경우에도 위 의무가 없다고 할 수 없다(대판 2002.5.24, 2000도1731).

오답해설

① 대판 2004.6.24, 2002도995

② 대판 1996.9.6, 95도2551

④ 대판 2015.11.12, 2015도6809 전합

05　　　　　　　　　　　　　　　　　　　　정답 ④

정답해설

대판 2006.9.8, 2006도148

오답해설

① 방위행위로서의 한도를 넘어선 것으로 사회통념상 용인될 수 없다는 이유로 정당방위나 과잉방위에 해당하지 않는다(대판 2001.5.15, 2001도1089).

② 위 행위가 비록 피해자의 절취행위를 방지하기 위한 것이었다 하여도 긴박성과 상당성을 결여하여 정당방위라고 볼 수 없다(대판 1984.9.25, 84도1611).

③ 긴급피난은 정대정의 관계로 정당방위는 인정되지 않고 정당방위 또한 부정대정의 관계로 정당방위가 인정되지 않는다.

06

오답해설

① 시정장치를 부순 시점에 실행의 착수를 인정한다. 즉 형법 제342조, 제331조 제2항의 특수절도미수죄 외에 야간주거침입손괴에 의한 형법 제342조, 제331조 제1항의 특수절도미수죄도 포함한다(대판 2011.9.29, 2011도8015).

② 절도범인으로부터 장물보관의뢰를 받은 자가 그 정을 알면서 이를 인도받아 보관하고 있다가 임의처분하였다 하여도 장물보관죄가 성립되는 때에는 이미 그 소유자의 소유물추구권을 침해하였으므로 그 후의 횡령행위는 불가벌적 사후행위에 불과하여 별도로 횡령죄가 성립하지 않는다(대판 1976.11.23, 76도3067).

③ 신용카드 자체가 가지는 경제적 가치가 인출된 예금액만큼 소모되었다고 할 수 없으므로, 이를 일시 사용하고 곧 반환한 경우에는 불법영득의 의사가 없다(대판 1999.7.9, 99도857). 즉 현금카드에 대한 절도는 인정되지 않는다. 다만 현금을 인출한 부분에 대해서는 절도로 처벌된다.

07

정답 ①

정답해설

위장결혼의 당사자 및 브로커와 공모한 피고인이 허위로 결혼사진을 찍고 혼인신고에 필요한 서류를 준비하여 위장결혼의 당사자에게 건네준 것만으로는 공전자기록등불실기재죄의 실행에 착수한 것으로 볼 수 없다(대판 2009.9.24, 2009도4998).

오답해설

② 대판 1984.7.24, 84도832

③ 대판 2003.10.24, 2003도4417

④ 대판 2006.11.10, 2006도5811

The 알아보기 실행의 착수에 관한 학설

구분	내용	평가
형식적 객관설	구성요건에 해당하는 행위 또는 그 일부행위를 시작한 때에 실행의 착수 인정 예 절도죄 → 재물을 손으로 잡을 때	• 형사정책적 결함: 실행의 착수를 인정하는 시점이 너무 늦음 • 간접정범의 실행의 착수를 설명하기 곤란
실질적 객관설	• Frank의 공식: 자연적으로 보아 구성요건적 행위와 필연적 결합관계에 있는 구성요건 실현의 전단계 행위도 실행의 착수 인정 • 행위가 보호법익에 대해 직접적 위험을 야기시키거나 법익침해에 밀접한 행위가 있을 때 실행의 착수 인정	• 기준이 명확하지 않음 • 행위자의 범죄계획을 고려하지 않아 실행의 착수시기 판단이 곤란
주관설	• 행위자의 범죄의사로 실행의 착수시기를 결정 • 범의가 그 수행적 행위에 의하여 확정적으로 나타난 때, 범의의 비약적 표동이 있는 때에 인정	• 범의 표현이라는 점에서 예비와 미수가 동일 → 미수를 예비 단계까지 확장 • 구성요건적 행위 정형성을 도외시하여 죄형법정주의에 반함
절충설 (다수설)	행위자의 주관적인 범행계획(주관적 기준)을 기준으로 구성요건 실현에 대한 직접적 행위(객관적 기준)가 있을 때 실행의 착수 인정	

10 군무원 FINAL 실전 봉투모의고사

08
정답 ④

정답해설

충실한 정보획득 및 관계 상황의 포괄적인 조사·분석을 위하여 피고인의 정신장애의 내용 및 그 정도 등에 관하여 정신의로 하여금 감정을 하게 한 다음, 그 감정 결과를 중요한 참고자료로 삼아 범행의 경위, 수단, 범행 전후의 행동 등 제반 사정을 종합하여 범행 당시의 심신상실 여부를 경험칙에 비추어 규범적으로 판단하여 그 당시 심신상실의 상태에 있었던 것으로 인정되는 경우에는 무죄를 선고하여야 한다(대판 1998.4.10, 98도549).

오답해설

① 책임 자체를 도의적, 윤리적 비난 가능성으로 본다면 책임무능력자는 자유의사가 없어 범죄능력도 없다. 결론적으로 책임능력은 범죄능력이다.

② 피고인이 자신의 차를 운전하여 술집에 가서 술을 마신 후 운전을 하다가 교통사고를 일으켰다면, 이는 피고인이 음주할 때 교통사고를 일으킬 수 있다는 위험성을 예견하고도 자의로 심신장애를 야기한 경우에 해당하여, 가사 사고 당시 심신미약 상태에 있었다고 하더라도 심신미약으로 인한 형의 감경을 할 수 없다(대판 1995.6.13, 95도826).

③ 소년법 제4조(보호의 대상과 송치 및 통고) 제1항 제2호

09
정답 ③

정답해설

유흥접객업소의 업주가 경찰당국의 단속 대상에서 제외되어 있는 만 18세 이상의 고등학생이 아닌 미성년자는 출입이 허용되는 것으로 알고 있었더라도 이는 미성년자보호법 규정을 알지 못한 단순한 법률의 부지에 해당하고 특히 법령에 의하여 허용된 행위로서 죄가 되지 않는다고 적극적으로 그릇 인정한 경우는 아니므로 비록 경찰당국이 단속 대상에서 제외하였다 하여 이를 법률의 착오에 기인한 행위라고 할 수는 없다(대판 1985.4.9, 85도25).

오답해설

① 형법 제16조(법률의 착오)

② 대판 2017.3.15, 2014도12773

④ 대판 1982.1.19, 81도646

10
정답 ④

정답해설

대판 1993.10.12, 93도1851

오답해설

① 많은 피가 흘러나오는 것에 놀라거나 두려움을 느끼는 것은 일반 사회통념상 범죄를 완수함에 장애가 되는 사정에 해당한다고 보아야 할 것이므로, 이를 자의에 의한 중지미수라고 볼 수 없다(대판 1999.4.13, 99도640).

② 강도가 강간하려고 하였으나 피해자의 어린 딸이 잠에서 깨어 우는 바람에 도주하였고, 또 피해자가 시장에 간 남편이 곧 돌아온다고 하면서 임신 중이라고 말하자 도주한 경우에는 자의로 강간행위를 중지하였다고 볼 수 없다(대판 1993.4.13, 93도347).

③ 치솟는 불길에 놀라거나 자신의 신체안전에 대한 위해 또는 범행 발각 시의 처벌 등에 두려움을 느끼는 것은 일반 사회통념상 범죄를 완수함에 장애가 되는 사정에 해당한다고 보아야 할 것이므로, 이를 자의에 의한 중지미수라고는 볼 수 없다(대판 1997.6.13, 97도957).

11
정답 ③

정답해설

㉠ 각 피해자별로 독립하여 사기죄가 성립하고 그 사기죄 상호 간은 실체적 경합범 관계에 있다(대판 2010.4.29, 2010도2810).

㉡ 피고인이 예금통장을 강취하고 예금자 명의의 예금청구서를 위조한 다음 이를 은행원에게 제출행사하여 예금인출금 명목의 금원을 교부받았다면 강도, 사문서위조, 동행사, 사기의 각 범죄가 성립하고 이들은 실체적 경합관계에 있다(대판 1991.9.10, 91도1722).

㉢ 절도범인이 체포를 면탈할 목적으로 경찰관에게 폭행·협박을 가한 때에는 준강도죄와 공무집행방해죄의 상상적 경합관계에 있으나, 강도범인이 체포를 면탈할 목적으로 경찰관에게 폭행을 가한 때에는 강도죄와 공무집행방해죄는 실체적 경합관계에 있다(대판 1992.7.28, 92도917).

오답해설

㉣ 수 개의 등록상표에 대하여 상표법 제230조의 상표권 침해행위가 계속하여 이루어진 경우에는 등록상표마다 포괄하여 1개의 범죄가 성립한다. 그러나 하나의 유사상표 사용행위로 수 개의 등록상표를 동시에 침해하였다면 각각의 상표법 위반죄는 상상적 경합의 관계에 있다(대판 2020.11.12, 2019도11688).

12 정답 ①

정답해설

형법 제49조(몰수의 부가성) 몰수는 타형에 부가하여 과한다. 단, 행위자에게 유죄의 재판을 아니할 때에도 몰수의 요건이 있는 때에는 몰수만을 선고할 수 있다.

오답해설

② 형법 제72조 제1항(가석방의 요건), 형법 제73조의2(가석방의 기간 및 보호관찰) 제1항

③ 형법 제69조(벌금과 과료) 제1항, 제2항

④ 대판 1979. 4. 10, 78도3098

13 정답 ②

정답해설

형법 제62조의2(보호관찰, 사회봉사·수강명령) 제1항 형의 집행을 유예하는 경우에는 보호관찰을 받을 것을 명하거나 사회봉사 또는 수강을 명할 수 있다.

오답해설

① 형법 제60조(선고유예의 효과)

③ 대판 2007. 5. 11, 2005도5756

④ 대판 2007. 2. 22, 2006도8555

14 정답 ④

정답해설

대중교통수단을 타고 운반하기에 곤란한 수준이었으므로, 이 사건 승용차는 단순히 범행장소에 도착하는 데 사용한 교통수단을 넘어서 이 사건 장물의 운반에 사용한 자동차라고 보아야 할 것이며, 따라서 형법 제48조 제1항 제1호 소정의 범죄행위에 제공한 물건이라고 볼 수 있다(대판 2006. 9. 14, 2006도4075).

오답해설

① 대판 2002. 6. 14, 2002도1283

② 대판 2002. 9. 24, 2002도3589

③ 대판 2006. 10. 13, 2006도3302

15 정답 ③

정답해설

대판 1984. 11. 27, 84도1862

오답해설

① 경찰서 보안과장인 피고인이 갑의 음주운전을 눈감아주기 위하여 그에 대한 음주운전자 적발보고서를 찢어버리고, 부하로 하여금 일련번호가 동일한 가짜 음주운전 적발보고서에 을에 대한 음주운전 사실을 기재케 하여 그 정을 모르는 담당 경찰관으로 하여금 주취운전자 음주측정처리부에 을에 대한 음주운전 사실을 기재하도록 한 이상, 을이 음주운전으로 인하여 처벌을 받았는지 여부와는 관계없이 허위공문서작성 및 동 행사죄의 간접정범으로서의 죄책을 면할 수 없다(대판 1996. 10. 11, 95도1706).

② 어느 문서의 작성권한을 갖는 공무원이 그 문서의 기재 사항을 인식하고 그 문서를 작성할 의사로써 이에 서명날인하였다면, 설령 그 서명날인이 타인의 기망으로 착오에 빠진 결과 그 문서의 기재사항이 진실에 반함을 알지 못한 데 기인한다고 하여도, 그 문서의 성립은 진정하며 여기에 하등 작성명의를 모용한 사실이 있다고 할 수는 없으므로, 공무원 아닌 자가 관공서에 허위 내용의 증명원을 제출하여 그 내용이 허위인 정을 모르는 담당공무원으로부터 그 증명원 내용과 같은 증명서를 발급받은 경우 공문서위조죄의 간접정범으로 의율할 수는 없다(대판 2001. 3. 9, 2000도938).

④ 이미 해산등기를 마쳐 그 법인격이 소멸한 이후에 작성되었거나 그 법인격이 소멸한 이후의 일자로 작성되었다고 하더라도, 일반인으로 하여금 그 명의인인 A건설의 권한 내에서 작성된 문서라고 믿게 할 수 있는 정도의 형식과 외관을 갖추고 있다고 보기에 충분하므로 피고인의 판시 행위는 사문서위조 및 동행사죄에 해당된다고 할 것이다(대판 2005. 3. 25, 2003도4943).

16 정답 ②

정답해설

상해죄의 성립에는 상해의 원인인 폭행에 대한 인식이 있으면 충분하고 상해를 가할 의사의 존재까지는 필요하지 않다(대판 2000. 7. 4, 99도4341).

① 폭행죄에서 말하는 폭행이란 … 반드시 피해자의 신체에 접촉함을 필요로 하는 것은 아니고, 그 불법성은 행위의 목적과 의도, 행위 당시의 정황, 행위의 태양과 종류, 피해자에게 주는 고통의 유무와 정도 등을 종합하여 판단하여야 한다(대판 2016.10.27, 2016도9302).

③ 대판 2017.9.21, 2017도7687

④ 형법 제260조(폭행, 존속폭행) 제3항

17 정답 ②

정답해설

강간치상죄에 대하여는 상해죄의 동시범 처벌에 관한 특례를 인정한 형법 제263조가 적용되지 아니하는 것이므로 피고인은 단지 강간죄로 밖에 처벌할 수 없다(서울고판 1990.12.6, 90노3345).

오답해설

① 이시의 상해의 독립행위가 경합하여 사망의 결과가 일어난 경우에도 그 원인된 행위가 판명되지 아니한 때에는 공동정범의 예에 의하여야 한다고 해석한다(대판 1981.3.10, 80도3321).

③ 발생의 원인이 된 행위가 분명하지 아니한 때에는 각 행위자를 미수범으로 처벌하고(독립행위의 경합), 이 독립행위가 경합하여 특히 상해의 결과를 발생하게 하고 그 결과발생의 원인이 된 행위가 밝혀지지 아니한 경우에는 공동정범의 예에 따라 처단(동시범)하는 것이므로 공범관계에 있어 공동가공의 의사가 있었다면 이에는 도시 동시범 등의 문제는 제기될 여지가 없다(대판 1985.12.10, 85도1892).

④ 상호의사의 연락이 있어 공동정범이 성립한다면, 독립행위경합 등의 문제는 아예 제기될 여지가 없다(대판 1997.11.28, 97도1740).

18 정답 ③

정답해설

외부인이 공동거주자의 일부가 부재 중에 주거 내에 현재하는 거주자의 현실적인 승낙을 받아 통상적인 출입방법에 따라 공동주거에 들어간 경우라면 그것이 부재 중인 다른 거주자의 추정적 의사에 반하는 경우에도 주거침입죄가 성립하지 않는다고 보아야 한다(대판 2021.9.9, 2020도12630 전합).

① 대판 1997.3.28, 95도2674

② 사용자의 사업장에 대한 물권적 지배권이 전면적으로 회복되는 결과 사용자는 점거중인 근로자들에 대하여 정당하게 사업장으로부터의 퇴거를 요구할 수 있고 퇴거를 요구받은 이후의 직장점거는 위법하게 되므로, 적법히 직장폐쇄를 단행한 사용자로부터 퇴거요구를 받고도 불응한 채 직장점거를 계속한 행위는 퇴거불응죄를 구성한다(대판 1991.8.13, 91도1324).

④ 주거침입죄에 있어서 주거란 단순히 가옥 자체만을 말하는 것이 아니라 그 정원 등 위요지를 포함한다. 따라서 엘리베이터, 공용 계단과 복도는 특별한 사정이 없는 한 주거침입죄의 객체인 '사람의 주거'에 해당하고, 위 장소에 거주자의 명시적, 묵시적 의사에 반하여 침입하는 행위는 주거침입죄를 구성한다(대판 2009.9.10, 2009도4335).

19 정답 ②

정답해설

통상 기자가 아닌 보통 사람에게 사실을 적시할 경우에는 그 자체로서 적시된 사실이 외부에 공표되는 것이므로 그 때부터 곧 전파 가능성을 따져 공연성 여부를 판단하여야 할 것이지만, 그와는 달리 기자를 통해 사실을 적시하는 경우에는 기사화되어 보도되어야만 적시된 사실이 외부에 공표된다고 보아야 할 것이므로 기자가 취재를 한 상태에서 아직 기사화하여 보도하지 아니한 경우에는 전파가능성이 없다고 할 것이어서 공연성이 없다고 봄이 상당하다(대판 2000.5.16, 99도5622).

오답해설

① 대판 2020.11.19, 2020도5813 전합

③ 대판 1996.4.12, 94도3309

④ 명예훼손죄의 구성요건인 공연성은 불특정 또는 다수인이 인식할 수 있는 상태를 말한다. 비록 개별적으로 한 사람에 대하여 사실을 유포하였더라도 그로부터 불특정 또는 다수인에게 전파될 가능성이 있다면 공연성의 요건을 충족하지만 이와 달리 전파될 가능성이 없다면 특정한 한 사람에 대한 사실의 유포는 공연성이 없다고 할 것이다(대판 2018.6.15, 2018도4200).

20

정답해설

대판 1982.7.27, 82도1160

오답해설

② 출판사 경영자가 출고현황표를 조작하는 방법으로 실제출판부수를 속여 작가에게 인세의 일부만을 지급한 사안에서, 작가가 나머지 인세에 대한 청구권의 존재 자체를 알지 못하는 착오에 빠져 이를 행사하지 아니한 것이 사기죄에 있어 부작위에 의한 처분행위에 해당한다(대판 2007.7.12, 2005도9221).

③ 법원을 기망하여 유리한 판결을 얻음으로써 '대상 토지의 소유권에 대한 방해를 제거하고 그 소유명의를 얻을 수 있는 지위'라는 재산상 이익을 취득한 것이고, 그 경우 기수시기는 위 판결이 확정된 때이다(대판 2006.4.7, 2005도9858 전합).

④ 처분의사는 착오에 빠진 피기망자가 어떤 행위를 한다는 인식이 있으면 충분하고, 그 행위가 가져오는 결과에 대한 인식까지 필요하다고 볼 것은 아니다(대판 2017.2.16, 2016도13362 전합).

21

정답해설

친족상도례가 적용되는 친족의 범위는 민법의 규정에 의하여야 하는데, … '혈족의 배우자의 혈족'을 인척에 포함시키지 않고 있다. 따라서 사기죄의 피고인과 피해자가 사돈지간이라고 하더라도 이를 민법상 친족으로 볼 수 없다(대판 2011.4.28, 2011도2170).

오답해설

② 특별법인 특정경제범죄 가중처벌 등에 관한 법률에 친족상도례에 관한 형법 제354조, 제328조의 적용을 배제한다는 명시적인 규정이 없으므로, 형법 제354조는 특정경제범죄 가중처벌 등에 관한 법률 제3조 제1항 위반죄에도 그대로 적용된다.

③ · ④ 사기죄의 보호법익은 재산권이라고 할 것이므로 사기죄에 있어서는 재산상의 권리를 가지는 자가 아니면 피해자가 될 수 없다. 그러므로 법원을 기망하여 제3자로부터 재물을 편취한 경우에 피기망자인 법원은 피해자가 될 수 없고 재물을 편취당한 제3자가 피해자라고 할 것이므로 피해자인 제3자와 사기죄를 범한 자가 직계혈족의 관계에 있을 때에는 그 범인에 대하여는 형법 제354조에 의하여

준용되는 형법 제328조 제1항에 의하여 그 형을 면제하여야 할 것이다(대판 2014.9.26, 2014도8076).

The 알아보기 형법상 친족상도례 적용 범죄

제328조	권리행사방해(제323조)
제344조	절도(제329조), 야간주거침입절도(제330조), 특수절도(제331조), 자동차 등 불법사용(제331조의2) 및 그 상습범과 미수범
제354조	사기(제347조), 컴퓨터 등 사용사기(제347조의2), 준사기(제348조), 편의시설부정이용(제348조의2), 부당이득(제349조), 공갈(제350조), 특수공갈(제350조의2) 및 그 상습범과 미수범
제361조	횡령 · 배임(제355조), 업무상 횡령 · 배임(제356조), 배임수증재(제357조) 및 그 미수범, 점유이탈물횡령(제360조)
제365조	장물취득 · 알선 등(제362조) 및 그 상습범, 업무상과실 · 중과실 장물취득 · 알선(제364조)

22

오답해설

① · ② · ④ 특수도주(형법 제146조), 특수강도(형법 제334조 제2항), 특수절도(형법 제331조 제2항)는 합동범이 인정된다. 이 범죄가 성립하기 위해서는 주관적 요건으로서의 공모와 객관적 요건으로서의 실행행위의 분담이 있어야 하고 그 실행행위에 있어서는 시간적으로나 장소적으로 협동관계에 있음을 요한다.

The 알아보기 형법상 특수상해

「형법」 제258조의2(특수상해) ① 단체 또는 다중의 위력을 보이거나 위험한 물건을 휴대하여 제257조 제1항 또는 제2항의 죄를 범한 때에는 1년 이상 10년 이하의 징역에 처한다.
② 단체 또는 다중의 위력을 보이거나 위험한 물건을 휴대하여 제258조의 죄를 범한 때에는 2년 이상 20년 이하의 징역에 처한다.
③ 제1항의 미수범은 처벌한다.

23

정답해설

객관적으로 고소사실에 대한 공소시효가 완성되었더라도 고소를 제기하면서 마치 공소시효가 완성되지 아니한 것처럼 고소한 경우에는 국가기관의 직무를 그르칠 염려가 있으므로 무고죄를 구성한다(대판 1995.12.5, 95도1908).

오답해설

① 타인에게 형사처분을 받게 할 목적으로 "허위의 사실"을 신고한 행위가 무고죄를 구성하기 위하여는 신고된 사실 자체가 형사처분의 원인이 될 수 있어야 할 것이어서, 가령 허위의 사실을 신고하였다 하더라도 그 사실 자체가 형사범죄로 구성되지 아니한다면 무고죄는 성립하지 아니한다(대판 1992.10.13, 92도1799).

③ 고소 내용이 터무니없는 허위사실이 아니고 사실에 기초하여 그 정황을 다소 과장한 데 지나지 아니한 경우에는 무고죄가 성립하지 아니한다(대판 2003.1.24, 2002도5939).

④ 신고사실의 일부에 허위의 사실이 포함되어 있다고 하더라도 그 허위 부분이 범죄의 성부에 영향을 미치는 중요한 부분이 아니고, 단지 신고한 사실을 과장한 것에 불과한 경우에는 무고죄에 해당하지 아니한다(대판 2010.4.29, 2010도2745).

24

정답해설

㉠ 대판 2008.3.27, 2008도89

㉢ 공모공동정범의 경우에 공모는 2인 이상이 공모하여 범죄에 공동가공하여 범죄를 실현하려는 의사의 결합만 있으면 되는 것이고, 비록 전체의 모의과정이 없었다고 하더라도 수인 사이에 순차적 또는 암묵적으로 상통하여 그 의사의 결합이 이루어지면 공모관계가 성립한다(서울고판 2000.7.4, 2000노709).

㉣ 공범자가 공갈행위의 실행에 착수한 후 그 범행을 인식하면서 그와 공동의 범의를 가지고 그 후의 공갈행위를 계속하여 재물의 교부나 재산상 이익의 취득에 이른 때에는 공갈죄의 공동정범이 성립한다(대판 1997.2.14, 96도1959).

오답해설

㉡ 공모공동정범에 있어서 공모자 중의 1인이 다른 공모자가 실행행위에 이르기 전에 그 공모관계에서 이탈한 때에는 그 이후의 다른 공모자의 행위에 관하여는 공동정범으로

서의 책임은 지지 않는다 할 것이다(대판 2008.4.10, 2008도1274).

㉤ 증거은닉죄는 타인의 형사사건이나 징계사건에 관한 증거를 은닉할 때 성립하고, 범인 자신이 한 증거은닉 행위는 형사소송에 있어서 피고인의 방어권을 인정하는 취지와 상충하여 처벌의 대상이 되지 아니하므로 범인이 증거은닉을 위하여 타인에게 도움을 요청하는 행위 역시 원칙적으로 처벌되지 아니한다. 따라서 피고인 자신이 직접 형사처분을 받게 될 것을 두려워한 나머지 자기의 이익을 위하여 그 증거가 될 자료를 은닉하였다면 증거은닉죄에 해당하지 않고, 제3자와 공동하여 그러한 행위를 하였다 하더라도 마찬가지이다(대판 2018.10.25, 2015도1000).

25

정답해설

공무원이 한 행위가 직권남용에 해당한다고 하여 그러한 이유만으로 상대방이 한 일이 '의무 없는 일'에 해당한다고 인정할 수는 없다. '의무 없는 일'에 해당하는지는 직권을 남용하였는지와 별도로 상대방이 그러한 일을 할 법령상 의무가 있는지를 살펴 개별적으로 판단하여야 한다. 직권남용 행위의 상대방이 일반 사인인 경우 특별한 사정이 없는 한 직권에 대응하여 따라야 할 의무가 없으므로 그에게 어떠한 행위를 하게 하였다면 '의무 없는 일을 하게 한 때'에 해당할 수 있다(대판 2020.2.13, 2019도5186).

오답해설

① 대판 2020.2.13, 2019도5186

② 대판 2005.4.15, 2002도3453

③ 대판 2020.2.13, 2019도5186

제3과목: 형사소송법

01	02	03	04	05	06	07	08	09	10
④	①	②	①	④	③	④	①	②	①
11	12	13	14	15	16	17	18	19	20
③	③	④	③	②	④	①	④	④	②
21	22	23	24	25					
③	③	②	④	①					

01
정답 ④

정답해설

형사소송법 제10조(사물관할의 병합 심리) 사물관할을 달리하는 수 개의 관련 사건이 각각 법원합의부와 단독판사에 계속된 때에는 합의부는 결정으로 단독판사에 속한 사건을 병합하여 심리할 수 있다. 따라서 검사 또는 피고인의 신청은 필요 없다.

오답해설

① 법원조직법 제28조(심판권)

② 대판 2011.12.22, 2011도12927

③ 형사소송법 제8조(사건의 직권이송)

> **The 알아보기** (관할에서) 검사나 피고인의 신청이 필요한 경우
>
> • 「형사소송법」 제13조(관할의 경합) 같은 사건이 사물관할이 같은 여러 개의 법원에 계속된 때에는 먼저 공소를 받은 법원이 심판한다. 다만, 각 법원에 공통되는 바로 위의 상급법원은 검사나 피고인의 신청에 의하여 결정으로 뒤에 공소를 받은 법원으로 하여금 심판하게 할 수 있다.
>
> • 「형사소송법」 제6조(토지관할의 병합심리) 토지관할이 다른 여러 개의 관련사건이 각각 다른 법원에 계속된 때에는 공통되는 바로 위의 상급법원은 검사나 피고인의 신청에 의하여 결정으로 한 개 법원으로 하여금 병합심리하게 할 수 있다.

02
정답 ①

정답해설

형사소송법 제266조의7(공판준비기일)

제1항 법원은 검사, 피고인 또는 변호인의 의견을 들어 공판준비기일을 지정할 수 있다.

제4항 공판준비기일은 공개한다. 다만, 공개하면 절차의 진행이 방해될 우려가 있는 때에는 공개하지 아니할 수 있다.

오답해설

② 형사소송법 제266조의8(검사 및 변호인 등의 출석) 제4항

③ 형사소송법 제266조의9(공판준비에 관한 사항) 제1항 제2호

④ 형사소송법 제266조의15(기일 간 공판준비절차)

> **The 알아보기** 공판준비기일에서 검사 및 변호인 등의 출석
>
> 「**형사소송법**」 제266조의8(검사 및 변호인 등의 출석) ① 공판준비기일에는 검사 및 변호인이 출석하여야 한다.
>
> ② 공판준비기일에는 법원사무관 등이 참여한다.
>
> ③ 법원은 검사, 피고인 및 변호인에게 공판준비기일을 통지하여야 한다.
>
> ④ 법원은 공판준비기일이 지정된 사건에 관하여 변호인이 없는 때에는 직권으로 변호인을 선정하여야 한다.
>
> ⑤ 법원은 필요하다고 인정하는 때에는 피고인을 소환할 수 있으며, 피고인은 법원의 소환이 없는 때에도 공판준비기일에 출석할 수 있다.
>
> ⑥ 재판장은 출석한 피고인에게 진술을 거부할 수 있음을 알려주어야 한다.

03
정답 ②

정답해설

검사는 공소장에 기재된 피고인 표시를 정정하고 법원은 이에 따라 약식명령의 피고인 표시를 정정하여 본래의 약식명령과 함께 이 경정결정을 모용자인 피고인에게 송달하면 이때야 비로소 위 약식명령은 적법한 송달이 있다고 볼 것이고, 이에 대하여 소정의 기간 내에 정식재판의 청구가 없으면 이 약식명령은 확정된다(대판 1997.11.28, 97도2215). 따라서 공소장변경 절차가 아닌 공소장정정절차가 이루어져야 하고 법원의 허가는 필요 없다.

16 군무원 FINAL 실전 봉투모의고사

04

정답해설

보증금몰수사건은 그 성질상 당해 형사본안 사건의 기록이 존재하는 법원 또는 그 기록을 보관하는 검찰청에 대응하는 법원의 토지관할에 속하고, 그 법원이 지방법원인 경우에 있어서 사물관할은 지방법원 단독판사에게 속하는 것이지 소송절차 계속 중에 보석허가결정 또는 그 취소결정 등을 본안 관할법원인 제1심 합의부 또는 항소심인 합의부에서 한 바 있었다고 하여 그러한 법원이 사물관할을 갖게 되는 것은 아니다(대결 2002.5.17, 2001모53).

오답해설

② 대결 1997.11.27, 97모88
③ 형사소송법 제95조(필요적 보석)
④ 형사소송법 제403조(판결 전의 결정에 대한 항고) 제2항

05
정답 ④

정답해설

진술거부권이 보장되는 절차에서 진술거부권을 고지받을 권리가 헌법 제12조 제2항에 의하여 바로 도출된다고 할 수는 없고, 이를 인정하기 위해서는 입법적 뒷받침이 필요하다(대판 2014.1.16, 2013도5441).

오답해설

① 헌재 1990.8.27, 89헌가118 전합
② 대판 2009.8.20, 2008도8213
③ 형사소송규칙 제127조(피고인에 대한 진술거부권 등의 고지)

06
정답 ③

정답해설

형사소송법상 재심절차는 재심개시절차와 재심심판절차로 구별되는 것이므로, 재심개시절차에서는 형사소송법에서 규정하고 있는 재심사유가 있는지 여부만을 판단하여야 하고, 나아가 재심사유가 재심대상판결에 영향을 미칠 가능성이 있는가의 실체적 사유는 고려하여서는 아니 된다(대결 2008.4.24, 2008모77).

오답해설

① 대결 2014.5.30, 2014모739
② 대판 2019.6.20, 2018도20698 전합
④ 대판 2019.2.28, 2018도13382

07
정답 ④

정답해설

㉠ 대판 1995.4.24, 94도2347
㉣ 대판 2012.4.26, 2012도1225

오답해설

㉡ 검사가 공판기일에서 피고인 등이 특정되어 있지 않은 공소장변경허가신청서를 공소장에 갈음하는 것으로 구두진술하고 피고인과 변호인이 이의를 제기하지 않은 사안에서, 이를 적법한 공소제기로 볼 수 없고 하자가 치유되지 않는다(대판 2009.2.26, 2008도11813).

㉢ 기피신청을 받은 법관이 형사소송법 제22조에 위반하여 본안의 소송절차를 정지하지 않은 채 그대로 소송을 진행하여서 한 소송행위는 그 효력이 없고, 이는 그 후 그 기피신청에 대한 기각결정이 확정되었다고 하더라도 마찬가지이다(대판 2012.10.11, 2012도8544).

08
정답 ①

정답해설

독점규제 및 공정거래에 관한 법률 제71조 제1항이 소추조건으로 명시하고 있는 공정거래위원회의 '고발'에 '고소불가분의 원칙'을 유추적용할 수 없다(대결 2010.9.30, 2008도4762). 따라서 일부에 공정거래위원회가 고발을 하였다 하더라도 나머지 위반행위자에 대하여도 위 고발의 효력이 미치지 않는다.

오답해설

② 대판 2015.9.10, 2015도3926
③ 대판 2009.10.29, 2009도6614
④ 대판 1995.3.10, 94도3373

09

정답 ②

정답해설

보석보증금이 소송절차 진행 중의 피고인의 출석을 담보하는 기능 외에 형 확정 후의 형 집행을 위한 출석을 담보하는 기능도 담당하는 것이고 보증금몰수결정은 반드시 보석취소결정과 동시에 하여야만 하는 것이 아니라 보석취소결정 후에 별도로 할 수도 있다(대결 2002.5.17. 2001모53).

오답해설

① 형사소송법 제197조의3(시정조치요구 등) 제8항

③ 검사와 사법경찰관의 상호협력과 일반적 수사준칙에 관한 규정 제13조(변호인의 피의자신문 참여·조력) 제1항

④ 형사소송법 제244조의2(피의자진술의 영상녹화) 제1항

10

정답 ①

정답해설

형사소송법 제33조 제1항 제1호에서 정한 '피고인이 구속된 때'라고 함은, 피고인이 형사사건에서 구속되어 재판을 받고 있는 경우를 의미하고, 피고인이 별건으로 구속되어 있거나 다른 형사사건에서 유죄로 확정되어 수형 중인 경우는 이에 해당하지 않는다(대판 2017.5.17. 2017도3780).

오답해설

② 대판 2015.12.23. 2015도9951

③ 대판 2014.12.24. 2014도13797

④ 형사소송법 제201조의2(구속영장 청구와 피의자 심문) 제8항

11

정답 ③

정답해설

형사소송법 제200조의4(긴급체포와 영장청구기간) 제4항 검사는 제1항에 따른 구속영장을 청구하지 아니하고 피의자를 석방한 경우에는 석방한 날부터 30일 이내에 서면으로 다음 각 호의 사항을 법원에 통지하여야 한다. 이 경우 긴급체포서의 사본을 첨부하여야 한다.

오답해설

①·② 형사소송법 제200조의4(긴급체포와 영장청구기간) 제3항, 제6항

④ 형사소송법 제213조(체포된 현행범인의 인도) 제2항

12

정답 ③

정답해설

수사기관이 정보저장매체에 기억된 정보 중에서 키워드 또는 확장자 검색 등을 통해 범죄 혐의사실과 관련 있는 정보를 선별한 다음 정보저장매체와 동일하게 비트열 방식으로 복제하여 생성한 파일(이하 '이미지 파일'이라 한다)을 제출받아 압수하였다면 이로써 압수의 목적물에 대한 압수·수색절차는 종료된 것이므로, 수사기관이 수사기관 사무실에서 위와 같이 압수된 이미지 파일을 탐색·복제·출력하는 과정에서도 피의자 등에게 참여의 기회를 보장하여야 하는 것은 아니다(대판 2018.2.8. 2017도13263).

오답해설

① 대결 2011.5.26. 2009모1190

② 대결 2015.7.16. 2011모1839 전합

④ 대판 2012.10.25. 2012도4644

13

정답 ④

정답해설

- **형사소송법 제184조(증거보전의 청구와 그 절차)** 제1항 검사, 피고인 피의자 또는 변호인은 미리 증거를 보전하지 아니하면 그 증거를 사용하기 곤란한 사정이 있는 때에는 제1회 공판기일 전이라도 판사에게 압수, 수색, 검증, 증인신문 또는 감정을 청구할 수 있다.

- 수사단계에서 검사가 증거보전을 위하여 필요적 공범관계에 있는 공동피고인을 증인으로 신문할 수 있다(대판 1988.11.8. 86도1646).

오답해설

① 증거보전이란 장차 공판에 있어서 사용하여야 할 증거가 멸실되거나 또는 그 사용하기 곤란한 사정이 있을 경우에 당사자의 청구에 의하여 공판 전에 미리 그 증거를 수집 보전하여 두는 제도로서 제1심 제1회 공판기일 전에 한하여 허용되는 것이므로 재심청구사건에서는 증거보전절차는 허용되지 아니한다(대결 1984.3.29. 84모15).

② **형사소송법 제184조(증거보전의 청구와 그 절차)** 제4항 청구를 기각하는 결정에 대하여는 3일 이내에 항고할 수 있다.

③ 공소제기 전에 검사의 증거보전 청구에 의하여 증인신문을 한 법관은 형사소송법 제17조 제7호에 이른바 전심재판 또는 기초되는 조사, 심리에 관여한 법관이라고 할 수 없다(대판 1971.7.6. 71도974).

The 알아보기 **증거보전이 인정되지 않는 경우**
제1회 공판기일 이후, 내사단계, 항소심, 파기환송 후 절차, 재심청구사건

14 정답 ③

정답해설

피고인이 범행을 자인하는 것을 들었다는 피고인 아닌 자의 진술내용은 형사소송법 제310조의 피고인의 자백에는 포함되지 아니하나 이는 피고인의 자백의 보강증거로 될 수 없다(대판 2008.2.14, 2007도10937).

오답해설

① 대판 1990.10.30, 90도1939
② 대판 2012.11.29, 2010도3029
④ 형사소송법 제286조의3(결정의 취소)

15 정답 ②

정답해설

대판 2021.11.18, 2016도348

오답해설

① 범행 현장에서 지문채취 대상물에 대한 지문채취가 먼저 이루어진 이상, 수사기관이 그 이후에 지문채취 대상물을 적법한 절차에 의하지 아니한 채 압수하였다고 하더라도 위와 같이 채취된 지문은 위법하게 압수한 지문채취 대상물로부터 획득한 2차적 증거에 해당하지 아니함이 분명하여, 이를 가리켜 위법수집증거라고 할 수 없으므로, 원심이 이를 증거로 채택한 것이 위법하다고 할 수 없다(대판 2008.10.23, 2008도7471).

③ 사건 업무일지는 사건 각 문서의 위조를 위해 미리 연습한 흔적이 남아 있는 것에 불과하여, 이를 피고인의 사생활 영역과 관계된 자유로운 인격권의 발현물이라고 볼 수는 없고, 사문서위조·위조사문서행사 및 소송사기로 이어지는 일련의 범행에 대하여 피고인을 형사소추하기 위해서는 이 사건 업무일지가 반드시 필요한 증거로 보이므로, 설령 그것이 제3자에 의하여 절취된 것으로서 위 소송사기 등의 피해자측이 이를 수사기관에 증거자료로 제출하기 위하여 대가를 지급하였다 하더라도, 공익의 실현을 위하여는 이 사건 업무일지를 범죄의 증거로 제출하는 것이 허용되어야 하고, 이로 말미암아 피고인의 사생활 영역을 침해하는 결과가 초래된다 하더라도 이는 피고인이 수인

하여야 할 기본권의 제한에 해당된다(대판 2008.6.26, 2008도1584).

④ 수사기관이 법원으로부터 영장 또는 감정처분허가장을 발부받지 아니한 채 피의자의 동의 없이 피의자의 신체로부터 혈액을 채취하고 사후에도 지체 없이 영장을 발부받지 아니한 채 그 혈액 중 알코올농도에 관한 감정을 의뢰하였다면, 이러한 과정을 거쳐 얻은 감정의뢰회보 등은 형사소송법상 영장주의 원칙을 위반하여 수집하거나 그에 기초하여 획득한 증거로서, 그 절차위반행위가 적법절차의 실질적인 내용을 침해하여 피고인이나 변호인의 동의가 있더라도 유죄의 증거로 사용할 수 없다(대판 2014.11.13, 2013도1228).

16 정답 ④

정답해설

약식명령에 대하여 피고인만이 정식재판을 청구하였는데, 검사가 당초 사문서위조 및 위조사문서행사의 공소사실로 공소제기하였다가 제1심에서 사서명위조 및 위조사서명행사의 공소사실을 예비적으로 추가하는 내용의 공소장변경을 신청한 사안에서, 두 공소사실은 기초가 되는 사회적 사실관계가 범행의 일시와 장소, 상대방, 행위 태양, 수단과 방법 등 기본적인 점에서 동일할 뿐만 아니라, 주위적 공소사실이 유죄로 되면 예비적 공소사실은 주위적 공소사실에 흡수되고 주위적 공소사실이 무죄로 될 경우에만 예비적 공소사실의 범죄가 성립할 수 있는 관계에 있어 규범적으로 보아 공소사실의 동일성이 있다고 보이고, 나아가 피고인에 대하여 사서명위조와 위조사서명행사의 범죄사실이 인정되는 경우에는 비록 사서명위조죄와 위조사서명행사죄의 법정형에 유기징역형만 있다 하더라도 형사소송법 제457조의2에서 규정한 불이익변경금지 원칙이 적용되어 벌금형을 선고할 수 있으므로, 위와 같은 불이익변경금지 원칙 등을 이유로 공소장변경을 불허할 것은 아닌데도, 이를 불허한 채 원래의 공소사실에 대하여 무죄를 선고한 제1심판결을 그대로 유지한 원심의 조치에 공소사실의 동일성이나 공소장변경에 관한 법리오해의 위법이 있다(대판 2013.2.28, 2011도14986).

오답해설

① 형사소송법 제298조(공소장의 변경) 제1항
② 대판 1997.12.12, 97도2463
③ 대판 2011.5.13, 2011도2233

17

정답해설

피고인이 제1심법원에서 공소사실에 대하여 자백하여 제1심법원이 이에 대하여 간이공판절차에 의하여 심판할 것을 결정하고, 이에 따라 제1심법원이 제1심판결 명시의 증거들을 증거로 함에 피고인 또는 변호인의 이의가 없어 규정에 따라 증거능력이 있다고 보고, 상당하다고 인정하는 방법으로 증거조사를 한 이상, 가사 항소심에 이르러 범행을 부인하였다고 하더라도 제1심법원에서 증거로 할 수 있었던 증거는 항소법원에서도 증거로 할 수 있는 것이므로 제1심법원에서 이미 증거능력이 있었던 증거는 항소심에서도 증거능력이 그대로 유지되어 심판의 기초가 될 수 있고 다시 증거조사를 할 필요가 없다(대판 1998.2.27, 97도3421).

오답해설

② 대판 1998.2.27, 97도3421

③ 형사소송법 제297조의2(간이공판절차에서의 증거조사)

④ 형사소송법 제318조의3(간이공판절차에서의 증거능력에 관한 특례)

> **The 알아보기 자백의 보강법칙이 적용되지 않는 경우**
> 즉결심판, 소년보호사건

18

정답 ④

정답해설

대결 2016.6.14, 2015모1032

오답해설

① 형사소송법 제72조는 피고인을 구속함에 있어서 법관에 의한 사전 청문절차를 규정한 것이다(대결 2016.6.14, 2015모1032).

②·③ 형사소송법 제88조는 "피고인을 구속한 때에는 즉시 공소사실의 요지와 변호인을 선임할 수 있음을 알려야 한다."고 규정하고 있는바, 이는 사후 청문절차에 관한 규정으로서 이를 위반하였다 하여 구속영장의 효력에 어떠한 영향을 미치는 것은 아니다(대결 2000.11.10, 2000모134).

> **The 알아보기 사전 청문(제72조)과 사후 청문(제88조)의 비교**
>
> | 구분 | 사전 청문 | 사후 청문 |
> |---|---|---|
> | 고지사항 | 범죄사실의 요지, 구속의 이유, 변호인 선임 가능 | 공소사실의 요지, 변호인 선임 가능 |
> | 절차 위반 시 | 구속영장의 발부 위법 | 구속영장 효력 영향 없음 |
>
> ※ 사전 청문절차의 하자 치유
> 변호인을 선정하여 공판절차에서 변명과 증거의 제출을 다하고 그의 변호 아래 판결을 선고 받았다면 사전 청문절차의 하자가 치유된다(대결 2016.6.14, 2015모1032).

19

정답 ④

정답해설

구 정보통신망 이용촉진 및 정보보호 등에 관한 법률 제65조 제1항 제3호 위반죄와 관련하여 문자메시지로 전송된 문자정보를 휴대전화기 화면에 띄워 촬영한 사진에 대하여, 피고인이 성립 및 내용의 진정을 부인한다는 이유로 증거능력을 부정한 것은 위법하다(대판 2008.11.13, 2006도2556).

오답해설

① 대판 1995.5.9, 95도535

② 대판 2004.1.16, 2003도5693

③ 대판 2001.10.9, 2001도3106

20

정답 ②

정답해설

검찰관이 공판기일에 제출한 증거 중 뇌물공여자 甲이 작성한 고발장에 대하여 피고인의 변호인이 증거 부동의 의견을 밝히고, 같은 고발장을 첨부문서로 포함하고 있는 검찰주사보 작성의 수사보고에 대하여는 증거에 동의하여 증거조사가 행하여졌는데, 원심법원이 수사보고에 대한 증거동의의 효력이 첨부된 고발장에도 당연히 미친다고 본 사안에서, … 고발장은 군사법원법에 따른 적법한 증거신청·증거결정·증거조사 절차를 거쳤다고 볼 수 없거나 공소사실을 뒷받침하는 증명력을 가진 증거가 아니므로 이를 유죄의 증거로 삼을 수 없다(대판 2011.7.14, 2011도3809).

오답해설
① 공판준비 또는 공판기일에서 이미 증언을 마친 증인을 검사가 소환한 후 피고인에게 유리한 그 증언 내용을 추궁하여 이를 일방적으로 번복시키는 방식으로 작성한 진술조서를 유죄의 증거로 삼는 것은 당사자주의·공판중심주의·직접주의를 지향하는 현행 형사소송법의 소송구조에 어긋나는 것일 뿐만 아니라, … 이러한 진술 조서는 피고인이 증거로 할 수 있음에 동의하지 아니하는 한 그 증거능력이 없다고 하여야 할 것이고, 그 후 원진술자인 종전 증인이 다시 법정에 출석하여 증언을 하면서 그 진술조서의 성립의 진정함을 인정하고 피고인측에 반대신문의 기회가 부여되었다고 하더라도 그 증언 자체를 유죄의 증거로 할 수 있음은 별론으로 하고 위와 같은 진술조서의 증거능력이 없다는 결론은 달리할 것이 아니다(대판 2013. 8. 14, 2012도13665).
③ 대판 2010. 1. 28, 2009도10092
④ 대판 1983. 3. 8, 82도2873

21   정답 ③

정답해설
국민참여재판법 제46조(재판장의 설명·평의·평결·토의 등) 제3항

오답해설
① **국민참여재판법 제6조(공소사실의 변경 등)** 제1항 본문 법원은 공소사실의 일부 철회 또는 변경으로 인하여 대상사건에 해당하지 아니하게 된 경우에도 이 법에 따른 재판을 계속 진행한다.
② 국민참여재판을 시행하는 이유나 '국민참여재판법'의 여러 규정에 비추어 볼 때 … 피고인이 법원에 국민참여재판을 신청하였는데도 법원이 이에 대한 배제결정도 하지 않은 채 통상의 공판절차로 재판을 진행하는 것은 … 위법하고, 국민참여재판제도의 도입 취지나 위 법에서 배제결정에 대한 즉시항고권을 보장한 취지 등에 비추어 이와 같이 위법한 공판절차에서 이루어진 소송행위는 무효라고 보아야 한다(대판 2011. 9. 8, 2011도7106).
④ **국민참여재판법 제16조(배심원의 자격)** 배심원은 만 20세 이상의 대한민국 국민 중에서 이 법으로 정하는 바에 따라 선정된다.

22   정답 ③

정답해설
형사소송법 제456조(약식명령의 실효) 약식명령은 정식재판의 청구에 의한 판결이 있는 때에는 그 효력을 잃는다. 여기서 판결이 있는 때란 판결이 확정된 때를 말한다.

오답해설
① 대판 2013. 4. 11, 2011도10626
② 형사소송법 제458조(준용규정) 제1항, 제342조(일부상소)
④ 형사소송법 제457조(약식명령의 효력)

23   정답 ②

정답해설
형사소송법 제328조(공소기각의 결정) 제1항 제1호 공소가 취소되었을 때 결정으로 공소를 기각하여야 한다.

오답해설
① 형사소송법 제329조(공소취소와 재기소)
③ 대판 2009. 12. 10, 2009도11448
④ 형사소송법 제331조(무죄 등 선고와 구속영장의 효력)

The 알아보기   공소기각 결정 사유
「**형사소송법**」 **제328조(공소기각의 결정)** ① 다음 경우에는 결정으로 공소를 기각하여야 한다.
  1. 공소가 취소 되었을 때
  2. 피고인이 사망하거나 피고인인 법인이 존속하지 아니하게 되었을 때
  3. 제12조 또는 제13조의 규정에 의하여 재판할 수 없는 때
  4. 공소장에 기재된 사실이 진실하다 하더라도 범죄가 될 만한 사실이 포함되지 아니하는 때

「**형사소송법**」 **제12조(동일사건과 수 개의 소송계속)** 동일사건이 사물관할을 달리하는 수 개의 법원에 계속된 때에는 법원합의부가 심판한다.

「**형사소송법**」 **제13조(관할의 경합)** 같은 사건이 사물관할이 같은 여러 개의 법원에 계속된 때에는 먼저 공소를 받은 법원이 심판한다. 다만, 각 법원에 공통되는 바로 위의 상급법원은 검사나 피고인의 신청에 의하여 결정으로 뒤에 공소를 받은 법원으로 하여금 심판하게 할 수 있다.

24

정답해설

㉠ 수인의 피해자에 대하여 각별로 기망행위를 하여 각각 재물을 편취한 경우에 피해자별로 각 1개씩의 죄가 성립하는 것으로 보아야 할 것이고, 이러한 경우 그 공소사실은 각 피해자와 피해자별 피해액을 특정할 수 있도록 기재하여야 할 것인바, 따라서 '일정한 기간 사이에 성명불상의 고객들에게 1일 평균 매상액 상당을 판매하여 그 대금 상당액을 편취하였다'는 내용은 피해자나 피해액이 특정되었다고 할 수 없을 것이다(대판 1996.2.13, 95도2121).

㉢ 투약량은 물론 투약방법을 불상으로 기재하면서, 그 투약의 일시와 장소마저 위와 같이 기재한 것만으로는 구체적 사실의 기재라고 볼 수 없으므로 이 부분 공소는 공소사실이 특정되었다고 할 수 없다(대판 2002.9.27, 2002도3194).

오답해설

㉡ 대판 2008.3.27, 2008도507

㉣ 대판 2009.1.30, 2008도6950

25

정답 ①

정답해설

형사소송법 제277조의2(피고인의 출석거부와 공판절차) 제1항 피고인이 출석하지 아니하면 개정하지 못하는 경우에 구속된 피고인이 정당한 사유없이 출석을 거부하고, 교도관에 의한 인치가 불가능하거나 현저히 곤란하다고 인정되는 때에는 피고인의 출석 없이 공판절차를 진행할 수 있다.

오답해설

② 형사소송법 제293조(증거조사 결과와 피고인의 의견)

③ 형사소송법 제278조(검사의 불출석)

④ 형사소송법 제268조(소환장송달의 의제)

22   군무원 FINAL 실전 봉투모의고사

제2회 모의고사 정답 및 해설

제1과목: 국어

01	02	03	04	05	06	07	08	09	10
③	②	④	④	③	③	①	③	②	④
11	12	13	14	15	16	17	18	19	20
①	①	①	①	③	①	③	④	③	③
21	22	23	24	25					
①	①	②	②	④					

01

정답 ③

정답해설

- 들른(○): '지나는 길에 잠깐 들어가 머무르다.'의 의미로 쓸 때에는 '들르다'로 표기하는 것이 적절하다.
- 거여요(○): '이다'의 어간 뒤에 '-에요', '-어요'가 붙은 '-이에요'와 '-이어요'는 받침이 없는 체언 뒤에 붙을 때는 '-예요', '-여요'로 줄어든다.

오답해설

① 치뤄야(×) → 치러야(○): '치르다'가 기본형이며, '치러', '치르니'와 같이 'ㅡ'가 탈락하는 규칙 활용을 한다. '치르-'와 '-어야'가 결합할 경우 'ㅡ'가 탈락하여 '치러야'로 써야 한다.

② 뒤쳐진(×) → 뒤처진(○): 문맥상 '어떤 수준이나 대열에 들지 못하고 뒤로 처지거나 남게 되다.'라는 뜻의 '뒤처지다'를 써야 하므로 '뒤처진'이 맞다. '뒤쳐지다'는 '물건이 뒤집혀서 젖혀지다.'를 뜻한다.

④ 잠궈(×) → 잠가(○): '잠그다'의 어간 '잠그-' 뒤에 어미 '-아'가 결합하면 'ㅡ'가 탈락하여 '잠가'로 활용되므로 '잠가'로 써야 한다.

02

정답 ②

정답해설

제시된 글에서 동조(同調)는 자신이 확실히 알지 못하는 일일 경우 또는 질서나 규범 같은 힘을 가지고 있는 어떤 집단의 압력으로 인해 나타난다고 하였다. 또한 '집단에게 소외될 가능성으로 인해 자신이 믿지 않거나 옳지 않다고 생각하는 문제에 대해서도 동조의 입장을 취한다.'라고 하였으므로, 글의 내용을 잘못 이해한 사람은 ② '수희'이다.

03

정답 ④

정답해설

㉠은 '조선이 독립국', ㉡은 '조선인이 자주민'이라는 의미이다. 따라서 ㉠과 ㉡에서 '-의'의 쓰임은 앞 체언이 뒤 체언이 나타내는 행동이나 작용의 주체임을 나타내는 것이다.

> **The 알아보기** 기미독립선언서
>
> 우리는 이에 우리 조선이 독립한 나라임과 조선 사람이 자주적인 민족임을 선언한다. 이로써 세계 만국에 알리어 인류 평등의 큰 도의를 분명히 하는 바이며, 이로써 자손만대에 깨우쳐 일러 민족의 독자적 생존의 정당한 권리를 영원히 누려 가지게 하는 바이다.

04

정답 ④

정답해설

〈보기〉에서 설명한 시의 표현 방법은 본래의 의도를 숨기고 반대되는 말로 표현하는 방법인 '반어법'이다.

④ 제시된 김소월의 「진달래꽃」에서는 임이 떠나가는 슬픈 상황에서 죽어도 눈물을 흘리지 않을 것이라는 반어법을 활용하여 임과의 이별로 인한 슬픔을 효과적으로 강조하고 있다.

오답해설

① 제시된 김영랑의 「돌담에 속삭이는 햇발같이」에서는 '같이'를 활용해 원관념을 보조 관념에 빗대어 표현하는 직유법을 사용하고 있다.

② 제시된 김춘수의 「꽃」에서는 의미 있는 존재를 '꽃'으로 표현해 상징법을 사용하고 있고, 움직일 수 없는 '꽃'이 나에게로 왔다고 표현하여 의인법을 사용하고 있다.

③ 제시된 김광섭의 「산」에서는 '법으로'를 반복해 반복법을 사용하고 있고, 무정물인 산이 '사람을 다스린다'라고 표현하여 의인법을 사용하고 있다.

The 알아보기	반어법, 직유법
반어법	본래 말하고자 하는 뜻과는 반대되는 말이나 상황으로 의미를 강조하는 수사법이다. • 언어적 반어법: 일반적인 반어법이다. 겉으로 드러나는 의미와 대립되는 의미를 강조하기 위하여 사용한다. • 상황적 반어법: 주로 서사 작품에서 많이 사용된다. 등장인물이 작중 상황과 어울리지 않는 행동을 하거나 사건의 진행과는 정반대의 결과가 나타난다. 이러한 과정에서 독자는 부조리나 모순 등을 더욱 강하게 느끼게 된다.
직유법	원관념과 보조 관념을 '~같이', '~처럼', '~양', '~듯' 등을 사용하여 직접적으로 연결하는 방법이다. 예 그는 여우처럼 교활하다. 예 내 누님같이 생긴 꽃이여

05

정답 ③

정답해설

제시된 작품은 윤동주의 「별 헤는 밤」이다. 시에서의 '가을 속의 별'은 시인의 가슴 속의 추억, 사랑, 쓸쓸함, 동경, 시와 어머니 그리고 아름다운 모든 것을 표상한다. 따라서 ③ '별은 시적 화자가 지향하는 내적 세계를 나타낸다.'라고 할 수 있다.

오답해설

① 내면의 쓸쓸함을 드러낸 부분은 있으나 현실 비판적 내용은 없으며, '별'을 다 헤지 못하는 이유가 '아직 나의 청춘이 다하지 않는 까닭'이라고 본다면 미래에 대한 이야기를 하고 있다고 할 수 있다.

② 제시된 시에서는 특별한 청자가 드러나지 않았으며, 화자는 담담한 고백적 어조를 취하고 있다.

④ '별'은 현실 상황의 변화를 바라는 화자의 현실적 욕망을 상징하는 것이 아니라, 화자가 지향하는 것들을 상징하고 있다.

06

정답 ③

정답해설

ⓒ 30년∨동안(○): 한글 맞춤법 제43항에 따르면 단위를 나타내는 명사 중 순서를 나타내는 경우나 숫자와 어울리어 쓰이는 경우에는 붙여 쓸 수 있다고 하였다. 따라서 '30년'

과 같이 아라비아 숫자 다음에 오는 단위 명사는 숫자와 붙여 쓸 수 있다. 또한 '어느 한때에서 다른 한때까지 시간의 길이'를 뜻하는 명사 '동안'은 앞말과 띄어 써야 한다.

오답해설

ⓐ 창∨밖(×) → 창밖(○): '창밖'은 '창문의 밖'을 뜻하는 한 단어이므로 붙여 써야 한다.

ⓑ 우단천(×) → 우단∨천(○): '우단 천'은 '거죽에 곱고 짧은 털이 촘촘히 돋게 짠 비단'을 뜻하는 명사 '우단'과 '실로 짠, 옷이나 이부자리 따위의 감이 되는 물건'을 뜻하는 명사 '천'의 각각의 단어로 이루어져 있으므로 띄어 써야 한다.

ⓓ 일∨밖에(×) → 일밖에(○): '밖에'는 '그것 말고는', '그것 이외에는', '기꺼이 받아들이는', '피할 수 없는'의 뜻을 나타내는 보조사이므로 앞말과 붙여 써야 한다.

07

정답 ①

정답해설

〈보기〉의 ⓐ은 같은 대상을 가리키는 말이 언어에 따라 달리 발음되는 사례이고, ⓑ은 소리는 같지만 의미가 다르게 사용되는 사례이다. ⓒ은 시간이 흐름에 따라 의미의 변화가 일어난 사례이다. 이런 사례를 통해 확인할 수 있는 언어의 특성은 '언어의 자의성'이다. 언어의 자의성이란 언어 기호의 말소리(형식)와 의미(내용) 사이에는 필연적인 관계가 없다는 것이다.

오답해설

② 연속된 실체를 분절하여 표현한다는 것은 '언어의 분절성'에 해당하는 설명이다.

③ 기본적인 어순이 정해져 있음은 '언어의 법칙성(규칙성)'에 대한 설명이다.

④ 한정된 기호만으로 무수히 많은 문장을 만들어 사용한다는 것은 '언어의 개방성(창조성)'에 해당하는 설명이다.

08

정답 ③

정답해설

'하물며'는 그도 그러한데 더욱이, 앞의 사실이 그러하다면 뒤의 사실은 말할 것도 없다는 뜻의 접속 부사로, '–느냐', '–랴' 등의 표현과 쓰는 것이 자연스럽다.

오답해설

① '여간'은 주로 부정의 의미를 나타내는 말과 함께 쓰여 그 상태가 보통으로 보아 넘길 만한 것임을 나타내는 부사이

다. 따라서 '뜰에 핀 꽃이 여간 탐스럽지 않았다'로 고치는
것이 적절하다.

② 과업 지시서 '교부'와 서술어 '교부하다'는 의미상 중복되
므로 앞의 '교부'를 삭제하는 것이 적절하다.

④ 무정 명사에는 '에'가 쓰이고, 유정 명사에는 '에게'가 쓰인
다. 일본은 무정 명사에 해당하므로 '일본에게'를 '일본에'
로 고쳐 쓰는 것이 적절하다.

09
정답 ②

정답해설
'어질병(--病), 총각무(總角-)'는 한자어 계열의 표준어이다.

오답해설
① '겸상(兼床)'은 한자어 계열의 표준어가 맞지만, '성냥'은
고유어 계열의 표준어이다.

③ '개다리소반(---小盤)'은 한자어 계열의 표준어가 맞지
만, '푼돈'은 고유어 계열의 표준어이다.

④ '칫솔(齒-)'은 한자어 계열의 표준어가 맞지만, '구들장'은
고유어 계열의 표준어이다.

10
정답 ④

정답해설
㉠ ㉠의 앞에서는 '역사의 연구'에 대한 일반적인 진술을 하
고 있으며, ㉠의 뒤에서는 '역사의 연구(역사학)'에 대한
부연 설명을 하고 있다. 따라서 ㉠에 들어갈 수 있는 접속
부사는 '즉' 또는 '다시 말해'이다.

㉡ ㉡의 뒤에 제시된 문장은 앞의 내용을 예를 들어서 보충하
고 있다. 따라서 ㉡에 들어갈 수 있는 접속 부사는 '가령'
이다.

㉢ ㉢의 뒤에 제시된 문장은 앞에서 언급했던 모든 내용을 정
리하고 있다. 따라서 ㉢에 들어갈 수 있는 접속 부사는 '요
컨대'이다.

11
정답 ①

정답해설
독도: Docdo(×) → Dokdo(○)

12
정답 ①

정답해설
㉠ 어른이면서 남성인 '아저씨'가 들어가는 것이 적절하다.

㉡ 어른 아니면서 남성인 '소년'이 들어가는 것이 적절하다.

㉢ 어른이면서 남성이 아닌 '아주머니'가 들어가는 것이 적절
하다.

㉣ 어른이 아니면서 남성도 아닌 '소녀'가 들어가는 것이 적
절하다.

13
정답 ①

정답해설
가난할수록 기와집 짓는다: 당장 먹을 것이나 입을 것이 넉
넉지 못한 가난한 살림일수록 기와집을 짓는다는 뜻으로, 실
상은 가난한 사람이 남에게 업신여김을 당하기 싫어서 허세
를 부리려는 심리를 비유적으로 이르는 말

오답해설
② 가난한 집 신주 굶듯: 가난한 집에서는 산 사람도 배를 곯
는 형편이므로 신주까지도 제사 음식을 제대로 받아 보지
못하게 된다는 뜻으로, 줄곧 굶기만 한다는 말

③ 가난한 집에 자식이 많다: 가난한 집은 먹고 살 걱정이 큰
데 자식까지 많다는 뜻으로, 이래저래 부담되는 것이 많
음을 이르는 말

④ 가난한 집 제사 돌아오듯: 살아가기도 어려운 가난한 집
에 제삿날이 자꾸 돌아와서 그것을 치르느라 매우 어려움
을 겪는다는 뜻으로, 힘든 일이 자주 닥쳐옴을 비유적으
로 이르는 말

14
정답 ①

오답해설
② 이순(耳順): 예순 살

③ 미수(米壽): 여든여덟 살

④ 백수(白壽): 아흔아홉 살

15

정답해설

(가) 고려 시대 문충이 지은 가요인 「오관산곡(五冠山曲)」으로 문충의 홀어머니에 대한 효성이 잘 드러난 작품이다.

(나) 작자 미상의 「정석가(鄭石歌)」로, 임에 대한 영원한 사랑이 드러나 있다.

(다) 조식의 시조로, 임금님의 승하를 애도하는 내용이다.

(라) 조선 초기에 지어진 작자 미상의 악장 「감군은」이다. '바다보다 깊은 임금님의 은혜'가 나타나 있는 송축가이며 향악의 곡명이기도 하다.

(마) 이항복의 평시조로, 연군(戀君)의 마음과 자신의 억울함을 호소하는 내용이 나타나 있다.

(바) 서경덕의 시조로, 임을 기다리는 마음이 나타나 있다.

③ '볕뉘'와 '덕틱'은 둘 다 임금님의 은혜를 의미한다.

The 알아보기

(가) 문충, 「오관산곡」
- 형식 및 갈래: 한시(7언 절구), 서정시
- 특성
  - 불가능한 상황의 설정을 통한 역설적 표현이 두드러짐
  - 어머니가 오래 살기를 바라는 간절한 마음과 결코 헤어지지 않겠다는 의지를 노래함
- 구성
  - 기·승: 나무로 만든 닭을 벽 위에 올려 놓음 – 실현 불가능한 상황 설정
  - 전·결: 그 닭이 울면 그제서야 어머니와 헤어짐 – 실현 불가능한 상황의 설정으로 어머니에 대한 영원한 사랑을 기원함
- 주제: 어머니에 대한 지극한 효심

(나) 작자 미상, 「정석가」
- 갈래: 고려 가요, 고려 속요, 장가(長歌)
- 성격: 서정적, 민요적
- 형식: 전 6연, 3음보
- 특징
  - 과장법, 역설법, 반어법 사용
  - 각 연에 반복되는 구절을 통해 화자의 감정을 강조함
  - 대부분의 고려 속요가 이별이나 향락적 삶을 노래하는 반면, 이 작품은 임에 대한 사랑을 노래함
  - 불가능한 상황을 역설적으로 표현하여 영원한 사랑을 노래함
  - 반어법, 과장법 등 다양한 표현과 기발한 발상이 돋보임

- 내용: 태평성대를 구가하고 남녀 간의 사랑이 무한함을 표현한 노래
- 주제: 임에 대한 영원한 사랑, 태평성대(太平聖代)의 기원

(다) 조식, 「三冬(삼동)에 뵈옷 입고」
- 갈래: 단형 시조, 평시조, 서정시, 연군가(戀君歌)
- 성격: 애도적, 유교적
- 소재: 뵈옷, 볕뉘, 해(임금)
- 제재: 중종(中宗)의 승하
- 주제: 임금의 승하를 애도함
- 출전: 「청구영언」, 「해동가요」, 「화원악보」
- 구성
  - 초장[기(起)]: 은사(隱士)의 청빈한 생활(뵈옷 → 벼슬하지 않은 은사)
  - 중장[승(承)]: 왕의 은혜를 조금도 받지 않음(구름 낀 볕뉘 → 임금의 조그만 은총, 낮은 벼슬)
  - 종장[결(結)]: 중종의 승하를 슬퍼함(서산에 해지다 → 중종의 승하)

(라) 작자 미상, 「감군은」
- 갈래: 악장
- 성격: 송축가(頌祝歌)
- 표현: 과장적, 교술적, 예찬적
- 특징
  - 각 장마다 똑같은 내용의 후렴구가 붙어 있어 고려 속요와 비슷한 형식을 갖추고 있음
  - 자연과의 비교를 활용해 임의 덕과 은혜를 강조 – 반복법, 과장법, 설의법 등을 통해 주제 강화
- 제재: 임금님의 은덕
- 주제: 임금님의 은덕과 송축
- 출전: 「악장가사」

(마) 이항복, 「철령 높은 봉에」
- 작자: 이항복(李恒福: 1556~1618)
- 갈래: 평시조, 단시조, 연군가(戀君歌)
- 소재: 구름, 원루(寃淚), 님
- 제재: 구름, 비
- 발상 동기: 자신의 정의(正義)를 끝까지 관철하겠다는 의지에서 지음
- 성격: 풍유적(諷諭的), 비탄적(悲歎的), 우의적(寓意的), 호소적
- 표현: 감정이입, 의인법(擬人法)
- 핵심어: 원루(寃淚)
- 주제: 억울한 심정 호소 / 귀양길에서의 정한(情恨)
- 출전: 「청구영언」, 「해동가요」, 「가곡원류」, 「고금가곡」

(바) 서경덕, 「마음이 어린 後(후) | 니」

- 연대: 조선 중종
- 해설: 마음이 어리석으니 하는 일마다 모두 어리석다. / 겹겹이 구름 낀 산중이니 임이 올 리 없건만, / 떨어지는 잎이 부는 바람 소리에도 행여나 임이 아닌가 착각했노라.
- 성격: 감성적, 낭만적
- 표현: 도치법, 과장법
- 주제: 임을 기다리는 마음, 연모(戀慕)의 정
- 출전: 『청구영언』

16　　　　　　　　　　　　　　정답 ①

정답해설

(가) 「오관산곡」과 (나) 「정석가」에 역설적 표현이 사용되었다. 두 작품은 모두 실현 불가능한 것을 가능한 것으로 설정하는 역설적 표현 기법을 사용하여 간절한 소망을 드러내고 있다.

17　　　　　　　　　　　　　　정답 ③

정답해설

주체가 제3의 대상에게 동작이나 행동을 하도록 시키는 사동 표현은 ③이다.

오답해설

① 철수가 자의로 옷을 입은 것이므로 주동 표현이 쓰였다.
② · ④ 주체의 행위가 타의에 의한 것이므로 피동 표현이 쓰였다.

18　　　　　　　　　　　　　　정답 ④

정답해설

3연과 4연은 극한적 상황과 그에 대한 화자의 대응(초극 의지)이 드러나 있다. 따라서 화자의 심화된 내적 갈등을 단계적으로 보여 주고 있는 것이 아니다.

오답해설

① 1연과 2연은 화자의 현실적 한계 상황을 단계적으로 제시하고 있다.
② 1연은 북방이라는 수평적 한계가, 2연은 고원이라는 수직적 한계가 드러난다. 즉, 극한적 상황이 중첩되어 나타나고 있다.
③ 1, 2연의 중첩된 상황으로 인해 3연에서는 절박한 상황에 처해 있음을 드러내고 있다.

19　　　　　　　　　　　　　　정답 ③

정답해설

묘사의 방식으로 내용을 전개하고 있는 것은 ③이다. 묘사란 어떤 사물에 대해 그림을 그리듯이 생생하게 표현하는 방식이다.

오답해설

① 비교와 대조의 방식으로 내용을 전개하고 있으며 지구와 화성의 공통점과 차이점에 대해 서술하고 있다.
② 유추의 방식으로 내용을 전개하고 있다. 유추란 같은 종류의 것 또는 비슷한 것에 기초하여 다른 사물을 미루어 추측하는 방법이다.
④ 정의와 예시의 방식으로 내용을 전개하고 있다. '제로섬이란 ~' 부분에서 용어의 정의를 밝히고 있으며 그 뒤에 운동 경기를 예로 들어 설명하였다.

20　　　　　　　　　　　　　　정답 ③

정답해설

㉠과 ㉣은 안은문장에서 목적어로 쓰이는 명사절이고, ㉡과 ㉢은 안은문장에서 부사어로 쓰이는 명사절이다.

㉠ '비가 오기'는 목적격 조사와 결합하여 안은문장에서 목적어로 쓰인다.
㉡ '집에 가기'는 부사격 조사 '에'와 결합하여 안은문장에서 부사어로 쓰인다.
㉢ '그는 1년 후에 돌아오기'는 부사격 조사 '로'와 결합하여 안은문장에서 부사어로 쓰인다.
㉣ '어린 아이들은 병원에 가기'는 안은문장에서 목적어로 쓰인다. 이때 목적격 조사는 생략되기도 한다.

21　　　　　　　　　　　　　　정답 ①

정답해설

구름, 무덤(묻-+-엄), 빛나다(빛-+나-+-다)로 분석할 수 있다.

오답해설

② 지우개(파생어), 헛웃음(파생어), 덮밥(합성어)
③ 맑다(단일어), 고무신(합성어), 선생님(파생어)
④ 웃음(파생어), 곁눈(합성어), 시나브로(단일어)

22
정답 ①

정답해설

'종성부용초성'이란 초성의 글자가 종성에도 사용되는 표기법으로, 밑줄 친 단어들 중에서는 ① '곶'이 그 예이다.

> **The 알아보기** 「용비어천가」 제2장
>
> • 갈래: 악장
> • 주제: 조선 왕조의 번성과 무궁한 발전 기원
> • 특징
>   − 15세기 중세국어 연구의 귀중한 자료
>   − 2절 4구의 대구 형식을 취함
> • 현대어 풀이
>   뿌리가 깊은 나무는 바람에 흔들리지 아니하므로, 꽃이 좋고 열매가 많이 열리니
>   샘이 깊은 물은 가뭄에 그치지 아니하므로, 내가 이루어져 바다에 가나니

23
정답 ②

정답해설

㉠의 앞 문장에서 '인간의 활동과 대립에 통일이 있듯이, 자연의 내부에서도 대립과 통일은 존재한다.'라고 했고, ㉠ 다음 문장에서는 '인간의 역사와 자연사의 변증법적 지양과 일여(一如)한 합일을 지향했다.'라고 했으므로 ㉠ 안에 들어갈 문장은 인간사와 자연사를 대립적 관계로 보면 안 된다는 ②의 내용이 적절하다.

오답해설

① 제시된 글에서는 인간과 자연의 경쟁 관계에 관한 내용이 제시되지 않았으므로 이는 논점에서 벗어난 진술이다.

③ 제시된 글에서는 인간의 역사와 자연의 역사를 구분하지 않아야 한다고 주장하고 있으므로 자연이 인간의 역사에 흡수된다는 내용은 적절하지 않다.

④ 제시된 글에서는 인간사를 연구하는 일과 자연사를 연구하는 일에 관한 내용이 제시되지 않았으므로 이는 논점에서 벗어난 진술이다.

24
정답 ②

정답해설

물에 젖어서 부피가 커진다는 의미를 지닌 동사는 '붇다'로, '불어, 불으니, 붇는'의 형태로 활용한다. 한편, '붓다'는 액체나 가루 따위를 다른 곳에 담는다는 의미의 동사이다.

25
정답 ④

정답해설

4문단의 '코흐를 비롯한 과학자들은 한센병, 임질, 장티푸스, 결핵 등의 질병 뒤에 도사리고 있는 세균들을 속속 발견했다. 이러한 발견을 견인한 것은 새로운 도구였다.'를 통해 코흐는 새로운 도구의 도움을 받아 질병을 유발하는 미생물들을 발견하였음을 확인할 수 있다. 따라서 새로운 도구의 개발 이전에 미생물들을 발견했다는 ④의 내용은 적절하지 않다.

오답해설

① 4문단에서 탄저병이 연구된 뒤 20년에 걸쳐 코흐를 비롯한 과학자들은 한센병, 임질, 장티푸스, 결핵 등의 질병 뒤에 도사리고 있는 세균들을 속속 발견했고, 순수한 미생물을 배양하는 방법이 개발되었으며, 새로운 염색제가 등장하여 세균의 발견과 확인을 도왔다고 하였다. 따라서 세균은 미생물의 일종이라는 내용은 적절하다.

② 5문단에서는 '세균을 확인하자 과학자들은 거두절미하고 세균을 제거하는 작업에 착수했다.', '그(조지프 리스터)는 자신의 스태프들에게 손과 의료 장비와 수술실을 화학적으로 소독하라고 지시함으로써 수많은 환자들을 극심한 감염으로부터 구해냈다.'라고 하였다. 따라서 세균을 화학적인 방법으로 제거할 수 있다는 것은 적절한 내용이다.

③ 1~3문단에 따르면 1762년 마르쿠스 플렌치즈가 미생물이 체내에서 증식함으로써 질병을 일으키고 이는 공기를 통해 전염될 수 있다고 주장하였지만 증거가 없어 무시되었으나, 19세기 중반 루이 파스퇴르와 로베르트 코흐가 각각 미생물이 질병을 일으킨다는 배종설을 입증하면서 미생물과 질병의 연관성에 대한 인식이 변화하기 시작했다고 하였다. 따라서 미생물과 질병의 연관성에 대한 인식이 통시적으로 변화해 왔다는 것은 적절한 내용이다.

01	02	03	04	05	06	07	08	09	10
④	①	③	③	②	①	③	①	①	③

11	12	13	14	15	16	17	18	19	20
③	②	①	②	④	④	③	①	①	②

21	22	23	24	25
③	①	④	③	④

01

정답 ④

정답해설

그 자살행위가 바로 강간행위로 인하여 생긴 당연의 결과라고 볼 수는 없으므로 강간행위와 피해자의 자살행위 사이에 인과관계를 인정할 수는 없다(대판 1982.11.23. 82도1446).

오답해설

① 행위자 자신이 스스로 위험을 창출한 경우가 아니라 타인이 위험을 창출시킨 경우이므로 행위자에게는 객관적 귀속이 부정된다.

② 비유형적 인과관계에 대하여 조건설이나 합법칙적 조건설을 취할 경우 인과관계의 존재를 인정한다.

> **The 알아보기 객관적 귀속**
> • 의의: 인과관계가 확인된 결과를 행위자의 행위에 객관적으로 귀속시킬수 있는지 확정짓는 이론으로, 처벌이라는 관점에서 결과를 행위자에 귀속시키는 규범적, 법적 평가
> • 요건
> − 예견 · 지배 가능성: 발생결과는 객관적으로 예측 가능하고 지배가 가능한 경우에 한하여 행위자에게 객관적으로 귀속 가능
> − 위험창출 · 증가행위: 법적으로 허용되지 않는 위험을 창출, 강화시켜야 객관적 구성요건 귀속을 인정. 위험창출이 결여된 행위는 행위반가치의 결여로 가벌성이 탈락
> − 허용되지 않는 위험의 구성요건적 결과로 실현: 행위자가 창출하거나 증가된 위험이 구성요건적 결과에 사실상 실현되었을 때 객관적 귀속을 인정. 위험창출행위는 있었으나 구체적인 위험실현이 결여된 경우에는 결과반가치의 결여로 미수

> − 규범의 보호목적: 인과과정의 진행을 방지하도록 하는 것이 당해 범죄구성요건의 임무가 아닐 경우에는 객관적 귀속이 부정, 결여된 때에는 가벌성이 탈락하거나 미수

02

정답 ①

정답해설

채권양도인이 채무자에게 채권양도 통지를 하는 등으로 채권양도의 대항요건을 갖추어 주지 않은 채 채무자로부터 양도한 채권을 추심하여 수령한 금전에 관하여 채권양수인을 위해 보관하는 자의 지위에 있지 아니하므로 채권양도인이 위 금전을 임의로 처분한 경우 횡령죄가 성립하지 않는다(대판 2022.6.23. 2017도3829 전합).

오답해설

② 대판 2021.2.18. 2016도18761 전합

③ 대판 2018.7.26. 2017도21715

④ 대판 1992.9.8. 92도1396

03

정답 ③

정답해설

구체적 사실의 착오에 있어 객체의 착오(甲을 乙로 오인)는 구체적 부합설, 법정적 부합설, 추상적 부합설 모두 동일한 결론을 도출한다.

오답해설

① 구체적 부합설에 의하면 인식사실의 미수(살인미수)와 발생사실의 과실(과실치사)의 상상적 경합이 성립된다.

② 친족상도례는 인적 처벌조각 사유로 친족관계가 객관적으로 존재하면 족하고, 행위자가 이를 인식할 필요는 없다. 또한 친족관계에 대한 착오는 고의를 조각하지 않는다.

④ 추상적 사실의 착오 중 경한 죄의 고의로 중한 죄를 실현한 경우로 추상적 부합설은 '경한 죄의 고의기수와 중한 죄의 과실의 상상적 경합'을 인정한다. 따라서 개에 대한 재물손괴기수와 乙에 대한 과실치사죄의 상상적 경합이 성립된다.

The 알아보기 　구성요건적 착오
- 의의: 행위자가 인식한 본래의 범죄(주관적)와 실제 발생한 사실(객관적)이 일치하지 않는 경우
- 학설
  - 구체적 부합설: 인식사실과 발생결과가 구체적으로 일치하는 경우에만 발생된 결과에 대한 고의를 인정
  - 법정적 부합설(판례): 인식사실과 발생결과가 법정적으로 부합하는 경우에 고의를 인정하고, 그렇지 않은 경우에는 고의가 조각
  - 추상적 부합설: 인식사실과 발생사실이 서로 다른 구성요건에 해당하는 경우 발생한 사실에 대한 고의성이 인정, 경한 사실을 인식하고 중한 결과가 발생하거나 중한 사실을 인식하고 경한 결과가 발생한 경우의 처리는 학설에 따라 다양한 견해로 나뉨

04　　　　　　　　　　　　정답 ③

정답해설

대판 2015.12.24, 2015도13946

오답해설

① 주식회사의 주식이 사실상 1인의 주주에 귀속하는 1인회사의 경우에도 회사와 주주는 별개의 인격체로서, 1인회사의 재산이 곧바로 1인주주의 소유라고 할 수 없기 때문에, 양벌규정에 따른 책임에 관하여 달리 볼 수 없다(대판 2018.4.12, 2013도6962).

② 회사가 해산 및 청산등기 전에 재산형에 해당하는 사건으로 소추당한 후 청산종결의 등기가 경료되었다고 하여도 그 피고사건이 종결되기까지는 회사의 청산사무는 종료되지 아니하고 형사소송법상 당사자 능력도 존속한다고 할 것이다(대판 1982.3.23, 81도1450).

④ 지방자치단체 소속 공무원이 압축트럭 청소차를 운전하여 고속도로를 운행하던 중 제한축중을 초과 적재 운행함으로써 도로관리청의 차량운행제한을 위반한 사안에서, 해당 지방자치단체가 도로법 제86조의 양벌규정에 따른 처벌대상이 된다(대판 2005.11.10, 2004도2657).

05　　　　　　　　　　　　정답 ②

정답해설

이상이 없다는 회신을 받았고, 그 회신 전후의 진료 경과에 비추어 그 회신 내용에 의문을 품을 만한 사정이 있다고 보이지 않자 그 회신을 신뢰하여 뇌혈관계통 질환의 가능성을 염두에 두지 않고 내과 영역의 진료 행위를 계속하다가 피해자의 증세가 호전되기에 이르자 퇴원하도록 조치한 경우, 피해자의 지주막하출혈을 발견하지 못한 데 대하여 내과의사의 업무상과실을 부정한다(대판 2003.1.10, 2001도3292).

오답해설

① 과실의 유무를 판단함에는 같은 업무와 직무에 종사하는 일반적 보통인의 주의정도를 표준으로 하여야 하며, 이는 사고 당시의 일반적인 의학의 수준과 의료환경 및 조건, 의료행위의 특수성 등이 고려되어야 한다(대판 1997.10.10, 97도1678).

③ 대판 1997.11.28, 97도1741

④ 법인 대표자의 범죄행위에 대하여는 법인 자신이 자신의 행위에 대한 책임을 부담하여야 하는바, 법인 대표자의 법규위반행위에 대한 법인의 책임은 법인 자신의 법규위반행위로 평가될 수 있는 행위에 대한 법인의 직접책임이며 대표자의 고의에 의한 위반행위에 대하여는 법인 자신의 고의에 의한 책임을, 대표자의 과실에 의한 위반행위에 대하여는 법인 자신의 과실에 의한 책임을 부담한다(헌재 2010.9.30, 2010헌가61).

06　　　　　　　　　　　　정답 ①

정답해설

정범의 성립은 교사범, 방조범의 구성요건의 일부를 형성하고 교사범, 방조범이 성립함에는 먼저 정범의 범죄행위가 인정되는 것이 그 전제요건이 되는 것은 공범의 종속성에 연유하는 당연한 귀결이며, 따라서 교사범, 방조범의 사실 적시에 있어서도 정범의 범죄 구성요건이 되는 사실 전부를 적시하여야 하고, 이 기재가 없는 교사범, 방조범의 사실 적시는 죄가 되는 사실의 적시라고 할 수 없다(대판 1981.11.24, 81도2422).

오답해설

② 강도와 강간이라는 서로 다른 구성요건에 걸쳐서 사건이 발생한 경우, 초과부분에 대해 공동정범의 성립을 부정한다. 따라서 甲과 乙이 A를 강도하기로 공모 후 乙이 강도강간을 한 경우 甲은 강도강간의 죄책이 없다.

③ 정범이 교사자의 교사행위에 의하여 범죄 실행을 결의하게 된 경우, 교사행위 외에 다른 원인이 있어 범죄를 실행한 경우에도 교사범이 성립한다(대판 2012.11.15, 2012도7407).

④ 서로 대향된 행위의 존재를 필요로 할 뿐 각자 자신의 구성요건을 실현하고 별도의 형벌규정에 따라 처벌되는 것이어서, 2인 이상이 가공하여 공동의 구성요건을 실현하는 공범관계에 있는 자와는 본질적으로 다르며, 대향범관계에 있는 자 사이에서는 각자 상대방의 범행에 대하여 형법총칙의 공범규정이 적용되지 아니한다(대판 2015.2. 12, 2012도4842).

07
정답 ③

정답해설

형법 제296조의2(세계주의) 약취·유인 및 인신매매의 죄의 예비·음모죄에 대해서는 세계주의가 적용되지 않는다.

오답해설

① **형법 제296조의2(세계주의)** 제287조부터 제292조까지 및 제294조는 대한민국 영역 밖에서 죄를 범한 외국인에게도 적용한다.

② 범죄의 성립과 처벌은 행위시의 법률에 의한다고 규정한 형법 제1조 제1항의 해석으로도 행위종료 시의 법률의 적용을 배제한 점에서 타당한 것이 아니므로 신·구형법과의 관계가 아닌 다른 법과의 관계에서는 위 부칙을 적용 또는 유추적용할 것이 아니다. … 위 법률 제3조 제1항 제3호의 구성요건을 충족하는 때는 그중 법정형이 중한 위 특정경제범죄 가중처벌 등에 관한 법률 위반의 죄에 나머지 행위를 포괄시켜 특정경제범죄 가중처벌 등에 관한 법률 위반의 죄로 처단하여야 한다(대판 1986.7.22, 86도1012 전합).

④ 대판 2017.8.24, 2017도5977 전합

08
정답 ①

정답해설

대판 1992.3.10, 92도37

오답해설

② 대화 당사자들의 실명과 구체적인 대화 내용을 그대로 공개함으로써 수단이나 방법의 상당성을 결여하였으며, 위 보도와 관련된 모든 사정을 종합하여 볼 때 위 보도에 의하여 얻어지는 이익 및 가치가 통신비밀이 유지됨으로써 얻어지는 이익 및 가치보다 우월하다고 볼 수 없다는 이유로, 피고인의 위 공개행위가 형법 제20조의 정당행위에 해당하지 않는다(대판 2011.3.17, 2006도8839 전합).

③ 2인 이상이 하나의 공간에서 공동생활을 하고 있는 경우에는 각자 주거의 평온을 누릴 권리가 있으므로, 사용자가 제3자와 공동으로 관리·사용하는 공간을 사용자에 대한 쟁의행위를 이유로 관리자의 의사에 반하여 침입·점거한 경우, 비록 그 공간의 점거가 사용자에 대한 관계에서 정당한 쟁의행위로 평가될 여지가 있다 하여도 이를 공동으로 관리·사용하는 제3자의 명시적 또는 추정적인 승낙이 없는 이상 위 제3자에 대하여서까지 이를 정당행위라고 하여 주거침입의 위법성이 조각된다고 볼 수는 없다(대판 2010.3.11, 2009도5008).

④ 피고인을 포함한 피고인 의원의 의사들은 크리스탈 필링 박피술의 시술과정 자체는 피부관리사에게만 맡겨둔 채 별반 관여를 하지 아니한 사실 등을 알 수 있는 바, 이러한 피고인의 행위는 의료법을 포함한 법질서 전체의 정신이나 사회통념에 비추어 용인될 수 있는 행위에 해당한다고 볼 수는 없다 할 것이어서 위법성이 조각되지 아니한다 할 것이다(대판 2003.9.5, 2003도2903).

09
정답 ①

정답해설

㉠ 대판 1992.8.18, 92도1425
㉡ 대판 1992.7.28, 92도999

오답해설

㉢ 법원으로서는 반드시 그 의견에 기속을 받는 것은 아니고, 그러한 감정 결과뿐만 아니라 범행의 경위, 수단, 범행 전후의 피고인의 행동 등 기록에 나타난 제반 자료 등을 종합하여 단독적으로 심신장애의 유무를 판단하여야 한다(대판 1995.2.24, 94도3163).

㉣ 형법 제10조 제1항 소정의 심신상실자는 사물변별능력, 즉 사물의 선악과 시비를 합리적으로 판단하여 구별할 수 있는 능력이 결여되거나 의사결정능력, 즉 사물을 변별한 바에 따라 의지를 정하여 자기의 행위를 통제할 수 있는 능력이 결여된 상태에 있는 자를 말하며(모두 결여상태 ×), 같은 조 제2항의 심신미약자는 위와 같은 사물변별능력이나 의사결정능력이 결여된 정도는 아니고 미약한 상태에 있는 자를 말하는 것인 바, 위 사물변별능력이나 의사결정능력은 판단능력 또는 의지능력과 관련된 것으로서 사실의 인식능력이나 기억능력과는 반드시 일치하는 것이 아니다(대판 1990.8.14, 90도1328).

10   정답 ③

정답해설

임의적 감경의 경우에는 감경사유의 존재가 인정되더라도 법관이 형법 제55조 제1항에 따른 법률상 감경을 할 수도 있고 하지 않을 수도 있다. 나아가 임의적 감경사유의 존재가 인정되고 법관이 그에 따라 징역형에 대해 법률상 감경을 하는 이상 형법 제55조 제1항 제3호에 따라 상한과 하한을 모두 2분의 1로 감경한다(대판 2021.1.21, 2018도5475 전합).

오답해설

① 대판 2019.4.18, 2017도14609 전합

② · ④ 대판 2021.1.21, 2018도5475 전합

11   정답 ③

정답해설

수표금액의 지급책임을 부담하는 자 또는 거래정지처분을 당하는 자는 오로지 발행인에 국한되는 점에 비추어 볼 때 발행인 아닌 자는 위 법조가 정한 허위신고죄의 주체가 될 수 없고, 허위신고의 고의 없는 발행인을 이용하여 간접정범의 형태로 허위신고죄를 범할 수도 없다(대판 1992.11.10, 92도1342).

오답해설

① 간접정범의 실행의 착수시기를 이용행위 시로 보는 견해에 따르면 피이용자의 실행행위와 관계없이 이용자의 이용해위만으로도 실행의 착수가 인정되는 반면 객관설은 피이용자가 실행행위에 나아가야 실행의 착수가 인정된다. 따라서 미수범의 처벌범위가 객관설보다 확대될 수 있다.

② 대판 2018.2.8, 2016도17733

④ 피고인이 축산업협동조합이 점유하는 타인소유의 창고의 패널을 점유자인 조합으로부터 명시적인 허락을 받지 않은 채 소유자인 위 타인으로 하여금 취거하게 한 경우 소유자를 도구로 이용한 절도죄의 간접정범이 성립될 수 있지만, 여러 사정에 비추어 피고인에게 조합의 의사에 반하여 위 창고의 패널을 뜯어간다는 범의가 있었다고 단정하기는 어렵다(대판 2006.9.28, 2006도2963).

12   정답 ②

정답해설

중지미수는 필요적 감면, 불능미수는 임의적 감면사유에 해당한다.

오답해설

① 범행이 발각될 것이 두려워 범행을 중지한 것으로서 일반 사회통념상 범죄를 완수함에 장애가 되는 사정에 해당하여 자의에 의한 중지미수로 볼 수 없다(대판 2011.11.10, 2011도10539).

③ 피고인이 낫을 들고 피해자에게 접근함으로써 살인의 실행행위에 착수하였다고 할 것이므로 이는 살인미수에 해당한다(대판 1986.2.25, 85도2773).

④ 대판 2005.12.8, 2005도8105

13   정답 ①

정답해설

체포죄는 계속범으로서 체포의 행위에 확실히 사람의 신체의 자유를 구속한다고 인정할 수 있을 정도의 시간적 계속이 있어야 하나, 체포의 고의로써 타인의 신체적 활동의 자유를 현실적으로 침해하는 행위를 개시한 때 체포죄의 실행에 착수하였다고 볼 것이다(대판 2018.2.28, 2017도21249).

오답해설

② 감금행위가 단순히 강도상해 범행의 수단이 되는 데 그치지 아니하고 강도상해의 범행이 끝난 뒤에도 계속된 경우에는 1개의 행위가 감금죄와 강도상해죄에 해당하는 경우라고 볼 수 없고, 이 경우 감금죄와 강도상해죄는 실체적 경합범 관계에 있다(대판 2003.1.10, 2002도4380).

③ 중감금죄는 구체적 위험범이 아니므로 생명 · 신체에 대한 구체적 위험이 발생할 필요 없이 감금 후 가혹행위만으로도 족하다.

④ 대판 2000.2.11, 99도5286

14

정답 ②

정답해설

대판 2019.6.13, 2019도3341

오답해설

① 추행이란 일반인에게 성적 수치심이나 혐오감을 일으키고 선량한 성적 도덕관념에 반하는 행위인 것만으로는 부족하고 그 행위의 상대방인 피해자의 성적 자기결정의 자유를 침해하는 것이어야 한다(대판 2012.7.26, 2011도8805).

③ 강간치상의 범행을 저지른 자가 그 범행으로 인하여 실신상태에 있는 피해자를 구호하지 아니하고 방치하였다고 하더라도 그 행위는 포괄적으로 단일의 강간치상죄만을 구성한다(대판 1980.6.24, 80도726).

④ 피해자의 건강상태가 나쁘게 변경되고 생활기능에 장애가 초래되었다면 이는 상해에 해당한다. 피해자가 자연적으로 의식을 회복하거나 후유증이나 외부적으로 드러난 상처가 없더라도 마찬가지이다. 이때 피해자에게 상해가 발생하였는지는 피해자의 연령, 성별, 체격 등 신체·정신상의 구체적인 상태, 약물의 종류·용량·효과 등 약물의 작용에 영향을 미칠 수 있는 여러 요소에 기초하여 약물 투약으로 피해자에게 발생한 의식장애나 기억장애 등 신체·정신상 변화의 내용이나 정도를 종합적으로 고려하여 판단하여야 한다(대판 2017.7.11, 2015도3939).

15

정답 ④

정답해설

채권자가 본안 또는 보전소송을 제기하거나 제기할 태세를 보이고 있는 상태에서 주관적으로 강제집행을 면탈하려는 목적으로 재산을 은닉, 손괴, 허위양도하거나 허위채무를 부담하여 채권자를 해할 위험이 있으면 성립하는 것이고, 반드시 채권자를 해하는 결과가 야기되거나 행위자가 어떤 이득을 취하여야 범죄가 성립하는 것은 아니며, 현실적으로 강제집행을 받을 우려가 있는 상태에서 강제집행을 면탈할 목적으로 허위채무를 부담하는 등의 행위를 하는 경우에는 달리 특별한 사정이 없는 한 채권자를 해할 위험이 있다고 보아야 할 것(대판 2008.4.24, 2007도4585)

오답해설

① 대판 2008.6.26, 2008도3184

② 대판 2008.9.11, 2006도8721

③ 형법 제327조의 강제집행면탈죄가 적용되는 강제집행은 민사집행법 제2편의 적용 대상인 '강제집행' 또는 가압류·가처분 등의 집행을 가리키는 것이고, 민사집행법 제3편의 적용 대상인 '담보권 실행 등을 위한 경매'를 면탈할 목적으로 재산을 은닉하는 등의 행위는 위 죄의 규율 대상에 포함되지 않는다(대판 2015.3.26, 2014도14909).

16

정답 ④

정답해설

무고죄는 타인으로 하여금 형사처분이나 징계처분을 받게 할 목적으로 신고한 사실이 객관적 진실에 반하는 허위사실인 경우에 성립되는 범죄이므로 신고한 사실이 객관적 진실에 반하는 허위사실이라는 요건은 적극적 증명이 있어야 하며 신고사실의 진실성을 인정할 수 없다는 소극적 증명만으로 곧 그 신고사실이 객관적 진실에 반하는 허위의 사실이라 단정하여 무고죄의 성립을 인정할 수는 없다(대판 1984.1.24, 83도1401).

오답해설

① 대판 2018.8.1, 2018도7293

② 대판 2007.3.30, 2006도6017

③ 대판 2014.12.24, 2012도4531

17

정답 ③

정답해설

양도담보권자가 변제기 경과 후에 담보권을 실행하기 위하여 담보목적물을 처분하는 행위는 담보계약에 따라 양도담보권자에게 주어진 권능이어서 자기의 사무처리에 속하는 것이지 타인인 채무자, 설정자의 사무처리에 속하는 것이라고 볼 수 없으므로 양도담보권자가 담보권을 실행하기 위하여 담보목적물을 처분함에 있어 싯가에 따른 적절한 처분을 하여야 할 의무는 담보계약상의 민사책임의무이고 그와 같은 형법상의 의무가 있는 것이 아니므로 그에 위반한 경우 배임죄가 성립된다고 볼 수 없다(대판 1989.10.24, 87도126).

오답해설

① 배임죄에서 말하는 '타인의 사무를 처리하는 자'에 해당하는 지위에 있는 매도인이 매수인에게 계약 내용에 따라 부동산의 소유권을 이전해 주기 전에 그 부동산을 제3자에게 처분하고 제3자 앞으로 그 처분에 따른 등기를 마쳐 준 행위는 매수인의 부동산 취득 또는 보전에 지장을 초

래하는 행위이다. 이는 매수인과의 신임관계를 저버리는 행위로서 배임죄가 성립한다(대판 2020.5.14, 2019도16228).

② 대판 2016.10.13, 2014도17211

④ 업무상배임죄는 업무상 타인의 사무를 처리하는 자가 그 업무상의 임무에 위배하는 행위로써 재산상의 이익을 취득하거나 제3자로 하여금 이를 취득하게 하여 본인에게 손해를 가하는 것을 구성요건으로 하는 범죄로서 기망적 요소를 구성요건의 일부로 하는 것이 아니어서 양 죄는 그 구성요건을 달리하는 별개의 범죄이고 형법상으로도 각각 별개의 장(章)에 규정되어 있어, 1개의 행위에 관하여 사기죄와 업무상배임죄의 각 구성요건이 모두 구비된 때에는 양 죄를 법조경합 관계로 볼 것이 아니라 상상적 경합관계로 봄이 상당하다(대판 2002.7.18, 2002도669 전합).

18 정답 ①

정답해설

위계에 의한 공무집행방해죄는 행위목적을 이루기 위하여 상대방에게 오인, 착각, 부지를 일으키게 하여 이를 이용함으로써 법령에 의하여 위임된 공무원의 적법한 직무에 관하여 그릇된 행위나 처분을 하게 하는 경우에 성립하고, 여기에서 공무원의 직무집행이란 법령의 위임에 따른 공무원의 적법한 직무집행인 이상 공권력의 행사를 내용으로 하는 권력적 작용뿐만 아니라 사경제주체로서의 활동을 비롯한 비권력적 작용도 포함되는 것으로 봄이 상당하다(대판 2003.12.26, 2001도6349).

오답해설

② 대판 2003.7.25, 2003도1609

③ 대판 1977.9.13, 77도284

④ 대판 2021.4.29, 2018도18582

19 정답 ①

정답해설

대판 1998.12.8, 98도3263

오답해설

② 건축자재를 공사 완료 후에 단순히 치우지 않은 행위가 위력으로써 甲의 추가 공사 업무를 방해하는 업무방해죄의 실행행위로서 甲의 업무에 대하여 하는 적극적인 방해행

위와 동등한 형법적 가치를 가진다고 볼 수 없다(대판 2017.12.22, 2017도13211).

③ 부진정 부작위범의 작위의무는 법령, 법률행위, 선행행위로 인한 경우는 물론, 신의성실의 원칙이나 사회상규 혹은 조리상 작위의무가 기대되는 경우에도 인정된다(대판 2015.11.12, 2015도6809 전합).

④ 근로자에게는 원칙적으로 헌법상 보장된 기본권으로서 근로조건 향상을 위한 자주적인 단결권·단체교섭권 및 단체행동권이 있으므로, 이러한 파업이 언제나 업무방해죄의 구성요건을 충족한다고 할 것은 아니며, 전후 사정과 경위 등에 비추어 전격적으로 이루어져 사용자의 사업운영에 심대한 혼란 내지 막대한 손해를 초래할 위험이 있는 등의 사정으로 사용자의 사업계속에 관한 자유의사가 제압·혼란될 수 있다고 평가할 수 있는 경우 비로소 그러한 집단적 노무제공의 거부도 위력에 해당하여 업무방해죄를 구성한다(대판 2014.8.20, 2011도468).

20 정답 ②

정답해설

부정설이 판례와 다수설의 입장이다.

오답해설

① 죄형법정주의는 형법의 보장적 기능의 실현과 더욱 관련이 있다.

③ "자수"를 '범행발각 전에 자수한 경우'로 한정하는 풀이는 "자수"라는 단어가 통상 관용적으로 사용되는 용례에서 갖는 개념 외에 '범행발각 전'이라는 또 다른 개념을 추가하는 것으로서 결국은 '언어의 가능한 의미'를 넘어 "자수"의 범위를 그 문언보다 제한함으로써 처벌범위를 실정법 이상으로 확대한 것이 되고, 따라서 이는 단순한 목적론적 축소해석에 그치는 것이 아니라, 형면제 사유에 대한 제한적 유추를 통하여 처벌범위를 실정법 이상으로 확대한 것으로서 죄형법정주의의 파생원칙인 유추해석금지의 원칙에 위반된다(대판 1997.3.20, 96도1167 전합).

④ 행위 당시의 판례에 의하면 처벌대상이 되지 아니하는 것으로 해석되었던 행위를 판례의 변경에 따라 확인된 내용의 형법 조항에 근거하여 처벌한다고 하여 그것이 헌법상 평등의 원칙과 형벌불소급의 원칙에 반한다고 할 수는 없다(대판 1999.9.17, 97도3349).

21

정답해설

대판 1981.8.20, 81도698

오답해설

① 비공무원이 공무원과 공동가공의 의사와 이를 기초로 한 기능적 행위지배를 통하여 공무원의 직무에 관하여 뇌물을 수수하는 범죄를 실행하였다면 공무원이 직접 뇌물을 받은 것과 동일하게 평가할 수 있으므로 공무원과 비공무원에게 형법 제129조 제1항에서 정한 뇌물수수죄의 공동정범이 성립한다(대판 2019.8.29, 2018도2738 전합).

② 공무원이 직무관련자에게 제3자와 계약을 체결하도록 요구하여 계약 체결을 하게 한 행위가 제3자뇌물수수죄의 구성요건과 직권남용권리행사방해죄의 구성요건에 모두 해당하는 경우에는, 제3자뇌물수수죄와 직권남용권리행사방해죄가 각각 성립하되, 이는 사회 관념상 하나의 행위가 수 개의 죄에 해당하는 경우이므로 두 죄는 형법 제40조의 상상적 경합관계에 있다(대판 2017.3.15, 2016도19659).

④ 서울대학교 의과대학 교수 겸 서울대학교병원 의사가 구치소로 왕진을 나가 진료하고 진단서를 작성해 주거나 법원의 사실조회에 대하여 회신을 해주는 것은 의사로서의 진료업무이지 교육공무원인 서울대학교 의과대학 교수의 직무와 밀접한 관련 있는 행위라고 할 수 없다는 이유로 뇌물수수의 공소사실에 대하여 무죄를 선고한다(대판 2006.6.15, 2005도1420).

22

정답 ①

정답해설

범인식별 절차에 있어 목격자의 진술의 신빙성을 높게 평가할 수 있게 하려면, 범인의 인상착의 등에 관한 목격자의 진술 내지 묘사를 사전에 상세히 기록화한 다음, 용의자를 포함하여 그와 인상착의가 비슷한 여러 사람을 동시에 목격자와 대면시켜 범인을 지목하도록 하여야 하고, 용의자와 목격자 및 비교대상자들이 상호 사전에 접촉하지 못하도록 하여야 하며, 사후에 증거가치를 평가할 수 있도록 대질 과정과 결과를 문자와 사진 등으로 서면화하는 등의 조치를 취하여야 할 것이고, 사진제시에 의한 범인식별 절차에 있어서도 기본적으로 이러한 원칙을 따라야 한다(대판 2004.2.27, 2003도7033).

오답해설

② 강간이 미수에 그친 경우라도 그 수단이 된 폭행에 의하여 피해자가 상해를 입었으면 강간치상죄가 성립하는 것이며, 미수에 그친 것이 피고인이 자의로 실행에 착수한 행위를 중지한 경우이든 실행에 착수하여 행위를 종료하지 못한 경우이든 가리지 않는다(대판 1988.11.8, 88도1628).

③ 현주건조물방화치사상죄는 그 전단이 규정하는 죄에 대한 일종의 가중처벌 규정으로서 과실이 있는 경우뿐만 아니라, 고의가 있는 경우에도 포함된다고 볼 것이므로 사람을 살해할 목적으로 현주건조물에 방화하여 사망에 이르게 한 경우에는 현주건조물방화치사죄로 의율하여야 하고 이와 더불어 살인죄와의 상상적 경합범으로 의율할 것은 아니다(대판 1996.4.26, 96도485).

④ 음주로 인한 특정범죄 가중처벌 등에 관한 법률 위반(위험운전치사상)죄와 도로교통법 위반(음주운전)죄는 입법 취지와 보호법익 및 적용영역을 달리하는 별개의 범죄이므로, 양 죄가 모두 성립하는 경우 두 죄는 실체적 경합관계에 있다(대판 2008.11.13, 2008도7143).

23

정답 ④

정답해설

대판 2010.4.29, 2010도875

오답해설

① 명의자의 명시적인 승낙이나 동의가 없다는 것을 알고 있으면서도 명의자 이외의 자의 의뢰로 문서를 작성하는 경우 명의자가 문서작성 사실을 알았다면 승낙하였을 것이라고 기대하거나 예측한 것만으로는 그 승낙이 추정된다고 단정할 수 없다. … 법무사가 타인의 권리의무에 중대한 영향을 미칠 수 있는 문서를 작성함에 있어 이 규정에 위반하여 문서명의자 본인의 동의나 승낙이 있었는지에 대한 아무런 확인절차를 거치지 아니하고 오히려 명의자 본인의 동의나 승낙이 없음을 알면서도 권한 없이 문서를 작성한 경우에는 사문서위조 및 동행사죄의 고의를 인정할 수 있다(대판 2008.4.10, 2007도9987).

② 최종 결재권자를 보조하여 문서의 기안업무를 담당한 공무원이 이미 결재를 받아 완성된 공문서에 대하여 적법한 절차를 밟지 않고 그 내용을 변경한 경우에도 특별한 사정이 없는 한 공문서변조죄가 성립한다(대판 2017.6.8, 2016도5218).

③ 허위공문서작성죄의 객체가 되는 문서는 문서상 작성명의인이 명시된 경우뿐 아니라 작성명의인이 명시되어 있지 않더라도 문서의 형식, 내용 등 문서 자체에 의하여 누가 작성하였는지를 추지할 수 있을 정도의 것이면 된다(대판 2019.3.14, 2018도18646).

24 정답 ③

정답해설

대판 2014.7.24, 2014도6206

오답해설

① 형법 제187조에서 정한 '파괴'란 다른 구성요건 행위인 전복, 매몰, 추락 등과 같은 수준으로 인정할 수 있을 만큼 교통기관으로서의 기능·용법의 전부나 일부를 불가능하게 할 정도의 파손을 의미하고, 그 정도에 이르지 아니하는 단순한 손괴는 포함되지 않는다(대판 2009.4.23, 2008도11921).

② 일반교통방해죄는 이른바 추상적 위험범으로서 교통이 불가능하거나 또는 현저히 곤란한 상태가 발생하면 바로 기수가 되고 교통방해의 결과가 현실적으로 발생하여야 하는 것은 아니다(대판 2019.4.23, 2017도1056).

④ 통행로를 이용하는 사람이 적은 경우에도 위 규정에서 말하는 육로에 해당할 수 있으나, 공로에 출입할 수 있는 다른 도로가 있는 상태에서 토지 소유자로부터 일시적인 사용승낙을 받아 통행하거나 토지 소유자가 개인적으로 사용하면서 부수적으로 타인의 통행을 묵인한 장소에 불과한 도로는 위 규정에서 말하는 육로에 해당하지 않는다(대판 2017.4.7, 2016도12563).

25 정답 ④

정답해설

대판 1988.9.13, 88도55

오답해설

① 단일한 범의를 가지고 상대방을 기망하여 착오에 빠뜨리고 그로부터 동일한 방법에 의하여 여러 차례에 걸쳐 재물을 편취하면 그 전체가 포괄하여 일죄로 되지만, 여러 사람의 피해자에 대하여 따로 기망행위를 하여 각각 재물을 편취한 경우에는 비록 범의가 단일하고 범행방법이 동일하더라도 각 피해자의 피해법익은 독립한 것이므로 피해자별로 독립한 여러 개의 사기죄가 성립한다(대판 2003. 4.8, 2003도382).

② 민법 제746조의 불법원인급여에 해당하여 급여자가 수익자에 대한 반환청구권을 행사할 수 없다고 하더라도, 수익자가 기망을 통하여 급여자로 하여금 불법원인급여에 해당하는 재물을 제공하도록 하였다면 사기죄는 성립한다(대판 2004.5.14, 2004도677).

③ '부정한 명령의 입력'은 당해 사무처리시스템에 예정되어 있는 사무처리의 목적에 비추어 지시해서는 안 될 명령을 입력하는 것을 의미한다. 따라서 설령 '허위의 정보'를 입력한 경우가 아니라고 하더라도, 당해 사무처리시스템의 프로그램을 구성하는 개개의 명령을 부정하게 변개·삭제하는 행위는 물론 프로그램 자체에서 발생하는 오류를 적극적으로 이용하여 그 사무처리의 목적에 비추어 정당하지 아니한 사무처리를 하게 하는 행위도 특별한 사정이 없는 한 위 '부정한 명령의 입력'에 해당한다(대판 2013. 11.14, 2011도4440).

제3과목: 형사소송법

01	02	03	04	05	06	07	08	09	10
④	②	①	②	①	③	④	②	②	②
11	12	13	14	15	16	17	18	19	20
②	④	④	④	③	④	③	④	①	④
21	22	23	24	25					
②	①	④	②	③					

The 알아보기   수사상 증인신문과 증거보전의 비교

구분	증인신문	증거보전
청구 시기	제1회 공판기일 전	
청구권자	검사	검사, 피고인, 피의자 혹은 변호인
청구 내용	증인신문	압수 · 수색, 검증, 감정, 증인신문
불복 방법	불복 불가	3일 이내 항고
열람 · 등사	불가	판사 허가

01
정답 ④

정답해설

형사소송법은 신속한 재판의 원칙이 위반되었을 때 구제책에 대하여 명문으로 규정하고 있지 않다.

오답해설

① 대판 1990.10.16, 90도1813
② 대판 2013.3.14, 2010도2094
③ 헌재 2007.11.29, 2004헌바39 전합

02
정답 ②

정답해설

범죄로 인한 피해자는 고소할 수 있는데(형사소송법 제223조), 이때 피해자는 범죄로 인한 직접피해자에 제한되고 간접피해자는 해당하지 않는다. 그러므로 사기죄에 있어서 피해자에게 채권이 있는 자는 간접적 피해자로 고소권자가 될 수 없다.

03
정답 ①

오답해설

㉡ 피고인에게 인정되는 권리이다.
㉤ 수사상 증인신문청구권은 검사에게 인정되는 권리이다.

04
정답 ②

정답해설

군사법원은 내국인이나 외국인이 군형법에서 정한 죄를 범한 경우 신분적 재판권을 가진다. 다만, 일반 국민이 특정 군사범죄를 범한 이후에 일반 범죄를 범하였다면 그 일반 범죄에 대하여도 군사법원이 재판권을 가지게 된다.

05
정답 ①

정답해설

법원조직법 제32조(합의부의 심판권) 제1항 제5호 지방법원 판사에 대한 제척 · 기피사건은 지방법원과 그 지원의 합의부가 제1심으로 심판한다.

오답해설

② · ③ 대판 2011.12.22, 2011도12927
④ 법원조직법 제14조(심판권) 제2호

06
정답 ③

정답해설

반의사불벌죄에 있어서 피해자가 처벌을 희망하지 아니하는 의사표시나 처벌을 희망하는 의사표시의 철회를 하였다고 인정하기 위해서는 피해자의 진실한 의사가 명백하고 믿을 수 있는 방법으로 표현되어야 한다. 따라서 피해자가 자신에 대한 증인소환을 연기해 달라고 하거나 기일변경신청을 하고 출석을 하지 않는 것이 처벌불원의 의사표시라고 볼 수 없다(대판 2001.6.15, 2001도1809).

오답해설
① 대판 1999.04.15, 96도1922 전합
② 대판 2007.4.13, 2007도425
④ 대판 1985.11.12, 85도940

07 정답 ④

정답해설
조세범 처벌법에 의한 고발은 고발장에 범칙사실의 기재가 없거나 특정이 되지 아니할 때에는 부적법하나, 반드시 공소장 기재요건과 동일한 범죄의 일시·장소를 표시하여 사건의 동일성을 특정할 수 있을 정도로 표시하여야 하는 것은 아니고, 조세범 처벌법이 정하는 어떠한 태양의 범죄인지를 판명할 수 있을 정도의 사실을 일응 확정할 수 있을 정도로 표시하면 족하다(대판 2009.9.23, 2009도3282).

오답해설
① 대판 2004.6.11, 2004도2018
② 대판 2006.9.22, 2006도4883
③ '형사소송법 제236조(대리고소) 고소 또는 그 취소는 대리인으로 하여금 하게 할 수 있다.'라고 규정되어 있으나 대리고발에 대한 명문 규정은 없다(대판 1989.9.26, 88도1533).

08 정답 ②

정답해설
㉠ 참고인으로서 조사를 받으면서 수사기관에게서 진술거부권을 고지 받지 않았다는 이유만으로 그 진술조서가 위법수집증거로서 증거능력이 없다고 할 수 없다(대판 2011.11.10, 2011도8125).
㉢ 형사소송법 제244조의5(장애인 등 특별히 보호를 요하는 자에 대한 특칙)

오답해설
㉡ 수사기관은 참고인이 수사기관에서 범인에 관하여 조사를 받으면서 그가 알고 있는 사실을 묵비하거나 허위로 진술하였다고 하더라도, 그것이 적극적으로 수사기관을 기만하여 착오에 빠지게 함으로써 범인의 발견 또는 체포를 곤란 내지 불가능하게 할 정도가 아닌 한 범인도피죄를 구성하지 않는다. 이러한 법리는 피의자가 수사기관에서 공범에 관하여 묵비하거나 허위로 진술한 경우에도 그대로 적용된다(대판 2008.12.24, 2007도11137).

㉣ 수사기관이 참고인을 조사하는 과정에서 형사소송법 제221조 제1항에 따라 작성한 영상녹화물은, 다른 법률에서 달리 규정하고 있는 등의 특별한 사정이 없는 한, 공소사실을 직접 증명할 수 있는 독립적인 증거로 사용될 수는 없다(대판 2014.7.10, 2012도5041).

> **The 알아보기 피의자신문 시 신뢰관계에 있는 자의 동석 사유**
> 「형사소송법」 제244조의5(장애인 등 특별히 보호를 요하는 자에 대한 특칙) 검사 또는 사법경찰관은 피의자를 신문하는 경우 다음 각 호의 어느 하나에 해당하는 때에는 직권 또는 피의자·법정대리인의 신청에 따라 피의자와 신뢰관계에 있는 자를 동석하게 할 수 있다.
> 　1. 피의자가 신체적 또는 정신적 장애로 사물을 변별하거나 의사를 결정·전달할 능력이 미약한 때
> 　2. 피의자의 연령·성별·국적 등의 사정을 고려하여 그 심리적 안정의 도모와 원활한 의사소통을 위하여 필요한 경우

09 정답 ②

정답해설
형사소송법 제134조(압수장물의 피해자환부) 압수한 장물은 피해자에게 환부할 이유가 명백한 때에는 피고사건의 종결 전이라도 결정으로 피해자에게 환부할 수 있다.

오답해설
① 대판 1999.5.11, 99다12161
③·④ 형사소송법 제218조의2(압수물의 환부, 가환부)

10 정답 ②

정답해설
'형사소송법 제88조(구속과 공소사실 등의 고지) 피고인을 구속한 때에는 즉시 공소사실의 요지와 변호인을 선임할 수 있음을 알려야 한다.'라고 규정하고 있는 바, 이는 사후 청문 절차를 규정한 형사소송법 제88조를 위반하였다 하더라도 구속영장의 효력에 어떠한 영향을 미치는 것은 아니다(대결 2000.11.10, 2000모134).

오답해설
① 대판 1985.7.23, 85모12
③ 대결 2007.7.10, 2007모460
④ 대결 2000.11.10, 2000모134

11

정답 ②

정답해설

긴급체포의 요건을 갖추었는지 여부는 사후에 밝혀진 사정을 기초로 판단하는 것이 아니라 체포 당시의 상황을 기초로 판단하여야 한다(대판 2008.3.27, 2007도11400).

오답해설

① 형사소송법 제200조의2(영장에 의한 체포) 제1항

③ 대판 2007.4.13, 2007도1249

④ 대판 2001.9.28, 2001도4291

12

정답 ④

정답해설

제1심에서 합의부 관할사건에 관하여 단독판사 관할사건으로 죄명, 적용법조를 변경하는 공소장변경 허가신청서가 제출되자, 합의부가 공소장변경을 허가하는 결정을 하지 않은 채 착오배당을 이유로 사건을 단독판사에게 재배당한 사안에서, 형사소송법은 제8조 제2항에서 단독판사의 관할사건이 공소장변경에 의하여 합의부 관할사건으로 변경된 경우 합의부로 이송하도록 규정하고 있을 뿐 그 반대의 경우에 관하여는 규정하고 있지 아니하며, '법관 등의 사무분담 및 사건배당에 관한 예규'에서도 이러한 경우를 재배당사유로 규정하고 있지 아니하므로, 사건을 배당받은 합의부는 공소장변경 허가결정을 하였는지에 관계없이 사건의 실체에 들어가 심판하였어야 하고 사건을 단독판사에게 재배당할 수 없는데도, 사건을 재배당받은 제1심 및 원심이 사건에 관한 실체 심리를 거쳐 심판한 조치는 관할권이 없는데도 이를 간과하고 실체판결을 한 것으로서 소송절차에 관한 법령을 위반한 잘못이 있다(대판 2013.4.25, 2013도1658).

오답해설

① 대판 1996.10.11, 96도1698

② 대판 2013.7.12, 2013도5165

③ 대판 2016.12.29, 2016도11138

13

정답 ④

정답해설

국민참여재판법 제9조(배제결정) 제1항 법원은 공소제기 후부터 공판준비기일이 종결된 다음날까지 다음 각 호의 어느 하나에 해당하는 경우 국민참여재판을 하지 아니하기로 하는 결정을 할 수 있다.

오답해설

① 국민참여재판법 제9조(배제결정) 제2항

② 국민참여재판법 제7조(필요적 국선변호인)

③ 국민참여재판법 제8조(피고인 의사의 확인) 제2항, 대결 2009.10.23, 2009모1032

14

정답 ④

정답해설

ⓒ 형사소송법 제92조 제3항

ⓔ 헌재 2001.6.28, 99헌가14 전합

오답해설

ⓐ 형사소송법 제203조의2(구속기간에의 산입) 피의자가 체포 또는 구인된 경우 구속기간은 피의자를 체포 또는 구인한 날부터 기산한다.

ⓑ 형사소송법 제66조(기간의 갱신) 제3항 기간의 말일이 공휴일 또는 토요일에 해당하는 날은 기간에 산입하지 아니한다. 다만, 시효와 구속의 기간에 관하여서는 예외로 한다.

15

정답 ③

정답해설

형사소송규칙 제56조(보석 등의 취소에 의한 재구금절차) 제1항 보석취소 또는 구속집행정지취소의 결정이 있는 때 또는 기간을 정한 구속집행정지결정의 기간이 만료된 때에는 검사는 그 취소결정의 등본 또는 기간을 정한 구속집행정지결정의 등본에 의하여 피고인을 재구금하여야 한다. 다만, 급속을 요하는 경우에는 재판장, 수명법관 또는 수탁판사가 재구금을 지휘할 수 있다. 따라서 보석취소는 새로운 구속영장을 발부받는 것이 아니라 보석취소결정의 등본에 의하여 피고인을 재구금하는 것이다.

오답해설

① 형사소송규칙 제54조의2(보석의 심리)

② 대판1997.11.27, 97모88

④ 형사소송법 제100조의2(출석보증인에 대한 과태료)

16

정답해설

대판 1996.2.13, 95도1794

오답해설

① 자백에 대한 보강증거는 자백사실이 가공적인 것이 아니고 진실한 것이라고 담보할 수 있는 정도이면 족한 것이지 범죄사실의 전부나 중요 부분의 전부에 일일이 보강증거를 필요로 하는 것이 아니다. … 이 사건 휴대전화에 대한 임의제출서, 압수조서, 압수목록, 압수품 사진, 압수물 소유권 포기여부 확인서는 경찰이 피고인의 이 부분 범행 직후 범행 현장에서 피고인으로부터 위 휴대전화를 임의제출 받아 압수하였다는 내용으로서 이 사건 휴대전화에 저장된 전자정보의 증거능력 여부에 영향을 받지 않는 별개의 독립적인 증거에 해당하므로, 피고인이 증거로 함에 동의한 이상 유죄를 인정하기 위한 증거로 사용할 수 있고, 이 부분 공소사실에 대한 피고인의 자백을 보강하는 증거가 된다고 볼 여지가 많다(대판 2022.11.17, 2019도11967).

② 자백에 대한 보강증거는 범죄사실의 전부 또는 중요 부분을 인정할 수 있는 정도가 되지 아니하더라도 피고인의 자백이 가공적인 것이 아닌 진실한 것임을 인정할 수 있는 정도만 되면 족할 뿐만 아니라, 직접증거가 아닌 간접증거나 정황증거도 보강증거가 될 수 있다(대판 2004.5.14, 2004도1066).

③ 즉결심판과 소년보호사건에서는 자백보강법칙이 적용되지 아니한다.

17

정답해설

청소년성보호법 제16조에 규정된 반의사불벌죄라고 하더라도, 피해자인 청소년에게 의사능력이 있는 이상, 단독으로 피고인 또는 피의자의 처벌을 희망하지 않는다는 의사표시 또는 처벌희망 의사표시의 철회를 할 수 있고, 거기에 법정대리인의 동의가 있어야 하는 것으로 볼 것은 아니다(대판 2009.11.19, 2009도6058 전합).

오답해설

① 형사소송법 제328조(공소기각의 결정) 제1항

② 대판 1986.10.28, 84도693

④ 형사소송법 제306조(공판절차의 정지) 제1항

18

정답해설

수사기관에서 진술한 참고인이 법정에서 증언을 거부하여 피고인이 반대신문을 하지 못한 경우에는 정당하게 증언거부권을 행사한 것이 아니라도, 피고인이 증인의 증언거부 상황을 초래하였다는 등의 특별한 사정이 없는 한 형사소송법 제314조의 '그 밖에 이에 준하는 사유로 인하여 진술할 수 없는 때'에 해당하지 않는다고 보아야 한다(대판 2019.11.21, 2018도13945 전합).

오답해설

① 대판 2006.12.22, 2006도7479

② 대판 2000.6.9, 2000도1765

③ 대판 2016.2.18, 2015도17115

19

정답해설

대판 2002.11.13, 2002도4893

오답해설

② 형사소송법 제18조(기피의 원인과 신청권자) 제1항 검사 또는 피고인은 법관이 전조 각 호의 사유에 해당되는 때, 법관이 불공평한 재판을 할 염려가 있는 때에 법관의 기피를 신청할 수 있다. 따라서 불공평한 재판을 할 염려는 제척사유에 해당하지 않는다.

③ 형사소송법 규정에 의하여 법관이 기피 또는 제척의 원인이 되는 '법관이 사건에 관하여 전심재판 또는 그 기초되는 조사심리에 관여한 때'의 사건에 관한 전심이라 함은 불복신청을 한 당해 사건의 전심을 말하는 것으로서 재심청구사건에 있어서 재심대상이 되는 사건은 이에 해당하지 않으므로 제척 또는 기피의 원인이 되는 것이 아니다(대결 1982.11.15, 82모11).

④ 통역인이 피해자의 사실혼 배우자인 경우 통역인 제척사유에 해당하지 않는다(대판 2011.4.14, 2010도13583).

20

정답해설

형사소송법 제33조(국선변호인) 제3항 법원은 피고인의 나이·지능 및 교육 정도 등을 참작하여 권리보호를 위하여 필요하다고 인정하면 피고인의 명시적 의사에 반하지 아니하는 범위에서 변호인을 선정하여야 한다.

오답해설

① 대결 1994.10.28, 94모25

② 대판 1968.2.27, 68도64

③ 대판 1995.2.28, 94도2880

21 정답 ②

정답해설

교도소 또는 구치소에 구속된 자에 대한 송달은 그 소장에게 송달하면 구속된 자에게 전달된 여부와 관계없이 그 효력이 생긴다(대판 1992.3.10, 91도3272).

오답해설

① 대판 2014.11.13, 2013도1228

③ 형사소송법 제320조(토지관할 위반) 제1항, 제2항

④ 대판 2005.1.20, 2003모429

22 정답 ①

정답해설

용의자의 인상착의 등에 의한 범인식별절차에 있어 용의자 한 사람을 단독으로 목격자와 대질시키거나 용의자의 사진 한 장만을 목격자에게 제시하여 범인 여부를 확인하게 하는 것은 사람의 기억력의 한계 및 부정확성과 구체적인 상황하에서 용의자나 그 사진상의 인물이 범인으로 의심받고 있다는 무의식적 암시를 목격자에게 줄 수 있는 가능성으로 인하여, 그러한 방식에 의한 범인식별절차에서의 목격자의 진술은, 그 용의자가 종전에 피해자와 안면이 있는 사람이라든가 피해자의 진술 외에도 그 용의자를 범인으로 의심할 만한 다른 정황이 존재한다든가 하는 등의 부가적인 사정이 없는 한 그 신빙성이 낮다고 보아야 한다(대판 2004.2.27, 2003도7033).

오답해설

② 대판 2005.10.28, 2005도1247

③ 대결 1996.6.3, 96모18

④ 대결 2013.7.1, 2013모160

23 정답 ④

정답해설

'불이익변경의 금지'에 관한 형사소송법 제368조에서 피고인이 항소한 사건과 피고인을 위하여 항소한 사건에 대하여는 원심판결의 형보다 중한 형을 선고하지 못한다고 규정하고 있고, 위 법률조항은 형사소송법 제399조에 의하여 상고심에도 준용된다. … '원심판결의 형보다 중한 형'으로의 변경만을 금지하고 있을 뿐이고, … 피고인만이 상소한 사건에서 상소심이 원심법원이 인정한 범죄사실의 일부를 무죄로 인정하면서도 피고인에 대하여 원심법원과 동일한 형을 선고하였다고 하여 그것이 불이익변경금지원칙을 위반하였다고 볼 수 없다(대판 2021.5.6, 2021도1282).

오답해설

① 대판 2018.2.28, 2015도15782

② 대판 2001.9.18, 2001도3448

③ 대판 2004.8.20, 2003도4732

24 정답 ②

정답해설

소년법 제54조(공소시효의 정지) 소년보호사건에 관하여 소년부 판사가 심리 개시의 결정이 있었던 그 때로부터 그 사건에 대한 보호처분의 결정이 확정될 때까지 공소시효는 그 진행이 정지된다.

오답해설

① 대판 2015.6.24, 2015도5916

③ 대판 2012.3.29, 2011도15137

④ 형사소송법 제253조(시효의 정지와 효력) 제1항

The 알아보기 공소시효의 기간

「**형사소송법**」 제249조(공소시효의 기간) ① 공소시효는 다음 기간의 경과로 완성한다.

1. 사형에 해당하는 범죄에는 25년
2. 무기징역 또는 무기금고에 해당하는 범죄에는 15년
3. 장기 10년 이상의 징역 또는 금고에 해당하는 범죄에는 10년
4. 장기 10년 미만의 징역 또는 금고에 해당하는 범죄에는 7년
5. 장기 5년 미만의 징역 또는 금고, 장기10년 이상의 자격정지 또는 벌금에 해당하는 범죄에는 5년
6. 장기 5년 이상의 자격정지에 해당하는 범죄에는 3년
7. 장기 5년 미만의 자격정지, 구류, 과료 또는 몰수에 해당하는 범죄에는 1년

② 공소가 제기된 범죄는 판결의 확정이 없이 공소를 제기한 때로부터 25년을 경과하면 공소시효가 완성한 것으로 간주한다.

정답해설

검사가 유죄의 자료로 제출한 사법경찰리 작성의 피고인에 대한 피의자신문조서는 피고인이 그 내용을 부인하는 이상 증거능력이 없으나, 그것이 임의로 작성된 것이 아니라고 의심할 만한 사정이 없는 한 피고인의 법정에서의 진술을 탄핵하기 위한 반대증거로 사용할 수 있다(대판 2005.8.19, 2005도2617).

오답해설

① 대판 2006.5.26, 2005도6271
② 탄핵증거란 진술의 증명력을 다투기 위하여 증거로서, 범죄사실을 증명하는 것이 아니므로 자유로운 증명의 대상이 된다.
④ 대판 2005.8.19, 2005도2617

제3회 모의고사 정답 및 해설

제1과목: 국어

01	02	03	04	05	06	07	08	09	10
③	③	②	④	④	③	②	③	②	②
11	12	13	14	15	16	17	18	19	20
②	③	③	②	②	①	③	④	④	①
21	22	23	24	25					
③	④	②	④	③					

01
정답 ③

정답해설

'주말(朱抹: 붉을 주, 지울 말)'은 '붉은 먹을 묻힌 붓으로 글자 따위를 지우다.'라는 뜻으로, 붉은 선으로 '표시'하는 것이 아니라 '지우'는 행위이다.

오답해설

① • 개임(改任: 고칠 개, 맡길 임): 다른 사람으로 바꾸어 임명함
  • 교체(交替: 사귈 교, 바꿀 체): 사람이나 사물을 다른 사람이나 사물로 대신함
  • 임명(任命: 맡길 임, 목숨 명): 일정한 지위나 임무를 남에게 맡김
② • 계리(計理: 셀 계, 다스릴 리): 계산하여 정리함
  • 회계(會計: 모일 회, 셀 계): 나가고 들어오는 돈을 따져서 셈을 함 / 개인이나 기업 따위의 경제 활동 상황을 일정한 계산 방법으로 기록하고 정보화함
④ • 게기(揭記: 걸 게, 기록할 기): 기록하여 내어 붙이거나 걸어 두어서 여러 사람이 보게 함
  • 기재(記載: 기록할 기, 실을 재): 문서 따위에 기록하여 올림

02
정답 ③

정답해설

'갖은'은 골고루 다 갖춘, 여러 가지의 등의 의미로 사용되는 관형사이다.

오답해설

① '바로'는 거짓이나 꾸밈없이 있는 그대로라는 의미로 사용되는 부사이다.
② '혼자'는 다른 사람과 어울리거나 함께 있지 아니하고 동떨어져서라는 의미로 사용되는 부사이다.
④ '그리고'는 단어, 구, 절, 문장 따위를 병렬적으로 연결할 때 쓰는 접속 부사이다.

03
정답 ②

정답해설

제시된 글은 언어와 사고가 서로 깊은 관계를 맺고 상호 작용을 한다는 점을 설명하고 있다. 하지만 ②와 같이 어떤 사물의 개념이 머릿속에서 맴도는데도 그 명칭을 떠올리지 못하는 것은 언어와 사고가 상호작용을 하는 사례로 보기 어렵다.

오답해설

① '산', '물', '보행 신호의 녹색등'의 실제 색은 다르지만 모두 '파랗다'라고 표현하는 것은 색에 대해 범주화된 사고가 언어로 나타난다는 것을 의미한다. 따라서 언어와 사고가 상호작용을 하는 사례로 볼 수 있다.
③ 우리나라는 수박을 '박'의 일종으로 인식하여 '수박'이라고 부르지만, 어떤 나라는 '멜론(melon)'과 유사한 것으로 인식하여 'watermelon'이라고 부른다. 이는 인간의 사고가 언어에 반영된다는 것을 보여주는 사례이다.
④ 쌀을 주식으로 삼는 우리나라 문화권에서 '쌀'과 관련된 단어가 구체화되어 '모', '벼', '쌀', '밥' 등으로 다양하게 표현되고 있다는 것은 사회와 문화가 언어의 분화 · 발전에 영향을 준다는 것을 의미한다. 따라서 언어와 사고가 상호작용을 하는 사례로 볼 수 있다.

The 알아보기   언어와 사고

• 언어 우위설: 사고 과정 없이도 언어는 존재할 수 있지만, 언어 없이는 사고가 불가능하다.
  예 뜻도 모르는 팝송을 따라 부른다.
• 사고 우위설: 언어 없이도 사고가 가능하지만, 표현하기 어려울 뿐이다.
  예 영화를 보고 너무 좋았는데, 왜 좋았는지 말로 표현하지는 못한다.
• 상호 의존설: 언어와 사고는 서로 깊은 관계를 맺고 있으며, 서로에게 영향을 준다. 언어 없이는 사고가 불완전하고, 사고 없이는 언어를 생각할 수 없다.

04

정답해설

'치르＋어 → 치러'는 '으' 탈락 현상이므로 규칙 활용이다. 참고로, 'ㄹ' 탈락과 '으' 탈락은 규칙 활용에 해당한다.

오답해설

① 'ㅅ' 불규칙 활용에 해당한다.
② 'ㄷ' 불규칙 활용에 해당한다.
③ '르' 불규칙 활용에 해당한다.

The 알아보기   용언의 활용

㉠ 규칙 활용: 모습이 바뀌지 않거나, 바뀌어도 일반적인 음운 규칙으로 설명할 수 있는 것
  • 모음 조화: '-아/-어'의 교체
  • 축약: 보＋아 → 봐
  • 탈락
    – 'ㄹ' 탈락: 울＋는 → 우는, 울＋오 → 우오
    – '으' 탈락: 쓰＋어 → 써, 치르＋어 → 치러
㉡ 불규칙 활용: 용언이 활용할 때 어간이나 어미의 기본 형태가 달라지는데, 이를 일정한 규칙으로 설명할 수 없는 활용을 말함
  • 어간이 바뀌는 경우

구분	조건	용례	규칙 활용
'ㅅ' 불규칙	'ㅅ'이 모음 어미 앞에서 탈락	잇＋어 → 이어, 짓＋어 → 지어, 낫＋아 → 나아	벗어, 씻어
'ㄷ' 불규칙	'ㄷ'이 모음 어미 앞에서 'ㄹ'로 변함	듣＋어 → 들어, 걷[步]＋어 → 걸어, 묻[問]＋어 → 물어, 깨닫다, 싣다	묻어, 얻어
'ㅂ' 불규칙	'ㅂ'이 모음 어미 앞에서 '오/우'로 변함	눕＋어 → 누워, 줍＋어 → 주워, 돕＋어 → 도와, 덥＋어 → 더워	잡아, 뽑아
'르' 불규칙	'르'가 모음 어미 앞에서 'ㄹㄹ' 형태로 변함	흐르＋어 → 흘러, 이르＋어 → 일러, 빠르＋아 → 빨라	따라, 치러
'우' 불규칙	'우'가 모음 어미 앞에서 탈락	퍼(푸＋어)	주어, 누어

  • 어미가 바뀌는 경우

구분	조건	용례	규칙 활용
'여' 불규칙	'하-' 뒤에 오는 어미 '-아/-어'가 '-여'로 변함	공부하＋어 → 공부하여, '하다'와 '-하다'가 붙는 모든 용언	파＋아 → 파
'러' 불규칙	어간이 '르'로 끝나는 일부 용언에서 어미 '-어'가 '러'로 변함	이르[至]＋어 → 이르러, 누르[黃]＋어 → 누르러, 푸르＋어 → 푸르러	치르＋어 → 치러

  • 어간과 어미가 모두 바뀌는 경우

구분	조건	용례	규칙 활용
'ㅎ' 불규칙	'ㅎ'으로 끝나는 어간에 '-아/-어'가 오면 어간의 일부인 'ㅎ'이 없어지고 어미도 변함	파랗＋아 → 파래, 퍼렇＋어 → 퍼레, 하얗＋아서 → 하얘서, 허옇＋어서 → 허예서	좋＋아서 → 좋아서

05

정답해설

'발(을) 끊다'는 오가지 않거나 관계를 끊는 것을 의미하는 표현이므로 문맥상 적절하지 않다. 아이가 돌아오지 않아 매우 안타까워하거나 다급해하는 표현으로는 '발(을) 구르다'가 적절하다.

오답해설

① 발(을) 디딜 틈이 없다: 복작거리어 혼잡스럽다.
② 발(이) 묶이다: 몸을 움직일 수 없거나 활동할 수 없는 형편이 되다.
③ 발(을) 빼다: 어떤 일에서 관계를 완전히 끊고 물러나다.

06

정답해설

제시된 작품은 김기택의 「우주인」이다. 화자는 '허공', '없다는 것은', '모른다', '보고 싶다', '삐뚤삐뚤', '발자국' 등의 시어 반복을 통해 무기력한 삶에서 벗어나고자 하는 화자의 소망과 의지를 강조하고 있다.

오답해설

① 화자는 '~고 싶다'를 반복하며 미래에 대한 희망을 찾고 있다. 과거로 돌아가고 싶다는 소망은 나타나지 않는다.

② 시적 화자의 옛 경험에 대한 사실적인 묘사는 찾아볼 수 없다.

④ 현실의 고난이 허구적 상상을 통해 드러나고 있지만, 극복하는 모습은 나타나지 않는다.

07

정답 ②

정답해설

(가)는 모두 5개의 발화와 1개의 담화로 이루어져 있다. 담화는 둘 이상의 발화나 문장이 연속되어 이루어지는 말의 단위를 가리킨다.

오답해설

③ 마지막 A의 발화를 통해 버스 정류장에서 나눈 대화임을 알 수 있다.

④ (가)의 A와 B 사이의 대화에서 사회·문화적 맥락은 간접적으로 작용했겠지만 그것이 뚜렷하게 드러나 있다고 보기는 어렵다.

08

정답 ③

정답해설

제시된 대화의 맥락은 추석 명절을 맞아 일어나는 일들에 대한 것이다. 그중 밑줄 친 ⊙ '해마다 가셨지?'라는 발화는 B의 할머니가 매년 임진각에 간 것을 물어보는 것인데, 이 발화의 역사적 맥락을 파악하기 위해서는 임진각이 어떤 공간인지를 알아야 한다. 임진각은 군사 분계선에서 7km 남쪽에 있는 1972년에 세워진 관광지로 분단의 아픔을 상징하는 공간이다. 따라서 B의 할머니가 임진각에 해마다 갔다는 발화를 통해 할머니가 한국전쟁 때 월남한 실향민이며 명절마다 갈 수 없는 고향에 대한 그리움을 임진각에 가서 대신 달래는 것임을 추측해 볼 수 있다. 이러한 내용은 우리나라 근현대사에 대한 지식이 없으면 이해하기 힘든 발화이다.

09

정답 ②

정답해설

'지민이가 감기에 걸렸다.'를 능동 표현으로 바꿀 경우 '감기가 지민이를 걸다.'라는 비문이 된다. '감기'가 주체가 될 수 없으므로 능동 표현으로 바꿀 수 없다.

오답해설

① '그 문제가 어떤 수학자에 의해 풀렸다.'를 능동 표현으로 바꿀 경우 '어떤 수학자가 그 문제를 풀었다.'라는 문장이 성립한다.

③ '딸이 아버지에게 안겼다.'를 능동 표현으로 바꿀 경우 '아버지가 딸을 안았다.'라는 문장이 성립한다.

④ '그 수필은 많은 사람들에게 읽혔다.'를 능동 표현으로 바꿀 경우 '많은 사람들이 그 수필을 읽었다.'라는 문장이 성립한다.

10

정답 ②

정답해설

현재진행형이란 현재 움직임이 계속되고 있음을 나타내는 동사 시제의 형태이다. '고르다³'은 동사가 아닌 형용사이므로 현재진행형으로 나타낼 수 없다.

11

정답 ②

정답해설

제시문에 따르면 언어 표현은 자연시간의 순서를 따른다. 그런데 ② '문 닫고 들어와라.'는 안으로 들어온 후에 문을 닫으라는 의미이므로 논리적으로 시간의 순서에 맞지 않는다.

오답해설

①·③ 각각 꽃이 펴야 질 수 있고, 수입이 들어와야 지출을 할 수 있으므로 제시문의 설명에 부합한다.

④ '머리끝부터 발끝' 역시 위쪽이 앞서고 아래쪽이 나중에 온다는 어순 병렬의 원리에 부합한다.

12

정답해설

제시된 글은 '위기'라는 단어의 의미를 파악하고, 위기에 어떻게 대응하느냐에 따라 결과가 달라진다고 보았다. 위기 상황에서 위축되지 않고 사리에 맞는 해결 방안을 찾기 위해 노력하고, 위기를 통해 새로운 기회를 모색해야 함을 강조하고 있다.

13
정답 ③

정답해설

국어의 로마자 표기는 국어의 표준 발음법에 따라 적는 것을 원칙(로마자 표기법 제1항)으로 한다. ③ 마천령은 [마철령]으로 소리 나므로 'Macheollyeong'으로 표기하는 것이 적절하다.

오답해설

① Gapyeong-goon(×) → Gapyeong-gun(○): 가평군은 'Gapyeong-goon'이 아닌 'Gapyeong-gun'으로 표기한다. '도, 시, 군, 구, 읍, 면, 리, 동'의 행정 구역 단위와 '가'는 각각 'do, si, gun, gu, eup, myeon, ri, dong, ga'로 적고, 그 앞에는 붙임표(−)를 넣는다(로마자 표기법 제5항).

② Galmaibong(×) → Galmaebong(○): 갈매봉은 'Galmaibong'이 아닌 'Galmaebong'으로 표기한다. 로마자 표기법에서 단모음 'ㅐ'는 'ae'로 표기한다.

④ Baeknyeongdo(×) → Baengnyeongdo(○): 백령도는 [뱅녕도]로 소리 나므로 자음 사이에서 동화 작용이 일어나는 경우 그 결과에 따라 표기한다는 규정(로마자 표기법 제1항)에 따라 'Baengnyeongdo'로 표기한다.

14
정답 ②

정답해설

'상이(相異)'는 '서로 다르다'라는 의미를 가진다.

오답해설

① '상관(相關)'은 '서로 관련 있다'라는 의미를 가진다.

③ '상응(相應)'은 '서로 응하다'라는 의미를 가진다.

④ '상충(相衝)'은 '서로 충돌하다'라는 의미를 가진다.

15
정답 ②

정답해설

무빙워크(moving walk): 안전길(×) → 자동길(○)

16
정답 ①

정답해설

친구 따라 강남 간다: 자기는 하고 싶지 아니하나 남에게 끌려서 덩달아 하게 됨을 이르는 말

오답해설

② 대항해도 도저히 이길 수 없는 경우를 비유적으로 이르는 말

③ 어느 곳에서나 그 자리에 없다고 남을 흉보아서는 안 된다는 말. 다른 사람에 관한 이야기를 하는데 공교롭게 그 사람이 나타나는 경우를 이르는 말

④ 주관하는 사람 없이 여러 사람이 자기주장만 내세우면 일이 제대로 되기 어려움을 비유적으로 이르는 말

17
정답 ③

정답해설

- 문맥의 제일 처음에 올 수 있는 내용은 (나)와 (다)이다. (가)는 접속 부사 '그러나', (라)는 접속 부사 '하지만', (마)는 앞의 내용에 대한 원인을 밝히는 '~ 때문이다'가 있으므로 다른 문장의 뒤에 연결되어야 한다.
- (마)는 '불만과 불행에 사로잡히기 때문'이라고 하였으므로 그 앞부분에는 그 원인인 '만족할 때까지는 행복해지지 못한다.'는 내용이 와야 한다. 따라서 (다) − (마)의 순서가 되어야 한다.
- (라)는 (마)의 내용에 대한 반론을 제시하며 '차원 높은 행복'이라는 새로운 화제를 제시하고 있으므로 (마) − (라)의 순서가 되어야 한다.
- (가)와 (나)는 '소유에서 오는 행복'이라는 공통 화제를 가지고 있으므로 인접해 있어야 하며, 접속 부사를 고려할 때 (나) − (가)의 순서가 적절하다.

따라서 문맥에 따른 배열로 가장 적절한 것은 ③ '(다) − (마) − (라) − (나) − (가)'이다.

46 **군무원 FINAL 실전 봉투모의고사**

18 정답 ④

정답해설

시적 화자는 달에게 말을 건네는 방식을 통해 근심과 소망 등 자신의 정서를 전달하고 있다.

오답해설

① 후렴구가 반복적으로 사용되었지만 특별한 뜻이 없이 운율을 맞추기 위한 것이므로 후렴구가 주제 의식을 부각한다고 볼 수 없다.

② 제시된 작품에서 반어적 의미를 가진 표현은 찾아볼 수 없다.

③ 성찰적 어조로 볼 수 없으며 엄숙한 분위기가 조성된 것도 아니다.

> **The 알아보기**　작자 미상, 「정읍사(井邑詞)」
>
> • 갈래: 고대 가요, 서정시
> • 성격: 서정적, 애상적, 기원적
> • 제재: 남편에 대한 염려
> • 주제: 남편의 안전을 바라는 여인의 간절한 마음
> • 특징: 후렴구 사용
> • 의의
> 　– 현전하는 유일한 백제 노래
> 　– 한글로 기록되어 전하는 가요 중 가장 오래된 작품
> 　– 시조 형식의 기원인 작품
> • 연대: 백제 시대로 추정
> • 출전: 『악학궤범(樂學軌範)』
> • 함께 읽으면 좋은 작품: 김소월, 「초혼」
> 　「초혼」은 초혼이라는 전통 의식을 통해 사랑하는 사람을 잃은 슬픔을 노래한 김소월의 작품이다. 이 작품에서 임과의 이별 상황에 마주한 화자가 임을 애타게 기다리며 만나고자 하는 소망의 극한이 '돌'로 응축되어 나타나는데, 이는 「정읍사」의 화자가 임을 기다리다가 돌이 되고야 말았다는 망부석 모티프와 연결된다.

---

19 정답 ④

정답해설

'노피곰'이 상승 이미지를 환기하는 것은 맞지만, 달이 초월적 세계에 대한 화자의 동경을 표상한다고 볼 수는 없다. '노피곰'은 '높이높이'라는 뜻으로 이 시어에는 달이 멀리 또는 밝게 비추어 남편의 안전이 지켜지기를 바라는 화자의 소망이 투영되어 있다.

오답해설

① 화자의 시적 진술이 달이 뜨는 시간에 이루어지고 있음을 알려준다.

② 대상에 대한 화자의 근심과 걱정을 완화해 주는 존재이다.

③ 높임의 호격 조사 '하'로 볼 때 존경의 의미를 함축하고 있음을 알 수 있다.

---

20 정답 ①

정답해설

이 작품은 섬진강이 흐르는 호남 지방의 자연과 그곳에서 살아가는 사람들을 제재로 하여 섬진강의 끈질긴 생명력을 부드러우면서도 단호한 어조로 표현하였다. 반어적인 어조를 활용하여 현실을 풍자한 부분은 찾을 수 없다.

오답해설

② '실핏줄 같은', '쌀밥 같은', '숯불 같은'처럼 직유를 활용하여 섬진강과 소박한 민중의 모습을 인상적으로 드러내고 있다.

③ '영산강으로 가는 물줄기를 불러 뼈 으스러지게 그리워 얼싸안고', '지리산 뭉툭한 허리를 감고 돌아가는'과 같은 의인화를 통해 섬진강의 강한 생명력을 표현하고 있다.

④ 섬진강의 마르지 않는 속성을 통해 '민중의 건강한 삶과 끈질긴 생명력'이라는 주제 의식을 강화하고 있다.

> **The 알아보기**　김용택, 「섬진강 1」
>
> • 갈래: 자유시, 서정시
> • 주제: 민중의 소박하고 건강한 삶과 끈질긴 생명력
> • 특징
> 　– 의인법, 반복법, 설의법을 통해 주제를 강조
> 　– 명령 투의 어조가 나타남

---

21 정답 ③

정답해설

'부패'라는 단어에 담긴 서로 다른 의미로 인해 ③은 논리적 오류가 발생하였다.

오답해설

① 삼단 논법

② 결합의 오류

④ 분해의 오류

22

정답해설

시적 화자는 '그리웠던 순간들을 호명하며' 따뜻하고 행복했던 지난 때를 그리워하고 있으며, 톱밥 난로에 톱밥을 던지는 행위를 '한 줌의 눈물을 불빛 속에 던져 주었다'라고 표현하여 현재의 고단한 삶에 대한 정서를 화자의 행위에 투영하고 있다.

오답해설

① '유리창마다 / 톱밥난로가 지펴지고'는 대합실 유리창에 난로의 불빛이 비치는 것을 묘사한 것으로, 여러 개의 난로가 지펴진 대합실의 상황을 비유적으로 표현했다는 설명은 적절하지 않다.

② '청색'과 '불빛'의 대조적 색채 이미지가 나타나지만, 이를 통해 막차를 기다리는 사람들의 고단한 삶을 드러낼 뿐 겨울 풍경의 서정적 정취를 강조한 것은 아니다.

③ '오래 앓은 기침 소리'와 '쓴 약 같은 입술담배 연기'를 통해 힘겨운 삶의 모습을 드러내고는 있으나, 이것이 비관적 심리를 드러낸다고 할 수 없다. 또한 담배를 피우는 행위를 무례하다고 보는 것은 작자의 의도와 거리가 멀다.

> **The 알아보기** 곽재구, 「사평역에서」
> - 갈래: 자유시, 서정시
> - 성격: 회고적, 애상적, 묘사적
> - 주제: 가난하고 소외된 사람들의 삶의 애환
> - 특징
>   - 간이역 대합실을 장면화하여 묘사적으로 제시함
>   - 감각적 이미지로 서정적이고 쓸쓸한 분위기를 연출함
>   - 반복적 변주로 시상을 전개함

23

정답해설

'집단으로 모인 사람들이 자신들의 감성을 침묵하게 하고 지성만을 행사하는 가운데 그들 중 한 개인에게 그들의 모든 주의가 집중되도록 할 때 희극이 발생한다고 보았다.'를 통해 희극이 관객의 감성이 집단적으로 표출된 결과라는 설명이 적절하지 않음을 알 수 있다. '관객은 이러한 결함을 지닌 인물을 통하여 스스로 자기 우월성을 인식하고 즐거워질 수 있게 된다.'에서 희극은 관객 개개인이 결함을 지닌 인물에 비하여 자기 우월성을 인식함으로써 발생한다는 사실을 확인할 수 있다.

오답해설

① '희극의 발생 조건에 대하여 베르그송은 집단, 지성, 한 개인의 존재 등을 꼽았다.'를 통해 적절한 내용임을 확인할 수 있다.

③ '한 인물이 우리에게 희극적으로 보이는 것은 우리 자신과 비교해서 그 인물이 육체의 활동에는 많은 힘을 소비하면서 정신의 활동에는 힘을 쓰지 않는 경우이다.'라는 프로이트의 말을 통해 적절한 내용임을 확인할 수 있다.

④ '웃음을 유발하는 단순한 형태의 직접적인 장치는 대상의 신체적인 결함이나 성격적인 결함을 들 수 있다.'를 통해 적절한 내용임을 확인할 수 있다.

24

정답해설

제시문은 '문학이 구축하는 세계는 실제 생활과는 다르다.'는 것을 건축가가 집을 짓는 과정에 빗대어 표현하였다. 즉, 유추의 설명 방식이 사용된 것으로, 유추는 생소한 개념이나 복잡한 주제를 친숙한 개념 또는 단순한 주제와 비교하여 설명하는 방식이다.

④ '목적을 지닌 인생은 의미 있다.'는 것을 목적을 갖고 뛰어야 완주가 가능한 마라톤에 빗대어 설명하고 있다.

오답해설

① 국어 단어를 일정한 기준에 따라 종류별로 묶어서 설명하는 방법인 분류의 방식이 사용되었다.

② 르네상스 시대 화가들과 인상주의 화가들의 공통점을 비교해서 설명하고 있다.

③ 둘 이상의 대상, 즉 남자와 여자의 차이점을 밝히는 설명 방법인 대조의 방식이 사용되었다. 또한, 남녀의 관심사를 열거하고 있다.

25

정답해설

3·1 운동과 관련된 제시문으로, 문맥상 〈보기〉의 내용은 (다)의 뒤에 들어가야 한다. 〈보기〉에서는 학자들이 3·1 운동에 관해 부단한 연구를 해왔고, 각 분야에 걸쳐 수많은 저작을 내놓고 있다고 했다. 그다음 (라)에서는 언론 분야에 대한 예가 나오고 있다.

01	02	03	04	05	06	07	08	09	10
③	④	①	①	④	②	②	①	③	①
11	12	13	14	15	16	17	18	19	20
④	①	④	①	①	③	②	③	②	④
21	22	23	24	25					
②	②	②	①	④					

01

정답 ③

정답해설

ⓒ "불안감"은 평가적·정서적 판단을 요하는 규범적 구성요건요소이고, "불안감"이란 개념이 사전적으로 '마음이 편하지 아니하고 조마조마한 느낌'이라고 풀이되고 있어 이를 불명확하다고 볼 수는 없으므로, 위 규정 자체가 죄형법정주의 및 여기에서 파생된 명확성의 원칙에 반한다고 볼 수 없다(대판 2008.12.24, 2008도9581).

ⓔ 대법원 양형위원회가 설정한 '양형기준'이 발효하기 전에 공소가 제기된 범죄에 대하여 위 '양형기준'을 참고하여 형을 양정한 사안에서, 피고인에게 불리한 법률을 소급하여 적용한 위법이 있다고 할 수 없다(대판 2009.12.10, 2009도11448).

오답해설

ⓐ 헌재 2010.12.28, 2008헌바157

ⓑ 대판 2011.10.13, 2011도6287

ⓓ 대판 2002.12.27, 2002도2539

02

정답 ④

정답해설

명예훼손죄의 주관적 구성요건으로서의 범의는 행위자가 피해자의 명예가 훼손되는 결과를 발생케 하는 사실을 인식하므로 족하다 할 것이나 새로 목사로서 부임한 피고인이 전임목사에 관한 교회 내의 불미스러운 소문의 진위를 확인하기 위하여 이를 교회집사들에게 물어 보았다면 이는 경험칙상 충분히 있을 수 있는 일로서 명예훼손의 고의 없는 단순한 확인에 지나지 아니하여 사실의 적시라고 할 수 없다(대판 1985. 5.28, 85도588).

오답해설

① 대판 2015.1.22, 2014도10978 전합

② 대판 2018.9.13, 2018도7658

③ 살인죄의 범의는 자기의 행위로 인하여 피해자가 사망할 수도 있다는 사실을 인식·예견하는 것으로 족하고 피해자의 사망을 희망하거나 목적으로 할 필요는 없고, 또 확정적인 고의가 아닌 미필적 고의로도 족한 것이다(대판 1994.12.22, 94도2511).

03

정답 ①

정답해설

대판 1997.2.14, 96도1241

오답해설

② 피고인이 자신의 절도의 충동을 억제하지 못하는 성격적 결함(정신의학상으로는 정신병질이라는 용어로 표현하기도 한다)으로 인하여 절도 범행에 이르게 되었다고 하더라도, 이와 같이 자신의 충동을 억제하지 못하여 범죄를 저지르게 되는 현상은 정상인에게서도 얼마든지 찾아볼 수 있는 일로서 이는 정도의 문제에 불과하고, 따라서 특단의 사정이 없는 한 위와 같은 성격적 결함을 가진 자에 대하여 자신의 충동을 억제하고 법을 준수하도록 요구하는 것이 기대할 수 없는 행위를 요구하는 것이라고는 할 수 없으므로 원칙적으로는 충동조절장애와 같은 성격적 결함은 형의 감면사유인 심신장애에 해당하지 않는다(대판 1995.2.24, 94도3163).

③ 정신적 장애가 있는 자라고 하여도 범행 당시 정상적인 사물판별능력이나 행위통제능력이 있었다면 심신장애로 볼 수 없다(대판 2005.12.9, 2005도7342).

④ 고의에 의한 원인에 있어서의 자유로운 행위만이 아니라 과실에 의한 원인에 있어서의 자유로운 행위까지도 포함하는 것으로서 위험의 발생을 예견할 수 있었는데도 자의로 심신장애를 야기한 경우도 그 적용 대상이 된다(대판 1992.7.28, 92도999).

The 알아보기 원인에 있어서 자유로운 행위의 가벌성의 이론

- 구성요건모델(원인설정행위설)
  - 실행행위: 원인행위
  - 원인에 있어서 자유로운 행위는 자신을 도구로 이용하는 간접정범과 유사
  - 책임능력과 행위의 동시존재의 원칙을 유지
  - 구성요건적 행위 정형성을 무시

- 예외모델(불가분적 연관설)
  - 실행행위: 심신장애상태하에서 실행행위
  - 원인에 있어서 자유로운 행위를 책임능력과 행위의 동시존재의 원칙에 대한 예외를 인정
  - 책임주의의 예외 인정이 쉬움
- 반무의식 상태설
  - 실행행위: 심신장애상태하에서의 실행행위
  - 책임능력과 행위의 동시존재 원칙이 유지될 수 있음
  - 대부분의 경우에 책임능력이 인정되어 법적 안정성을 해할 수 있음

04 　　　　　　　　　　　　　　　　　　　정답 ①

정답해설

민사소송법 제335조에 따른 법원의 감정인 지정결정 또는 같은 법 제341조 제1항에 따른 법원의 감정촉탁을 받은 경우에는 감정평가업자가 아닌 사람이더라도 그 감정사항에 포함된 토지 등의 감정평가를 할 수 있고, 이러한 행위는 법령에 근거한 법원의 적법한 결정이나 촉탁에 따른 것으로 형법 제20조의 정당행위에 해당하여 위법성이 조각된다고 보아야 한다(대판 2021.10.14, 2017도10634).

오답해설

③ 정당한 사유가 있는 경우에는 피고인을 벌할 수 없는데, 여기에서 정당한 사유는 구성요건해당성을 조각하는 사유이다. 이는 형법상 위법성조각사유인 정당행위나 책임조각사유인 기대 불가능성과는 구별된다(대판 2018.11.1, 2016도10912 전합).

05 　　　　　　　　　　　　　　　　　　　정답 ④

정답해설

대판 2006.9.14, 2004도6432

오답해설

① 형법 32조 1항 소정 타인의 범죄란 정범이 범죄의 실현에 착수한 경우를 말하는 것이므로 종범이 처벌되기 위하여는 정범의 실행의 착수가 있는 경우에만 가능하고 형법 전체의 정신에 비추어 정범이 실행의 착수에 이르지 아니한 예비의 단계에 그친 경우에는 이에 가공하는 행위가 예비의 공동정범이 되는 경우를 제외하고는 종범의 성립을 부정하고 있다(대판 1976.5.25, 75도1549).

② 관세를 포탈할 목적으로 수입 물품의 수량과 가격이 낮게 기재된 계약서를 첨부하여 수입예정 물량 전부에 대한 과세가격 사전심사를 신청함으로써 과세가격을 허위로 신고하고 이에 따른 과세가격 사전심사서를 미리 받아두는 경우, 관세포탈예비죄가 성립한다(대판 1999.4.9, 99도424).

③ 소송사기 범행은 실행 수단의 착오로 인하여 결과 발생이 불가능할 뿐만 아니라 위험성도 없다 할 것이어서 소송사기죄의 불능미수에 해당한다고 볼 수 없으므로 무죄이다(대판 2005.12.8, 2005도8105).

06 　　　　　　　　　　　　　　　　　　　정답 ②

정답해설

ⓒ 대판 2011.1.13, 2010도9330
ⓜ 대판 2003.10.24, 2003도4417

오답해설

㉠ 매매목적물인 마약류를 소지 또는 입수하였거나 그것이 가능한 상태에 있었고, 피고인이 그러한 상태에 있는 판매책에게 그 매매대금을 각 송금하였다면, 피고인이 각 마약류 매수행위에 근접·밀착하는 행위를 하였다고 볼 수 있다(대판 2020.7.9, 2020도2893).

㉡ 강간죄는 부녀를 간음하기 위하여 피해자의 항거를 불능하게 하거나 현저히 곤란하게 할 정도의 폭행 또는 협박을 개시한 때에 그 실행의 착수가 있다고 보아야 할 것이고, 실제로 그와 같은 폭행 또는 협박에 의하여 피해자의 항거가 불능하게 되거나 현저히 곤란하게 되어야만 실행의 착수가 있다고 볼 것은 아니다(대판 2000.6.9, 2000도1253).

㉣ 절도죄의 실행의 착수시기는 재물에 대한 타인의 사실상의 지배를 침해하는 데 밀접한 행위가 개시된 때라 할 것인 바 피해자 소유 자동차 안에 들어 있는 밍크코트를 발견하고 이를 절취할 생각으로 공범이 위 차 옆에서 망을 보는 사이 위 차 오른쪽 앞문을 열려고 앞문손잡이를 잡아당기다가 피해자에게 발각되었다면 절도의 실행에 착수하였다고 봄이 상당하다(대판 1986.12.23, 86도2256).

07

정답해설

대판 2015.2.12, 2012도4842

오답해설

① 변호사 아닌 자에게 고용된 변호사를, 변호사 아닌 자가 변호사를 고용하여 법률사무소를 개설·운영하는 행위를 처벌하도록 규정하고 있는 변호사법 제109조 제2호, 제34조 제4항 위반죄의 공범으로 처벌할 수 없다(대판 2004.10.28, 2004도3994).

③ 공모관계에서의 이탈은 공모자가 공모에 의하여 담당한 기능적 행위지배를 해소하는 것이 필요하므로 공모자가 공모에 주도적으로 참여하여 다른 공모자의 실행에 영향을 미친 때에는 범행을 저지하기 위하여 적극적으로 노력하는 등 실행에 미친 영향력을 제거하지 아니하는 한 공모관계에서 이탈하였다고 할 수 없다(대판 2008.4.10, 2008도1274).

④ **형법 제263조(동시범)** 독립행위가 경합하여 상행의 결과를 발생하게 한 경우에 있어서 원인된 행위가 판명되지 아니한 때에는 공동정범의 예에 의한다.

08

정답해설

부작위에 대한 교사나 방조는 '작위범'이기 때문에 별도의 보증인지위가 필요 없다.

오답해설

③ 대판 2008.3.27, 2008도89

④ 법적 작위의무가 있을 뿐 아니라, 부작위행위자가 그러한 보호적 지위에서 법익침해를 일으키는 사태를 지배하고 있어 작위의무의 이행으로 결과발생을 쉽게 방지할 수 있어야 부작위로 인한 법익침해가 작위에 의한 법익침해와 동등한 형법적 가치가 있는 것으로서 범죄의 실행행위로 평가될 수 있다. 다만 여기서의 작위의무는 법령, 법률행위, 선행행위로 인한 경우는 물론, 신의성실의 원칙이나 사회상규 혹은 조리상 작위의무가 기대되는 경우에도 인정된다(대판 2015.11.12, 2015도6809 전합).

09

정답해설

문서위조 및 동행사죄의 보호법익은 문서에 대한 공공의 신용이므로 '문서가 원본인지 여부'가 중요한 거래에 있어서 문서의 사본을 진정한 원본인 것처럼 행사할 목적으로 다른 조작을 가함이 없이 문서의 원본을 그대로 컬러복사기로 복사한 후 위와 같이 복사한 문서의 사본을 원본인 것처럼 행사한 행위는 사문서위조죄 및 동행사죄에 해당한다. 또한 사문서위조죄는 그 명의자가 진정으로 작성한 문서로 볼 수 있을 정도의 형식과 외관을 갖추어 일반인이 명의자의 진정한 사문서로 오신하기에 충분한 정도이면 성립한다(대판 2016.7.14, 2016도2081).

오답해설

① 대판 2005.3.25, 2003도4943

② 대판 2008.4.10, 2008도1013

④ 대판 1995.11.10, 95도2088

10

정답해설

㉠ 교사범, 방조범의 사실 적시에 있어서도 정범의 범죄 구성요건이 되는 사실 전부를 적시하여야 하고, 이 기재가 없는 교사범, 방조범의 사실 적시는 죄가 되는 사실의 적시라고 할 수 없다(대판 2020.5.28, 2016도2518).

㉡ **형법 제31조(교사범)**
   제2항 교사를 받은 자가 범죄의 실행을 승낙하고 실행의 착수에 이르지 아니한 때에는 교사자와 피교사자를 음모 또는 예비에 준하여 처벌한다(효과없는 교사).
   제3항 교사를 받은 자가 범죄의 실행을 승낙하지 아니한 때에도 교사자에 대하여는 전항과 같다(실패한 교사).

오답해설

㉢ **형법 제33조(공범과 신분)** 신분이 있어야 성립되는 범죄에 신분 없는 사람이 가담한 경우에는 그 신분 없는 사람에게도 제30조부터 제32조까지의 규정을 적용한다.

㉣ 甲이 타인인 乙을 교사하여 乙의 아버지를 살해한 경우 乙은 존속살해죄의 정범, 甲은 보통살인죄로 처벌한다.

The 알아보기 교사범과 종범의 비교

구분	교사범	종범
시기	정범의 예비·음모 이전	예비행위단계~ 종료 시
교사·방조행위와의 인과관계	교사와 정범의 결의 및 실행행위 사이에 인과관계 필요	불요설(다수설), 필요설(판례)
부작위범 교사·방조	×	○
편면적 교사·방조	×	○
기도된 교사·방조	예비·음모로 처벌	×
효과 없는 교사·방조	예비·음모로 처벌	×
처벌	정범과 동일한 형	정범의 형을 필요적 감경(필요적 감경)

11

정답 ④

정답해설

ⓒ 위조한 주식인수계약서와 통장사본을 보여주면서 50억 원의 투자를 받았다고 말하며 자금의 대여를 요청하였고, 이에 공소외 2와 함께 50억 원의 입금 여부를 확인하기 위해 은행에 가던 중 은행 입구에서 차용을 포기하고 돌아간 것이라면, 이는 피고인이 범행이 발각될 것이 두려워 범행을 중지한 것으로 일반 사회통념상 범죄를 완수함에 장애가 되는 사정에 해당하기 때문에 이를 자의에 의한 중지미수라고는 볼 수 없다(대판 2011.11.10, 2011도10539).

ⓔ 사업당시 공사현장감독인인 이상 그 공사의 원래의 발주자의 직원이 아니고 또 동 발주자에 의하여 현장감독에 임명된 것도 아니며, 건설업법상 요구되는 현장건설기술자의 자격도 없다는 등의 사유는 업무상 과실책임을 물음에 아무런 영향도 미칠 수 없다(대판 1983.6.14, 82도2713).

오답해설

ⓐ 대판 2007.5.31, 2006도3493

ⓑ 음주로 인한 심신장애의 여부는 기록에 나타난 제반자료와 공판정에서의 피고인의 진술 등을 종합하여 판단하여도 무방하고 반드시 전문의사에 의한 감정에 의하여야 하는 것은 아니다(대판 1985.8.20, 85도1235).

12

정답 ①

정답해설

ⓐ (×) 피고인은 변호사 자격을 가진 국회의원으로서 법률전문가라고 할 수 있는 바 … 관련 판례나 문헌을 조사하는 등의 노력을 다 하였어야 할 것이고, 그렇게 했더라면, 낙천대상자로 선정된 이유가 의정활동에 관계있는 것이 아닌 한 낙천대상자로 선정된 사유에 대한 해명을 의정보고서에 게재하여 배부할 수 없고 더 나아가 낙천대상자 선정이 부당하다는 취지의 제3자의 반론 내용을 싣거나 이를 보도한 내용을 전재하는 것은 의정보고서의 범위를 넘는 것으로서 허용되지 않는다는 것을 충분히 인식할 수 있었다고 할 것이다. 따라서 … 자신의 지적 능력을 다하여 이를 회피하기 위한 진지한 노력을 다 하였다고 볼 수 없고, 그 결과 자신의 행위의 위법성을 인식하지 못한 것이라고 할 것이므로 그에 대해 정당한 이유가 있다고 하기 어렵다(대판 2006.3.24, 2005도3717).

ⓑ (○) 대판 1990.10.16, 90도1604

ⓒ (○) 대판 2002.5.10, 2000도2807

ⓓ (×) 부동산중개업자가 부동산중개업협회의 자문을 통하여 인원수의 제한 없이 중개보조원을 채용하는 것이 허용되는 것으로 믿고서 제한인원을 초과하여 중개보조원을 채용함으로써 부동산중개업법 위반행위에 이르게 되었다고 하더라도 그러한 사정만으로 자신의 행위가 법령에 저촉되지 않는 것으로 오인함에 정당한 이유가 있는 경우에 해당한다거나 범의가 없었다고 볼 수는 없다(대판 2000.8.18, 2000도2943).

13

정답 ④

정답해설

교통이 빈번한 간선도로에서 횡단보도의 보행자 신호등이 적색으로 표시된 경우, 자동차 운전자에게 보행자가 동 적색신호를 무시하고 갑자기 뛰어나오리라는 것까지 미리 예견하여 운전하여야 할 업무상의 주의의무까지는 없다(대판 1985. 11.12, 85도1893).

① 대판 1988.10.11, 88도1320

② 대판 1998.2.27, 97도2812

③ 대판 1976.2.10, 74도2046

14 정답 ①

정답해설

대판 2010.6.24, 2008도12127

오답해설

② 장차 형사사건이 될 수 있는 것까지 포함하고, 그 형사사건이 기소되지 아니하거나 무죄가 선고되더라도 증거위조죄의 성립에 영향이 없다(대판 2011.2.10, 2010도15986).

③ 타인의 형사사건 등에 관한 증거를 위조한다 함은 증거 자체를 위조함을 말하는 것이고, 참고인이 수사기관에서 허위의 진술을 하는 것은 여기에 포함되지 않는다(대판 2017.10.26, 2017도9827).

④ 증거인멸 등 죄는 위증죄와 마찬가지로 국가의 형사사법작용 내지 징계작용을 그 보호법익으로 하므로, 위 법조문에서 말하는 '징계사건'이란 국가의 징계사건에 한정되고 사인(私人) 간의 징계사건은 포함되지 않는다(대판 2007.11.30, 2007도4191).

15 정답 ①

정답해설

㉠ (○) 대판 1991.4.23, 91도476

㉡ (○) 타인의 주거에 침입하여 피해자를 강간한 경우 적용되는 성폭법 제3조 제1항에서 형법 제319조 제1항의 '주거침입죄'를 범한 자는 기수범만을 뜻하고 미수범은 포함되지 않는다.

㉢ (×) 건조물의 이용에 기여하는 인접의 부속 토지라고 하더라도 인적 또는 물적 설비 등에 의한 구획 내지 통제가 없어 통상의 보행으로 그 경계를 쉽사리 넘을 수 있는 정도라고 한다면, 이는 다른 특별한 사정이 없는 한 주거침입죄의 객체에 속하지 아니한다(대판 2010.4.29, 2009도14643).

㉣ (○) 대판 2021.9.9, 2020도12630 전합

16 정답 ③

정답해설

피해자 앞으로 송달된 심문기일소환장을 자신이 영득할 의사로 가지고 간 사실을 충분히 인정할 수 있고, 위 심문기일소환장은 재산적 가치가 있는 물건으로서 형법상 재물에 해당한다(대판 2000.2.25, 99도5775).

오답해설

① 대판 2014.2.21, 2013도14139

② 대판 2002.7.12, 2002도745

④ 대판 1996.9.10, 95도2747

17 정답 ②

정답해설

상사와의 의견 충돌 끝에 항의의 표시로 사표를 제출한 다음 평소 피고인이 전적으로 보관, 관리해 오던 이른바 비자금 관계 서류 및 금품이 든 가방을 들고 나온 경우, 불법영득의 의사가 있다고 할 수 없을 뿐만 아니라, 그 서류 및 금품이 타인의 점유하에 있던 물건이라고도 볼 수 없다(대판 1995. 9.5, 94도3033).

오답해설

① 현금지급기 관리자의 의사에 반한다고 볼 수 없어 절취행위에 해당하지 않으므로 절도죄를 구성하지 않는다(대판 2008.6.12, 2008도2440).

③ 대판 2006.3.24, 2005도8081

④ 대판 1990.9.11, 90도1021

18 정답 ③

정답해설

대판 1990.3.27, 89도2083

오답해설

① 컴퓨터 모니터에 나타나는 이미지는 형법상 '문서'에 해당하지 않는다. 그러나 "변조된 사무실전세계약서를 팩스로 송부하여 행사하였다."는 것이므로, 이 부분 공소사실에서 적시된 범죄사실은 '컴퓨터 모니터 화면상의 이미지'를 변조하고 이를 행사한 행위가 아니라 '프린터로 출력된 문서'인 사무실전세계약서를 변조하고 이를 행사한 행위임을 알 수 있다(대판 2011.11.10, 2011도10468).

② 통화위조죄에 관한 규정은 공공의 거래상의 신용 및 안전을 보호하는 공공적인 법익을 보호함을 목적으로 하고 있

고, 사기죄는 개인의 재산법익에 대한 죄이어서 양 죄는 그 보호법익을 달리하고 있으므로 위조통화를 행사하여 재물을 불법영득한 때에는 위조통화행사죄와 사기죄의 양 죄(실체적 경합관계)가 성립된다(대판 1979.7.10, 79도840).

④ 행사할 목적으로 작성되었고 외형상 일반인으로 하여금 진정하게 작성된 유가증권이라고 오신케 할 수 있을 정도라면 그 위조죄가 성립된다(대판 1971.7.27, 71도905).

19 정답 ②

정답해설

업무방해죄에서 '허위사실의 유포'란 객관적으로 진실과 부합하지 않는 사실을 유포하는 것으로서 단순한 의견이나 가치판단을 표시하는 것은 이에 해당하지 않는다. … 의견표현과 사실 적시가 혼재되어 있는 경우에는 이를 전체적으로 보아 허위사실을 유포하여 업무를 방해한 것인지 등을 판단해야지, 의견표현과 사실 적시 부분을 분리하여 별개로 범죄의 성립 여부를 판단해서는 안 된다(대판 2021.9.30, 2021도6634).

오답해설

① 대판 2006.3.9, 2006도382
③ 대판 2004.3.26, 2003도7927
④ 대판 2004.7.9, 2002도631

The 알아보기	업무방해죄와 업무상과실치사상죄의 업무 비교	
구분	업무방해죄	업무상과실치사상죄
업무의 범위	사람이 그 사회생활상의 지위에 기하여 계속적으로 종사하는 사무·사업(통설, 판례)	사람의 사회생활 면에 있어서의 하나의 지위로서 계속적으로 종사하는 업무를 말함(반복 계속의 의사 또는 사실이 있다면 사무에 대한 각별한 경험이나 법규상의 면허는 필요하지 않음)
업무를 보호할 가치	○ (불법적인 업무는 포함되지 않음)	×

20 정답 ④

정답해설

뇌물을 수수한 공무원의 죄책은 뇌물죄와 사기죄의 상상적 경합범이다(대판 2015.10.29, 2015도12838).

오답해설

① 대판 1984.2.28, 83도2783
② 임용행위라는 외관을 갖추어 실제로 공무를 수행한 이상 공무 수행의 공정과 그에 대한 사회의 신뢰 및 직무행위의 불가매수성은 여전히 보호되어야 한다(대판 2014.3.27, 2013도11357).
③ 그 행위가 종료된 후 경제사정의 변동 등으로 인하여 당초의 예상과는 달리 그 사업 참여로 아무런 이득을 얻지 못한 경우라도 뇌물수수죄의 성립에는 영향이 없다(대판 2002.11.26, 2002도3539).

21 정답 ②

정답해설

㉠ (○) 대판 1996.6.14, 96도1016
㉡ (×) 형법 제123조가 규정하는 직권남용권리행사방해죄에서 권리행사를 방해한다 함은 법령상 행사할 수 있는 권리의 정당한 행사를 방해하는 것을 말한다고 할 것이므로 이에 해당하려면 구체화된 권리의 현실적인 행사가 방해된 경우라야 할 것이고, 또한 공무원의 직권남용행위가 있었다 할지라도 현실적으로 권리행사의 방해라는 결과가 발생하지 아니하였다면 본죄의 기수를 인정할 수 없다(대판 2006.2.8, 2003도4599).
㉢ (×) 법원은 당사자의 허위 주장 및 증거 제출에도 불구하고 진실을 밝혀야 하는 것이 그 직무이므로, 가처분신청 시 당사자가 허위의 주장을 하거나 허위의 증거를 제출하였다 하더라도 그것만으로 법원의 구체적이고 현실적인 어떤 직무집행이 방해되었다고 볼 수 없으므로 이로써 바로 위계에 의한 공무집행방해죄가 성립한다고 볼 수 없다(대판 2012.4.26, 2011도17125).
㉣ (○) 대판 2010.6.24, 2008도12127

22

정답 ②

정답해설

대판 2008.2.14, 2007도3952

오답해설

① 사실혼 관계에 있는 경우에도 … 그 당사자 사이에 주관적으로 혼인의 의사가 있고 객관적으로도 사회관념상 가족질서적인 면에서 부부공동생활을 인정할 만한 혼인생활의 실체가 존재하여야 한다(대판 2008.2.14, 2007도3952).

③ 직무상 의무에 따른 적절한 조치를 취하지 아니하고 오히려 범인을 도피하게 하는 행위를 하였다면, 그 직무위배의 위법상태는 범인도피행위 속에 포함되어 있다고 보아야 할 것이므로, 이와 같은 경우에는 작위범인 범인도피죄만이 성립하고 부작위범인 직무유기죄는 따로 성립하지 아니한다(대판 2017.3.15, 2015도1456).

④ 사람을 살해한 자가 그 사체를 다른 장소로 옮겨 유기하였을 때에는 별도로 사체유기죄가 성립하고, 이와 같은 사체유기를 불가벌적 사후행위로 볼 수는 없다(대판 1997.7.25, 97도1142).

23

정답 ②

정답해설

ⓒ 형법 제15조(사실의 착오) 제2항

ⓜ 대판 2015.3.26, 2014도13345

오답해설

ⓖ 음주로 인한 특정범죄 가중처벌 등에 관한 법률 위반(위험운전치사상)죄와 도로교통법 위반(음주운전)죄는 입법 취지와 보호법익 및 적용영역을 달리하는 별개의 범죄이므로, 양 죄가 모두 성립하는 경우 두 죄는 실체적 경합관계에 있다(대판 2008.11.13, 2008도7143).

ⓛ 폭행행위가 동일한 피해자에 대한 업무방해죄의 수단이 되었다고 하더라도 그러한 폭행행위가 이른바 '불가벌적 수반행위'에 해당하여 업무방해죄에 대하여 흡수관계에 있다고 볼 수는 없다(대판 2012.10.11, 2012도1895).

ⓔ 사람을 살해할 목적으로 현주건조물에 방화하여 사망에 이르게 한 경우에는 현주건조물방화치사죄로 의율하여야 하고 이와 더불어 살인죄와의 상상적 경합범으로 의율할 것은 아니다(대판 1996.4.26, 96도485).

24

정답 ①

정답해설

대판 2010.7.15, 2010도1017 / 대판 1998.3.10, 98도70

오답해설

② 피고인이 투자금의 회수를 위해 피해자를 강요하여 물품대금을 횡령하였다는 자인서를 받아낸 뒤 이를 근거로 돈을 갈취한 경우, 피고인의 주된 범의가 피해자로부터 돈을 갈취하는 데 있었던 것이라면 피고인은 단일한 공갈의 범의하에 갈취의 방법으로 일단 자인서를 작성케 한 후 이를 근거로 계속하여 갈취행위를 한 것으로 보아야 할 것이므로 위 행위는 포함하여 공갈죄 일죄만을 구성한다고 보아야 한다(대판 1985.6.25, 84도2083).

③ 피고인이 피해자와의 동거를 정산하는 과정에서 피해자에 대하여 금전채권이 있다고 하더라도, 그 권리행사를 빙자하여 사회통념상 용인되기 어려운 정도를 넘는 협박을 수단으로 사용하였다면, 협박은 공갈죄에 흡수될 뿐 별도로 협박죄를 구성하지 않는다(대판 1996.9.24, 96도2151).

④ 협박죄의 미수범 처벌조항은 해악의 고지가 현실적으로 상대방에게 도달하지 아니한 경우나 도달은 하였으나 전혀 지각하지 못한 경우 혹은 고지된 해악의 의미를 상대방이 인식하지 못한 경우 등에 적용된다(대판 2007.9.28, 2007도606 전합).

25

정답 ④

정답해설

ⓖ 대판 2002.3.26, 2001도6641

ⓒ 형법 제168조(연소) 자기소유일반건조물 등 방화죄 또는 자기소유일반물건방화죄를 범하여 현주건조물 등 방화죄, 고용건조물 등 방화죄, 타인소유일반건조물 등 방화죄의 객체에 연소하여야 한다.

ⓔ 대판 1993.7.27, 93도135

오답해설

ⓛ 자기소유물에 대한 현주건조물방화죄와 공용건조물방화죄는 추상적 위험범이고, 자기소유물에 대한 일반건조물방화죄와 일반물건방화죄는 구체적 위험범이다.

01	02	03	04	05	06	07	08	09	10
①	②	②	①	①	①	②	④	①	③
11	12	13	14	15	16	17	18	19	20
②	①	①	③	①	④	④	②	④	③
21	22	23	24	25					
③	②	①	②	②					

01
정답 ①

정답해설

형사소송규칙 제4조의2(항소사건의 병합심리) 제1항

오답해설

② 항소심에서 공소장변경에 의하여 단독판사의 관할사건이 합의부 관할사건으로 된 경우에도 법원은 사건을 관할권이 있는 법원에 이송하여야 하고, 항소심에서 변경된 위 합의부 관할사건에 대한 관할권이 있는 법원은 고등법원이라고 봄이 상당하다(대판 1997.12.12, 97도2463).

③ **법원조직법 제32조(합의부의 심판권)** 제1항 제5호 지방법원 판사에 대한 제척·기피사건은 지방법원과 그 지원의 합의부가 제1심으로 심판한다.

④ 비약적 상고사건은 제1심법원의 판결에 대해서 할 수 있다. 제1심법원의 결정에 대해서는 불가능하다.

02
정답 ②

정답해설

형사소송법 제17조(제척의 원인) 제7호

오답해설

① 대판 2002.4.12, 2002도944

③ 대판 1979.2.27, 78도3204

④ 대판 1964.6.22, 64모16

03
정답 ②

정답해설

형사소송법 제214조의2(체포와 구속의 적부심사) 제1항 체포되거나 구속된 피의자 또는 그 변호인, 법정대리인, 배우자, 직계친족, 형제자매나 가족, 동거인 또는 고용주는 관할

법원에 체포 또는 구속의 적부심사를 청구할 수 있다.

오답해설

① 헌법 제27조 제4항

③ 형사소송법상 당사자능력은 피고인이 될 수 있는 능력으로 명문 규정은 없지만 자연인과 법인 등 권리능력자가 당사자 능력이 있는 것으로 해석한다.

④ 대결 1990.2.13, 89모37

04
정답 ①

정답해설

대판 2019.3.14, 2018도18646

오답해설

② **형사소송법 제283조의2(피고인의 진술거부권)** 제1항 피고인은 진술하지 아니하거나 개개의 질문에 대하여 진술을 거부할 수 있다.

③ **형사소송법 제266조의8(검사 및 변호인 등의 출석)** 제6항 재판장은 출석한 피고인에게 진술을 거부할 수 있음을 알려주어야 한다.

④ **형사소송법 제244조의3(진술거부권 등의 고지)** 제1항 제1호 검사 또는 사법경찰관은 피의자를 신문하기 전에 일체의 진술을 하지 아니하거나 개개의 질문에 대하여 진술을 하지 아니할 수 있다는 것 등의 사항을 알려주어야 한다.

05
정답 ①

정답해설

헌결 2017.11.30, 2016헌마503

오답해설

② 국선변호인 선임 청구를 기각한 결정은 판결 전의 소송절차이므로, 그 결정에 대하여 즉시항고를 할 수 있는 근거가 없는 이상 그 결정에 대하여는 재항고도 할 수 없다(대결 1993.12.3, 92모49).

③ **형사소송법 제33조(국선변호인)** 제1항 제6호 피고인이 사형, 무기 또는 단기 3년 이상의 징역이나 금고에 해당하는 사건으로 기소된 때 등에 해당하는 경우에 변호인이 없는 때에는 법원은 직권으로 변호인을 선정하여야 한다.

④ 미결수용자의 변호인 접견권 역시 국가안전보장·질서유지 또는 공공복리를 위해 필요한 경우에는 법률로써 제한될 수 있음은 당연하다(헌재 2011.5.26, 2009헌마341 전원재판부).

The 알아보기 필요적 국선변호인 선정 사유

「형사소송법」 제33조(국선변호인) ① 다음 각 호의 어느 하나에 해당하는 경우에 변호인이 없는 때에는 법원은 직권으로 변호인을 선정하여야 한다.

1. 피고인이 구속된 때
2. 피고인이 미성년자인 때
3. 피고인이 70세 이상인 때
4. 피고인이 듣거나 말하는 데 모두 장애가 있는 사람인 때
5. 피고인이 심신장애가 있는 것으로 의심되는 때
6. 피고인이 사형, 무기 또는 단기 3년 이상의 징역이나 금고에 해당하는 사건으로 기소된 때

② 법원은 피고인이 빈곤이나 그 밖의 사유로 변호인을 선임할 수 없는 경우에 피고인이 청구하면 변호인을 선정하여야 한다.

③ 법원은 피고인의 나이 · 지능 및 교육 정도 등을 참작하여 권리보호를 위하여 필요하다고 인정하면 피고인의 명시적 의사에 반하지 아니하는 범위에서 변호인을 선정하여야 한다.

06
정답 ①

정답해설

형사소송법 제228조(고소권자의 지정) 친고죄에 대하여 고소할 자가 없는 경우에 이해관계인의 신청이 있으면 검사는 10일 이내에 고소할 수 있는 자를 지정하여야 한다.

오답해설

② 대판 1962.1.11, 4293형상883

③ 형사소송법 제237조(고소, 고발의 방식) 제1항

④ 대판 2011.6.24, 2011도4451, 2011전도76

07
정답 ②

정답해설

형사소송법 제200조의2(영장에 의한 체포)

오답해설

① 형사소송법 제211조가 현행범인으로 규정한 "범죄의 실행의 즉후인 자"라고 함은, 범죄의 실행행위를 종료한 직후의 범인이라는 것이 체포하는 자의 입장에서 볼 때 명백한 경우를 일컫는 것으로서, 위 법조가 제1항에서 본래의 의미의 현행범인에 관하여 규정하면서 "범죄의 실행의 즉후인 자"를 "범죄의 실행 중인 자"와 마찬가지로 현행범인으로 보고 있고, 제2항에서는 현행범인으로 간주되는 준현행범인에 관하여 별도로 규정하고 있는 점 등으로 미루어 볼 때, "범죄의 실행행위를 종료한 직후"라고 함은, 범죄행위를 실행하여 끝마친 순간 또는 이에 아주 접착된 시간적 단계를 의미하는 것으로 해석되므로, 시간적으로나 장소적으로 보아 체포를 당하는 자가 방금 범죄를 실행한 범인이라는 점에 관한 죄증이 명백히 존재하는 것으로 인정되는 경우에만 현행범인으로 볼 수 있는 것이다 (대판2007.4.13, 2007도1249).

③ 긴급체포의 요건을 갖추었는지 여부는 사후에 밝혀진 사정을 기초로 판단하는 것이 아니라 체포 당시의 상황을 기초로 판단하여야 한다(대판 2002.6.11, 2000도5701).

④ **형사소송법 제214조의2(체포와 구속의 적부심사)** 제5항 법원은 구속된 피의자에 대하여 피의자의 출석을 보증할 만한 보증금의 납입을 조건으로 하여 결정으로 제4항의 석방을 명할 수 있다.

The 알아보기 보증금납입조건부 피의자 석방 예외 사유

1. 죄증을 인멸할 염려가 있다고 믿을만한 충분한 이유가 있는 때
2. 피해자, 당해 사건의 재판에 필요한 사실을 알고 있다고 인정되는 자 또는 그 친족의 생명 · 신체나 재산에 해를 가하거나 가할 염려가 있다고 믿을 만한 충분한 이유가 있는 때

08
정답 ④

정답해설

국민참여재판법 제9조(배제결정) 제1항 법원은 공소제기 후부터 공판준비기일이 종결된 다음날까지 공범 관계에 있는 피고인들 중 일부가 국민참여재판을 원하지 아니하여 국민참여재판의 진행에 어려움이 있다고 인정되는 경우에는 국민참여재판을 하지 아니하기로 하는 결정을 할 수 있다.

오답해설

① 국민참여재판법 제17조(결격사유)

② 대결 2009.10.23, 2009모1032

③ 국민참여재판법 제6조(공소사실의 변경 등) 제1항

The 알아보기 배심원의 결격사유

「국민참여재판법」 제17조(결격사유) 다음 각 호의 어느 하나
에 해당하는 사람은 배심원으로 선정될 수 없다.

1. 피성년후견인 또는 피한정후견인
2. 파산선고를 받고 복권되지 아니한 사람
3. 금고 이상의 실형을 선고받고 그 집행이 종료(종료된 것으로 보는 경우를 포함한다)되거나 집행이 면제된 후 5년을 경과하지 아니한 사람
4. 금고 이상의 형의 집행유예를 선고받고 그 기간이 완료된 날부터 2년을 경과하지 아니한 사람
5. 금고 이상의 형의 선고유예를 받고 그 선고유예기간 중에 있는 사람
6. 법원의 판결에 의하여 자격이 상실 또는 정지된 사람

09
정답 ①

정답해설

일정한 증거가 발견되면 피의자가 자백하겠다고 한 약속이 검사의 강요나 위계에 의하여 이루어졌다던가 또는 불기소나 경한 죄의 소추 등 이익과 교환조건으로 된 것으로 인정되지 않는다면 위와 같은 자백의 약속하에 된 자백이라 하여 곧 임의성 없는 자백이라고 단정할 수는 없다(대판 1983.9.13, 83도712).

오답해설

② 대판 2000.1.21, 99도4940
③ 대판 2007.9.6, 2007도4959
④ 대판 1984.11.27, 84도2252

10
정답 ③

정답해설

형사소송법 제332조의 규정에 의하여 압수가 해제된 것으로 되었음에도 불구하고 검사가 그 해제된 압수물의 인도를 거부하는 조치에 대해서는 형사소송법 제417조가 규정하는 준항고로 불복할 대상이 될 수 없다(대결 1984.2.6, 84모3).

오답해설

① 형사소송법 제403조(판결 전의 결정에 대한 항고) 제1항
② 대판 2007.5.25, 2007모82
④ 형사소송법 제262조(심리와 결정) 제4항

11
정답 ②

정답해설

형사소송법 제262조의2(재정신청사건 기록의 열람·등사 제한)

오답해설

① 재정신청의 신청대상은 검사의 불기소처분이므로 기소유예 처분에 대하여도 당연히 재정신청을 할 수 있다(대결 1988.1.29, 86모58).
③ 재정신청서에 대하여는 형사소송법에 제344조 제1항과 같은 특례규정이 없으므로 재정신청서는 같은 법 제260조 제2항이 정하는 기간 안에 불기소 처분을 한 검사가 소속한 지방검찰청의 검사장 또는 지청장에게 도달하여야 한다(대결 1998.12.14, 98모127).
④ **형사소송법 제260조** 제1항 고소사건에는 재정신청 대상에 제한이 없으나, 고발사건에 대해서는 형법 제123조부터 제126조까지의 죄에 대해서만 재정신청을 제기할 수 있다.
※ 형법 제123조(직권남용), 제124조(불법체포, 불법감금), 제125조(폭행, 가혹행위), 제126조(피의사실공표)

12
정답 ①

정답해설

포괄일죄의 공소시효는 최종의 범죄행위가 종료한 때로부터 진행한다(대판 2002.10.11, 2002도2939).

오답해설

②·④ 대판 2001.8.24, 2001도2902
③ 대판 1987.12.22, 87도84

13
정답 ①

정답해설

공소장변경의 방식에 의한 공소사실 또는 적용법조의 철회는 공소사실의 동일성이 인정되는 범위내의 일부 공소사실 또는 적용법조에 한하여 가능한 것이므로, 공소장에 기재된 수 개의 공소사실이 서로 동일성이 없고 실체적 경합관계에 있는 경우에 그 일부를 소추대상에서 철회하려면 공소장변경의 방식에 의할 것이 아니라 공소의 일부 취소절차에 의하여야 한다(대판 1986.9.23, 88도1487).

오답해설
② 형사소송법 제264조의2(공소취소의 제한)

③ 형사소송법 제329조(공소취소와 재기소)

④ 대판 1976.12.28, 76도3203

14
정답 ③

정답해설

형사소송법 제402조는 "법원의 결정에 대하여 불복이 있으면 항고를 할 수 있다. 단, 이 법률에 특별한 규정이 있는 경우에는 예외로 한다."라고 규정하고, 제403조 제1항은 "법원의 관할 또는 판결 전의 소송절차에 관한 결정에 대하여는 특히 즉시항고를 할 수 있는 경우 외에는 항고하지 못한다."라고 규정하고 있다. 그런데 형사소송법 제266조의4에 따라 법원이 검사에게 수사서류 등의 열람·등사 또는 서면의 교부를 허용할 것을 명한 결정은 피고사건 소송절차에서의 증거개시와 관련된 것으로서 제403조에서 말하는 '판결 전의 소송절차에 관한 결정'에 해당한다 할 것인데, 위 결정에 대하여는 형사소송법에서 별도로 즉시항고에 관한 규정을 두고 있지 않으므로 제402조에 의한 항고의 방법으로 불복할 수 없다고 보아야 한다(대결 2013.1.24, 2012모1393).

오답해설

① 형사소송법 제266조의3(공소제기 후 검사가 보관하고 있는 서류 등의 열람·등사), 제266조의11(피고인 또는 변호인이 보관하고 있는 서류 등의 열람·등사)

② 형사소송법 제266조의3(공소제기 후 검사가 보관하고 있는 서류 등의 열람·등사) 제6항

④ 형사소송법 제266조의4(법원의 열람·등사에 관한 결정)

15
정답 ①

정답해설

일정한 증거가 발견되면 피의자가 자백하겠다고 한 약속이 검사의 강요나 위계에 의하여 이루어졌다던가 또는 불기소나 경한 죄의 소추 등 이익과 교환조건으로 된 것으로 인정되지 않는다면 위와 같은 자백의 약속하에 된 자백이라 하여 곧 임의성 없는 자백이라고 단정할 수는 없다(대판1983.9.13, 83도712).

오답해설

② 대판 2000.9.26, 2000도2365

③ 대판 1998.12.22, 98도2890

④ 대판 1996.10.17, 94도2865 전합

16
정답 ④

정답해설

대판 2004.7.22, 2003도8153

오답해설

① **형사소송법 제341조(동전)**

제1항 피고인의 배우자, 직계친족, 형제자매 또는 원심의 대리인이나 변호인은 피고인을 위하여 상소할 수 있다.

제2항 전항의 상소는 피고인의 명시한 의사에 반하여 하지 못한다.

② **형사소송법 제364조의2(공동피고인을 위한 파기)** 피고인을 위하여 원심판결을 파기하는 경우에 파기의 이유가 항소한 공동피고인에게 공통되는 때에는 그 공동피고인에 대하여도 원심판결을 파기하여야 한다.

③ 변호인은 독립한 상소권자가 아니라 피고인의 상소권을 대리행사하므로 피고인의 상소권이 소멸한 후에는 상소를 제기할 수 없다.

17
정답 ④

정답해설

㉠ 대판 1999.2.5, 98도4534

㉣ 대판 2010.12.9, 2008도1092

㉤ 대판 2013.12.12, 2013도6608

오답해설

㉡ 이 피고인에게 불이익하게 변경되었는지 여부에 관한 판단은 형법상 형의 경중을 기준으로 하되 이를 개별적·형식적으로 고찰할 것이 아니라 주문 전체를 고려하여 피고인에게 실질적으로 불이익한지 아닌지를 보아 판단하여야 한다. 따라서 항소심에 제1심과 동일한 벌금형을 선고하면서 성폭력 치료프로그램 이수명령을 병과한 것은 피고인에게 불이익하게 변경한 것이므로 허용되지 않는다(대판 2012.9.27, 2012도8736).

㉢ 제1심의 징역 1년의 형의 선고유예판결에 대하여 피고인만이 불복 항소한 경우에 제2심이 벌금 30만 원을 선고한 것은 제1심판결의 형보다 중한 형을 선고한 것에 해당한다(대판 1984.10.10, 84도1489).

18 정답 ②

정답해설

대판 2004.3.11, 2003도171

오답해설

① 전자정보에 대한 압수·수색이 종료되기 전에 혐의사실과 관련된 전자정보를 적법하게 탐색하는 과정에서 별도의 범죄혐의와 관련된 전자정보를 우연히 발견한 경우라면, 수사기관은 더 이상의 추가 탐색을 중단하고 법원에서 별도의 범죄혐의에 대한 압수·수색영장을 발부받은 경우에 한하여 그러한 정보에 대하여도 적법하게 압수·수색을 할 수 있다(대판 2015.7.16, 2011모1839).

③ 압수된 디지털 저장매체로부터 출력한 문건을 진술증거로 사용하는 경우, 그 기재 내용의 진실성에 관하여는 전문법칙이 적용되므로 형사소송법 제313조 제1항에 따라 그 작성자 또는 진술자의 진술에 의하여 그 성립의 진정함이 증명된 때에 한하여 이를 증거로 사용할 수 있다(대판 2007.12.13, 2007도7257).

④ 법원이 수사기관의 절차 위반행위에도 불구하고, 그 수집된 증거를 유죄 인정의 증거로 사용할 수 있는 예외적인 경우에 해당한다고 볼 수 있으려면, 그러한 예외적인 경우에 해당한다고 볼 만한 구체적이고 특별한 사정이 존재한다는 것을 검사가 증명하여야 한다(대판 2011.4.28, 2009도10412).

19 정답 ④

정답해설

대판 2011.6.24, 2011도4451, 2011전도76

오답해설

① 형사소송법 제225조 제1항이 규정한 법정대리인의 고소권은 무능력자의 보호를 위하여 법정대리인에게 주어진 고유권이므로, 법정대리인은 피해자의 고소권 소멸 여부에 관계없이 고소할 수 있고, 이러한 고소권은 피해자의 명시한 의사에 반하여도 행사할 수 있다(대판1999.12.14, 99도3784).

② 친고죄의 공범 중 그 일부에 대하여 제1심판결이 선고된 후에는 제1심판결 선고 전의 다른 공범자에 대하여는 그 고소를 취소할 수 없고 그 고소의 취소가 있다 하더라도 그 효력을 발생할 수 없으며, 이러한 법리는 필요적 공범이나 임의적 공범이나를 구별함이 없이 모두 적용된다(대판 1985.11.12, 85도1940).

③ 형사소송법 제236조의 대리인에 의한 고소의 경우, 대리권이 정당한 고소권자에 의하여 수여되었음이 실질적으로 증명되면 충분하고, 그 방식에 특별한 제한은 없으므로, 고소를 할 때 반드시 위임장을 제출한다거나 '대리'라는 표시를 하여야 하는 것은 아니고, 또 고소기간은 대리고소인이 아니라 정당한 고소권자를 기준으로 고소권자가 범인을 알게 된 날부터 기산한다(대판2001.9.4, 2001도3081).

20 정답 ③

정답해설

㉡ 제1심이 공소장 부본을 피고인 또는 변호인에게 송달하지 아니한 채 공판절차를 진행하였다면 이는 소송절차에 관한 법령을 위반한 경우에 해당한다. 이러한 경우에도 피고인이 제1심 법정에서 이의함이 없이 공소사실에 관하여 충분히 진술할 기회를 부여받았다면 판결에 영향을 미친 위법이 있다고 할 수 없다(대판 2014.4.24, 2013도9498).

㉣ **형사소송법 제266조의8(검사 및 변호인 등의 출석)**
제1항 공판준비기일에는 검사 및 변호인이 출석하여야 한다.
제6항 재판장은 출석한 피고인에게 진술을 거부할 수 있음을 알려주어야 한다.

오답해설

㉠ 형사소송법 제266조의7(공판준비기일) 제4항

㉢ 형사소송법 제266조의15(기일간 공판준비절차)

21 정답 ③

정답해설

형사소송법 제277조(경미사건 등과 피고인의 불출석)

오답해설

① 필요적 변호사건에서 피고인이 재판거부의사 후 재판장의 허가 없이 퇴정하고 변호인마저 이에 동조하여 퇴정해 버린 경우, 수소법원으로서는 피고인이나 변호인의 재정 없이도 심리 판결할 수 있다(대판 1991.6.28, 91도865).

② 법원이 피고인에게 증인신문의 시일과 장소를 미리 통지함이 없이 증인들의 신문을 시행하였음은 위법이나 그 후 동 증인등신문결과를 동 증인 등 신문조서에 의하여 소송관계인에게 고지하였던 바, 피고인이나 변호인이 이의를 하지 않았다면 위의 하자는 책문권의 포기로 치유된다(대판 1974.1.15, 73도2967).

④ 형사소송법 제318조에 규정된 증거동의의 의사표시는 증거조사가 완료되기 전까지 취소 또는 철회할 수 있으나, 일단 증거조사가 완료된 뒤에는 취소 또는 철회가 인정되지 아니하므로 제1심에서 한 증거동의를 제2심에서 취소할 수 없고, 일단 증거조사가 종료된 후에 증거동의의 의사표시를 취소 또는 철회하더라도 취소 또는 철회 이전에 이미 취득한 증거능력이 상실되지 않는다(대판 1998.8.20, 99도2029).

The 알아보기   피고인의 불출석 사유

「**형사소송법**」**제277조(경미사건 등과 피고인의 불출석)** 다음 각 호의 어느 하나에 해당하는 사건에 관하여는 피고인의 출석을 요하지 아니한다. 이 경우 피고인은 대리인을 출석하게 할 수 있다.

1. 다액 500만 원 이하의 벌금 또는 과료에 해당하는 사건
2. 공소기각 또는 면소의 재판을 할 것이 명백한 사건
3. 장기 3년 이하의 징역 또는 금고, 다액 500만 원을 초과하는 벌금 또는 구류에 해당하는 사건에서 피고인의 불출석허가신청이 있고 법원이 피고인의 불출석이 그의 권리를 보호함에 지장이 없다고 인정하여 이를 허가한 사건. 다만, 제284조에 따른 절차를 진행하거나 판결을 선고하는 공판기일에는 출석하여야 한다.
4. 제453조 제1항에 따라 피고인만이 정식재판의 청구를 하여 판결을 선고하는 사건

22
정답 ②

정답해설

형법 제37조 후단에서 '금고 이상의 형에 처한 판결이 확정된 죄와 그 판결확정 전에 범한 죄'를 경합범으로 규정하고 있으므로, 벌금형을 선고한 판결이나 약식명령이 확정된 죄는 형법 제37조 후단의 경합범이 될 수 없다. … 그런데 앞에서 본 법리에 비추어 살펴보면, 피고인이 위 각 약식명령의 확정 전후에 범한 판시 각 죄는 형법 제37조 후단의 경합범이 될 수 없고 모두 형법 제37조 전단의 경합범 관계에 있으므로 그에 대하여 하나의 형을 선고하여야 한다(대판 2017. 7.11, 2017도7287).

오답해설

① 형사소송법 제448조(약식명령을 할 수 있는 사건) 제1항
③ 약식명령 효력이 발생하는 시점은 피고인에게 송달 시이고, 약식명령 기판력이 미치는 시점은 발령 시이다.
④ 대판 2012.3.29, 2011도15137

23
정답 ①

정답해설

• **형사보상법 제17조(보상 또는 청구기각의 결정)** 제1항 보상의 청구가 이유 있을 때에는 보상결정을 하여야 한다.
• **형사보상법 제20조(불복신청)** 제1항 제17조 제1항에 따른 보상결정에 대하여는 1주일 이내에 즉시항고를 할 수 있다.

오답해설

② 대판 2017.11.28, 2017모1990
③ 형사보상법 제2조(보상요건) 제2항
④ 형사보상법 제4조(보상하지 아니할 수 있는 경우) 제1호

24
정답 ②

정답해설

대판 2005.8.19, 2005도2617

오답해설

① 탄핵증거는 범죄사실을 인정하는 증거가 아니므로 엄격한 증거조사를 거쳐야 할 필요가 없으나, 법정에서 이에 대한 탄핵증거로서의 증거조사는 필요하다(대판 1998. 2.27, 97도1770).
③ 검사가 탄핵증거로 신청한 체포 · 구속인접견부 사본은 피고인의 부인진술을 탄핵한다는 것이므로 결국 검사에게 입증책임이 있는 공소사실 자체를 입증하기 위한 것에 불과하므로 형사소송법 제318조의2 제1항 소정의 피고인의 진술의 증명력을 다투기 위한 탄핵증거로 볼 수 없다(대판 2012.10.25, 2011도5459).
④ 상대방에게 이에 대한 공격 · 방어의 수단을 강구할 기회를 사전에 부여하여야 한다는 점에서 그 증거와 증명하고자 하는 사실과의 관계 및 입증취지 등을 미리 구체적으로 명시하여야 하므로 증명력을 다투고자 하는 증거의 어느 부분에 의하여 진술의 어느 부분을 다투려고 한다는 것을 사전에 상대방에게 알려야 한다(대판 2005.8.19, 2005도2617).

25 정답 ②

정답해설

㉠ (×) 기록상 진술증거의 임의성에 관하여 의심할 만한 사정이 나타나 있는 경우에는 법원은 직권으로 그 임의성 여부에 관하여 조사를 하여야 하고, 임의성이 인정되지 아니하여 증거능력이 없는 진술증거는 피고인이 증거로 함에 동의하더라도 증거로 삼을 수 없다(대판 2006.11. 23, 2004도7900).

㉡ (○) 대판 1990.02.13, 89도2366

㉢ (×) 피고인이 공시송달의 방법에 의한 공판기일 소환을 2회 이상 받고도 출석하지 않아 법원이 피고인의 출정 없이 증거조사를 하는 경우, 형사소송법 제318조 제2항에 따라 피고인의 증거동의가 간주된다(대판 2011.3.10, 2010도15977).

㉣ (○) 대판 2005.4.28, 2004도4428

㉤ (×) 피고인이 신청한 증인의 증언이 피고인 아닌 타인의 진술을 그 내용으로 하는 전문진술이라고 하더라도 피고인이 그 증언에 대하여 별 의견이 없다고 진술하였다면 그 증언을 증거로 함에 동의한 것으로 볼 수 있으므로 이는 증거능력이 있다(대판 1983.9.27, 83도516).

제4회 모의고사 정답 및 해설

제1과목: 국어

01	02	03	04	05	06	07	08	09	10
②	④	②	③	④	①	①	②	③	④

11	12	13	14	15	16	17	18	19	20
②	④	④	③	③	③	②	③	④	①

21	22	23	24	25
③	②	④	②	①

01
정답 ②

정답해설

집에서 손님을 보낼 때 하는 인사말은 '안녕히 가십시오.'인데, 특별한 경우 손윗사람에게는 '살펴 가십시오.'도 가능하다. 간혹 '안녕히 돌아가십시오.'라고 쓰는 경우가 있는데 '돌아가다'라는 말이 '죽는다'는 의미나 '빙 돌아서 간다'는 뜻을 나타내는 경우가 있어 되도록 쓰지 않는 것이 좋다.

오답해설

① '좋은 아침!'은 외국어를 직역한 말이므로 이에 대한 전통적인 인사말인 '안녕하십니까?'를 쓰는 것이 좋다.

③ 윗사람의 생일을 축하하는 말로는 '내내 건강하시기 바랍니다.'나 '더욱 강녕하시기 바랍니다.'가 적절하다. 이 밖에 '건강하십시오.'는 바람직하지 않다. '건강하다'는 형용사이므로 명령문을 만들 수 없을뿐더러 어른에게 하는 인사말로 명령형의 문장은 될 수 있으면 피해야 하기 때문이다.

④ 손님이 들어오면 우선 인사를 하고 나서 무엇을 도와 드릴지 여쭈어보는 것이 적절하다.

02
정답 ④

정답해설

'식이요법이 알코올 중독에 이르게 한다.'는 연쇄반응은 서로 인과관계가 없으므로 ④는 '잘못된 인과관계의 오류'를 범하고 있다.

오답해설

①·②·③ '미끄러운 경사면의 오류'를 범하고 있다. 미끄러운 경사면의 오류란 미끄럼틀을 한 번 타기 시작하면 끝까지 미끄러져 내려갈 수밖에 없듯이 연쇄반응이 이어지면서 잘못된 결론에 도달하게 되는 오류를 뜻한다. 그런데 그 연쇄반응 사이에는 서로 인과성이 있어서 처음의 시작과 결론만 보면 논리적으로 말이 되지 않지만 이어지는 연쇄반응끼리는 서로 관련된다.

The 알아보기 미끄러운 경사면의 오류

일명 '도미노의 오류'로, 미끄럼틀을 한 번 타기 시작하면 끝까지 미끄러져 내려간다는 점에서 '연쇄반응 효과의 오류'라고 할 수 있다.

예 인터넷 실명제를 시행해서는 안 된다. 인터넷 실명제를 시행하게 되면 개인은 자신의 사적인 면을 인터넷에 노출하기를 꺼리게 될 것이고, 인터넷을 통해 자유롭게 개성을 표현하는 일이 극도로 줄어들게 될 것이다. 그렇게 되면 머지않아 우리나라 문화 예술계는 창의성과 상상력을 잃게 될 것이다.

03
정답 ②

정답해설

㉠ 의존 명사 '때'는 앞말(관형어) '알아볼'과 띄어 써야 하며, 조사 '까지'는 앞말과 붙여 써야 한다.

㉢ 단위성 의존 명사 '채'는 수 관형사 '한'과 띄어 써야 한다.

오답해설

㉡ 관형어 다음의 '만큼'은 의존 명사이므로 띄어 써야 하지만, 체언 다음의 '만큼'은 조사이므로 붙여 쓴다.

㉣ 체언 다음의 '입니다'는 서술격 조사이므로 반드시 붙여 써야 한다.

04
정답 ③

정답해설

'멀찌가니'는 사이가 꽤 떨어지게라는 의미로, '멀찌가니'의 복수 표준어는 '멀찌감찌'가 아닌 '멀찌감치'이다.

05
정답 ④

정답해설

④는 서술어가 '피었다' 하나만 나타나고 있다. 이와 같이 홑 문장은 서술어가 한 번만 나타나야 한다.

오답해설

① 겹문장(명사절을 안은문장)

② 겹문장(명사절을 안은문장)

③ 겹문장(대등하게 이어진 문장)

06
정답 ①

정답해설

①은 다의 관계, ②·③·④는 동음이의 관계이다.

- 가다⁵: 금, 줄, 주름살, 흠집 따위가 생기다.
- 가다¹: 지금 있는 곳에서 어떠한 목적을 가지고 다른 곳으로 옮기다.

오답해설

② • 철: 규칙적으로 되풀이되는 자연 현상에 따라서 일 년을 구분한 것
 • 철: 사리를 분별할 수 있는 힘

③ • 타다: 불씨나 높은 열로 불이 붙어 번지거나 불꽃이 일어나다.
 • 타다: 도로, 줄, 산, 나무, 바위 따위를 밟고 오르거나 그것을 따라 지나가다.

④ • 묻다: 물건을 흙이나 다른 물건 속에 넣어 보이지 않게 쌓아 덮다.
 • 묻다: 가루, 풀, 물 따위가 그보다 큰 다른 물체에 들러붙거나 흔적이 남게 되다.

07
정답 ①

정답해설

(가)는 시간의 흐름에 따라 어휘의 의미가 변화하는 양상을 보여주므로 '언어의 역사성'과 관련이 있다. 언어의 규칙성이란 언어를 사용하기 위해서는 여러 가지 규칙(문법, 규범)이 필요함을 의미한다.

오답해설

② (나)는 사회적 약속을 어기고 대상을 마음대로 다른 기호로 표현하면 사회 구성원들 간에 의사소통이 되지 않는다는 것이므로 '언어의 사회성'의 예로 볼 수 있다.

③ (다)는 문장의 구조에 대한 이해를 바탕으로 한정된 어휘로 서로 다른 문장을 생성하는 예이므로 '언어의 창조성'과 관련이 있다.

④ (라)는 언어에 따라 같은 의미에 대한 기호가 자의적으로 결합되는 사례로 '언어의 자의성'에 해당된다.

08
정답 ②

정답해설

㉠ • 주체 높임 표현: 아버지께서(조사), '-시-'(높임 선어말 어미)
 • 객체 높임 표현: 모시고(객체를 높이는 특수 어휘)

㉡ • 상대 높임 표현: 하셨습니다('하십시오체'의 종결 어미)
 • 주체 높임 표현: 어머니께서(조사), '-시-'(높임 선어말 어미)
 • 객체 높임 표현: 아주머니께(조사), 드리다(객체를 높이는 특수 어휘)

㉢ • 상대 높임 표현: 바랍니다('하십시오체'의 종결 어미)
 • 주체 높임 표현: 주민 여러분께서는(조사), '-시-'(높임 선어말 어미)

09 정답 ③

정답해설

- ㉠ 비전(○): 'vision'은 '비젼'이 아닌, '비전'이 옳은 표기이다.
- ㉣ 카디건(○): 'cardigan'은 '가디건'이 아닌, '카디건'이 옳은 표기이다.
- ㉤ 옐로(○): 'yellow'는 '옐로우'가 아닌, '옐로'가 옳은 표기이다.

오답해설

- ㉢ 콘테이너(×) → 컨테이너(○): 'container'는 '컨테이너'로 표기한다.
- ㉥ 롭스터(×) → 랍스터/로브스터(○): 'lobster'는 '로브스터'로 표기하며, 2015년 12월 개정에 따라 '랍스터'도 복수 표기로 인정되었다.

> **The 알아보기** 외래어 표기의 기본 원칙(외래어 표기법 제1장)
> - 외래어는 국어의 현용 24 자모만으로 적는다.
> - 외래어의 1 음운은 원칙적으로 1 기호로 적는다.
> - 받침에는 'ㄱ, ㄴ, ㄹ, ㅁ, ㅂ, ㅅ, ㅇ'만을 쓴다.
> - 파열음 표기에는 된소리를 쓰지 않는 것을 원칙으로 한다.
> - 이미 굳어진 외래어는 관용을 존중하되, 그 범위와 용례는 따로 정한다.

10 정답 ④

정답해설

비나리: 남의 환심을 사려고 아첨하는 것을 의미하는 말이다.

11 정답 ②

정답해설

홑이불: [홑니불]('ㄴ' 첨가) → [혼니불](음절의 끝소리 규칙) → [혼니불](자음 동화 – 비음화)

> **The 알아보기** 두음 법칙
> 두음 법칙은 한자음의 어두에 올 수 있는 자음을 제한하는 현상을 말한다.
> - ㄴ > ㅇ: 녀, 뇨, 뉴, 니 > 여, 요, 유, 이
> - ㄹ > ㅇ: 랴, 려, 례, 료, 류, 리 > 야, 여, 예, 요, 유, 이
> - ㄹ > ㄴ: 라, 래, 로, 뢰, 루, 르 > 나, 내, 노, 뇌, 누, 느

12 정답 ④

정답해설

제시된 작품에서 '나'는 '그'의 연주에 대해 '규칙 없고 되지 않은 한낱 소음', 야성·힘·귀기를 느낄 수 없는 '감정의 재' 등으로 표현하였다. 반면 이와 대비되는 나의 연주는 '빈곤, 주림, 야성적 힘, 기괴한 감금당한 감정'으로 표현하였다. 따라서 '나의 연주'와 대비되어 '감정의 재'로 묘사된 그의 연주를 가장 잘 표현한 것은 ④ '기괴한 감정이 느껴지지 않는 연주'이다.

오답해설

① '기교'와 관련된 내용은 본문에 드러나 있지 않다.
② 그의 연주가 '규칙 없고 되지 않은 소음에 지나지 못하였습니다.'라고 하였으나, 이것은 악보와 일치하지 않은 연주이기 때문이 아니라 감정이 느껴지지 않기 때문이다.
③ 연주를 이해할 수 없다는 내용은 드러나 있지 않다.

> **The 알아보기** 김동인, 「광염 소나타」
> - 갈래: 단편 소설
> - 성격: 탐미적, 예술 지상주의적
> - 주제: 미에 대한 예술가의 광기 어린 동경
> - 특징
>   - 액자식 구성으로 이야기를 전개함
>   - 순수한 예술성을 추구한 작자의 의식을 엿볼 수 있음

13 정답 ④

정답해설

제시문은 동물들이 자연적으로 치유하는 방법에 대해 선천적으로 알고 있는 예를 열거하고 있다.

14 정답 ③

정답해설

㉢은 '올벼논과 텃밭이 여드레 동안 갈 만한 큰 땅(조선 팔도)이 되었도다.'로 해석할 수 있다. 이는 조선의 땅이 기름지고 넓어짐을 비유한 말이지 '외침으로 인해 피폐해진 현실'을 의미하는 것이 아니다.

오답해설

① ㉠은 '한 어버이(태조 이성계를 비유)가 살림을 시작하였을 때'로 해석할 수 있다. 이는 태조 이성계가 조선 왕조를 창업한 사실과 관련지을 수 있다.

② ⓛ은 '풀을 베고 터를 닦아 큰 집(조선 건국)을 지어 내고'
   로 해석할 수 있다. 이는 나라의 기초를 닦은 조선 왕조의
   모습과 관련지을 수 있다.
④ ⓔ은 '마음을 다투는 듯 우두머리를 시기하는 듯'으로 해
   석할 수 있다. 이는 신하들이 서로 다투고 시기하는 상황
   과 관련지을 수 있다.

The 알아보기 허전, 「고공가(雇工歌)」

• 갈래: 조선 후기 가사, 경세가(警世歌), 풍자가
• 성격: 풍자적, 비유적, 교훈적, 계도적, 경세적(警世的)
• 표현
  – 3 · 4조, 4음보의 율격을 사용하여 음악성을 확보함
  – 나라의 일을 집안의 농사일로, 화자를 주인으로, 탐욕을
    추구하는 관리들을 머슴(고공)으로 비유하여 표현함
• 특징
  – 농부의 어려움을 국사(國事)에 비유하여, 농가의 한 어른
    이 바르지 못한 머슴들의 행동을 나무라는 표현 형식을
    취함
  – 정사(政事)에 게을리하는 조정 백관의 탐욕과 무능함을
    은유적으로 표현함
• 주제: 나태하고 이기적인 관리들의 행태 비판
• 현대어 풀이
  제 집 옷과 밥을 두고 빌어먹는 저 머슴아.
  우리 집 소식(내력)을 아느냐 모르느냐?
  비 오는 날 일 없을 때 새끼 꼬면서 말하리라.
  처음에 조부모님께서 살림살이를 시작할 때에,
  어진 마음을 베푸시니 사람들이 저절로 모여,
  풀을 베고 터를 닦아 큰 집을 지어 내고,
  써레, 보습, 쟁기, 소로 논밭을 기경하니,
  올벼논과 텃밭이 여드레 동안 갈 만한 큰 땅이 되었도다.
  자손에게 물려주어 대대로 내려오니,
  논밭도 좋거니와 머슴들도 근검하였다.
  저희들이 각각 농사지어 부유하게 살던 것을,
  요새 머슴들은 생각이 아주 없어서,
  밥그릇이 크거나 작거나 입은 옷이 좋거나 나쁘거나,
  마음을 다투는 듯 우두머리를 시기하는 듯,
  무슨 일에 얽혀들어 힐끗거리며 반목을 일삼느냐?

---

15 정답 ③

정답해설

ⓒ 학교 마당에들 모여 소주에 오징어를 찢다: 막막한 농촌
의 현실에 가슴 답답해하며 학교 마당에 모여 소주를 마
시며 울분을 토하는 모습일 뿐, 어려움을 극복한 농민들
의 흥겨움과는 아무 관련이 없다.

오답해설

① ⓐ '못난 놈들'은 서글픔이 깔린 친근감과 동료애를 느끼게
   하는 표현이고, '서로 얼굴만 봐도 흥겹다'는 시적 화자
   의 농민에 대한 진한 애정과 비극적 인식으로 '농민들이
   서로에게 느끼는 유대감'을 보여 주고 있다.
② ⓛ 농민들의 여러 가지 어려움을 제유적으로 표현하고 있다.
④ ⓔ 현실의 울적한 이야기를 들으면 그들은 자포자기하고
   싶기도 하지만 파장 무렵의 장에서 이것저것 집안에 필요
   한 것들을 산 후 무거운 발걸음으로 다시 집으로 향할 수
   밖에 없는 농촌 현실의 불구성을 시적으로 형상화한 부분
   이다. '절뚝이는 파장'은 실제로 술에 취해 비틀거리는 걸
   음걸이를 나타내면서, 삶의 무게와 어려움에 절뚝이는 모
   습을 동시에 담은 중의적 표현으로도 볼 수 있다.

The 알아보기 신경림, 「파장」

• 성격: 향토적, 비판적, 서정적, 서사적
• 제재: 장터의 서민들의 모습
• 특징
  – 시간의 경과에 따른 시상의 전개
  – 일상어와 비속어의 적절한 구사로 농민들의 삶을 진솔하
    게 나타냄
  – 4음보 중심의 경쾌하고 투박한 리듬의 운율감
  – 적절한 서사적 제재를 선택하여 소외된 농촌의 모습을
    보여 줌
• 주제: 황폐화되어 가는 농촌의 현실을 살아가는 농민들의
  애환과 비통함

16

정답해설

근거(3문단): "움직도르래를 이용하여 물체를 들어 올리면 줄의 길이는 물체가 움직여야 하는 높이의 두 배가 필요하게 된다."와 ③의 '움직도르래로 물체를 들어 올릴 수 있는 높이는 줄의 길이에 영향을 받는다.'는 내용이 일치함을 알 수 있다.

오답해설

① 근거(2문단): "고정도르래를 사용할 때는 줄의 한쪽에 물체를 걸고 다른 쪽 줄을 잡아 당겨 물체를 원하는 높이까지 움직인다."와 ①의 '고정도르래는 도르래 축에 물체를 직접 매달아 사용한다.'는 내용이 일치하지 않는다.

② 근거: 1문단에서 "그렇다면 두 도르래의 차이는 어떤 것이 있을까?"하고 물음을 제시한 다음 2문단과 3문단은 각각 고정도르래와 움직도르래의 '원리와 특징'의 차이점만을 제시하고 있을 뿐 ②의 '움직도르래와 고정도르래를 함께 사용해야 물체의 무게가 분산된다.'라는 내용은 제시문에 나와 있지 않다.

④ 근거(2문단): "고정도르래는 ~ 직접 들어 올리는 것과 비교해 힘의 이득은 없으며 단지 고정도르래 때문에 줄을 당기는 힘의 방향만 바뀐다."와 ④의 '고정도르래는 줄을 당기는 힘의 방향과 물체에 작용하는 힘의 방향이 일치한다.'는 내용이 일치하지 않는다.

17

정답해설

1문단의 "그렇다면 두 도르래의 차이는 어떤 것이 있을까?"라는 물음에 대해 2문단과 3문단은 각각 고정도르래와 움직도르래의 차이점을 중심으로 원리와 특징을 설명하고 있다.

오답해설

① 고정도르래와 움직도르래의 원리와 특징의 차이점을 설명하여 개념 이해를 돕고 있을 뿐 구체적 사례(예시)는 사용되지 않았다.

③ 고정도르래와 움직도르래의 인과 관계에 초점을 맞춘 설명은 찾아볼 수 없다.

④ 특정 기술이 발달한 과정의 순서는 찾아볼 수 없다.

18

정답해설

• (다)에서 '제임스 러브록'이라는 인물에 대해 처음 소개하고 있으므로 (다)가 가장 첫 번째 순서임을 알 수 있다.

• (다)의 마지막 문장에서 제임스 러브록이 말한 '사이보그'를 (가)가 이어 받아 제임스 러브록이 말하는 '사이보그'의 의미를 설명하고 있다.

• (나)에서 제임스 러브록의 말을 인용하며 사이보그에 대한 설명을 구체화하고 있다.

• 이를 바탕으로 마지막으로 (라)에서 지구 멸망 시 사이보그의 행동을 예측하며 글을 마무리하고 있다.

따라서 ③ '(다) - (가) - (나) - (라)'의 순서가 적절하다.

19

정답해설

④는 예의가 없는 후배들에 대하여 말하고 있으므로 '젊은 후학들을 두려워할 만하다는 뜻으로, 후진들이 선배들보다 젊고 기력이 좋아, 학문을 닦음에 따라 큰 인물이 될 수 있으므로 가히 두렵다는 말'인 後生可畏(후생가외)보다는 '눈 아래에 사람이 없다는 뜻으로, 방자하고 교만하여 다른 사람을 업신여김을 이르는 말'인 眼下無人(안하무인)을 쓰는 것이 문맥상 적절하다.

• 後生可畏: 뒤 후, 날 생, 옳을 가, 두려워할 외
• 眼下無人: 눈 안, 아래 하, 없을 무, 사람 인

오답해설

① 口蜜腹劍(구밀복검): 입에는 꿀이 있고 배 속에는 칼이 있다는 뜻으로, 말로는 친한 듯하나 속으로는 해칠 생각이 있음을 이르는 말
　• 口蜜腹劍: 입 구, 꿀 밀, 배 복, 칼 검

② 一敗塗地(일패도지): 싸움에 한 번 패하여 간과 뇌가 땅바닥에 으깨어진다는 뜻으로, 여지없이 패하여 다시 일어날 수 없게 되는 지경에 이름을 이르는 말
　• 一敗塗地: 하나 일, 패할 패, 진흙 도, 땅 지

③ 首鼠兩端(수서양단): 구멍에서 머리를 내밀고 나갈까 말까 망설이는 쥐라는 뜻으로, 머뭇거리며 진퇴나 거취를 정하지 못하는 상태를 이르는 말
　• 首鼠兩端: 머리 수, 쥐 서, 두 양, 바를 단

20

정답해설

「베틀 노래」는 베 짜기의 고달픔을 덜어 주면서도 가족들에 대한 애정을 드러내고 있는 강원도 통천 지방의 구전 민요이자 노동요이다. 노동 현실에 대한 한과 비판은 나타나지 않는다.

오답해설

② • 대구법: 기심 매러 갈 적에는 갈뽕을 따 가지고 / 기심 매고 올 적에는 올뽕을 따 가지고
  • 직유법: 배꽃같이 바래워서 참외같이 올 짓고 / 외씨같은 보선 지어 오빠님께 드리고

③ 4·4조, 4음보의 민요적 운율과 '갈뽕', '올뽕'의 언어유희로 리듬감을 형성하고 있다.

④ '강릉 가서 날아다가 서울 가서 매어다가 / 하늘에다 베틀 놓고 구름 속에 이매 걸어'의 과장된 표현으로 화자의 상상력을 드러내고 있다.

> **The 알아보기** 「베틀 노래」
> • 갈래: 민요, 노동요
> • 제재: 베 짜기
> • 특징
>   – 4·4조, 4음보의 운율을 가짐
>   – 대구법, 직유법, 반복법, 언어유희, 과장법 등 다양한 표현 기법을 사용
>   – 뽕잎을 따서 옷을 짓기까지의 과정을 추보식으로 전개
> • 주제
>   – 베 짜는 여인의 흥과 멋
>   – 베를 짜는 과정과 가족에 대한 사랑
> • 해제
>   부녀자들이 베틀에서 베를 짜면서 그 고달픔을 덜기 위해 부른 노동요 4·4조, 4음보의 연속체로 되어 있다. 또한 강원도 통천 지방의 민요로, 그 내용은 뽕을 따서 누에를 치는 것으로부터 시작하여 누에고치에서 실을 뽑아 비단을 짜서 가족들의 옷을 지어 주는 데까지의 전 과정을 서사시적으로 노래하고 있다.

21
정답 ③

정답해설

대화의 맥락을 살펴보면 ⓒ과 ⓔ이 동일한 과자로 지희가 맛있다고 말한 과자이다. ㉠은 서은이가 샀던 과자로 서은이가 맛이 없다고 말한 과자이고, ㉢은 서은이가 아직 안 먹어본 과자이다.

22
정답 ②

정답해설

불경기와 호경기가 반복적으로 순환되는 사업의 경우 안정적으로 경제성을 창출하기 위해 '비관련' 분야의 다각화를 해야 함을 추론할 수 있으므로 ㉠에는 '비관련'이 들어가야 한다. 또한 다각화 전략을 활용하면 경기가 불안정할 때에도 자금 순환의 안정성을 확보할 수 있으므로 ⓒ에는 '확보'가 들어가야 한다.

23
정답 ④

정답해설

4문단의 '새로운 인력을 채용하여 교육시키는 데 많은 시간과 비용이 들어감을 고려하면, 다각화된 기업은 신규 기업에 비해 훨씬 우월한 위치에서 경쟁할 수 있다.'를 통해 신규 기업은 새로운 인력을 채용하고 교육하는 것에 부담이 있음을 확인할 수 있으므로 ④가 적절하다.

오답해설

① 4문단의 '또한 다각화된 기업은 기업 내부 시장을 활용함으로써 새로운 가치를 창출할 수 있다. 여러 사업부에서 나오는 자금을 통합하여 활용할 수 있는 내부 자본시장을 갖추었을 뿐 아니라'를 통해 다각화된 기업은 여러 사업부에서 나오는 자금을 통합하여 활용할 수 있음을 확인할 수 있으므로 이는 적절하지 않다.

② 3문단의 '범위의 경제성이란 하나의 기업이 동시에 복수의 사업 활동을 하는 것이, 복수의 기업이 단일의 사업 활동을 하는 것보다 총비용이 적고 효율적이라는 이론이다.'를 통해 한 기업이 제품A, 제품B를 모두 생산하는 것이 서로 다른 두 기업이 각각 제품A, 제품B를 생산하는 것보다 효과적임을 확인할 수 있으므로 이는 적절하지 않다.

③ 2문단의 '리처드 러멜트는 미국의 다각화 기업을 구분하며, 관련 사업에서 70% 이상의 매출을 올리는 기업을 관련 다각화 기업, 70% 미만의 매출을 올리는 기업을 비관

련 다각화 기업으로 명명했다.'를 통해 리처드 러멜트에 의하면 관련 사업에서 70% 이상의 매출을 올리는 기업이 관련 다각화 기업임을 확인할 수 있으므로 이는 적절하지 않다.

24 정답 ②

정답해설

㉠에 들어갈 단어를 유추하기 위해서는 ㉠이 포함된 단락의 핵심 내용인 '포드사의 자동차 결함 수리에 대한 비용편익분석' 내용을 파악해야 한다. 차의 결함으로 배상해야 할 금액과 차의 결함을 수리하는 데 드는 비용을 따져서 이 비용 중에서 '편익'이 있는 쪽을 선택하는 것이다. 따라서 ㉠에 들어갈 어구로 가장 적절한 것은 ② '수리의 편익'이다.

25 정답 ①

정답해설

제시된 글은 '비용편익분석'에 대한 개념을 '필립 모리스 담배 문제'와 '포드사의 자동차 결함' 등 구체적 사례를 들어 설명하고, 문제점을 제기하는 방식으로 논지를 전개하고 있다.

오답해설

② 비교와 대조의 방식은 본문에서 파악할 수 없다.

③ 공리주의의 효용을 바탕으로 글이 전개되고 있지만, '공리주의'가 설득력을 높이는 근거로 이용되고 있지는 않다.

④ 문제점은 제시되었지만, 그에 대한 대안 및 대안의 타당성은 파악할 수 없다.

제2과목: 형법

01	02	03	04	05	06	07	08	09	10
③	③	②	④	③	①	③	①	④	②
11	12	13	14	15	16	17	18	19	20
③	④	③	④	④	④	①	④	②	②
21	22	23	24	25					
②	①	②	③	③					

01 정답 ③

정답해설

형법 제10조(심신장애인) 제2항 심신장애로 인하여 사물을 변별할 능력 또는 의사를 결정할 능력이 미약한 자의 행위는 형을 감경할 수 있다.

오답해설

① 형법 제11조(청각 및 언어 장애인)

② 심신장애는 생물학적 요소로서 정신병 또는 비정상적 정신상태와 같은 정신적 장애 외에 심리학적 요소로서 이와 같은 정신적 장애로 말미암아 사물에 대한 변별능력과 그에 따른 행위통제능력이 결여되거나 감소되었음을 요하므로, 정신적 장애가 있는 자라고 하여도 범행 당시 정상적인 사물변별능력이나 행위통제능력이 있었다면 심신장애로 볼 수 없다(대판 2007.2.8, 2006도7900).

④ 대판 1989.9.13, 88도1284

02 정답 ③

정답해설

형법은 야간에 이루어지는 주거침입행위의 위험성에 주목하여 그러한 행위를 수반한 절도를 야간주거침입절도죄로 중하게 처벌하고 있는 것으로 보아야 하고, 따라서 주거침입이 주간에 이루어진 경우에는 야간주거침입절도죄가 성립하지 않는다(대판 2011.4.14, 2011도300, 2011감도5).

오답해설

① 대판 2011.1.13, 2010도9330

② 대판 2003.3.25, 2002도7134

④ 준강간죄에서 실행의 착수시기는 피해자의 심신상실 또는 항거불능의 상태를 이용하여 간음을 할 의도를 가지고 간

음의 수단이라고 할 수 있는 행동을 시작한 때로 보아야 한다(대판 2019.2.14, 2018도19295).

03 정답 ②

정답해설

실행행위를 직접 분담하지 아니한 다른 범인에 대하여도 그가 현장에서 절도 범행을 실행한 위 2인 이상의 범인의 행위를 자기 의사의 수단으로 하여 합동절도의 범행을 하였다고 평가할 수 있는 정범성의 표지를 갖추고 있다고 보여지는 한 그 다른 범인에 대하여 합동절도의 공동정범의 성립을 부정할 이유가 없다(대판 1998.5.21, 98도321 전합).

오답해설

① 대판 1994.5.24, 94도660

③ 대판 1997.10.10, 97도1720

④ 대판 2019.8.29, 2018도2738 전합

04 정답 ④

정답해설

자동문을 자동으로 작동되게 하지 않고 수동으로만 개폐가 가능하게 하여 자동잠금장치로서 역할을 할 수 없도록 한 경우에도 재물손괴죄가 성립한다(대판 2016.11.25, 2016도9219).

오답해설

① 대판 2007.9.20, 2007도5207

② 대판 2007.6.28, 2007도2590

③ 대판 2018.7.24, 2017도18807

05 정답 ③

정답해설

대판 1999.12.10, 99도3711

오답해설

① 자신의 전공과목이 아니라 다른 의사의 전공과목에 전적으로 속하거나 다른 의사에게 전적으로 위임된 것이 아닌 이상, 의사는 자신이 주로 담당하는 환자에 대하여 다른 의사가 하는 의료행위의 내용이 적절한 것인지의 여부를 확인하고 감독하여야 할 업무상 주의의무가 있고, 만약 의사가 이와 같은 업무상 주의의무를 소홀히 하여 환자에게 위해가 발생하였다면, 의사는 그에 대한 과실책임을 면할 수 없다(대판 2007.2.22, 2005도9229).

② 간호사의 자격을 부여한 후 이를 '의료인'에 포함시키고 있음에 비추어 볼 때, 간호사가 '진료의 보조'를 함에 있어서는 모든 행위 하나하나마다 항상 의사가 현장에 입회하여 일일이 지도·감독하여야 한다고 할 수는 없고, 경우에 따라서는 의사가 진료의 보조행위 현장에 입회할 필요 없이 일반적인 지도·감독을 하는 것으로 족한 경우도 있을 수 있다(대판 2003.8.19, 2001도3667).

④ 과실의 유무 판단은 같은 업무와 직무에 종사하는 일반적 보통인의 주의 정도를 표준으로 하여야 하며, 이때 사고 당시의 일반적인 의학의 수준과 의료환경 및 조건, 의료행위의 특수성 등을 고려하여야 한다(대판 2006.10.26, 2004도486).

06 정답 ①

정답해설

제반 사정에 비추어 피고인이 피해자가 13세 미만인 사실을 미필적으로라도 인식하고 있었다는 것이 증명되었다고 단정할 수 없다(대판 2012.8.30, 2012도7377).

오답해설

② 대판 2002.10.25, 2002도4089

③ 대판 2014.7.10, 2014도5173

④ 대판 1983.5.10, 83도340 전합

07 정답 ③

정답해설

예비의 방조는 대한민국 형법상 인정되지 않는다.

오답해설

① 종범이 처벌되기 위하여는 정범의 실행의 착수가 있는 경우에만 가능하다(대판 1976.5.25, 75도1549).

② 방조범은 정범의 실행을 방조한다는 이른바 방조의 고의와 정범의 행위가 구성요건에 해당하는 행위인 점에 대한 정범의 고의가 필요하다(대판 2018.9.13, 2018도7658, 2018전도54, 55, 2018보도6, 2018모2593).

④ 대판 1982.4.27, 82도122

08
정답 ①

정답해설

형법 제48조 제1항 제1호의 "범죄행위에 제공한 물건"은, 가령 살인행위에 사용한 칼 등 범죄의 실행행위 자체에 사용한 물건에만 한정되는 것이 아니며, 실행행위의 착수 전의 행위 또는 실행행위의 종료 후의 행위에 사용한 물건이더라도 그것이 범죄행위의 수행에 실질적으로 기여하였다고 인정되는 한 위 법조 소정의 제공한 물건에 포함된다(대판 2006.9.14, 2006도4075).

오답해설

② 피고인이 음란물유포 인터넷사이트를 운영하면서 정보통신망 이용촉진 및 정보보호 등에 관한 법률 위반(음란물유포)죄와 도박개장방조죄에 의하여 비트코인(Bitcoin)을 취득한 사안에서, 피고인의 정보통신망 이용촉진 및 정보보호 등에 관한 법률 위반(음란물유포)죄와 도박개장방조죄는 범죄수익은닉의 규제 및 처벌 등에 관한 법률에 정한 중대범죄에 해당하며, 비트코인은 재산적 가치가 있는 무형의 재산이라고 보아야 하고, 몰수의 대상인 비트코인이 특정되어 있다는 이유로, 피고인이 취득한 비트코인을 몰수할 수 있다고 본 원심판단이 정당하다(대판 2018. 5.30, 2018도3619).

③ 특정범죄 가중처벌 등에 관한 법률(이하 '특가법'이라고만 한다) 제13조의 규정에 의한 필요적 몰수 또는 추징은, 금품 기타 이익을 범인으로부터 박탈하여 그로 하여금 부정한 이익을 보유하지 못하게 함에 그 목적이 있는 것인데, 범인이 알선 대가로 수수한 금품에 관하여 소득신고를 하고 이에 관하여 법인세 등 세금을 납부하였다고 하더라도 이는 범인이 자신의 알선수재행위를 정당화시키기 위한 것이거나, 범인 자신의 독자적인 판단에 따라 소비하는 방법의 하나에 지나지 아니하므로 이를 추징에서 제외할 것은 아니다(대판 2010.3.25, 2009도11660).

④ 대판 2006.11.23, 2006도5586

> **The 알아보기** 몰수가 불가능한 때 추징가액산정 기준시기
> 몰수할 수 없는 때에 추징하여야 할 가액은 범인이 그 물건을 보유하고 있다가 몰수의 선고를 받았더라면 잃었을 이득상당액을 의미하므로, 다른 특별한 사정이 없는 한 그 가액산정은 재판선고 시의 가격을 기준으로 하여야 한다(대판 2008.10.9, 2008도6944).

09
정답 ④

정답해설

군형법 제79조에 규정된 무단이탈죄는 즉시범으로서 허가 없이 근무장소 또는 지정장소를 일시 이탈함과 동시에 완성된다(대판 1983.11.8, 83도2450).

오답해설

① 대판 1997.4.17, 96도3376 전합

② 대판 1997.8.29, 97도675

③ 대판 1993.6.8, 93도999

10
정답 ②

정답해설

제3자뇌물수수죄의 구성요건과 직권남용권리행사방해죄의 구성요건에 모두 해당하는 경우에는, 제3자뇌물수수죄와 직권남용권리행사방해죄가 각각 성립하되, 이는 사회 관념상 하나의 행위가 수 개의 죄에 해당하는 경우이므로 두 죄는 형법 제40조의 상상적 경합관계에 있다(대판 2017.3.15, 2016도19659).

오답해설

① 대판 1993.4.13, 92도3035

③ 대판 2018.4.24, 2017도10956

④ 대판 2000.3.24, 2000도310

11
정답 ③

정답해설

피고인의 팔이 甲의 몸에 닿지 않았더라도 양팔을 높이 들어 갑자기 뒤에서 껴안으려는 행위는 甲의 의사에 반하는 유형력의 행사로서 폭행행위에 해당하며, 그때 '기습추행'에 관한 실행의 착수가 있는데, 마침 甲이 뒤돌아보면서 소리치는 바람에 몸을 껴안는 추행의 결과에 이르지 못하고 미수에 그쳤으므로, 피고인의 행위는 아동·청소년에 대한 강제추행미수죄에 해당한다(대판 2015.9.10, 2015도6980, 2015모2524).

오답해설

① 대판 2010.2.25, 2009도13716

② 대판 1994.8.23, 94도630

④ 미성년자의제강제추행죄는 '13세 미만의 아동이 외부로부터의 부적절한 성적 자극이나 물리력의 행사가 없는 상태에서 심리적 장애 없이 성적 정체성 및 가치관을 형성할 권익'을 보호법익으로 하는 것으로서, 그 성립에 필요한

주관적 구성요건의 요소는 고의만으로 충분하고, 그 외에 성욕을 자극·흥분·만족시키려는 주관적 동기나 목적까지 있어야 하는 것은 아니다(대판 2006.1.13, 2005도6791).

12
정답 ④

정답해설

일반교통방해죄에 해당하고 자구행위나 정당행위에 해당하지 않는다(대판 2007.3.15, 2006도9418).

오답해설

① 교통방해의 결과가 현실적으로 발생하여야 하는 것은 아니다. 또한 일반교통방해죄에서 교통방해 행위는 계속범의 성질을 가지는 것이어서 교통방해의 상태가 계속되는 한 가벌적인 위법상태는 계속 존재한다(대판 2018.1.24, 2017도11408).

② 대판 2018.5.11, 2017도9146

③ 대판 2009.7.9, 2009도4266

13
정답 ③

정답해설

㉠ 절도죄(대판 1993.9.28, 93도2143)

㉡ 횡령죄(대판 1982.3.9, 81도3396)

㉢ 절도죄(대판 2007.3.15, 2006도9338)

㉣ 배임죄(대판 1995.9.29, 95도1176 전합)

㉤ 횡령죄(대판 2018.7.19, 2017도17494 전합)

14
정답 ④

정답해설

대판 2011.11.24, 2011도12302

오답해설

① 형법 제273조 제1항에서 말하는 '학대'라 함은 육체적으로 고통을 주거나 정신적으로 차별대우를 하는 행위를 가리키고, 이러한 학대행위는 형법의 규정체제상 학대와 유기의 죄가 같은 장에 위치하고 있는 점 등에 비추어 단순히 상대방의 인격에 대한 반인륜적 침해만으로는 부족하고 적어도 유기에 준할 정도에 이르러야 한다(대판 2000.4.25, 2000도223).

② 형법 제271조(유기, 존속유기) 제3항 유기죄를 범하여 사람의 생명에 대하여 위험을 발생하게 한 때에는 중유기죄로 가중처벌된다.

③ 유기의 수단과 방법으로 협의·광의를 불문하고 작위 이외에 부작위로도 가능하고, 유형적·무형적 방법도 불문한다.

15
정답 ④

정답해설

대판 1998.2.24, 97도183

오답해설

① 대한민국 영역 외에서 공문서에 관한 죄를 범한 외국인에게는 형법 제5조가 적용되지 않는다.

② 행위시법인 구 변호사법(1982.12.31 개정전의 법률) 제54조에 규정된 형은 징역 3년이고 재판시법인 현행 변호사법 제78조에 규정된 형은 5년 이하의 징역 또는 1천만원 이하의 벌금으로서 신법에서는 벌금형의 선택이 가능하다 하더라도 법정형의 경중은 병과형 또는 선택형 중 가장 중한 형을 기준으로 하여 다른 형과 경중을 정하는 것이므로 행위시법인 구법의 형이 더 경하다(대판 1983.11.8, 83도2499).

③ 헌법재판소의 헌법불합치결정은 헌법과 헌법재판소법이 규정하고 있지 않은 변형된 형태이지만 법률조항에 대한 위헌결정에 해당한다. … 그리고 헌법재판소법 제47조 제3항 본문은 형벌에 관한 법률조항에 대하여 위헌결정이 선고된 경우 그 조항이 소급하여 효력을 상실한다고 규정하고 있으므로, 형벌에 관한 법률조항이 소급하여 효력을 상실한 경우에 당해 조항을 적용하여 공소가 제기된 피고사건은 범죄로 되지 않은 때에 해당한다. 따라서 법원은 그 피고사건에 대하여 형사소송법 제325조 전단에 따라 무죄를 선고하여야 한다(대판 2018.10.25, 2015도17936).

The 알아보기 형법의 장소적 적용범위

- 「형법」 제2조(국내범)
  - 속지주의(원칙): 대한민국 영역 내에서 죄를 범한 내국인과 외국인에게 적용
- 「형법」 제3조(내국인의 국외범)
  - 속인주의: 대한민국 영역 외에서 죄를 범한 내국인에게 적용
- 「형법」 제4조(국외에 있는 내국선박 등에서 외국인이 범한 죄)
  - 기국주의: 대한민국 영역 외에 있는 대한민국의 선박 또는 항공기 내에서 죄를 범한 외국인에게 적용
- 「형법」 제5조(외국인의 국외범)
  - 보호주의: 대한민국 영역 외에서 다음 죄를 범한 외국인에게 적용
  - 다음 죄: 내란의 죄, 외환의 죄, 국기에 관한 죄, 통화에 관한 죄, 유가증권 인지와 우표에 관한 죄, 문서에 관한 죄 중 제225조(공문서 등의 위조 · 변조) 내지 제230조(공문서 등의 부정행사), 인장에 관한 죄 중 제238조(공인 등의 위조, 부정사용)
- 「형법」 제6조(대한민국과 대한민국국민에 대한 국외범)
  - 보호주의: 대한민국 영역 외에서 대한민국 또는 대한민국국민에 대하여 전조에 기재한 이외의 죄를 범한 외국인에게 적용
- 「형법」 제296조의2(세계주의)
  - 세계주의: 대한민국 영역 밖에서 다음 죄를 범한 외국인에게 적용
  - 다음 죄: 제287조(미성년자의 약취, 유인), 제288조(추행 등 목적 약취, 유인 등), 제289조(인신매매), 제290조(약취, 유인, 매매, 이송 등 상해 · 치상), 제291조(약취, 유인, 매매, 이송 등 살인 · 치사), 제292조(약취, 유인, 매매, 이송된 사람의 수수 · 은닉 등), 제294조(미수범)

16
정답 ④

정답해설

피고인에게 불리한 방향으로 지나치게 확장해석하거나 유추해석하여서는 아니되는 원칙에 비추어 볼 때, 위 각 조항에서 규정한 '공정증서원본'에는 공정증서의 정본이 포함된다고 볼 수 없으므로 불실의 사실이 기재된 공정증서의 정본을 그 정을 모르는 법원 직원에게 교부한 행위는 형법 제229조의 불실기재공정증서원본행사죄에 해당하지 아니한다(대판 2002.3.26, 2001도6503).

오답해설

① 명의인이 실재하지 않는 허무인이거나 문서의 작성일자 전에 이미 사망하였다고 하더라도 그러한 문서 역시 공공의 신용을 해할 위험성이 있으므로 공문서와 사문서를 가리지 아니하고 문서위조죄가 성립한다(대판 2005.3.25, 2003도4943).

② 대판 2004.4.9, 2003도7762

③ 대판 2007.10.11, 2007도5838

17
정답 ①

정답해설

이미 문서에 관한 공공의 신용을 해할 위험이 발생하였다 할 것이므로, 그러한 내용의 문서에 관하여 사망한 명의자의 승낙이 추정된다는 이유로 사문서위조죄의 성립을 부정할 수는 없다(대판 2011.9.29, 2011도6223).

오답해설

② 대판1999.5.14, 99도202

③ 대판 2008.12.11, 2008도9606

④ 대판 1985.12.10, 85도1892

18
정답 ④

정답해설

피고인이 자신의 지적 능력을 다하여 행위의 위법 가능성을 회피하기 위한 진지한 노력을 다하였다고 볼 수 없으므로, 피고인이 위와 같은 대여행위가 법률상 허용되는 것으로서 죄가 되지 않는다고 한 그릇된 인식에 정당한 이유가 없다(대판 2017.3.15, 2014도12773).

오답해설

① 대판 2017.5.31, 2016도12865

② 살인의 미필적 고의를 인정한 사례이다(대판 2002.10.25, 2002도4089).

③ 대판 1995.8.25, 95도717

19 정답 ②

정답해설

대판 2019.3.28, 2018도16002 전합

오답해설

① 강제추행죄는 사람의 성적 자유 내지 성적 자기결정의 자유를 보호하기 위한 죄로서 정범 자신이 직접 범죄를 실행하여야 성립하는 자수범이라고 볼 수 없으므로, 처벌되지 아니하는 타인을 도구로 삼아 피해자를 강제로 추행하는 간접정범의 형태로도 범할 수 있다.

③ 송금·이체된 사기피해금 상당의 돈을 피해자에게 반환하여야 하므로 피해자를 위하여 사기피해금을 보관하는 지위에 있다고 보아야 하고, 만약 계좌 명의인이 그 돈을 영득할 의사로 인출하면 피해자에 대한 횡령죄가 성립한다(대판 2018.7.26, 2017도21715).

④ 그 치료과정에서 야간 당직의사의 과실이 일부 개입하였다고 하더라도 그의 주치의 및 환자와의 관계에 비추어 볼 때 환자의 주치의는 업무상과실치사죄의 책임을 면할 수는 없다(대판 1994.12.9, 93도2524).

20 정답 ②

정답해설

ⓒ '제3자'에 법인도 포함은 되지만, 협박죄의 보호법익, 형법규정상 체계, 협박의 행위 개념 등에 비추어 볼 때, 협박죄는 자연인만을 그 대상으로 예정하고 있을 뿐 법인은 협박죄의 객체가 될 수 없다(대판 2010.7.15, 2010도1017).

ⓒ 지방세의 수납업무를 일부 관장하는 시중은행의 직원이나 은행이 형법 제225조 소정의 공무원 또는 공무소가 되는 것은 아니고 세금수납영수증도 공문서에 해당하지 않는다는 이유로 공문서변조죄 및 동 행사죄를 유죄로 인정한 원심판결을 파기한 사례이다(대판 1996.3.26, 95도3073).

오답해설

㉠ 대판 2012.11.29, 2010도1233

㉣ 대판 2009.12.24, 2005도8980

21 정답 ②

정답해설

대판 2007.12.28, 2007도5204

오답해설

① 정리해고나 부서·조직의 통폐합 등 구조조정의 실시 여부는 경영주체에 의한 고도의 경영상 결단에 속하는 사항으로서 이는 원칙적으로 단체교섭의 대상이 될 수 없고, 그것이 긴박한 경영상의 필요나 합리적인 이유 없이 불순한 의도로 추진되는 등의 특별한 사정이 없는 한, 노동조합이 실질적으로 그 실시 자체를 반대하기 위하여 쟁의행위에 나아간다면, 비록 그 실시로 인하여 근로자들의 지위나 근로조건의 변경이 필연적으로 수반된다 하더라도 그 쟁의행위는 목적의 정당성을 인정할 수 없다(대판 2003.12.26, 2001도3380).

③ 사용자가 당해 사업과 관계없는 자를 쟁의행위로 중단된 업무의 수행을 위하여 채용 또는 대체하는 경우, 쟁의행위에 참가한 근로자들이 위법한 대체근로를 저지하기 위하여 상당한 정도의 실력을 행사하는 것은 쟁의행위가 실효를 거둘 수 있도록 하기 위하여 마련된 위 규정의 취지에 비추어 정당행위로서 위법성이 조각된다(대판 2020.9.3, 2015도1927).

④ 주식회사 임원이 회사직원들 및 그 가족들에게 수여할 목적으로 전문의약품인 타미플루 39,600정 등을 제약회사로부터 매수하여 취득한 경우 구 약사법 위반죄에서는, 불특정 또는 다수인에게 무상으로 의약품을 양도하는 수여행위도 '판매'에 포함된다고 해석하므로 피고인의 위 행위가 법령에 위배되어 정당행위라고 볼 수 없다(대판 2011.10.13, 2011도6287).

22

정답해설

원인행위와 실행행위 간의 불가분적 관련성에서 책임의 근거를 인정한 견해(불가분적 연관설)는 실행의 착수시기를 실행행위 시로 보게 되어 행위와 책임의 동시존재의 원칙상 예외를 인정한다.

오답해설

② 대판 1992.8.18, 92도1425

③ 대마초 흡연 시에 이미 범행을 예견하고도 자의로 위와 같은 심신장애를 야기한 경우에 해당하므로, 형법 제10조 제3항에 의하여 심신장애로 인한 감경 등을 할 수 없다(대판 1996.6.11, 96도857).

④ 피고인이 범행 당시 심신장애의 상태에 있었는지 여부를 판단함에 있어 반드시 전문가의 감정을 거쳐야 하는 것은 아니다(대판 2007.6.14, 2007도2360).

23

정답 ②

정답해설

평소 공무원이 그 다른 사람의 생활비 등을 부담하고 있었다거나 혹은 그 다른 사람에 대하여 채무를 부담하고 있었다는 등의 사정이 있어서 그 다른 사람이 뇌물을 받음으로써 공무원은 그만큼 지출을 면하게 되는 경우 등 사회통념상 그 다른 사람이 뇌물을 받은 것을 공무원이 직접 받은 것과 같이 평가할 수 있는 관계가 있는 경우에는 형법 제129조 제1항의 단순수뢰죄가 성립한다(대판 1998.9.22, 98도1234).

오답해설

① 성교행위나 유사성교행위를 통하여 성(性)적 이익을 제공하는 것도 뇌물죄의 객체가 될 수 있다고 판단한다.

③ 대판 1986.10.14, 86도1189

④ 대판 2011.11.24, 2011도9585

24

정답 ③

정답해설

제보자가 피제보자에게 그 알리는 사실이 기사화되도록 특별히 부탁하였다거나 피제보자가 이를 기사화할 것이 고도로 예상되는 등의 특별한 사정이 없는 한, 피제보자가 언론에 공개하거나 기자들에게 취재됨으로써 그 사실이 신문에 게재되어 일반 공중에게 배포되더라도 제보자에게 출판·배포된 기사에 관하여 출판물에 의한 명예훼손죄의 책임을 물을 수는 없다(대판 2002.6.28, 2000도3045).

오답해설

① 대판 2000.5.12, 99도5734

② 대판 2008.11.27, 2008도6728

④ 명예훼손죄가 성립하기 위해서는 주관적 구성요소로서 타인의 명예를 훼손한다는 고의를 가지고 사람의 사회적 평가를 저하시키는 데 충분한 구체적 사실을 적시하는 행위를 할 것이 요구된다. 따라서 불미스러운 소문의 진위를 확인하고자 질문을 하는 과정에서 타인의 명예를 훼손하는 발언을 하였다면 이러한 경우에는 그 동기에 비추어 명예훼손의 고의를 인정하기 어렵다(대판 2018.6.15, 2018도4200).

The 알아보기   명예에 관한 죄

• 명예훼손죄(제307조 제1항, 제2항)
  – 공연히 진실(제1항)·허위(제2항)의 사실을 적시하여 사람의 명예를 훼손한 자
  – 위법성 조각사유인 310조는 제1항에만 적용
  – 제307조 제2항은 「형법」 제310조(위법성의 조각 사유)가 적용
  ※ 「형법」 제310조 제307조 제1항의 행위가 진실한 사실로서 오로지 공공의 이익에 관한 때에는 처벌하지 아니함
• 출판물에 의한 명예훼손죄(제309조 제1항, 제2항)
  – 사람을 비방할 목적으로 신문, 잡지 또는 라디오 기타 출판물에 공연성없이 진실(제1항)·허위(제2항)의 사실을 적시하여 사람의 명예를 훼손한 자
• 모욕죄(제311조)
  – 공연히 사실의 적시 없이 사람의 명예를 훼손한 자

25

정답해설

㉠ (○) 범인이 피해자를 기망하여 피해자의 자금을 사기이용 계좌로 송금·이체받으면 사기죄는 기수에 이르고, 범인이 피해자의 자금을 점유하고 있다고 하여 피해자와의 어떠한 위탁관계나 신임관계가 존재한다고 볼 수 없을 뿐만 아니라, 그 후 범인이 사기이용계좌에서 현금을 인출하였더라도 이는 이미 성립한 사기범행이 예정하고 있던 행위에 지나지 아니하여 새로운 법익을 침해한다고 보기도 어렵다(대판 2017.5.31, 2017도3894).

㉡ (○) 사람을 살해한 자가 그 사체를 다른 장소로 옮겨 유기하였을 때에는 별도로 사체유기죄가 성립하고, 이와 같은 사체유기를 불가벌적 사후행위로 볼 수는 없다(대판 1997.7.25, 97도1142).

㉢ (×) 컴퓨터로 음란 동영상을 제공한 제1범죄행위로 서버 컴퓨터가 압수된 이후 다시 장비를 갖추어 동종의 제2범죄행위를 하고 제2범죄행위로 인하여 약식명령을 받아 확정된 사안에서, 피고인에게 범의의 갱신이 있어 제1범죄행위는 약식명령이 확정된 제2범죄행위와 실체적 경합관계에 있다(대판 2005.9.30, 2005도4051).

㉣ (×) 1인 회사의 주주가 자신의 개인채무를 담보하기 위하여 회사 소유의 부동산에 대하여 근저당권 설정등기를 마쳐 주어 배임죄가 성립한 이후에 그 부동산에 대하여 새로운 담보권을 설정해 주는 행위는 선순위 근저당권의 담보가치를 공제한 나머지 담보가치 상당의 재산상 이익을 침해하는 행위로서 별도의 배임죄가 성립한다(대판 2005. 10.28, 2005도4915).

제3과목: 형사소송법

01	02	03	04	05	06	07	08	09	10
②	③	①	③	④	③	②	④	④	②
11	12	13	14	15	16	17	18	19	20
③	②	①	④	③	①	④	④	④	②
21	22	23	24	25					
④	④	①	①	①					

01

정답해설

검사와 피고인 쌍방이 항소한 경우에 1심 선고형기 경과 후 2심 공판이 개정되었다고 하여 이를 위법이라 할 수 없고 신속한 재판을 받을 권리를 박탈한 것이라고 할 수 없다(대판 1972.5.23, 72도840).

오답해설

① 대판 2009.12.24, 2009도11401
③ 형사소송법 제267조의2(집중심리) 제2항, 제4항
④ 형사소송법 제295조

02

정답해설

㉡ 헌법 제12조 제2항, 형사소송법 제244조의3(진술거부권 등의 고지), 형사소송법 제283조의2(피고인의 진술거부권)

㉣ 형사소송규칙 제144조(공판절차의 갱신절차) 제1항 제1호

오답해설

㉠ 진술거부권은 형사절차뿐만 아니라 행정절차나 국회에서의 조사절차 등에서도 보장되고, 현재 피의자나 피고인으로서 수사 또는 공판절차에 계속 중인 사람뿐만 아니라 장차 피의자나 피고인이 될 사람에게도 보장된다(헌결 2015.9.24, 2012헌바410).

㉢ **형사소송법 제283조의2(피고인의 진술거부권)** 제1항 피고인은 진술하지 아니하거나 개개의 질문에 대하여 진술을 거부할 수 있다.

㉤ 진술거부권이 보장되는 절차에서 진술거부권을 고지받을 권리가 헌법 제12조 제2항에 의하여 바로 도출된다고 할 수는 없고, 이를 인정하기 위해서는 입법적 뒷받침이 필요하다(대판 2014.1.16, 2013도5441).

03

정답 ①

정답해설

대판 2015.11.17, 2013도7987

오답해설

② 고소불가분의 원칙상 공범 중 일부에 대하여만 처벌을 구하고 나머지에 대하여는 처벌을 원하지 않는 내용의 고소는 적법한 고소라고 할 수 없고, 공범 중 1인에 대한 고소취소는 고소인의 의사와 상관없이 다른 공범에 대하여도 효력이 있다(대판2009.1.30, 2008도7462).

③ 친고죄에서 적법한 고소가 있었는지는 자유로운 증명의 대상이 되고, 일죄의 관계에 있는 범죄사실 일부에 대한 고소의 효력은 일죄 전부에 대하여 미친다(대판 2011.6.24, 2011도4451).

④ 고소는 제1심판결 선고 전까지 취소할 수 있으나 상소심에서 제1심 공소기각판결을 파기 하고 사건을 제1심법원에 환송한 경우, 종전의 제1심판결은 이미 파기되어 그 효력을 상실하였으므로 제1심판결 선고가 없는 경우에 해당한다. 따라서 환송받은 제1심에서는 판결선고 전이라 면 친고죄에서의 고소를 취소할 수 있다(대판 2011.8.25, 2009도9112).

04

정답 ③

정답해설

검사가 피고인을 필로폰 판매행위로 공소제기한 후 필로폰 매매알선행위를 예비적으로 추가하는 내용의 공소장변경 허가신청을 하였으나 불허되자 그 자리에서 이 공소장변경 허가신청서를 공소장에 갈음하는 것으로 구두진술한 것이라면, 그 절차는 현저한 방식위반이있다고 봄이 상당하고, 피고인과 변호인이 그에 대하여 이의를 제기하지 않았다고 하여 그 하자가 치유된다고 볼 수는 없다(대판 2009.2.26, 2008도11813).

오답해설

① 대판 2012.4.26, 2012도1225

② 대판 2012.4.26, 2012도1225

④ 대판 2009.10.22, 2009도7436

05

정답 ④

정답해설

형사소송법 제266조의3(공소제기 후 검사가 보관하고 있는 서류 등의 열람·등사)

제2항 검사는 국가안보, 증인보호의 필요성, 증거인멸의 염려, 관련 사건의 수사에 장애를 가져올 것으로 예상되는 구체적인 사유 등 열람·등사 또는 서면의 교부를 허용하지 아니할 상당한 이유가 있다고 인정하는 때에는 열람·등사 또는 서면의 교부를 거부하거나 그 범위를 제한할 수 있다.

제5항 검사는 제2항에도 불구하고 서류 등의 목록에 대하여는 열람 또는 등사를 거부할 수 없다.

오답해설

① 형사소송법 제266조의11(피고인 또는 변호인이 보관하고 있는 서류 등의 열람·등사) 제1항

② 형사소송법 제266조의3(공소제기 후 검사가 보관하고 있는 서류 등의 열람·등사) 제3항

③ 형사소송법 제266조의3(공소제기 후 검사가 보관하고 있는 서류 등의 열람·등사) 제1항

06

정답 ③

정답해설

㉠ 대판 2008.11.13, 2008도8007

㉡ 대판 2019.8.29, 2018도14303

㉣ 대판 2013.10.17, 2013도5001

오답해설

㉢ 형사소송법은 전문진술에 대하여 제316조에서 실질상 단순한 전문의 형태를 취하는 경우에 한하여 예외적으로 그 증거능력을 인정하는 규정을 두고 있을 뿐, 재전문진술이나 재전문진술을 기재한 조서에 대하여는 달리 그 증거능력을 인정하는 규정을 두고 있지 아니하고 있으므로, 피고인이 증거로 하는 데 동의하지 아니하는 한 형사소송법 제310조의2의 규정에 의하여 이를 증거로 할 수 없다(대판 2012.5.24, 2010도5948).

07

정답 ②

정답해설

경찰관 직무집행법 제3조 제4항은 경찰관이 불심검문을 하고자 할 때에는 자신의 신분을 표시하는 증표를 제시하여야 한다고 규정하고, 경찰관직무집행법 시행령 제5조는 위 법에서 규정한 신분을 표시하는 증표는 경찰관의 공무원증이라고 규정하고 있는데, 불심검문을 하게 된 경우, 불심검문 당시의 현장상황과 검문을 하는 경찰관들의 복장, 피고인이 공무원증 제시나 신분 확인을 요구하였는지 여부 등을 종합적으로 고려하여, 검문하는 사람이 경찰관이고 검문하는 이유가 범죄행위에 관한 것임을 피고인이 충분히 알고 있었다고 보이는 경우에는 신분증을 제시하지 않았다고 하여 그 불심검문이 위법한 공무집행이라고 할 수 없다(대판 2014.12.11, 2014도7976).

오답해설

① 대판 2014.12.11, 2014도7976

③ 대판 1997.8.22, 97도1240

④ 경찰관 직무집행법 제3조 제1항

> **The 알아보기** 불심검문 동행의 요구 거절 사유
>
> 「경찰관 직무집행법」 제3조(불심검문) ② 경찰관은 그 장소에서 질문하는 것이 당해인에게 불리하거나 교통의 방해가 된다고 인정되는 때 한하여 할 수 있으며 동행을 요구받은 당해인은 그 요구를 거절할 수 있다.

08

정답 ④

정답해설

형사소송규칙 제135조의2(증거조사에 관한 이의신청의 사유) 법 제296조 제1항의 규정에 의한 이의신청은 법령의 위반이 있거나 상당하지 아니함을 이유로 하여 이를 할 수 있다. 다만, 법 제295조의 규정에 의한 결정에 대한 이의신청은 법령의 위반이 있음을 이유로 하여서만 이를 할 수 있다.

오답해설

① 형사소송법 제278조(검사의 불출석)

② 대판 2011.1.27, 2010도7947

③ 형사소송법 제286조(피고인의 모두진술) 제1항, 형사소송법 제286조의2(간이공판절차의 결정)

09

정답 ④

정답해설

대판 2015.5.21, 2011도1932 전합

오답해설

① 약식명령과 즉결심판의 재심의 대상에 해당되지만 약식명령에 대한 정식재판청구에 따라 유죄의 판결이 확정된 경우에는 효력을 잃은 약식명령이 아니라 유죄의 확정판결을 대상으로 재심을 청구하여야 한다(대판 2013.4.11, 2011도10626).

② · ③ 무죄, 면소 공소기각의 판결은 재심의 대상에 해당하지 않는다.

10

정답 ②

정답해설

약식명령에 불복하여 정식재판을 청구한 피고인이 2회 불출정하여 피고인의 출정 없이 증거조사를 하는 경우, 형사소송법 제318조 제2항에 따른 증거동의가 간주되고 제1심에서 증거동의 간주 후 증거조사를 완료한 이상, 항소심에 출석하여 그 증거동의를 철회 또는 취소한다는 의사표시를 하더라도 그 증거능력이 상실되지 않는다(대판 2010.7.15, 2007도5776).

오답해설

① 형사소송법 제318조의3(간이공판절차에서의 증거능력에 관한 특례)

③ 대판 1984.10.10, 84도1552

④ 대판 1991.6.28, 91도865

11

정답 ③

정답해설

검사가 당초 '피고인이 甲에게 필로폰 약 0.3g을 교부하였다'라고 하여 마약류 관리에 관한 법률 위반(향정)으로 공소를 제기하였다가 '피고인이 甲에게 필로폰을 구해 주겠다고 속여 甲 등에게서 필로폰 대금 등을 편취하였다'는 사기 범죄사실을 예비적으로 추가하는 공소장변경을 신청한 사안에서, 위 두 범죄사실은 기본적인 사실관계가 동일하다고 볼 수 없는데도, 공소장변경을 허가한 후 사기죄를 인정한 원심판결에 법리오해의 위법이 있다(대판 2012.4.13, 2010도16659).

오답해설
① 대판 2017.1.25, 2016도15526
② 대판 1987.5.26, 87도527
④ 대판 2015.10.29, 2013도9481

12   정답 ②

정답해설

공동피고인이 소송절차의 분리로 피고인 지위에서 벗어난 경우 다른 공동피고인에 대한 공소사실에 관하여 증인적격이 있다(대판 2012.3.29, 2009도11249).

오답해설
① 대판 1990.10.30, 90도1939
③ 대판 2008.6.26, 2008도3300
④ 형사소송법 제392조(공동피고인을 위한 파기)

13   정답 ①

정답해설

법관이 압수·수색영장을 발부하면서 '압수할 물건'을 특정하기 위하여 기재한 문언은 이를 엄격하게 해석하여야 하고, 함부로 피압수자 등에게 불리한 내용으로 확장 또는 유추해석하는 것은 허용될 수 없다. 그러나 압수의 대상을 압수·수색영장의 범죄사실 자체와 직접적으로 연관된 물건에 한정할 것은 아니고, 압수·수색영장의 범죄사실과 기본적 사실관계가 동일한 범행 또는 동종·유사의 범행과 관련된다고 의심할 만한 상당한 이유가 있는 범위 내에서는 압수를 실시할 수 있다(대판 2018.10.12, 2018도6252).

오답해설
② 대판 2009.10.29, 2009도6614
③ 형사소송법 제51조(공판조서의 기재요건) 제1항
④ 대판 2006.4.14, 2005도9743

14   정답 ④

정답해설

형사소송법 제218조(영장에 의하지 아니한 압수) 검사, 사법경찰관은 피의자 기타인의 유류한 물건이나 소유자, 소지자 또는 보관자가 임의로 제출한 물건을 영장 없이 압수할 수 있다.

오답해설
① 형사소송법 제216조(영장에 의하지 아니한 강제처분) 제1항, 제2항
② 대판 2013.8.14, 2012도13665
③ 대판 2011.4.28, 2009도10412

15   정답 ③

정답해설

수사기관이 갑 주식회사에서 압수·수색영장을 집행하면서 갑 회사에 팩스로 영장 사본을 송신하기만 하고 영장 원본을 제시하거나 압수조서와 압수물 목록을 작성하여 피압수·수색 당사자에게 교부하지도 않은 채 피고인의 이메일을 압수한 후 이를 증거로 제출한 사안에서, 위와 같은 방법으로 압수된 이메일은 증거능력이 없다고 본 원심판단을 수긍한 사례이다(대판 2017.9.7, 2015도10648).

오답해설
① 대판 2021.7.29, 2021도3756
② 대판 2018.7.12, 2018도6219
④ 대판 2021.7.29, 2020도14654

16   정답 ①

정답해설

형사소송법 제217조(영장에 의하지 아니하는 강제처분) 제1항 검사 또는 사법경찰관은 긴급체포된 자가 소유·소지 또는 보관하는 물건에 대하여는 긴급히 압수할 필요가 있는 경우에는 체포한 때부터 24시간 이내에 한하여 영장 없이 압수·수색 또는 검증을 할 수 있다. 따라서 긴급체포한 뒤 당일에 영장 없이 압수·수색하였다 하더라도 위법하지는 않다.

오답해설
② 대판 2012.11.15, 2011도15258
③ 대판 2014.11.13, 2013도1228
④ 대판 2021.5.27, 2018도13458

17

정답 ④

정답해설

공판절차의 갱신사유이다.

오답해설

① · ② · ③ 공판절차의 정지사유이다.

> **The 알아보기   공판절차의 정지 · 갱신사유**
>
> - 공판절차의 정지사유
>   - 공소장변경(「형사소송법」 제298조 제4항)
>   - 기피신청(「형사소송법」 제22조)
>   - 재심청구의 경합(「형사소송규칙」 제169조)
>   - 관할에 관한 신청(「형사소송규칙」 제7조)
>   - 위헌법률심판의 제청(「헌법재판소법」 제42조)
>   - 피고인의 심신상실과 질병(「형사소송법」 306조 제1항, 제2항), 예외: 피고사건에 대하여 무죄 · 면소 · 형면제 또는 공소기각의 재판을 할 것으로 명백한 경우, 대리인이 출정할 수 있는 경미사건의 경우(「형사소송법」 제4항, 제5항)
> - 공판절차의 갱신사유
>   - 판사(법관)의 경질(「형사소송법」 제301조), 예외: 판결의 선고만 하는 경우
>   - 간이공판절차의 취소(「형사소송법」 제301조의2), 예외: 검사 · 피고인 · 변호인의 이의가 없는 때
>   - 심신상실로 인한 공판절차의 정지 시 정지사유가 소멸된 경우(「형사소송규칙」 제143조)
>   - 국민참여재판에서 새로운 배심원이 참여하는 경우 또는 예비배심원이 있는 경우(「국민의 형사재판 참여에 관한 법률」 제45조 제1항)

18

정답 ④

정답해설

자백에 대한 보강증거는 범죄사실의 전부 또는 중요 부분을 인정할 수 있는 정도가 되지 아니하더라도 피고인의 자백이 가공적인 것이 아닌 진실한 것임을 인정할 수 있는 정도만 되면 족할 뿐만 아니라, 직접증거가 아닌 간접증거나 정황증거도 보강증거가 될 수 있고, 또한 자백과 보강증거가 서로 어울러서 전체로서 범죄사실을 인정할 수 있으면 유죄의 증거로 충분하다는 위 법리에 비추어 기록을 살펴보면, 검찰은 피고인이 상습적으로 필로폰을 투약하고 대마를 흡연한다는 익명의 제보에 따라 2006.4.6. 피고인의 위 주거지를 방문하여 붉은색 금속 과자상자에 보관 중인 말린 대마잎 약 14.32g

과 놋쇠 담배파이프를 발견하고 이를 압수한 사실, 피고인은 당시 도주하였다가 2007.3.1.에 검거되었는데, 2007.3.2. 검찰에서 "2006.3. 초순 일자불상 16:30경 부산 기장군 소재 산업용 폐기물 처리장 부근 맞은편 밭둑에서 말라서 쓰러져 있던 대마 2주를 발견하여, 대마 2주 중 1주에는 잎이 없어 그대로 두고 나머지 1주를 가지고 와서 잎을 따고, 그 날 22:00경 위 주거지에서 그 대마잎 약 0.5g을 놋쇠 담배파이프에 넣고 불을 붙인 다음 연기를 빨아들여 흡연하였다. 피워보니 질이 안 좋은 것 같았고, 남은 대마는 보관하고 있었다"는 취지로 진술하여 위 공소사실을 자백하였고, 제1심 및 원심에서도 이를 각 자백한 사실을 알 수 있는 바, 이와 같이 피고인이 대마의 취득경위 및 흡연방법, 흡연한 대마의 질, 흡연 후 남은 대마를 보관하고 있었던 점 등에 대하여 구체적으로 진술하고 있고, 실제 2006.4.6.경 피고인의 주거지에서 위 대마잎 약 14.32g 및 놋쇠 담배파이프가 발견되어 압수된 점 등에 비추어 보면, 피고인의 위 공소사실에 대한 자백은 그 진실성이 넉넉히 인정되므로 기소된 대마 흡연일자로부터 한 달 후 피고인의 주거지에서 압수된 대마잎이 피고인의 자백에 대한 보강증거가 된다(대판 2007.9.20, 2007도5845).

오답해설

① 대판 2019.11.14, 2019도13290

② 대판 2008.5.29, 2008도2343

③ 대판 2011.9.29, 2011도8015

19

정답 ④

정답해설

소년법 제62조(환형처분의 금지) 18세 미만인 소년에게는 형법 제70조에 따른 유치선고를 하지 못한다. 다만, 판결 선고 전 구속되었거나 제18조 제1항 제3호의 조치가 있었을 때에는 그 구속 또는 위탁의 기간에 해당하는 기간은 노역장에 유치된 것으로 보아 형법 제57조를 적용할 수 있다.

오답해설

① 대판 2000.8.18, 2000도2704

② 소년법 제64조(보호처분과 형의 집행)

③ 소년법 제53조(보호처분의 효력), 소년법 제38조(보호처분의 취소)

20

정답해설

대판 2021.4.1, 2020도15194

오답해설

① 즉결심판법 제2조(즉결심판의 대상), 형법 제46조(구류)

③ 즉결심판법 제14조(정식재판의 청구) 제1항

④ 즉결심판법 제16조(즉결심판의 효력)

The 알아보기	**약식절차와 즉결심판절차 비교**	
구분	**약식절차**	**즉결심판절차**
청구권자	검사	관할경찰서장 또는 해양경찰서장
대상	벌금 · 과료 또는 몰수	20만 원 이하의 벌금 또는 구류나 과료
심사	서면	서면 또는 구두
증거법칙 적용	자백배제법칙, 자백보강법칙, 위수증	자백배제법칙, 위수증
증거법칙 배제	전문법칙, 직접심리주의	자백보강법칙, 전문법칙
정식재판의 청구권자	피고인(포기 불가), 검사(포기 가능)	피고인(포기 가능), 경찰서장(포기 가능)
정식재판의 청구 취하 시기	제1심판결 선고 전까지	
정식재판 청구에 대한 재판	공소장일본주의 적용	공소장일본주의 예외

21

정답 ④

정답해설

'대화의 녹음 · 청취'에 관하여 통신비밀보호법 제14조 제2항은 통신비밀보호법 제9조 제1항 전문을 적용하여 집행주체가 집행한다고 규정하면서도, 통신기관 등에 대한 집행위탁이나 협조요청에 관한 같은 법 제9조 제1항 후문을 적용하지 않고 있으나, 이는 '대화의 녹음 · 청취'의 경우 통신제한조치와 달리 통신기관의 업무와 관련이 적다는 점을 고려한 것일 뿐이므로, 반드시 집행주체가 '대화의 녹음 · 청취'를 직접 수행하여야 하는 것은 아니다. 따라서 집행주체가 제3자의 도움을 받지 않고서는 '대화의 녹음 · 청취'가 사실상 불가능하거나 곤란한 사정이 있는 경우에는 비례의 원칙에 위배되지

않는 한 제3자에게 집행을 위탁하거나 그로부터 협조를 받아 '대화의 녹음 · 청취'를 할 수 있다고 봄이 타당하고, 그 경우 통신기관 등이 아닌 일반 사인에게 대장을 작성하여 비치할 의무가 있다고 볼 것은 아니다(대판 2015.1.22, 2014도10978 전합).

오답해설

① 통신비밀보호법 제9조(통신제한조치의 집행) 제4항

② 대판 1999.9.3, 99도2317

③ 대판 2012.10.25, 2012도4644

22

정답 ④

정답해설

검사와 사법경찰관의 상호협력과 일반적 수사준칙에 관한 규정 제33조(체포 · 구속 등의 통지) 제1항 검사 또는 사법경찰관은 피의자를 체포하거나 구속하였을 때에는 변호인이 있으면 변호인에게, 변호인이 없으면 변호인 선임권자 가운데 피의자가 지정한 사람에게 24시간 이내에 서면으로 사건명, 체포 · 구속의 일시 · 장소, 범죄사실의 요지, 체포 · 구속의 이유와 변호인을 선임할 수 있음을 통지해야 한다.

오답해설

① 대결 2000.11.10, 2000모134

③ 검사와 사법경찰관의 상호협력과 일반적 수사준칙에 관한 규정 제35조(체포 · 구속영장의 반환) 제3항

23

정답 ①

정답해설

형사소송법 제318조의2(증명력을 다투기 위한 증거) 제2항 피고인 또는 피고인이 아닌 자의 진술을 내용으로 하는 영상녹화물은 공판준비 또는 공판기일에 피고인 또는 피고인이 아닌 자가 진술함에 있어서 기억이 명백하지 아니한 사항에 관하여 기억을 환기시켜야 할 필요가 있다고 인정되는 때에 한하여 피고인 또는 피고인이 아닌 자에게 재생하여 시청하게 할 수 있다.

오답해설

② 대판 1985.05.14, 85도441

③ 대판 2012.10.25, 2011도5459

④ 대판 1998.2.27, 97도1770

24 정답 ①

정답해설

접견교통권은 피고인 또는 피의자나 피내사자의 인권보장과 방어준비를 위하여 필수 불가결한 권리이므로 법령에 의한 제한이 없는 한 수사기관의 처분은 물론 법원의 결정으로도 이를 제한할 수 없다(대결 1996.6.3, 96모18).

오답해설

② 형사소송법 제34조는 형이 확정되어 집행 중에 있는 수형자에 대한 재심개시의 여부를 결정하는 재심청구절차에는 그대로 적용될 수 없다(대판 1998.4.28, 96다48831).

③ 변호인의 구속된 피고인 또는 피의자와의 접견교통권은 피고인 또는 피의자 자신이 가지는 변호인과의 접견교통권과는 성질을 달리하는 것으로서 헌법상 보장된 권리라고는 할 수 없고, 형사소송법 제34조에 의하여 비로소 보장되는 권리이지만, 신체구속을 당한 피고인 또는 피의자의 인권보장과 방어준비를 위하여 필수 불가결한 권리이므로, 수사기관의 처분 등에 의하여 이를 제한할 수 없고, 다만 법령에 의하여서만 제한이 가능하다(대결 2022.5.6, 2000모112).

④ 구치소장이 변호인접견실에 CCTV를 설치하여 미결수용자와 변호인 간의 접견을 관찰한 행위가 형집행법 제94조 제1항과 제4항에 근거를 두고 이루어진 것이므로 법률유보원칙에 위배되지 않는다(헌결 2016.4.28, 2015헌마243).

25 정답 ①

정답해설

피고인을 징역 1년에 처하되 그 형의 집행을 면제한다는 것이고, 한편 원심판결은 피고인을 징역 8월에 처하되, 위 판결확정일로부터 2년간 위형의 집행을 유예한다는 것인 바, 불이익변경금지원칙의 적용에 있어서는 이를 개별적·형식적으로 고찰할 것이 아니라 전체적·실질적으로 고찰하여 결정하여야 할 것인데 형의 집행유예의 판결은 소정 유예기간을 특별한 사유 없이 경과한 때에는 그 형의 선고의 효력이 상실되나 형의 집행면제는 그 형의 집행만을 면제하는 데 불과하여, 전자가 후자보다 피고인에게 불이익한 것이라 할 수 없으므로 원심판결에 소론과 같이 불이익변경금지의 법리를 오해한 위법이 있다 할 수 없다(대판 1985.9.24, 84도2972 전합).

오답해설

② 제1심의 징역형의 선고유예의 판결에 대하여 피고인만이 항소한 경우에 제2심이 벌금형을 선고한 것은 제1심판결의 형보다 중한 형을 선고한 것에 해당된다(대판 1999.11.26, 99도3776).

③ 대판 2018.3.29, 2016도18553

④ 대판 1989.4.11, 86도1629

제5회 모의고사 정답 및 해설

| 제1과목: 국어 |

01	02	03	04	05	06	07	08	09	10
①	①	④	③	④	③	④	②	①	②
11	**12**	**13**	**14**	**15**	**16**	**17**	**18**	**19**	**20**
④	②	④	②	④	②	④	③	②	①
21	**22**	**23**	**24**	**25**					
①	①	③	④	②					

01
정답 ①

정답해설

'노기(怒氣)'의 '노(怒)'는 본음이 '성낼 노'이다. 두음 법칙은 첫 음에 한자음 '니, 녀, 뇨, 뉴' 등이 오지 못하는 것이므로 노기(怒氣)와는 상관없다. 참고로, '희로애락(喜怒哀樂)'의 '로'는 음을 부드럽게 발음하기 위해 변한 '활음조(滑音調)'일 뿐이다.

오답해설

② 論: 말할 론(논)

③ 泥: 진흙 니(이)

④ 略: 간략할 략(약)

02
정답 ①

정답해설

'동격 관형절'은 안긴문장 그 자체가 뒤에 오는 체언과 동일한 의미를 갖는 것으로 안긴문장 내 성분의 생략이 불가능하다. '관계 관형절'은 안긴문장 안에서 쓰인 주어, 목적어, 부사어와 같은 문장 성분 중 하나와·안긴문장 뒤에 와서 수식을 받는 체언이 일치할 때 그 성분을 생략한 관형절을 말한다.

① '급히 학교로 돌아오라는'은 성분의 생략이 없이 체언 '연락'과 같은 의미를 지니는 '동격 관형절'이다. 또한 '긴 관형절'은 항상 '동격 관형절'이라는 것에 주의한다.

오답해설

② '충무공이 (거북선을) 만든'은 목적어가 생략된 관계 관형절이다.

③ '사람이 (그 섬에) 살지 않는'은 부사어가 생략된 관계 관형절이다.

④ '수양버들이 (돌각담에) 서 있는'은 부사어가 생략된 관계 관형절이다.

03
정답 ④

정답해설

'ㆁ(옛이응)'은 아음의 이체자이다. 후음의 기본자는 'ㅇ', 가획자는 'ㆆ, ㅎ'이다.

오답해설

① 아음의 기본자는 'ㄱ', 가획자는 'ㅋ', 이체자는 'ㆁ(옛이응)'이다.

② 설음의 기본자는 'ㄴ', 가획자는 'ㄷ, ㅌ', 이체자는 'ㄹ'이다.

③ 치음의 기본자는 'ㅅ', 가획자는 'ㅈ, ㅊ', 이체자는 'ㅿ'이다.

04
정답 ③

정답해설

'모색(摸索)'은 일이나 사건 따위를 해결할 수 있는 방법이나 실마리를 찾는 것을 의미하므로 적절하게 사용되었다.

• 탐색(探索): 드러나지 않은 사물이나 현상 따위를 찾아내거나 밝히기 위하여 살피어 찾음

05
정답 ④

정답해설

ㄹ에 쓰인 '풀다'는 '사람을 동원하다.'라는 뜻이다. 따라서 '금지되거나 제한된 것을 할 수 있도록 터놓다.'라는 뜻을 가진 '풀다'의 예문으로 적절하지 않으며, ㄹ에 들어갈 수 있는 적절한 예문으로는 '구금을 풀다.'가 있다.

오답해설

① ㄱ에 쓰인 '풀다'는 '모르거나 복잡한 문제 따위를 알아내거나 해결하다.'라는 뜻으로, ㄱ에 들어가기에 적절한 예문이다.

② ㄴ에 쓰인 '풀다'는 '어려운 것을 알기 쉽게 바꾸다.'라는 뜻으로, ㄴ에 들어가기에 적절한 예문이다.

③ ㄷ에 쓰인 '풀다'는 '긴장된 상태를 부드럽게 하다.'라는 뜻으로, ㄷ에 들어가기에 적절한 예문이다.

The 알아보기 동사 '풀다'

- 묶이거나 감기거나 얽히거나 합쳐진 것 따위를 그렇지 아니한 상태로 되게 하다.
  예 보따리를 풀다.
- 생각이나 이야기 따위를 말하다.
  예 생각을 풀어 나가다.
- 일어난 감정 따위를 누그러뜨리다.
  예 노여움을 풀다.
- 마음에 맺혀 있는 것을 해결하여 없애거나 품고 있는 것을 이루다.
  예 회포를 풀다.
- 모르거나 복잡한 문제 따위를 알아내거나 해결하다.
  예 궁금증을 풀다.
- 금지되거나 제한된 것을 할 수 있도록 터놓다.
  예 통금을 풀다.
- 가축이나 사람 따위를 우리나 틀에 가두지 아니하다.
  예 미국에서는 원칙적으로 개는 풀어서 기르지 못하게 되어 있다.
- 피로나 독기 따위를 없어지게 하다.
  예 노독을 풀다.
- 사람을 동원하다.
  예 사람을 풀어 수소문을 하다.
- 콧물을 밖으로 나오게 하다.
  예 코를 풀다.

06   정답 ③

정답해설

물건이나 일의 내용을 가리지 아니하는 뜻을 나타내는 조사와 어미는 '(-)든지'로 적고, 지난 일을 나타내는 어미는 '-더라, -던'으로 적는다.

07   정답 ④

오답해설

① 남편의 형은 '아주버님'으로 불러야 한다.
② '말씀이 있겠습니다.' 또는 '말씀이 있으시겠습니다.'로 바꿔 써야 한다.
③ '품절'의 주체는 사물인 '상품'이므로 높여서 말할 수 없다. 따라서 '품절입니다'로 고치는 것이 적절하다.

08   정답 ②

정답해설

ⓒ '나는 젊어 있고 임은 오직 나를 사랑하시니'가 적절하다.

The 알아보기 정철, 「사미인곡」

- 갈래: 가사
- 주제: 연군의 정, 임금을 그리는 마음
- 특징
  - 정철의 「속미인곡」과 더불어 가사 문학의 절정을 이룬 작품
  - 우리말 구사의 극치를 보여준 작품
  - 비유법, 변화법을 비롯하여 연정을 심화시키는 점층적 표현이 사용됨
- 현대어 풀이
  이 몸 만드실 때 임을 좇아서 만드시니, 한평생 인연임을 하늘이 모를 일이던가? 나는 젊어 있고 임은 오직 나를 사랑하시니 이 마음과 이 사랑 견줄 데가 전혀 없다. 평생에 원하건대 (임과) 함께 살아가고자 하였더니, 늙어서야 무슨 일로 외따로 두고 그리워하는가. 엊그제까지는 임을 모시고 광한전에 오르고는 했는데, 그 사이에 어찌하여 속세에 내려오게 되니 떠나올 적에 빗은 머리가 헝클어진 지 삼 년이구나. 연지분 있지만 누구를 위하여 곱게 단장할까? 마음에 맺힌 시름이 겹겹이 쌓여 있어 짓는 것은 한숨이고, 떨어지는 것은 눈물이구나. 인생은 유한한데 근심도 끝이 없다. 무정한 세월은 물 흐르듯 하는구나. 덥고 시원함이 때를 알아 가는 듯 다시 오니, 듣거니 보거니 느낄 일이 많기도 많구나.

09

정답 ①

정답해설

제시된 글에서 우리 대표팀은 더 강도 높은 훈련을 이어가며 경기력 향상에 매진하였다고 하였으므로 이러한 상황에 어울리는 한자성어는 '달리는 말에 채찍질한다는 뜻으로, 잘하는 사람을 더욱 장려함을 이르는 말'을 뜻하는 走馬加鞭(주마가편)이다.

- 走馬加鞭: 달릴 주, 말 마, 더할 가, 채찍 편

오답해설

② 走馬看山(주마간산): 말을 타고 달리며 산천을 구경한다는 뜻으로, 자세히 살피지 아니하고 대충대충 보고 지나감을 이르는 말
- 走馬看山: 달릴 주, 말 마, 볼 간, 뫼 산

③ 切齒腐心(절치부심): 몹시 분하여 이를 갈며 속을 썩임
- 切齒腐心: 끊을 절, 이 치, 썩을 부, 마음 심

④ 見蚊拔劍(견문발검): 모기를 보고 칼을 뺀다는 뜻으로, 사소한 일에 크게 성내어 덤빔을 이르는 말
- 見蚊拔劍: 볼 견, 모기 문, 뺄 발, 칼 검

10

정답 ②

정답해설

파놉티콘이란 교도관이 다수의 죄수를 감시하는 시스템으로, 이는 권력자에 의한 정보 독점 아래 다수가 통제되는 구조이다. 따라서 ⓛ에는 그대로 '다수'가 들어가는 것이 적절하다.

오답해설

① ㉠의 앞부분에서는 교도관은 죄수들을 바라볼 수 있지만, 죄수들은 교도관을 바라볼 수 없는 구조인 파놉티콘에 대해 제시하였다. 따라서 죄수들은 교도관이 실제로 없어도 그 사실을 알 수 없으므로 ㉠을 '없을'로 고치는 것이 적절하다.

③ ㉢의 뒷부분에서는 인터넷에서 권력자에 대한 비판을 신변 노출 없이 자유롭게 표현할 수 있게 되었다고 제시하였다. 이는 인터넷에서는 어떤 행위를 한 사람이 누구인지 드러나지 않는다는 것이므로 ㉢을 '익명성'으로 고치는 것이 적절하다.

④ ㉣의 앞부분에서는 인터넷에서 권력자에 대한 비판을 신변 노출 없이 자유롭게 표현할 수 있게 되었다고 제시하였고, ㉣의 뒷부분에서는 네티즌의 활동으로 권력자들을 감시하는 전환이 일어났다고 제시하였다. 따라서 다수가 자유롭게 정보를 수용하고 생산할 수 있기 때문에 권력자

를 감시하게 된 것이므로 ㉣을 '누구나가'로 고치는 것이 적절하다.

11

정답 ④

정답해설

제시문은 현재의 사건을 진행하면서 '언젠가는', '어저께'와 같이 과거의 사건을 끌어들이고 있다. 이와 같은 사건 구성을 역순행적 구성이라 한다('과거 → 현재'로 시간의 흐름에 따라 사건을 구성하는 방식은 순행적 구성 또는 순차적 구성이라 함).

오답해설

②와 같은 방식을 삽화식 구성이라고 하고, ③과 같은 방식을 액자식 구성이라 한다. 제시문에서는 이러한 구성 방식을 찾아볼 수 없다.

> **The 알아보기 김유정, 「봄봄」**
> - 갈래: 단편 소설, 농촌 소설, 순수 소설
> - 시점: 1인칭 주인공 시점
> - 배경
>   - 시간: 1930년대 봄
>   - 공간: 강원도 산골의 농촌 마을
> - 주제: 교활한 장인과 우직한 데릴사위 간의 갈등
> - 해제: 「봄봄」은 혼인을 핑계로 일만 시키는 교활한 장인과 그런 장인에게 반발하면서도 끝내 이용당하는 순박하고 어수룩한 머슴 '나'의 갈등을 재미있게 그려 내고 있다. 일제 강점하의 궁핍한 농촌 생활을 배경으로 하면서도 토속적인 어휘를 사용하여 농촌의 모습을 해학적으로 묘사하고 있으며, 농촌의 문제성을 노출시키면서도 그것을 능동적으로 그리기보다는 웃음으로 치환시켰다.
> - 제목의 의미: '봄봄'은 '봄'을 두 번 강조한 제목으로, 봄날 만물이 생장하듯이 '나'와 점순이의 사랑도 성장함을 드러내려는 작가의 의도를 반영하고 있다.

12
정답 ②

정답해설

작품 내적 요소인 사건의 전달 방식에 초점을 맞추어 감상한 것으로 ②는 절대주의적 관점에 해당한다.

오답해설

① 반영론적 관점에 해당한다.

③ 효용론적 관점에 해당한다.

④ 표현론적 관점에 해당한다.

13
정답 ④

정답해설

제시된 작품은 임을 간절하게 기다리는 심정을 원망의 어조로 표현한 사설시조이다. 따라서 '간절히 기다리다'라는 뜻의 ④ '눈이 빠지다'가 화자의 심정으로 적절하다.

오답해설

① '눈이 가다'는 '눈길을 사로잡다'는 뜻의 관용어이다.

② '눈이 맞다'는 '서로 마음이 통하다'는 뜻의 관용어이다.

③ '눈이 뒤집히다'는 '이성을 잃다'는 뜻의 관용어이다.

The 알아보기 작자 미상, 「어이 못 오던다」

- 갈래: 사설시조
- 성격: 과장적, 해학적
- 표현: 열거법, 연쇄법, 과장법
- 제재: 오지 않는 임
- 주제: 임에 대한 원망과 그리움
- 특징
  - 연쇄법을 활용하여 시상을 전개함
  - 기발한 상상력을 통해 해학적 효과를 얻고 있음
- 해제: 자신을 찾아오지 않는 임에 대한 그리움과 원망의 심정을 과장과 해학을 통해 표현하고 있다.
- 현대어 풀이

  어이 못 오는가 무슨 일로 못 오는가.

  너 오는 길 위에 무쇠로 성을 쌓고 성 안에 담을 쌓고 담 안에는 집을 짓고 집 안에는 뒤주 놓고 뒤주 안에 궤를 놓고 궤 안에 너를 결박하여 놓고 쌍배목과 외걸새에 용거북 자물쇠로 깊숙이 잠갔더냐 네 어이 그리 안 오던가.

  한 달이 서른 날이거늘 날 보러 올 하루가 없으랴.

14
정답 ②

정답해설

윤수의 이야기에 대한 민재의 반응인 '나도 그런 적이 있어.'를 보았을 때, 민재는 자신의 경험을 들어 윤수가 스스로 해결점을 찾도록 도와주고 있다. 이는 공감적 듣기의 적극적인 들어주기에 해당한다.

오답해설

① 민재는 윤수의 짝꿍과 연관이 없는 제삼자로, 이야기를 듣는 역할을 수행하고 있다. 따라서 민재가 상대의 입장을 고려해 용서함으로써 갈등을 해결한다는 설명은 적절하지 않다.

③ 민재는 이전에 겪은 자신의 경험을 이야기하여 윤수에게 도움을 주려고 할 뿐, 윤수를 비판하면서 스스로의 장점을 부각하고 있지는 않다.

④ 민재는 '왜? 무슨 일이 있었어?' 등의 말을 하며 윤수의 말을 경청하고 있지만, 윤수의 말에 대한 타당성을 평가하고 있지는 않다.

15
정답 ④

정답해설

(라)에서는 화성을 변화시키는 '테라포밍'의 계획을 구체적으로 설명하고 있을 뿐, 개별적인 사실로부터 일반적인 명제를 이끌어 내는 귀납의 방법을 사용하고 있지는 않다.

오답해설

① (가)에서는 화성의 특성을 설명하고 인간이 살 수 있도록 변화시키는 것을 말하는 '테라포밍'에 대해 제시하고 있다.

② (나)에서는 영화 「레드 플래닛」을 예로 들어 '테라포밍'에 대해 구체적으로 설명하고 있다.

③ (다)에서는 '영화가 아닌 현실에서 화성을 변화시키는 일이 가능할까?'라고 질문을 던지며 '테라포밍'을 현실화할 수 있는 방법을 제시하고 있다.

16

정답해설

(나)에서 '이끼가 번식해 화성 표면을 덮으면 그들이 배출하는 산소가 모여 궁극적으로는 인간이 호흡할 수 있는 대기층이 형성되기 때문이다.'라고 언급한 부분을 통해 '테라포밍' 계획의 핵심이 되는 마지막 작업은 인간이 화성에서 살 수 있도록 공기를 공급하는 대기층을 만들어 주는 일임을 확인할 수 있다.

오답해설

① (라)에서 '극관은 점점 녹게 될 것이다. 그러나 이런 방법을 택하더라도 인간이 직접 호흡하며 돌아다니게 될 때까지는 최소 몇백 년의 시간이 걸릴 것이다.'라고 언급한 부분을 통해 화성의 극관을 녹이는 일은 '테라포밍' 계획의 최종적인 작업이 아님을 확인할 수 있다.

③ (다)에서 '극관에 검은 물질을 덮어 햇빛을 잘 흡수하게 만든 후 온도가 상승하면 극관이 자연스럽게 녹을 수 있도록 하는 방법인 것이다.'라고 언급한 부분을 통해 화성의 온도를 상승시키는 일은 극관을 녹이기 위한 과정임을 확인할 수 있다. 따라서 이 작업은 '테라포밍' 계획의 핵심이 되는 최종 작업이라 할 수는 없다.

④ (다)에서 '극관에 검은 물질을 덮어 햇빛을 잘 흡수하게 만든 후 온도가 상승하면 극관이 자연스럽게 녹을 수 있도록 하는 방법인 것이다.'라고 언급한 부분을 통해 극관을 검은 물질로 덮는 일은 햇빛을 잘 흡수하게 만들기 위한 과정임을 확인할 수 있다. 따라서 이 작업은 '테라포밍' 계획의 핵심이 되는 최종 작업이라 할 수는 없다.

17

정답해설

제시된 글에는 상대방이 충분히 그 의미를 파악할 수 있다고 판단될 때 간접 발화를 전략적으로 사용함으로써 의사소통을 원활하게 하기도 한다는 내용만 언급되었을 뿐 간접 발화와 직접 발화 중 어느 것이 화자의 의도를 더 잘 전달하는지에 대한 내용은 나와 있지 않다.

18

정답해설

대구에 계신 할아버지와의 대화를 통해 지역 간 사용 어휘의 차이, 어머니와의 대화를 통해 세대 간 사용 어휘의 차이로 인해 생기는 불편함에 대해 서술하고 있긴 하지만, ③ '성별에 따라 사용하는 어휘가 달라지기도 한다.'라는 내용은 〈보기〉에 없다.

오답해설

① "어머니께서는 '문상'이 무엇이냐고 물으셨고 나는 '문화상품권'을 줄여서 사용하는 말이라고 말씀드렸다."라는 부분과 "학교에서 친구들과 이야기할 때 흔히 사용하는 '컴싸'나 '훈남', '생파' 같은 단어들을 부모님과 대화할 때는 설명을 해드려야 해서 불편할 때가 많다."는 내용을 통해 어휘는 세대에 따라 달라지기도 한다는 것을 알 수 있다.

② '할아버지께서 나에게 심부름을 시키셨는데 사투리가 섞여 있어서 잘 알아들을 수가 없었다.'라는 부분을 통해 어휘가 지역에 따라 달라지기도 한다는 것을 알 수 있다.

④ "학교에서 친구들과 이야기할 때 흔히 사용하는 '컴싸'나 '훈남', '생파' 같은 단어들을 부모님과 대화할 때는 설명을 해드려야 해서 불편할 때가 많다."라는 부분을 통해 청소년들이 은어나 유행어를 많이 쓴다는 것을 알 수 있다.

19

정답해설

앞뒤가 대등한 내용이면 문장 구조를 일치시켜 쓰도록 한다. '중국 음식의 모방이나 정통 중국 음식을 본뜨거나 하여'라는 문장을 풀어 보면, '중국 음식의 모방을 본뜨거나, 정통 중국 음식을 본뜨거나'로 되어서 서술어 호응이 이루어지지 않는다. 따라서 ② '중국 음식을 모방하거나, 정통 중국 음식을 본뜨거나 하여'로 바꿔야 한다.

20

정답해설

㉠에는 겉으로는 모순되어 보이나 진리를 내포하는 표현, 즉 역설의 수법이 사용되었다. ①에는 은유적 표현이 쓰였다.

오답해설

② · ③ · ④ 역설법이 나타난다.

The 알아보기　정호승, 「슬픔이 기쁨에게」

- 갈래: 자유시, 서정시
- 성격: 의지적, 상징적
- 제재: 소외된 이웃들의 슬픔
- 주제: 이기적인 삶에 대한 반성 및 더불어 살아가는 삶의 가치 추구
- 특징
  − 상대방에게 말을 건네는 방식으로 시상을 전개함
  − 어미 '−겠다'의 반복을 통해 운율감을 형성하고 화자의 의지적인 자세를 효과적으로 나타냄

21　　정답 ①

정답해설

제시된 글에서는 1960년대 이후 중앙아메리카 숲의 25% 이상이 벌채되었다는 것, 1970년대 말에 전체 농토의 2/3가 축산 단지로 점유되었다는 것, 그리고 1987년 이후 멕시코에서 1,497만 3,900ha의 열대 우림이 파괴되었다는 것 등의 통계 수치를 제시하고 있다. 통계 수치를 제시하는 것은 문제 상황의 심각성을 구체적으로 보여주고, 근거의 신뢰성을 높여서 타당성을 높이는 역할을 한다.

22　　정답 ①

정답해설

15세기 국어에서 현대국어로 오는 과정에서 모음들이 연쇄적으로 조음 위치의 변화를 겪는 현상은 발견되지 않았다.

오답해설

② 국어 단모음의 개수가 15세기에는 7개, 19세기 초에는 8개, 현재는 10개이므로, 단모음의 개수가 점차 늘어났다는 설명은 적절하다.

③ 15세기 국어의 단모음이었던 'ㆍ'가 현대국어로 오면서 소멸되었으므로 모음 중에서 음소 자체가 소멸된 것이 있다는 설명은 적절하다.

④ 15세기 국어의 이중모음이었던 'ㅐ, ㅔ, ㅚ, ㅟ'가 현대국어로 오면서 단모음으로 변화했으므로 일부 이중모음의 단모음화가 발견된다는 설명은 적절하다.

23　　정답 ③

정답해설

㉠ 부엌+일 → [부억닐]: 음절의 끝소리 규칙, 'ㄴ' 첨가 → [부엉닐]: 비음화

㉡ 콧+날 → [콛날]: 음절의 끝소리 규칙 → [콘날]: 비음화

㉢ 앉+고 → [안꼬]: 자음군 단순화, 된소리되기

㉣ 훑+는 → [훌른]: 자음군 단순화, 유음화

③ '앓+고 → [알코]'는 자음 축약(ㅎ+ㄱ → ㅋ)이 일어났지만 ㉢에서는 자음군 단순화와 된소리되기가 나타난다.

오답해설

① '맞+불 → [맏뿔]'에는 음절의 끝소리 규칙과 된소리되기가 나타나므로, 음절 끝에 오는 자음이 제한되는 음운 변동이 일어난다는 설명은 적절하다. ㉠~㉣ 중 음절의 끝소리 규칙이 나타나는 것은 ㉠, ㉡이다.

② '있+니 → [인니]'에는 음절의 끝소리 규칙과 비음화 현상이 나타난다. 인접하는 자음과 조음 방법이 같아지는 음운 변동 현상은 자음 동화 현상으로, 비음화(㉠, ㉡)와 유음화(㉣)가 있다.

④ '몫+도 → [목또]'에는 자음군 단순화와 된소리되기 현상이 나타난다. 음절 끝에 둘 이상의 자음이 오지 못하기 때문에 나타나는 자음군 단순화 현상이 나타나는 것은 ㉢, ㉣이다.

24　　정답 ③

정답해설

'넉넉하다'는 크기나 수량 따위가 기준에 차고도 남음이 있다는 뜻이고, '푼푼하다'는 모자람이 없이 넉넉하다는 의미로, 이 두 단어의 의미 관계는 '유의 관계'이다. ③의 '괭이잠'은 깊이 들지 못하고 자주 깨면서 자는 잠을 의미하고, '노루잠'은 깊이 들지 못하고 자꾸 놀라 깨는 잠을 의미하며, 이 두 단어의 의미 관계는 '유의 관계'이다.

오답해설

①·②·④는 '반의 관계'이다.

25

정답해설

②의 '대응'은 '유추의 근거 영역의 요소들과 대상 영역의 요소들을 연결하는 단계'로 '워싱턴'과 '링컨'을 연결하고, 숫자 '1'과 미지항 x를 연결하는 과정이 이에 해당한다고 했으므로 미국의 몇 번째 대통령인지 정보가 없는 사람이라면 정보를 연결하는 과정인 '대응'의 단계까지는 성공하겠지만, 자신이 찾아낸 규칙을 대상 영역에 적용하는 '적용'의 단계에서 미지항 x의 값에 16을 적용할 수가 없어 실패할 것이다.

오답해설

① '추리'는 '앞의 두 항이 어떠한 연관성을 갖는지 규칙을 찾는 과정'이므로 '워싱턴'이 미국의 대통령이 아니라 미국의 도시 이름이라는 정보만 갖고 있는 사람이라면 미국의 초대 대통령인 '워싱턴'과 숫자 '1'로부터 연관성을 찾아낼 수 없으므로 '추리'의 단계에서 실패할 것이라는 이해는 적절하다.

③ '적용'은 '자신이 찾아낸 규칙을 대상 영역에 적용하는 과정'이므로 미국 역대 대통령의 순서에 대한 정보가 있는 사람이라면, '적용' 단계에서 '16'을 선택하겠지만, 조지 워싱턴이 1달러 지폐의 인물이고 아브라함 링컨이 5달러 지폐의 인물이라는 미국의 화폐에 대한 정보만 갖고 있는 사람이라면 '적용'의 단계에서 '5'를 선택할 것이라는 이해는 적절하다.

④ '정당화'는 '비교의 결과 더 적합하다고 생각되는 답을 선택하는 과정'이므로 'x'에 들어갈 수 있는 답으로 '5'와 '16'을 찾아낸 사람이라면, 'x는 순서를 나타낸다'라는 새로운 기준을 제시했을 때 '정당화'의 단계에서 링컨이 미국의 열여섯 번째 대통령임을 생각하여 '16'을 선택할 것이다. 따라서 '정당화' 단계에서 '16'을 선택할 것이라는 이해는 적절하다.

제2과목 : 형법

01	02	03	04	05	06	07	08	09	10
④	④	③	③	①	③	④	④	②	①
11	12	13	14	15	16	17	18	19	20
③	④	③	①	④	②	③	②	②	③
21	22	23	24	25					
④	④	②	②	②					

01

정답해설

대판 2014.1.29, 2013도12939

오답해설

① 운전면허 없이 자동차 등을 운전한 곳이 위와 같이 일반교통경찰권이 미치는 공공성이 있는 장소가 아니라 특정인이나 그와 관련된 용건이 있는 사람만 사용할 수 있고 자체적으로 관리되는 곳이라면 도로교통법에서 정한 '도로에서 운전'한 것이 아니므로 무면허운전으로 처벌할 수 없다(대판 2017.12.28, 2017도17762).

② 고농도 니코틴 용액에 프로필렌글리콜(Propylene Glycol)과 식물성 글리세린(Vegetable Glycerin)과 같은 희석액, 소비자의 기호에 맞는 향료를 일정한 비율로 첨가하여 전자장치를 이용해 흡입할 수 있는 이 사건 니코틴 용액을 만든 것을 담배의 제조행위라고 본 것은 정당하다. 거기에 상고이유 주장과 같이 법률유보 및 죄형법정주의의 유추해석금지원칙에 위반한 위법이 없다(대판 2018.9.28, 2018도9828).

③ 법관이 형을 양정함에 있어서 참고할 수 있는 자료에 달리 제한이 있는 것도 아닌 터에 원심이 위 양형기준이 발효하기 전에 법원에 공소가 제기된 이 사건 범죄에 관하여 형을 양정함에 있어서 위 양형기준을 참고자료로 삼았다고 하여, 거기에 상고이유로 주장하는 바와 같이 피고인에게 불리한 법률을 소급하여 적용한 위법이 있다고 할 수 없다(대판 2009.12.10, 2009도11448).

제5회 모의고사 정답 및 해설 **89**

02

정답 ④

정답해설

대판 2015.11.12, 2015도6809 전합

오답해설

① 위치추적 전자장치의 피부착자인 피고인이 구성 부분인 휴대용 추적장치를 분실한 후 3일이 경과하도록 보호관찰소에 분실신고를 하지 않고 돌아다니는 등 전자장치의 효용을 해하였다고 하여 특정 범죄자에 대한 위치추적 전자장치 부착 등에 관한 법률 위반으로 기소된 사안에서, 피고인이 휴대용 추적장치의 분실을 넘어서서 상당한 기간 동안 휴대용 추적장치가 없는 상태를 임의로 방치하여 전자장치의 효용이 정상적으로 발휘될 수 없는 상태를 이룬 행위를 전자장치의 효용을 해한 행위로 보고, 위 행위에 고의가 있었음을 전제로 유죄를 인정한 원심판단을 정당하다고 한 사례이다(대판 2012.8.17, 2012도5862).

② 피고인들은 이 사건 대출 시 피해 저축은행들에게 위와 같은 비정상적인 약정의 내용을 알릴 신의칙상 의무가 있다고 할 것이고, 따라서 위 피고인들이 대출 저축은행들에게 위 약정의 내용을 알리지 않은 것은 사기죄의 요건으로서의 부작위에 의한 기망에 해당한다고 할 것이다(대판 2006.2.23, 2005도8645)

③ 부작위가 작위에 의한 법익침해와 동등한 형법적 가치가 있는 것이어서 그 범죄의 실행행위로 평가될 만한 것이라면, 작위에 의한 실행행위와 동일하게 부작위범으로 처벌할 수 있다고 할 것이다(대판 1992.2.11, 91도2951).

03

정답 ③

정답해설

피고인이 제왕절개수술 후 대량출혈이 있었던 피해자를 전원(轉院) 조치하였으나 전원받는 병원 의료진의 조치가 다소 미흡하여 도착 후 약 1시간 20분이 지나 수혈이 시작된 사안에서, 피고인의 전원지체 등의 과실로 신속한 수혈 등의 조치가 지연된 이상 피해자의 사망과 피고인의 과실 사이에 인과관계가 인정된다(대판 2010.4.29, 2009도7070).

오답해설

① 대판 2011.4.14, 2010도10104

② 대판 1986.9.9, 85도2433

④ 대판 1990.10.16, 90도1786

04

정답 ③

정답해설

국헌문란의 목적은 범죄 성립을 위하여 고의 외에 요구되는 초과주관적 위법요소로서 엄격한 증명사항에 속하나, 확정적 인식임을 요하지 아니하며, 다만 미필적 인식이 있으면 족하다(대판 2015.1.22, 2014도10978 전합).

오답해설

① 대판 2007.11.16, 2007도7205

② 대판 2007.5.11, 2006도1993

④ 대판 1994.11.4, 94도2361

05

정답 ①

정답해설

피고인이 자신의 행위가 건축법상의 허가대상인 줄을 몰랐다는 사정은 단순한 법률의 부지에 불과하고 특히 법령에 의하여 허용된 행위로서 죄가 되지 않는다고 적극적으로 그릇 인식한 경우가 아니어서 이를 법률의 착오에 기인한 행위라고 할 수 없다(대판 1991.10.11, 91도1566).

오답해설

② 대판 2006.3.24, 2005도3717

③ 대판 1990.10.16, 90도1604

④ 정당한 이유가 있는지 여부는 행위자에게 자기 행위의 위법의 가능성에 대해 심사숙고하거나 조회할 수 있는 계기가 있어 자신의 지적능력을 다하여 이를 회피하기 위한 진지한 노력을 다하였더라면 스스로의 행위에 대하여 위법성을 인식할 수 있는 가능성이 있었음에도 이를 다하지 못한 결과 자기 행위의 위법성을 인식하지 못한 것인지 여부에 따라 판단하여야 할 것이며, 이러한 위법성의 인식에 필요한 노력의 정도는 구체적인 행위정황과 행위자 개인의 인식능력, 그리고 행위자가 속한 사회집단에 따라 달리 평가되어야 한다. 피고인이 이 사건 고소장을 제출하기 전에 변호사에게 자문을 구한 경위와 그 답변취지 및 경찰공무원으로서의 피고인의 경력이나 사회적 지위 등을 종합하여 이 사건 고소장 제출 당시 피고인에게 법률의 착오가 있었다고 볼 수 없다(대판 2008.10.23, 2008도5526).

The 알아보기   법률의 착오의 유형
- 법률의 부지: 일정한 행위를 금지하는 규범 자체를 모름
  (통설: 금지착오, 판례: 금지착오 부정)
- 효력의 착오: 위헌무효로 잘못 생각하여 위법성을 인식하지 못함
- 포섭의 착오: 법률적 의미를 좁게 해석하여 자신의 행위가 허용되는 행위로 오인
- 위법성조각사유의 범위와 한계의 착오
  - 존재에 대한 착오: 허용규범의 착오로 금지착오
  - 한계에 대한 착오: 허용한계의 착오로 금지착오
  - 위법성조각사유 전제사실에 대한 착오: 허용구성요건의 착오로 금지착오가 아님

06
정답 ③

정답해설

제3자의 명시적 또는 추정적인 승낙이 없는 이상 위 제3자에 대하여서까지 이를 정당행위라고 하여 주거침입의 위법성이 조각된다고 볼 수는 없다(대판 2010.3.11, 2009도5008).

오답해설

① 대판 2003.11.13, 2003도3606
② 대판 1990.8.10, 90도1211
④ 폭력행위처벌법 제8조(정당방위 등) 제1항

07
정답 ④

정답해설

사건에 있어서 피고인이 법정절차에 의하여 자신의 공소외 주식회사 및 피해자에 대한 토지인도 등 청구권을 보전하는 것이 불가능하였거나 현저하게 곤란하였다고 볼 수 없을 뿐만 아니라, 피고인의 행위가 그 청구권의 보전불능 등을 피하기 위한 상당한 행위라고 할 수도 없다(대판 2007.5.11, 2006도4328).

오답해설

① 과잉자구행위는 형법 제23조(자구행위) 제2항에 따라 자구행위가 상당성의 정도를 초과한 경우로 위법성이 조각되지 않고 행위 당시의 정황을 참작하여 형을 임의적으로 감면할 수 있다.
② 피해자에 대한 채권을 우선적으로 확보할 목적으로 피해자의 물건을 무단으로 취거한 사안에서, 절도죄에서의 불

법영득의사를 인정하고, 자구행위의 성립과 추정적 승낙의 존재를 부정한다(대판 2006.3.24, 2005도8081).
③ 대판 2007.12.28, 2007도7717

The 알아보기   정당방위 긴급피난 자구행위의 비교

구분		정당방위	긴급피난	자구행위
구조		부정 대 정	정 대 정	부정 대 정
성질		사전적 긴급행위	사전적 긴급행위	사후적 긴급행위
보호법익		자기·타인의 법익	자기·타인의 법익	자기의 청구권
주관적 정당화 요소		방위의사	피난의사	자구의사
상당성	보충성	×	○	○
	균형성	×	○	×
	적합성	○	○	○

08
정답 ④

정답해설

소송사기는 법원을 기망하여 자기에게 유리한 판결을 얻고 이에 터잡아 상대방으로부터 재물의 교부를 받거나 재산상 이익을 취득하는 것을 말하는 것으로서 소송에서 주장하는 권리가 존재하지 않는 사실을 알고 있으면서도 법원을 기망한다는 인식을 가지고 소를 제기하면 이로써 실행의 착수가 있고 소장의 유효한 송달을 요하지 아니한다(대판 2006.11.10, 2006도5811).

오답해설

① 체포죄는 사람의 신체에 대하여 직접적이고 현실적인 구속을 가하여 신체활동의 자유를 박탈하는 죄로서, 그 실행의 착수시기는 체포의 고의로 타인의 신체적 활동의 자유를 현실적으로 침해하는 행위를 개시한 때이다(대판 2020.3.27, 2016도18713).
② 대판 2006.4.7, 2005도9858 전합
③ 유치권에 의한 경매를 신청한 유치권자는 일반채권자와 마찬가지로 피담보채권액에 기초하여 배당을 받게 되는 결과 피담보채권인 공사대금 채권을 실제와 달리 허위로 크게 부풀려 유치권에 의한 경매를 신청할 경우 정당한

채권액에 의하여 경매를 신청한 경우보다 더 많은 배당금을 받을 수도 있으므로, 이는 법원을 기망하여 배당이라는 법원의 처분행위에 의하여 재산상 이익을 취득하려는 행위로서 소송사기죄의 실행의 착수에 해당한다(대판 2012.11.15, 2012도9603).

09
정답 ②

정답해설

대판 1997.1.24, 96도524

오답해설

① 국가 본래 그의 사무의 일부를 지방자치단체의 장에게 위임하여 그 사무를 처리하게 하는 기관위임사무의 경우에는 지방자치단체는 국가기관의 일부로 볼 수 있는 것이지만, 지방자치단체가 그 고유의 자치사무를 처리하는 경우에는 지방자치단체는 국가기관의 일부가 아니라 국가기관과는 별도의 독립한 공법인이므로, 지방자치단체 소속 공무원이 지방자치단체 고유의 자치사무를 수행하던 중 도로법 제81조 내지 제85조의 규정에 의한 위반행위를 한 경우에는 지방자치단체는 도로법 제86조의 양벌규정에 따라 처벌대상이 되는 법인에 해당한다고 할 것이다(대판 2005.11.10, 2004도2657).

③ 양벌규정에 의한 영업주의 처벌은 금지위반행위자인 종업원의 처벌에 종속하는 것이 아니라 독립하여 그 자신의 종업원에 대한 선임감독상의 과실로 인하여 처벌되는 것이므로 영업주의 위 과실책임을 묻는 경우 금지위반행위자인 종업원에게 구성요건상의 자격이 없다고 하더라도 영업주의 범죄성립에는 아무런 지장이 없다(대판 1987.11.10, 87도1213).

④ 구 개인정보 보호법은 제2조 제5호, 제6호에서 공공기관 중 법인격이 없는 '중앙행정기관 및 그 소속 기관' 등을 개인정보처리자 중 하나로 규정하고 있으면서도, 양벌규정에 의하여 처벌되는 개인정보처리자로는 같은 법 제74조 제2항에서 '법인 또는 개인'만을 규정하고 있을 뿐이고, 법인격 없는 공공기관에 대하여도 위 양벌규정을 적용할 것인지 여부에 대하여는 명문의 규정을 두고 있지 않으므로, 죄형법정주의의 원칙상 '법인격 없는 공공기관'을 위 양벌규정에 의하여 처벌할 수 없고, 그 경우 행위자 역시 위 양벌규정으로 처벌할 수 없다고 봄이 타당하다(대판 2021.10.28, 2020도1942).

10
정답 ①

정답해설

아무런 법적·논리적 근거 없이 공소제기 효력의 인적 범위를 넓히게 되는 것이어서 피고인에게 불리한 방향으로 확장 해석하는 것이다. 따라서 형사소송법 제253조 제2항에서 공범은 형법에서 규정하고 있는 공범인 공동정범, 교사범, 방조범, 간접정범만을 의미하고, 강학상 필요적 공범 중 형법의 공범 규정이 적용될 수 없는 대향범은 여기에 해당하지 않는다(서울고법 2012.4.13, 2011노2616).

오답해설

② 형법 제48조 제1항의 '범인'에 해당하는 공범자는 반드시 유죄의 죄책을 지는 자에 국한된다고 볼 수 없고 공범에 해당하는 행위를 한 자이면 족하므로 이러한 자의 소유물도 형법 제48조 제1항의 '범인 이외의 자의 소유에 속하지 아니하는 물건'으로서 이를 피고인으로부터 몰수할 수 있다(대판 2006.11.23, 2006도5586).

③ 대판 1989.3.14, 88도837

④ 대판 1987.12.22, 87도1699

11
정답 ③

정답해설

ⓒ 사기죄는 타인이 점유하는 재물을 그의 처분행위에 의하여 취득함으로써 성립하는 죄이므로 자기가 점유하는 타인의 재물에 대하여는 이것을 영득함에 기망행위를 한다 하여도 사기죄는 성립하지 아니하고 횡령죄만을 구성한다(대판 1987.12.22, 87도2168).

ⓔ 사기죄의 본질과 구조, 처분행위와 그 의사적 요소로서 처분의사의 기능과 역할, 기망행위와 착오의 의미 등에 비추어 보면, 비록 피기망자가 처분행위의 의미나 내용을 인식하지 못하였더라도, 피기망자의 작위 또는 부작위가 직접 재산상 손해를 초래하는 재산적 처분행위로 평가되고, 이러한 작위 또는 부작위를 피기망자가 인식하고 한 것이라면 처분행위에 상응하는 처분의사는 인정된다(대판 2017.2.16, 2016도13362 전합).

오답해설

㉠ 사기죄에 있어서 '재물의 교부'란 범인의 기망에 따라 피해자가 착오로 재물에 대한 사실상의 지배를 범인에게 이전하는 것을 의미하는데, 재물의 교부가 있었다고 하기 위하여 반드시 재물의 현실의 인도가 필요한 것은 아니고 재물이 범인의 사실상의 지배 아래에 들어가 그의 자유로

운 처분이 가능한 상태에 놓인 경우에도 재물의 교부가 있었다고 보아야 한다(대판 2003.5.16, 2001도1825).

ⓛ 일반적으로 부녀와의 성행위 자체는 경제적으로 평가할 수 없고, 부녀가 상대방으로부터 금품이나 재산상 이익을 받을 것을 약속하고 성행위를 하는 약속 자체는 선량한 풍속 기타 사회질서에 위반한 사항을 내용으로 하는 법률행위로서 무효이나, 사기죄의 객체가 되는 재산상의 이익이 반드시 사법(私法)상 보호되는 경제적 이익만을 의미하지 아니하고, 부녀가 금품 등을 받을 것을 전제로 성행위를 하는 경우 그 행위의 대가는 사기죄의 객체인 경제적 이익에 해당하므로, 부녀를 기망하여 성행위 대가의 지급을 면하는 경우 사기죄가 성립한다(대판 2001.10.23, 2001도2991).

ⓑ 재물편취를 내용으로 하는 사기죄에 있어서는 기망으로 인한 재물교부가 있으면 그 자체로써 피해자의 재산침해가 되어 이로써 곧 사기죄가 성립하는 것이고, 상당한 대가가 지급되었다거나 피해자의 전체 재산상에 손해가 없다 하여도 사기죄의 성립에는 그 영향이 없으므로 사기죄에 있어서 그 대가가 일부 지급된 경우에도 그 편취액은 피해자로부터 교부된 재물의 가치로부터 그 대가를 공제한 차액이 아니라 교부받은 재물 전부이다(대판 1995. 3.24, 95도203).

12 정답 ④

정답해설

공동정범이 성립하기 위하여는 주관적 요건인 공동가공의 의사란 타인의 범행을 인식하면서도 이를 제지함이 없이 용인하는 것만으로는 부족하고 공동의 의사로 특정한 범죄행위를 하기 위하여 일체가 되어 서로 다른 사람의 행위를 이용하여 자기의 의사를 실행에 옮기는 것을 내용으로 하는 것이어야 한다(대판 2004.6.24, 2002도995).

오답해설

① 대판 1997.10.10, 97도1720

② 대판 1984.1.31, 83도2941

③ 대판 2008.3.27, 2008도89

13 정답 ③

정답해설

위와 같은 폭행·협박 행위가 동일한 장소에서 동일한 기회에 이루어진 것으로서 사회관념상 1개의 행위로 평가되는 경

우에는 여럿의 공무집행방해죄는 상상적 경합의 관계에 있다(대판 2009.6.25, 2009도3505).

오답해설

① 대판 2011.8.25, 2010도7033

② 대판 2008.6.26, 2008도1011

④ 대판 2019.1.10, 2016도21311

14 정답 ①

정답해설

甲이 위 상황에서 바로 벗어날 수 있었다고 하더라도, 피고인의 행위는 甲의 성적 자유의사를 제압하기에 충분한 세력에 의하여 추행행위에 나아간 것으로서 위력에 의한 추행에 해당한다(대판 2013.1.16, 2011도7164, 2011전도124).

오답해설

② 대판 2019.6.13, 2019도3341

③ 대판 2020.8.27, 2015도9436 전합

④ 대판 2020.10.29, 2018도16466

15 정답 ④

정답해설

법인을 위한 목적이 아니라 법인의 자금을 빼내어 착복할 목적으로 조성한 것임이 명백히 밝혀진 경우에는 조성행위 자체로써 불법영득의 의사가 실현된 것으로 볼 수 있다(대판 2017.5.30, 2016도9027).

오답해설

① 대판 2017.4.13, 2017도953

② 대판 2011.5.26, 2011도1904

③ 대판 1998.4.24, 97도3425

16 정답 ②

정답해설

ⓞ 피고인이 피해자들을 기망하여 부동산을 매도하면서 매매대금 중 일부를 피해자들의 피고인에 대한 기존 채권과 상계하는 방법으로 지급받아 채무 소멸의 재산상 이익을 취득하였다는 내용으로 기소된 사안에서, 피고인이 상계에 의하여 기존 채무가 소멸되는 재산상 이익을 취득하였다고 보아 사기죄를 인정한다(대판 2012.4.13, 2012도1101).

ⓔ 소송비용을 편취할 의사로 소송비용의 지급을 구하는 손해배상청구의 소를 제기하였다고 하더라도 이는 객관적으로 소송비용의 청구방법에 관한 법률적 지식을 가진 일반인의 판단으로 보아 결과 발생의 가능성이 없어 위험성이 인정되지 않는다(=무죄)(대판 2005.12.8, 2005도8105).

오답해설

ⓛ 대판 2020.3.27, 2016도18713

ⓒ 물색행위를 시작하기 전이라면 특수절도죄의 실행의 착수를 인정하지 않는다(대판 2009.12.24, 2009도9667).

17 정답 ③

정답해설

모욕죄는 공연히 사람을 모욕하는 경우에 성립하는 범죄로서(형법 제311조), 사람의 가치에 대한 사회적 평가를 의미하는 외부적 명예를 보호법익으로 하고, 여기에서 모욕이란 사실을 적시하지 아니하고 사람의 사회적 평가를 저하시킬 만한 추상적 판단이나 경멸적 감정을 표현하는 것을 의미한다. 그리고 모욕죄는 피해자의 외부적 명예를 저하시킬 만한 추상적 판단이나 경멸적 감정을 공연히 표시함으로써 성립하는 것이므로 피해자의 외부적 명예가 현실적으로 침해되거나 구체적·현실적으로 침해될 위험이 발생하여야 하는 것도 아니다(대판 2016.10.13, 2016도9674).

오답해설

① 대판 2000.10.10, 99도5407

② 현재결 2008.6.26, 2007헌마461

④ 대판 2021.3.25, 2016도14995

18 정답 ②

정답해설

해운정책과 소속 공무원의 직무와 밀접한 관계에 있는 행위라거나 또는 그가 관여하는 행위에 해당한다고 볼 수 없다는 이유로, 직무관련성이 없어 뇌물수수죄가 성립하지 않는다(대판 2011.5.26, 2009도2453).

오답해설

① 대판 2002.11.26, 2002도3539

③ 대판 2014.3.27, 2013도11357

④ 대판 1999.11.9, 99도2530

19 정답 ②

정답해설

사람을 살해할 목적으로 현주건조물에 방화하여 사망에 이르게 한 경우에는 현주건조물방화치사죄로 의율하여야 하고 이와 더불어 살인죄와의 상상적 경합범으로 의율할 것은 아니며, 다만 존속살인죄와 현주건조물방화치사죄는 상상적 경합범 관계에 있으므로, 법정형이 중한 존속살인죄로 의율함이 타당하다(대판 1996.4.26, 96도485).

오답해설

① 불붙인 천조각이 천정에 옮겨 붙어 독립연소한 때 기수가 성립된다(대판 2007.3.16, 2006도9164).

③ 대판 2013.12.12, 2013도3950

④ 주택주변과 피해자의 몸에 적지 않게 살포되어 있는 사정을 알면서도 라이터를 켜 불꽃을 일으킴으로써 피해자의 몸에 불이 붙은 경우, 비록 외부적 사정에 의하여 불이 방화 목적물인 주택 자체에 옮겨 붙지는 아니하였다 하더라도 현존건조물방화죄의 실행의 착수가 있었다고 봄이 상당하다(대판 2002.3.26, 2001도6641).

20 정답 ③

정답해설

공무원의 직무 수행에 대한 비판이나 시정 등을 요구하는 집회·시위 과정에서 일시적으로 상당한 소음이 발생하였다는 사정만으로는 이를 공무집행방해죄에서의 음향으로 인한 폭행이 있었다고 할 수는 없다(대판 2009.10.29, 2007도3584).

오답해설

① 폭행죄에서 말하는 폭행이란 사람의 신체에 대하여 육체적·정신적으로 고통을 주는 유형력을 행사함을 뜻하는 것으로서 반드시 피해자의 신체에 접촉함을 필요로 하는 것은 아니고, 그 불법성은 행위의 목적과 의도, 행위 당시의 정황, 행위의 태양과 종류, 피해자에게 주는 고통의 유무와 정도 등을 종합하여 판단하여야 한다. 따라서 자신의 차를 가로막는 피해자를 부딪친 것은 아니라고 하더라도, 피해자를 부딪칠 듯이 차를 조금씩 전진시키는 것을 반복하는 행위 역시 피해자에 대해 위법한 유형력을 행사한 것이라고 보아야 한다(대판 2016.10.27, 2016도9302).

② 상해죄는 결과범이므로 그 성립에는 상해의 원인인 폭행에 관한 인식이 있으면 충분하고 상해를 가할 의사의 존재는 필요하지 않으나, 폭행을 가한다는 인식이 없는 행위의 결과로 피해자가 상해를 입었던 경우에는 상해죄가

성립하지 아니한다(대판 1983.3.22, 83도231).

④ 대판 2003.1.10, 2000도5716

The 알아보기   상해죄(「형법」제257조)와 폭행죄(「형법」제260조)의 비교

구분	상해죄	폭행죄
보호법익	신체의 건강	신체의 건재
성격	침해범	형식범 (추상적 위험범)
미수·과실	처벌	불가벌
반의사불벌죄	×	○
동시범 특례	적용	폭행치상만 적용

21
정답 ④

정답해설

㉠ 대판 1974.5.28, 74도840

㉡ 대판 2003.2.11, 2002도7115

㉢ 대판 2017.12.13, 2015도10032

㉣ 대판 2008.1.17, 2007도8485

오답해설

㉤ 유인행위에 대한 인식이 있으면 족하고 유인하는 행위가 피해자의 의사에 반하는 것까지 인식할 필요는 없으며 또 피해자가 하자 있는 의사로 자유롭게 승락하였다 하더라도 본죄가 성립한다(대판 1976.9.14, 76도2072).

22
정답 ④

정답해설

권한 없는 자가 임의로 인감증명서의 사용용도란의 기재를 고쳐 썼다고 하더라도 공무원 또는 공무소의 문서 내용에 대하여 변경을 가하여 새로운 증명력을 작출한 경우라고 볼 수 없으므로 공문서변조죄나 이를 전제로 하는 변조공문서행사죄가 성립되지는 않는다고 볼 것이다(대판 2004.8.20, 2004도2767).

오답해설

① 대판 1997.7.11, 97도1082

② 대판 2003.10.9, 2000도4993

③ 대판 2020.11.5, 2019도12042

23
정답 ②

정답해설

실제의 범인이 용이하게 도피하는 결과를 초래한다고 하더라도 그것만으로는 그 참고인에게 적극적으로 실제의 범인을 도피시켜 국가의 형사사법의 작용을 곤란하게 할 의사가 있었다고 볼 수 없어 그 참고인을 범인도피죄로 처벌할 수는 없다(대판 1997.9.9, 97도1596).

오답해설

① 형법 제146조(특수도주), 제149조(미수범)

③ 대판 2014.4.10, 2013도12079

④ 대판 2003.12.12, 2003도4533

24
정답 ②

정답해설

위 종업원은 주류에 대한 사실상의 처분권자이므로 공갈죄의 피해자에 해당된다고 보아 공갈죄가 성립한다(대판 2005.9.29, 2005도4738).

오답해설

① 대판 2019.2.14, 2018도19493

③ 대판 1976.4.27, 75도2818

④ 대판 2013.4.11, 2010도13774

25
정답 ②

정답해설

피고인이 카드사용으로 인한 대금결제의 의사와 능력이 없으면서도 있는 것 같이 가장하여 카드회사를 기망하고, 카드회사는 이에 착오를 일으켜 일정 한도 내에서 카드사용을 허용해 줌으로써 피고인은 … 자동지급기를 통한 현금대출도 받고, 가맹점을 통한 물품구입대금 대출도 받아 카드발급회사로 하여금 같은 액수 상당의 피해를 입게 함으로써, 카드사용으로 인한 일련의 편취행위가 포괄적으로 이루어지는 것이므로 … 사기의 포괄일죄라 할 것이다(대판 1996.4.9, 95도2466).

오답해설

① 대판 2007.5.10, 2007도1375

③ 대판 1996.9.20, 95도1728

④ 대판 1997.1.21, 96도2715

01	02	03	04	05	06	07	08	09	10
④	①	④	④	②	③	④	②	④	④

11	12	13	14	15	16	17	18	19	20
①	①	④	②	③	②	④	②	③	③

21	22	23	24	25					
①	④	①	①	①					

01
정답 ④

정답해설

대법원의 파기환송 판결에 의하여 사건을 환송받은 법원은 형사소송법 제92조 제1항에 따라 2월의 구속기간이 만료되면 특히 계속할 필요가 있는 경우에는 2차(대법원이 형사소송규칙 제57조 제2항에 의하여 구속기간을 갱신한 경우에는 1차)에 한하여 결정으로 구속기간을 갱신할 수 있는 것이고, 한편 무죄추정을 받는 피고인이라고 하더라도 그에게 구속의 사유가 있어 구속영장이 발부, 집행된 이상 신체의 자유가 제한되는 것은 당연한 것이므로, 이러한 조치가 무죄추정의 원칙에 위배되는 것이라고 할 수는 없다(대판 2001.11.30. 2001도5225).

오답해설

① 대판 2017.10.31. 2016도21231

② 헌재 1994.7.29. 93헌가3 전합

③ 형사소송법 제198조(준수사항) 제1항

02
정답 ①

정답해설

체포·구속된 날로부터 공소장 제출 기간은 따로 제한을 두고 있지 않다.

오답해설

② 헌법 제27조 제3항

③ 대판 1990.6.12. 90도672

④ 형사소송법 제267조의2(집중심리)

03
정답 ④

정답해설

규문주의에 대한 설명이다. 탄핵주의란 소추기관을 분리하여 소추기관의 공소제기에 의해서 재판기관이 비로소 재판절차를 개시하는 구조로 소추기관이 따로 존재한다.

04
정답 ④

정답해설

포괄일죄에 있어서는 그 일죄의 일부를 구성하는 개개의 행위에 대하여 구체적으로 특정되지 아니하더라도 그 전체 범행의 시기와 종기, 범행방법, 피해자나 상대방, 범행횟수나 피해액의 합계 등을 명시하면 이로써 그 범죄사실은 특정되는 것이라고 할 것이다(대판 1999.11.12. 99도2934).

오답해설

① 대판 1983.12.27. 83도2686

② 대판 2012.9.27. 2010도17052

③ 대판 1999.11.26. 99도1904

05
정답 ②

정답해설

형사소송법 제97조(보석, 구속의 취소와 검사의 의견) 제1항에 따르면 재판장은 보석에 관한 결정을 하기 전에 검사의 의견을 물어야 한다. 그리고 검사의 의견청취절차는 보석에 관한 결정의 본질적인 부분이 되는 것은 아니므로 법원이 검사의 의견을 듣지 아니한 채 보석에 관한 결정을 하였다고 하더라도 그 결정이 적정하다면 절차상의 하자만으로 그 결정을 취소할 수는 없다(대판 1997.11.27. 97모88).

오답해설

① 대결 1997.11.27. 97모88

③ 형사소송법 제402조(항고할 수 있는 재판), 제403조(판결 전의 결정에 대한 항고) 제2항

④ 대결 2020.10.29. 2020모1845

06

정답해설

기록에 의하면 징역 8월에 집행유예 2년이 선고된 당초의 원심판결에 대하여 피고인만이 상고한 결과 상고심에서 원심판결을 파기하고 사건을 항소심에 환송한다는 판결이 선고되었는데 환송 후 원심은 피고인에 대하여 징역 8월에 집행유예 2년 및 그 판시 압수물의 몰수를 선고하였음을 알 수 있는 바, 이와 같이 환송 후 원심판결이 환송 전 원심판결에서 선고하지 아니한 몰수를 새로이 선고한 것은 불이익변경금지원칙에 위배하여 판결결과에 영향을 미쳤다고 하지 않을 수 없다(대판 1992.12.8, 92도2020).

오답해설

① 대판 1992.7.28, 92도700
② 대판 2008.10.9, 2008도6944
④ 대판 2003.5.30, 2003도705

07
정답 ④

정답해설

적정한 한계를 벗어나는 현행범인 체포행위는 그 부분에 관한 한 법령에 의한 행위로 될 수 없다고 할 것이나, 적정한 한계를 벗어나는 행위인가 여부는 결국 정당행위의 일반적 요건을 갖추었는지 여부에 따라 결정되어야 할 것이지 그 행위가 소극적인 방어행위인가 적극적인 공격행위인가에 따라 결정되어야 하는 것은 아니다(대판 1999.1.26, 98도3029).

오답해설

① 형사소송법 제213조(체포된 현행범인의 인도) 제2항
② 형사소송법 제213조 제1항 / 대판 2011.12.22, 2011도12927
③ 대판 1995.5.9, 95도535

08
정답 ②

정답해설

형사소송법 제327조(공소기각의 판결) 공소제기의 절차가 법률의 규정을 위반하여 무효인 경우에는 판결로써 공소기각의 선고를 하여야 한다.

오답해설

① 대판 2014.7.10, 2012도5041
③ 대판 2001.10.26, 2000도2968
④ 대판 2009.6.23, 2009도1322

09
정답 ④

정답해설

형사소송법 제95조(필요적 보석) 제1호 보석의 청구가 있다면 피고인이 사형, 무기 또는 장기 10년이 넘는 징역이나 금고에 해당하는 죄를 범한 경우 이외에는 보석을 허가하여야 한다.

> **The 알아보기 필요적 보석 예외 사유**
>
> 「**형사소송법**」 제95조(필요적 보석) 보석의 청구가 있는 때에는 다음 이외의 경우에는 보석을 허가하여야 한다.
> 1. 피고인이 사형, 무기 또는 장기 10년이 넘는 징역이나 금고에 해당하는 죄를 범한 때
> 2. 피고인이 누범에 해당하거나 상습범인 죄를 범한 때
> 3. 피고인이 죄증을 인멸하거나 인멸할 염려가 있다고 믿을 만한 충분한 이유가 있는 때
> 4. 피고인이 도망하거나 도망할 염려가 있다고 믿을 만한 충분한 이유가 있는 때
> 5. 피고인의 주거가 분명하지 아니한 때
> 6. 피고인이 피해자, 당해 사건의 재판에 필요한 사실을 알고 있다고 인정되는 자 또는 그 친족의 생명·신체나 재산에 해를 가하거나 가할 염려가 있다고 믿을만한 충분한 이유가 있는 때

10
정답 ④

정답해설

㉠ 대판 1993.1.19, 92도2554
㉡ 대판 1997.11.28, 97도2215

11
정답 ①

정답해설

간이공판절차는 합의부사건 관할이든 단독판사 관할이든 불문한다.

오답해설

② 형사소송법 제318조의3(간이공판절차에서의 증거능력에 관한 특례)
③ 대판 2004.7.9, 2004도2116
④ 형사소송법 제286조의2(간이공판절차의 결정)

12 　　　　　　　　　　　　　　정답 ①

정답해설

특별한 사정이 존재하지 아니하는 이상 이와 같이 실질적 반대신문권의 기회가 부여되지 아니한 채 이루어진 증인의 법정진술은 위법한 증거로서 증거능력을 인정하기 어렵다. 이 경우 피고인의 책문권 포기로 그 하자가 치유될 수 있으나, 책문권 포기의 의사는 명시적인 것이어야 한다(대판 2022. 3.17, 2016도17054).

오답해설

② 대판 1990.8.24, 90도1285
③ 대판 2010.10.14, 2010도9016
④ 대판 2008.6.26, 2008도1584

13 　　　　　　　　　　　　　　정답 ④

오답해설

ⓒ 체포·구속인접견부는 유치된 피의자가 죄증을 인멸하거나 도주를 기도하는 등 유치장의 안전과 질서를 위태롭게 하는 것을 방지하기 위한 목적으로 작성되는 서류로 보일 뿐이어서 형사소송법 제315조에 규정된 당연히 증거능력이 있는 서류로 볼 수는 없다(대판 2012.10.25, 2011도5459).
ⓜ 육군과학수사연구소 실험분석관이 작성한 감정서는 피고인들이 이를 증거로 함에 동의하지 아니하는 경우에는 유죄의 증거로 할 수 있는 증거능력이 없다(대판 1976.10. 12, 76도2960).

14 　　　　　　　　　　　　　　정답 ②

정답해설

ⓛ 대판 2018.4.19, 2017도14322 전합
ⓒ 대판 2011.6.24, 2011도4451

오답해설

ⓞ 교사자의 교사행위는 정범에게 범죄의 결의를 가지게 하는 것을 말하는 것으로서, 그 범죄를 결의하게 할 수 있는 것이면 그 수단에는 아무런 제한이 없고, 반드시 명시적·직접적 방법에 의할 것을 요지도 않으며, 이와 같은 교사범에 있어서의 교사사실은 범죄사실을 구성하는 것으로서 이를 인정하기 위하여는 엄격한 증명이 요구된다(대판 2000.2.25, 99도1252).

ⓔ 몰수, 추징의 대상이 되는지 여부나 추징액의 인정은 엄격한 증명을 필요로 하지 아니한다(대판 1993.6.22, 91도3346).

15 　　　　　　　　　　　　　　정답 ③

정답해설

즉결심판에 관한 절차법 제17조(유치명령 등) 제1항 판사는 구류의 선고를 받은 피고인이 일정한 주소가 없거나 또는 도망할 염려가 있을 때에는 5일을 초과하지 아니하는 기간 경찰서유치장(지방해양경찰관서의 유치장을 포함한다. 이하 같다)에 유치할 것을 명령할 수 있다. 다만, 이 기간은 선고기간을 초과할 수 없다.

오답해설

① · ② 대판 2021.4.1, 2020도15194
④ 대판 2011.1.27, 2008도7375

16 　　　　　　　　　　　　　　정답 ②

정답해설

환송 전 항소심에서 포괄일죄의 일부만이 유죄로 인정된 경우 그 유죄부분에 대하여 피고인만이 상고하였을 뿐 무죄부분에 대하여 검사가 상고를 하지 않았다면 상소불가분의 원칙에 의하여 무죄부분도 상고심에 이심되기는 하나 그 부분은 이미 당사자 간의 공격방어의 대상으로부터 벗어나 사실상 심판대상에서부터도 벗어나게 되어 상고심으로서도 그 무죄부분에까지 나아가 판단할 수 없는 것이고, 따라서 상고심으로부터 위 유죄부분에 대한 항소심판결이 잘못되었다는 이유로 사건을 파기환송받은 항소심은 그 무죄부분에 대하여 다시 심리판단하여 유죄를 선고할 수 없다(대판 1991.3.12, 90도2820).

오답해설

① 대판 2007.8.23, 2007도2595
③ 대판 2004.9.16, 2001도3206 전합
④ 대판 1996.10.25, 96도1088

17 　　　　　　　　　　　　　　정답 ④

정답해설

대판 2012.10.25, 2009도13197

오답해설
① 형사소송법 제297조에 따라 변호인이 없는 피고인을 일시 퇴정하게 하고 증인신문을 한 다음 피고인에게 실질적인 반대신문의 기회를 부여하지 아니한 채 이루어진 증인의 법정진술은 위법한 증거로서 증거능력이 없다고 볼 여지가 있으나, 그 다음 공판기일에서 재판장이 증인신문 결과 등을 공판조서(증인신문조서)에 의하여 고지하였는데 피고인이 '변경할 점과 이의할 점이 없다'라고 진술하여 책문권 포기 의사를 명시함으로써 실질적인 반대신문의 기회를 부여받지 못한 하자가 치유되었다고 한 사례이다(대판 2010.1.14, 2009도9344).

② 공동피고인의 자백은 이에 대한 피고인의 반대신문권이 보장되어 있어 증인으로 신문한 경우와 다를 바 없으므로 독립한 증거능력이 있고, 이는 피고인들 간에 이해관계 상반된다고 하여도 마찬가지이다(대판 2006.5.11, 2006도1944).

③ **형사소송법 제151조(증인이 출석하지 아니한 경우의 과태료 등)** 제1항 법원은 소환장을 송달받은 증인이 정당한 사유 없이 출석하지 아니한 때에는 결정으로 당해 불출석으로 인한 소송비용을 증인이 부담하도록 명하고, 500만원 이하의 과태료를 부과할 수 있다.

18 정답 ②

정답해설

제1심에서 피고인에 대하여 무죄판결이 선고되어 검사가 항소한 후, 수사기관이 항소심 공판기일에 증인으로 신청하여 신문할 수 있는 사람을 특별한 사정 없이 미리 수사기관에 소환하여 작성한 진술조서는 피고인이 증거로 할 수 있음에 동의하지 않는 한 증거능력이 없다. 검사가 공소를 제기한 후 참고인을 소환하여 피고인에게 불리한 진술을 기재한 진술조서를 작성하여 이를 공판절차에 증거로 제출할 수 있게 한다면, 피고인과 대등한 당사자의 지위에 있는 검사가 수사기관으로서의 권한을 이용하여 일방적으로 법정 밖에서 유리한 증거를 만들 수 있게 하는 것이므로 당사자주의·공판중심주의·직접심리주의에 반하고 피고인의 공정한 재판을 받을 권리를 침해하기 때문이다(대판 2019.11.28, 2013도6825).

오답해설
① 대판 2011.5.26, 2011도1902
③ 대판 2020.6.11, 2016도9367
④ 대판 2019.11.14, 2019도13290

19 정답 ③

정답해설

소년법 제32조의 보호처분을 받은 사건과 동일(상습죄 등 포괄일죄 포함)한 사건에 관하여 다시 공소제기가 되었다면, 이는 공소제기절차가 법률의 규정에 위배하여 무효인 때에 해당한 경우이므로 형사소송법 제327조 제2호의 규정에 의하여 공소기각의 판결을 하여야 한다(대판 1996.2.23, 96도47).

오답해설
① 대판 2015.10.29, 2012도2938
② 형사소송법 제12조(동일사건과 수 개의 소송계속), 형사소송법 제328조(공소기각의 결정)
④ 대판 1986.2.25, 85도2664

20 정답 ③

정답해설

ⓒ 대판 2009.6.25, 2009도3505
ⓔ 대판 2014.11.13, 2014도6341

오답해설
ⓐ **형사소송법 제40조(재판서의 기재요건)** 제3항 판결서에는 기소한 검사와 공판에 관여한 검사의 관직, 성명과 변호인의 성명을 기재하여야 한다.

ⓓ 사실인정에 배치되는 증거에 대한 판단을 반드시 판결이유에 기재하여야 하는 것은 아니므로 피고인이 알리바이를 내세우는 증인들의 증언에 관한 판단을 하지 아니하였다 하여 위법이라 할 수 없다.

21 정답 ①

정답해설

ⓐ 대판 1991.3.12, 90도2820
ⓒ 대판 2019.3.21, 2017도16593-1(분리) 전합

오답해설
ⓒ **형사소송법 제352조(상소포기 등의 방식)** 제1항 상소의 포기 또는 취하는 서면으로 하여야 한다. 단, 공판정에서는 구술로써 할 수 있다.

ⓔ 제1심법원이 소송비용의 부담을 명하는 재판을 하지 않았음에도 항소심법원이 제1심의 소송비용에 관하여 피고인에게 부담하도록 재판을 한 경우, 불이익변경금지원칙에 위배되지 않는다(대판 2001.4.24, 2001도872).

22 정답 ④

정답해설
ⓒ 대결 2017.3.30, 2016모2874
ⓒ 대결 2004.1.13, 2003모451
ⓔ 대결 1991.5.6, 91모32

오답해설
⊙ 피고인이 소송이 계속 중인 사실을 알면서도 법원에 거주지 변경 신고를 하지 않았다 하더라도, 잘못된 공시송달에 터 잡아 피고인의 진술 없이 공판이 진행되고 피고인이 출석하지 않은 기일에 판결이 선고된 이상, 피고인은 자기 또는 대리인이 책임질 수 없는 사유로 상소제기기간 내에 상소를 하지 못한 것으로 봄이 타당하다(대결 2014.10.16, 2014모1557).

23 정답 ①

정답해설
검사가 수사과정에서 증거수집을 위한 압수·수색영장의 청구 등 강제처분을 위한 조치를 취하지 아니하고 그로 인하여 증거를 확보하지 못하고 불기소처분에 이르렀다면, 그 불기소처분에 대하여 형사소송법상의 재정신청이나 검찰청법상의 항고·재항고 등으로써 불복하는 것은 별론으로 하고, 검사가 압수·수색영장의 청구 등 강제처분을 위한 조치를 취하지 아니한 것 그 자체를 형사소송법 제417조 소정의 '압수에 관한 처분'으로 보아 이에 대해 준항고로써 불복할 수는 없다(대결 2007.5.25, 2007모82).

오답해설
② 대결 1984.2.6, 84모3
③ 대결 2015.10.15, 2013모1970
④ 대결 1997.9.29, 97모66

24 정답 ①

정답해설
소송촉진 등에 관한 특례법 제23조에 따라 피고인이 불출석한 채로 진행된 제1심의 재판에 대하여 검사만 항소하고 항소심도 피고인 불출석 재판으로 진행한 후에 검사의 항소를 기각하여 제1심의 유죄판결이 확정된 경우, 피고인이 귀책사유 없이 제1심과 항소심의 공판절차에 출석할 수 없었고 상고권회복에 의한 상고를 제기하였다면, 이는 형사소송법 제383조 제3호에서 상고이유로 정한 '재심청구의 사유가 있는 때'에 해당한다(대판 2016.10.27, 2016도11969). 따라서 재심을 청구할 수 있다.

오답해설
② 대판 2015.10.29, 2013도14716
③ 대결 2020.6.26, 2019모3197
④ 대결 2009.7.16, 2005모472 전합

25 정답 ①

정답해설
소송촉진법 제26조(배상신청)

오답해설
② **소송촉진법 제25조(배상명령)** 제1항 법원은 직권에 의하여 또는 피해자나 그 상속인의 신청에 의하여 피고사건의 범죄행위로 인하여 발생한 직접적인 물적피해, 치료비 손해 및 위자료의 배상을 명할 수 있다.
③ **소송촉진법 제32조(배상신청의 각하)** 제4항 배상신청을 각하하거나 그 일부를 이용한 재판에 대하여 신청인은 불복을 신청하지 못하며, 다시 동일한 배상신청을 할 수 없다.
④ 배상명령제도는 범죄행위로 인하여 재산상 이익을 침해당한 피해자로 하여금 당해 형사소송절차 내에서 신속히 그 피해를 회복하게 하려는데 그 주된 목적이 있으므로 피해자가 이미 그 재산상 피해의 회복에 관한 채무명의를 가지고 있는 경우에는 이와 별도로 배상명령 신청을 할 이익이 없다(대판 1982.7.27, 82도1217).

FINAL 실전

한눈에 보는
현대문학사
+
사자성어 150

SD에듀
(주)시대고시기획

2023년 군무원 **합격 프리패스!!**

최종 합격을 위한
군무원 맞춤 **면접 강의**

STEP 1

자소서
+
제출서류

작성 노하우

STEP 2

면접 대비
Tip과
최신 이슈 & 상식

STEP 3

면접 전문가와
면접 연습으로
최종 합격
준비 완료

우연화 면접위원

• 현) SD에듀 군무원 면접 대표 강사
• 현) *** 공공기관 NCS 외부 면접관
• 현) 키움스피치면접학원 강남점 부원장
• 현) 인크루트 대학 취업 직무 담당 강사
• 현) 서울시청 일자리센터 취업 강사

군무원 면접 도서 압도적 1위!
면접관이 공개하는 군무원 면접 합격의 공식

AI면접 등 최신 면접 경향 반영!
국방부·육군·해군·공군·해병대 면접 완벽 대비!

※ 도서의 이미지는 변경될 수 있습니다.

현대문학사
⊕
사자성어 150

한눈에 보는 현대문학사

01 갑오개혁 이후 가장 크게 나타난 문학 현상: 구어체(=일상용어체, 대화체) 문장

① 언문일치 시작(1900년대): 유길준의 「서유견문」
② 언문일치 발전(1910년대): 이광수의 「무정」
③ 언문일치 완성(1920년대): 김동인의 「약한 자의 슬픔」

02 1900년대(1894~1908)

① 창가가사
  ㉠ 개화가사와 찬송가의 영향
  ㉡ 형식: 초기에 '3 · 4, 4 · 4조'에서 후기에 '6 · 5, 7 · 5, 8 · 5조'로 발전함
  ㉢ 내용: 계몽(독립신문), 항일(대한매일신보)
  ㉣ 최초의 7 · 5조 작품: 최남선의 「경부철도가」
② 신소설(원래 뜻은 '고소설'의 반대 개념)
  ㉠ 내용: 개화, 계몽, 신교육
  ㉡ 개념: 고대 소설에서 근대 소설로의 과도기
  ㉢ 창작 신소설: 일반적인 의미의 신소설
    • 이인직: 「은세계」, 「치악산」, 「귀의 성」, 「혈의 누」
    • 이해조: 「빈상설」, 「구마검」, 「자유종」
    • 안국선: 「금수회의록」
    • 최찬식: 「안의성」, 「추월색」
  ㉣ 번안 신소설: 조중환의 「장한몽」(이수일과 심순애 등장)
  ㉤ 개작 신소설: 이해조의 「역할」
    • 「춘향전」 → 「옥중화(獄中花)」
    • 「흥부전」 → 「연(燕)의 각(却)」
    • 「토끼전」 → 「토(兎)의 간(肝)」
    • 「심청전」 → 「강상련(江上蓮)」

③ 역사 전기 소설
　　㉠ 내용: 민족주의적 역사의식, 자보 · 자강, 항일구국의 이념
　　㉡ 대표작품: 신채호의 「을지문덕」
④ 신문
　　㉠ 한성순보: 최초 신문, 순한문(1883)
　　㉡ 독립신문: 최초 민간, 본격 신문의 시초(1896)
　　㉢ 매일신문: 최초 일간
　　㉣ 제국신문: 대중 및 부녀자 대상 최초
　　㉤ 황성신문: 장지연의 「시일야방성대곡」 실림
　　㉥ 만세보: 이인직의 「혈의 누」 연재, 대한신문으로 개칭
⑤ 국어 문법서
　　㉠ 이봉운의 『국문정리』: 최초 음운 문법서
　　㉡ 지석영의 『신정국문』: 국어 전용 주장, 상소문
　　㉢ 주시경
　　　• 『국어문전음학』, 『국어문법』, 『말의 소리』, 『말모이』, 『대한국어문법』 등을 쓴 어문
　　　　민족주의자
　　　• 기난갈(품사론), 짬듬갈(문장론) 등의 용어 사용
　　　• 9품사(임-체언, 엇-형용사, 움-동사, 겻-조사, 잇-접속 조사, 언-관형사, 억-부사,
　　　　놀-감탄사, 끗-종결 어미) 설정
　　　• 호는 한힌샘, 일백천, 태백산

03 1910년대(1908~1919): 2인 문단 시대

① 2인: (육당) 최남선, (춘원) 이광수
② 신체시
　　㉠ 최초 작품: 최남선의 「해에게서 소년에게」
　　㉡ 이광수의 신체시 「우리 영웅」
③ 근대 최초 장편 소설: 이광수의 「무정」(1917)
④ 근대 최초 단편 소설: 이광수의 「어린 희생」(1910), 김동인의 「약한 자의 슬픔」(1919)
⑤ 최초의 근대 자유시: 주요한의 「불놀이」(1919)
⑥ 최초의 순 문예 동인지: 『창조』(1919)
⑦ 최초의 시 전문 동인지: 『장미촌』(1921)
⑧ 최초의 월간 종합지: 『소년』(1908)
⑨ 김억이 최초로 서구의 상징시를 수용한 잡지: 『태서문예신보』(1918)

① 1920년대 3대 동인지: 『창조』, 『폐허』, 『백조』
② 낭만주의 3대 동인지: 『백조』, 『폐허』, 『장미촌』
③ 시
　㉠ 민요시 운동: 홍사용, 이상화, 김억, 김소월
　㉡ 시조부흥운동을 주도한 단체: 국민문학파
　㉢ 낭만적 · 감상적 경향 위주: 홍사용, 이상화, 황석우, 박종화
④ 소설: 사실주의 유행(김동인, 현진건, 이효석 등 3대 단편 작가)
⑤ 문단의 대립기: 절충 − 『문예공론』

　▶ 동반자 작가: 좌익 노선에 동조하는 힘없는 지식인(이효석, 유진오, 채만식, 박화성)
⑥ 신경향파 그룹

> 염군사(1922, 이념 위주) + 파스큘라(1923, 예술 위주)
>
> ↓
>
> KAPF(1925)

⑦ 작가와 작품

구분	호	이름	작품
시	송아	주요한	불놀이, 아름다운 새벽
	안서	김억	오다가다, 비, 봄은 간다
	상아탑	황석우	벽모(碧毛)의 묘(猫)
	상화	이상화	나의 침실로, 빼앗긴 들에도 봄은 오는가
	소월	김정식	진달래꽃
	만해	한용운	님의 침묵
소설	금동	김동인	감자, 약한 자의 슬픔, 배따라기
	빙허	현진건	운수 좋은 날, 빈처
	횡보	염상섭	표본실의 청개구리, 삼대, 만세전
	도향	나빈	물레방아, 벙어리 삼룡이, 뽕
	늘봄	전영택	화수분, 소
	여심	주요섭	사랑손님과 어머니

	순수시파(1930)	주지시파(1934)	생명파(1936)	자연파(1939)
시	시문학	자오선	시인부락, 생리	문장
	김영랑, 박용철	김광균, 김기림	서정주, 유치환	박목월, 박두진, 조지훈
	음악성, 치밀한 기교, 언어 조작	이미지, 지성, 화학성	생명 의식	자연 회귀
소설	<ul><li>장편 소설: 염상섭의 「삼대」, 「만세전」(발표 당시 제목은 「묘지」), 「두 파산」</li><li>역사 소설: 김동인의 「운현궁의 봄」, 「젊은 그들」, 현진건의 「무영탑」, 박종화의 「금삼의 피」</li><li>풍자 소설: 채만식의 「태평천하」, 「레디메이드 인생」, 「탁류」, 「치숙」, 「소년은 자란다」</li><li>해학 소설: 김유정의 「동백꽃」, 「봄봄」, 「만무방」, 「따라지」, 「땡볕」, 「소낙비」, 「금 따는 콩밭」</li><li>농촌계몽소설: 브나로드(Vnarod) 운동과 관련 📖 심훈의 「상록수」, 박화성의 「한귀」, 이무영의 「제1과 제1장」, 박영준의 「모범경 작생」, 김정한의 「사하촌」</li></ul>			
수필	전문 수필가의 등장(김진섭, 이하윤)			
희곡	극예술 연구회(1931) 창립			
평론	순수비평(김환태)과 주지비평(최재서)			

① 문학의 공백기: 창작, 출판의 부재(不在)
② 저항 시인(앙가주망, 참여시인)
　㉠ 이육사(남성적, 의지적, 대륙적, 선비 정신): 「절정」, 「청포도」, 「광야」, 「교목」, 「꽃」
　㉡ 윤동주(자아 성찰, 순수): 「자화상」, 「참회록」, 「십자가」, 「간」, 「또 다른 고향」, 「서시」, 「별 헤는 밤」, 유고 시집 『하늘과 바람과 별과 시』

① 시
   ⊙ 김수영(모더니즘에서 1960년대 이후 참여시로 전환):「풀」,「폭포」,「눈」
   ⓛ 송욱:「하여지향」
   ⓒ 김춘수('존재와 본질 탐구'에서 '무의미 시'로 전환):「꽃」,「꽃을 위한 서시」,「처용단장」

② 소설
   ⊙ 동시 묘사법: 김성한의 「5분간」
   ⓛ 광복 당시 분열상의 비극적 국면 묘파: 선우휘의 「불꽃」
   ⓒ 한 인격적 주체가 겪는 도덕적 갈등: 장용학의 「요한시집」
   ⓔ 소외된 인간상을 피학적 어조로 묘사: 손창섭의 「잉여인간」
   ⓜ 당시 빈곤상과 삶의 관계: 이범선의 「오발탄」
   ⓗ 농어촌 서민의 애환: 오영수의 「갯마을」
   ⓢ 삶의 부조리를 인식하고 극복함: 유주현의 「장씨 일가」,「신의 눈초리」
   ⓞ 민족의 기개 형상화: 정한숙의 「금당벽화」
   ⓩ 토속적 삶의 간고함: 전광용의 「흑산도」
   ⓩ 지식인의 변절적 순응주의: 전광용의 「꺼삐딴 리」
   ⓚ 세속적 삶의 모순을 소설화: 박경리의 「암흑시대」

사자성어 150

- 가담항설(街談巷說) 거리나 항간에 떠도는 소문
- 각주구검(刻舟求劍) 융통성 없이 현실에 맞지 않는 낡은 생각을 고집하는 어리석음을 이르는 말 (㊡ 수주대토)
- 간난신고(艱難辛苦) 몹시 힘들고 어려우며 고생스러움
- 간담상조(肝膽相照) 서로 속마음을 털어놓고 친하게 사귐
- 갈이천정(渴而穿井) 미리 준비하지 않고 있다가 일이 지나간 뒤에는 아무리 서둘러 봐도 아무 소용이 없음 (㊡ 목이 말라야 비로소 샘을 판다)
- 감언이설(甘言利說) 귀가 솔깃하도록 남의 비위를 맞추거나 이로운 조건을 내세워 꾀는 말
- 감탄고토(甘吞苦吐) 달면 삼키고 쓰면 뱉는다는 뜻으로, 자신의 비위에 따라서 사리의 옳고 그름을 판단함
- 갑론을박(甲論乙駁) 여러 사람이 서로 자신의 주장을 내세우며 상대편의 주장을 반박함
- 개세지재(蓋世之才) 세상을 뒤덮을 만큼 뛰어난 재주. 또는 그 재주를 가진 사람
- 거두절미(去頭截尾) ① 머리와 꼬리를 잘라 버림
  ② 어떤 일의 요점만 간단히 말함
- 거안사위(居安思危) 편안할 때에도 위험과 곤란이 닥칠 것을 생각하며 잊지 말고 미리 대비해야 함
- 건곤일척(乾坤一擲) 주사위를 던져 승패를 건다는 뜻으로, 운명을 걸고 단판걸이로 승부를 겨룸
- 격화소양(隔靴搔癢) 신을 신고 발바닥을 긁는다는 뜻으로, 성에 차지 않거나 철저하지 못한 안타까움을 이르는 말
- 견강부회(牽强附會) 이치에 맞지 않는 말을 억지로 끌어 붙여 자기에게 유리하게 함
- 견문발검(見蚊拔劍) 모기를 보고 칼을 뺀다는 뜻으로, 사소한 일에 크게 성내어 덤빔
- 결자해지(結者解之) 맺은 사람이 풀어야 한다는 뜻으로, 자기가 저지른 일은 자기가 해결하여야 함

- 결초보은(結草報恩) 죽은 뒤에라도 은혜를 잊지 않고 갚음
- 계란유골(鷄卵有骨) 달걀에도 뼈가 있다는 뜻으로, 운수가 나쁜 사람은 모처럼 좋은 기회를 만나도 역시 일이 잘 안됨
- 계명구도(鷄鳴狗盜) 비굴하게 남을 속이는 하찮은 재주 또는 그런 재주를 가진 사람
- 고립무원(孤立無援) 고립되어 구원받을 데가 없음
- 고복격양(鼓腹擊壤) 태평한 세월을 즐김
- 고식지계(姑息之計) 우선 당장 편한 것만을 택하는 꾀나 방법 (윤 미봉책, 동족방뇨)
- 고육지계(苦肉之計) 자기 몸을 상해 가면서까지 꾸며 내는 계책이라는 뜻으로, 어려운 상태를 벗어나기 위해 어쩔 수 없이 꾸며 내는 계책
- 고장난명(孤掌難鳴) ① 외손뼉만으로는 소리가 울리지 아니한다는 뜻으로, 혼자의 힘만으로 어떤 일을 이루기 어려움
  ② 맞서는 사람이 없으면 싸움이 일어나지 않음
- 과유불급(過猶不及) 정도를 지나침은 미치지 못함과 같음 (윤 과여불급)
- 괄목상대(刮目相對) 눈을 비비고 상대편을 본다는 뜻으로, 남의 학식이나 재주가 놀랄 만큼 부쩍 늚
- 교각살우(矯角殺牛) 소의 뿔을 바로잡으려다가 소를 죽인다는 뜻으로, 잘못된 점을 고치려다가 그 방법이나 정도가 지나쳐 오히려 일을 그르침
- 교언영색(巧言令色) 아첨하는 말과 알랑거리는 태도 (윤 감언이설)
- 구밀복검(口蜜腹劍) 입에는 꿀이 있고 배 속에는 칼이 있다는 뜻으로, 말로는 친한 듯하나 속으로는 해칠 생각이 있음 (윤 면종복배, 표리부동)
- 구상유취(口尙乳臭) 입에서 아직 젖내가 난다는 뜻으로, 말과 행동이 매우 유치함
- 귤화위지(橘化爲枳) 회남의 귤을 회북에 옮겨 심으면 탱자가 된다는 뜻으로, 환경에 따라 사람이나 사물의 성질이 변함
- 근묵자흑(近墨者黑) 먹을 가까이하는 사람은 검어진다는 뜻으로, 나쁜 사람과 가까이 지내면 나쁜 버릇에 물들기 쉬움 (윤 근주자적)
- 금의야행(錦衣夜行) ① 비단 옷을 입고 밤길을 다닌다는 뜻으로, 자랑삼아 하지 않으면 생색이 나지 않음
  ② 아무 보람이 없는 일을 함
- 금의환향(錦衣還鄕) 비단옷을 입고 고향에 돌아온다는 뜻으로, 출세하여 고향에 돌아가거나 돌아옴

- 난형난제(難兄難弟) 누구를 형이라 하고 누구를 아우라 하기 어렵다는 뜻으로, 두 사물이 비슷하여 낫고 못함을 정하기 어려움 (㊠ 난백난중, 막상막하, 백중지간)

- 낭중지추(囊中之錐) 주머니 속의 송곳이라는 뜻으로, 재능이 뛰어난 사람은 숨어 있어도 저절로 사람들에게 알려짐

- 낭중취물(囊中取物) 주머니 속에서 물건을 꺼내듯이 아주 손쉽게 얻을 수 있음

- 노마지지(老馬之智) ① 연륜이 깊으면 나름의 장점과 특기가 있음
  ② 저마다 한 가지 재주는 지녔다는 말

- 누란지세(累卵之勢) 층층이 쌓아 놓은 알의 형세라는 뜻으로, 몹시 위태로운 형세

- 능소능대(能小能大) 모든 일에 두루 능함

- 단기지계(斷機之戒) 학문을 중도에서 그만두면 짜던 베의 날을 끊는 것처럼 아무 쓸모 없음을 경계한 말

- 단사표음(簞食瓢飮) 대나무로 만든 밥그릇에 담은 밥과 표주박에 든 물이라는 뜻으로, 청빈하고 소박한 생활을 이르는 말

- 당구풍월(堂狗風月) 서당에서 기르는 개가 풍월을 읊는다는 뜻으로, 그 분야에 대하여 경험과 지식이 전혀 없는 사람이라도 오래 있으면 얼마간의 경험과 지식을 가짐

- 당랑거철(螳螂拒轍) 제 역량을 생각하지 않고, 강한 상대나 되지 않을 일에 덤벼드는 무모한 행동거지를 비유

- 도탄지고(塗炭之苦) 진구렁에 빠지고 숯불에 타는 괴로움이라는 뜻으로, 백성이 가혹한 정치로 심한 고통을 겪음을 비유

- 동량지재(棟梁之材) 기둥과 들보로 쓸 만한 재목이라는 뜻으로, 한 집안이나 한 나라를 떠받치는 중대한 일을 맡을 만한 인재

- 득롱망촉(得隴望蜀) 농(隴)을 얻고서 촉(蜀)까지 취하고자 한다는 뜻으로, 만족할 줄을 모르고 계속 욕심을 부리는 경우를 비유

- 등고자비(登高自卑) ① 높은 곳에 오르려면 낮은 곳에서부터 오른다는 뜻으로, 일을 순서대로 하여야 함
  ② 지위가 높아질수록 자신을 낮춤

- 등하불명(燈下不明) 등잔 밑이 어둡다는 뜻으로, 가까이에 있는 물건이나 사람을 잘 찾지 못함

- 마부위침(磨斧爲針) 도끼를 갈아서 바늘을 만든다는 뜻으로, 아무리 이루기 힘든 일이라도 끊임없이 노력하면 반드시 이룰 수 있음

- 막역지우(莫逆之友) 서로 거스름이 없는 친구라는 뜻으로, 허물이 없이 아주 친한 친구 (㊌ 막역지간)

- 망년지교(忘年之交) 나이에 거리끼지 않고 허물없이 사귄 벗

- 망양보뢰(亡羊補牢) 양을 잃고 우리를 고친다는 뜻으로, 이미 어떤 일을 실패한 뒤에 뉘우쳐도 아무 소용이 없음

- 망운지정(望雲之情) 자식이 객지에서 고향에 계신 어버이를 생각하는 마음

- 맥수지탄(麥秀之嘆) 기자(箕子)가 은나라가 망한 뒤에도 보리만은 잘 자라는 것을 보고 한탄하였다는 데서 유래한 것으로, 고국의 멸망을 한탄함

- 면종복배(面從腹背) 겉으로는 복종하는 체하면서 내심으로는 배반함

- 멸사봉공(滅私奉公) 사욕을 버리고 공익을 위하여 힘씀

- 명경지수(明鏡止水) ① 맑은 거울과 고요한 물
② 잡념과 가식과 헛된 욕심 없이 맑고 깨끗한 마음

- 명실상부(名實相符) 이름과 실상이 서로 꼭 맞음

- 명약관화(明若觀火) 불을 보듯 분명하고 뻔함

- 명재경각(命在頃刻) 거의 죽게 되어 곧 숨이 끊어질 지경에 이름 (㊌ 풍전등화, 일촉즉발, 초미지급, 위기일발)

- 목불식정(目不識丁) 아주 간단한 글자인 '丁' 자를 보고도 그것이 '고무래'인 줄을 알지 못한다는 뜻으로, 아주 까막눈임 (㊌ 낫 놓고 기역자도 모른다)

- 목불인견(目不忍見) 눈앞에 벌어진 상황 따위를 눈 뜨고는 차마 볼 수 없음

- 묘두현령(猫頭懸鈴) 쥐가 고양이 목에 방울을 단다는 뜻으로, 실행할 수 없는 헛된 논의

- 무불통지(無不通知) 무슨 일이든지 환히 통하여 모르는 것이 없음 (㊌ 무소부지)

- 무소불위(無所不爲) 하지 못하는 일이 없음

- 무위도식(無爲徒食) 하는 일 없이 놀고먹음

- 문일지십(聞一知十) 하나를 듣고 열 가지를 미루어 안다는 뜻으로, 지극히 총명함

- 박이부정(博而不精) 널리 알지만 정밀하지는 못함

- 반목질시(反目嫉視) 서로 미워하고 질투하는 눈으로 봄 (㊌ 백안시)

- **반포보은(反哺報恩)** 까마귀 새끼가 자라서 늙은 어미 까마귀에게 먹이를 물어다 주어 보답한다는 뜻으로, 자식이 자라서 어버이의 은혜에 보답함으로써 효를 행함 (㊦ 반포지효)

- **발본색원(拔本塞源)** 좋지 않은 일의 근본 원인이 되는 요소를 완전히 없애 버려서 다시는 그러한 일이 생길 수 없도록 함

- **방약무인(傍若無人)** 곁에 사람이 없는 것처럼 아무 거리낌 없이 함부로 말하고 행동하는 태도

- **백골난망(白骨難忘)** 죽어서 백골이 되어도 잊을 수 없다는 뜻으로, 남에게 큰 은덕을 입었을 때의 고마움

- **백년하청(百年河淸)** 중국의 황허강(黃河江)이 늘 흐려 맑을 때가 없다는 뜻으로, 아무리 오랜 시일이 지나도 어떤 일이 이루어지기 어려움

- **백중지세(伯仲之勢)** 서로 우열을 가리기 힘든 형세 (㊦ 난형난제, 막상막하, 백중지간)

- **부화뇌동(附和雷同)** 줏대 없이 남의 의견에 따라 움직임

- **불립문자(不立文字)** 불도의 깨달음은 마음에서 마음으로 전하는 것이므로 말이나 글에 의지하지 않는다는 말 (㊦ 이심전심)

- **불문가지(不問可知)** 묻지 않아도 알 수 있음

- **불치하문(不恥下問)** 손아랫사람이나 지위나 학식이 자기만 못한 사람에게 모르는 것을 묻는 일을 부끄러워하지 않음

- **빙탄지간(氷炭之間)** 얼음과 숯의 사이라는 뜻으로, 서로 맞지 않아 화합하지 못하는 관계

- **사면초가(四面楚歌)** 아무에게도 도움을 받지 못하는, 외롭고 곤란한 지경에 빠진 형편

- **사상누각(沙上樓閣)** 모래 위에 세운 누각이라는 뜻으로, 기초가 튼튼하지 못하여 오래 견디지 못할 일이나 물건

- **사필귀정(事必歸正)** 모든 일은 반드시 바른길로 돌아감

- **상산구어(上山求魚)** 산 위에 올라가 물고기를 구한다는 뜻으로, 도저히 불가능한 일을 굳이 하려 함을 비유 (㊦ 연목구어)

- **상전벽해(桑田碧海)** 뽕나무밭이 변하여 푸른 바다가 된다는 뜻으로, 세상일의 변천이 심함을 비유

- **새옹지마(塞翁之馬)** 인생의 길흉화복은 일정하지 않아 예측할 수 없음

- **설망어검(舌芒於劍)** 혀가 칼보다 날카롭다는 뜻으로, 말로 남을 해칠 수 있음

- **수구초심(首丘初心)** 여우가 죽을 때 머리를 자기가 살던 굴 쪽으로 둔다는 뜻으로, 고향을 그리워하는 마음

- **수불석권(手不釋卷)** 손에서 책을 놓지 아니하고 늘 글을 읽음

- **수어지교(水魚之交)** 물이 없으면 살 수 없는 물고기와 물의 관계라는 뜻으로, 아주 친밀하여 떨어질 수 없는 사이를 비유

- **숙맥불변(菽麥不辨)** 콩인지 보리인지를 구별하지 못한다는 뜻으로, 사리 분별을 못 하고 세상 물정을 잘 모름

- **순망치한(脣亡齒寒)** 입술이 없으면 이가 시리다는 뜻으로, 서로 이해관계가 밀접한 사이에 어느 한쪽이 망하면 다른 한쪽도 그 영향을 받아 온전하기 어려움

- **식소사번(食少事煩)** 먹을 것은 적은데 할 일은 많음

- **십벌지목(十伐之木)** 열 번 찍어 베는 나무라는 뜻으로, 열 번 찍어 안 넘어가는 나무가 없음

- **십시일반(十匙一飯)** 밥 열 술이 한 그릇이 된다는 뜻으로, 여러 사람이 조금씩 힘을 합하면 한 사람을 돕기 쉬움

- **아전인수(我田引水)** 자기 논에 물 대기라는 뜻으로, 자기에게만 이롭게 되도록 생각하거나 행동함

- **애이불비(哀而不悲)** ① 슬프지만 겉으로는 슬픔을 나타내지 않음
  ② 슬프기는 하나 비참하지는 않음

- **양두구육(羊頭狗肉)** 양 머리를 걸어 놓고 개고기를 판다는 뜻으로, 겉보기만 그럴듯하게 보이고 속은 변변하지 않음

- **언중유골(言中有骨)** 말 속에 뼈가 있다는 뜻으로, 예사로운 말 속에 단단한 속뜻이 들어 있음

- **염량세태(炎凉世態)** 세력이 있을 때는 아첨하여 따르고 세력이 없어지면 푸대접하는 세상인심을 비유

- **오매불망(寤寐不忘)** 자나 깨나 잊지 못함

- **오월동주(吳越同舟)** 서로 적의를 품은 사람들이 한자리에 있게 된 경우나 서로 협력하여야 하는 상황을 비유적으로 이르는 말. 중국 춘추 전국 시대에, 서로 적대시하는 오나라 사람과 월나라 사람이 같은 배를 탔으나 풍랑을 만나서 서로 단합하여야 했다는 데에서 유래

- **온고지신(溫故知新)** 옛것을 익혀서 그것을 미루어 새것을 앎 (⊛ 법고창신)

- 우공이산(愚公移山) 어떤 일이든 끊임없이 노력하면 반드시 이루어짐 (유 마부작침, 적
  소성대, 적토성산)
- 유비무환(有備無患) 미리 준비가 되어 있으면 걱정할 것이 없음
- 이구동성(異口同聲) 입은 다르나 목소리는 같다는 뜻으로, 여러 사람의 말이 한결같음
- 인과응보(因果應報) 전생에 지은 선악에 따라 현재의 행과 불행이 있고, 현세에서의 선
  악의 결과에 따라 내세에서 행과 불행이 있는 일
- 인지상정(人之常情) 사람이면 누구나 가지는 보통의 마음
- 일어탁수(一魚濁水) 한 마리의 물고기가 물을 흐린다는 뜻으로, 한 사람의 잘못으로 여
  러 사람이 피해를 입게 됨
- 임갈굴정(臨渴掘井) 목이 말라야 우물을 판다는 뜻으로, 평소에 준비 없이 있다가 일을
  당하여 허둥지둥 서두름
- 자가당착(自家撞着) 같은 사람의 말이나 행동이 앞뒤가 서로 맞지 아니하고 모순됨
- 자강불식(自强不息) 스스로 몸과 마음을 가다듬어 쉬지 않음
- 적수공권(赤手空拳) 맨손과 맨주먹이라는 뜻으로, 아무것도 가진 것이 없음
- 전전반측(輾轉反側) 누워서 몸을 이리저리 뒤척이며 잠을 이루지 못함
- 전화위복(轉禍爲福) 재앙과 근심, 걱정이 바뀌어 오히려 복이 됨
- 정문일침(頂門一鍼) 정수리에 침을 꽂는다는 뜻으로, 따끔한 충고나 교훈을 이름
- 조령모개(朝令暮改) 아침에 명령을 내렸다가 저녁에 다시 고친다는 뜻으로, 법령을 자
  꾸 고쳐서 갈피를 잡기가 어려움
- 조삼모사(朝三暮四) 간사한 꾀로 남을 속이거나, 눈앞에 보이는 차이만 아는 어리석음
- 좌정관천(坐井觀天) 우물 속에 앉아서 하늘을 본다는 뜻으로, 사람의 견문(見聞)이 매
  우 좁음 (유 정중관천, 정저지와)
- 주마가편(走馬加鞭) 달리는 말에 채찍질한다는 뜻으로, 잘하는 사람을 더욱 장려함
- 주마간산(走馬看山) 말을 타고 달리며 산천을 구경한다는 뜻으로, 자세히 살피지 아니
  하고 대충대충 보고 지나감
- 중구난방(衆口難防) 뭇사람의 말을 막기가 어렵다는 뜻으로, 막기 어려울 정도로 여럿
  이 마구 지껄임
- 지기지우(知己之友) 자기의 속마음을 참되게 알아주는 친구

- 지록위마(指鹿爲馬) ① 사슴을 가리켜 말이라고 한다는 뜻으로, 윗사람을 농락하여 권세를 마음대로 함
  ② 모순된 것을 끝까지 우겨서 남을 속이려는 짓을 비유
- 창해일속(滄海一粟) 넓고 큰 바닷속의 좁쌀 한 알이라는 뜻으로, 아주 많거나 넓은 것 가운데 있는 매우 하찮고 작은 것 (윤 구우일모)
- 천우신조(天佑神助) 하늘이 돕고 신령이 도움. 또는 그런 일
- 천재일우(千載一遇) 천 년 동안 단 한 번 만난다는 뜻으로, 좀처럼 만나기 어려운 좋은 기회
- 청출어람(靑出於藍) 쪽에서 뽑아낸 푸른 물감이 쪽보다 더 푸르다는 뜻으로, 제자나 후배가 스승이나 선배보다 나음을 비유 (윤 후생가외)
- 초미지급(焦眉之急) 눈썹에 불이 붙었다는 뜻으로, 매우 급함
- 촌철살인(寸鐵殺人) 한 치의 쇠붙이로도 사람을 죽일 수 있다는 뜻으로, 간단한 말로도 남을 감동하게 하거나 남의 약점을 찌를 수 있음
- 침소봉대(針小棒大) 작은 일을 크게 불리어 떠벌림
- 타산지석(他山之石) 다른 산의 나쁜 돌이라도 자신의 산의 옥돌을 가는 데에 쓸 수 있다는 뜻으로, 본이 되지 않은 남의 말이나 행동도 자신의 지식과 인격을 수양하는 데에 도움이 될 수 있음을 비유
- 토사구팽(兎死狗烹) 토끼가 죽으면 토끼를 잡던 사냥개도 필요 없게 되어 주인에게 삶아 먹히게 된다는 뜻으로, 필요할 때는 쓰고 필요 없을 때는 야박하게 버리는 경우
- 평지풍파(平地風波) 평온한 자리에서 일어나는 풍파라는 뜻으로, 뜻밖에 분쟁이 일어남을 비유
- 풍수지탄(風樹之歎) 효도를 다하지 못한 채 어버이를 여읜 자식의 슬픔
- 하로동선(夏爐冬扇) 여름의 화로와 겨울의 부채라는 뜻으로, 격이나 철에 맞지 않음
- 하석상대(下石上臺) 아랫돌 빼서 윗돌 괴고 윗돌 빼서 아랫돌 괸다는 뜻으로, 임시변통으로 이리저리 둘러맞춤
- 학수고대(鶴首苦待) 학처럼 목을 길게 빼고 간절히 기다림
- 한우충동(汗牛充棟) 짐으로 실으면 소가 땀을 흘리고, 쌓으면 들보에까지 찬다는 뜻으로, 가지고 있는 책이 매우 많음
- 해로동혈(偕老同穴) 살아서는 같이 늙고 죽어서는 한 무덤에 묻힌다는 뜻으로, 생사를 같이하자는 부부의 굳은 맹세

- 허심탄회(虛心坦懷) 품은 생각을 터놓고 말할 만큼 아무 거리낌이 없고 솔직함
- 형창설안(螢窓雪案) 반딧불이 비치는 창과 눈에 비치는 책상이라는 뜻으로, 어려운 가운데서도 학문에 힘씀을 비유 (㈜ 형설지공)
- 호가호위(狐假虎威) 남의 권세를 빌려 위세를 부림. 여우가 호랑이의 위세를 빌려 호기를 부린다는 데에서 유래
- 호구지책(糊口之策) 가난한 살림에서 그저 겨우 먹고 살아가는 방책
- 호사유피(虎死留皮) 호랑이는 죽어서 가죽을 남긴다는 뜻으로, 사람은 죽어서 명예를 남겨야 함
- 호사토읍(狐死兔泣) 여우의 죽음에 토끼가 슬피 운다는 뜻으로, 같은 무리의 불행을 슬퍼함을 비유
- 화룡점정(畵龍點睛) 무슨 일을 하는 데에 가장 중요한 부분을 완성함을 비유적으로 이르는 말. 용을 그리고 난 후에 마지막으로 눈동자를 그려 넣었더니 그 용이 실제 용이 되어 홀연히 구름을 타고 하늘로 날아 올라갔다는 고사에서 유래
- 혼정신성(昏定晨省) 밤에는 부모의 잠자리를 보아 드리고 이른 아침에는 부모의 밤새 안부를 묻는다는 뜻으로, 부모를 잘 섬기고 효성을 다함
- 흥진비래(興盡悲來) 즐거운 일이 지나가면 슬픈 일이 닥쳐온다는 뜻으로, 세상일은 순환됨 (㈜ 고진감래)

현재 나의 실력을 객관적으로 파악해 보자!

모바일 OMR
답안분석 서비스

도서에 수록된 모의고사에 대한 객관적인 결과(정답률, 순위)를 종합적으로 분석하여 제공합니다.

OMR 입력

성적분석

채점결과

※OMR 답안분석 서비스는 등록 후 30일간 사용 가능합니다.

참여 방법

도서 내 모의고사
우측 상단에 위치한
QR코드 찍기

→

로그인
하기

→

'시작하기'
클릭

→

'응시하기'
클릭

→

① ② ③ ④ ⑤
① ② ③ ④ ⑤
① ② ③ ④ ⑤
나의 답안을
모바일 OMR
카드에 입력

→

'성적분석 &
채점결과'
클릭

→

현재 내 실력
확인하기

군무원 수사직
FINAL 실전
봉투모의고사